KB063481

# 도시를 보호하라

도시를 보호하라 — 위생과 방역으로 세워진 근대 도시 이야기

**초판 1쇄 인쇄** 2021년 12월 22일
**초판 1쇄 발행** 2021년 12월 29일

**지은이** 권오영 김영수 박윤재 염복규 염운옥 이연경 조정은
**펴낸이** 정순구
**책임편집** 정윤경
**기획편집** 조원식 조수정
**마케팅** 황주영

**출력** 블루엔
**용지** 한서지업사
**인쇄** 한영문화사
**제본** 한영제책사

**펴낸곳** (주) 역사비평사
**등록** 제300-2007-139호 (2007.9.20)
**주소** 10497 : 경기도 고양시 덕양구 화중로 100(비젼타워21) 506호
**전화** 02-741-6123~5
**팩스** 02-741-6126
**홈페이지** www.yukbi.com
**이메일** yukbi88@naver.com



ISBN 978-89-7696-560-8 93910



이 도서는 한국출판문화산업진흥원의 '2021년 출판콘텐츠 창작 지원 사업'의 일환으로
국민체육진흥기금을 지원받아 제작되었습니다.

위생과 방역으로 세워진 근대 도시 이야기

권오영 김영수 박윤재 염복규 염운옥 이연경 조정은 | 지음

차례

도시는 보안하다

**3부 '위생'의 이름으로 — 근현대 도시위생의 문화와 정치**



부록

책머리글

# 도시를 보호하라

2016년 '근현대 도시위생'이라는 주제로 한국연구재단에 공동연구사업을 지원할 때만 해도 위생, 나아가 방역이 이렇게 전 세계의 관심사가 되리라는 예상은 하지 못했다. 사스, 조류독감, 메르스 등 이른바 신종감염병이 5~6년 단위로 재발했지만, 지금 뒤돌아보면 상대적으로 피해는 미미했다. 하지만 코로나19는 달랐다. 발생 초기만 해도 사스와 같은 다른 감염병처럼 예상치 않게 사라질지 모른다는 기대도 했지만, 지금은 이른바 돌파감염을 통해 백신마저 무력화시키고 있다. 언제 과거와 비슷한 일상, 예를 들면 마스크 없이 바깥을 걷고 마음껏 수다를 떨며 식사를 하는 일상이 회복될지 의문이다. 답답한 기분이다.

그러나 지금 세계만 이런 기분을 느낀 것은 아니다. 사실 이전 세계는 지금 우리보다 더 큰 불안과 고통을 겪고 있었을 것이다. 질병사에 이름을 올린 두창(천연두), 페스트, 콜레라의 피해 규모와 정도는 코로나19 못지않다. 아니, 더 크고 강했다. 무엇보다 증상이 격렬했다. 두창은 얼굴을 얽게 만들었고 페스트는 온 몸을 멍들였다. 설사와 구토로 상징되는 콜레라의 증상은 보는 사람의 고개를 돌리게 만들었다. 사망에 이르는 속도가 빠르고 규모가 컸음은 말할 나위도 없다.

이런 감염병의 공포가 '위생'을 낳았다. 검역이 이루어지고 청결이 추구되었다. 도시는 위생이 이루어지는 실질적인 공간이었다. 사람들이 밀집해서 살다 보니 밀착할 수밖에 없었고, 소위 사회적 거리두기는 힘들었다. 감염병은 도시를 중심으로 확산했다. 도시위생은 동서양을 막론하고 추구해야 할 목표가 되었다. 그 노력이 축적되면서 인류는 서서히 감염병의 공포에서 벗어날 수 있었다. 『도시를 보호하라』가 찾고자 한 것이 그 궤적이다. 동서양에서, 특히 근현대에서 이루어진 도시위생의 궤적이다.

도시위생의 궤적을 추적하면서 우리는 크게 두 가지를 추구했다. 하나는 비교였다. 위생은 서양에서 만들어져 일본을 거쳐 중국과 한국에 도달했다. 지향은 동일할지 모르지만 각 공간에서 이루어진 구현은 달랐다. 각 공간의 사회적, 역사적 조건이 달랐기 때문이다. 도시위생에서 나타난 차이는 각 공간을 규정하는 정체성과 연결되었다. 우리는 동서양의 도시에서 구현된 위생이라는 보편적 가치와 함께, 각 공간에서 구현된 실제의 모습을 비교 고찰하고자 했다. 비교는 방법론이자 목표였다.

다음으로 융합이었다. 위생은 현실에서 의료와 공학 등 여러 분야가 합쳐져 풀어야 할 문제였다. 공학은 초기 도시위생을 주도했다. 비록 우리의 연구 대상이 과거이기는 하지만, 의사와 공학자가 이 프로젝트에 참여한 이유였다. 낯섦은 충돌을 낳기도 하지만 기대보다 더 큰 성과를 낳기도 한다. 우리가 그랬다. 스스로는 보지 못한 지점을 다른 전공을 통해 볼 수 있었다. 여전히 미진하지만 스스로 융합의 첫 걸음을 뗀 것 같아 기뻤다. 이 경험이 있었기에 개인적으로는 인문학을 아우르는 HK+ 사업에 지원할 수 있었다.

코로나 사태를 겪으며 과연 내가 배우고 쓰는 인문학, 구체적으로 역사학이 지금 시점에 무슨 의미가 있을까, 자문하고는 했다. 시민의 한 사람으로 방역 지침을 따르는 것 외에 다른 역할이 있을 것 같았다. 물론 대답은 가능하다. 역사적 전례를 제공함으로써 방역에 간접적인 도움을 줄 수 있고, 방역을 주도하는 의료인에게 사회를 이해시키는 적극적 역할을 할 수 있을 것이다. 『도시를 보호하라』가 추구하는 목표도 비슷하다.

그러나 아쉽다. 역사학이 더 큰 역할을 할 수 있으리라 기대를 했던 것 같다. 아니, 어쩌면 그 기대는 코로나19를 통해 만들어진 것일 수 있다. 그동안은 '학문'이라는 공간 속에 스스로 안주해왔는지 모르겠다. 과거를 공부한다는 명분으로 현실에 대한 고민을 미루어두었는지도 모르겠다. 내가 하는 공부가 현실에서 어떤 의미를 가지는지에 대해 질문 자체를 던지지 않았는지도 모르겠다. 만약 그렇다면 코로나19는 각성의 계기로 유용하다. 『도시를 보호하라』가 그 출발점이 되었으면 좋겠다.

도시위생 프로젝트에 참여하면서 즐거웠다. 새로운 사람을 만나는 즐거움이 컸다. 우리 성원뿐 아니라 도시위생을 고민하는 외국의 학자들도 만날 수 있었다. 그들과 함께 만들어놓은 다리는, 지금은 사용하기 어렵지만 기회가 주어지면 언제든지 유용하게 활용될 수 있을 것이다. 성원 중 한 명의 이야기처럼 많이 배우는 시간이기도 했다. 선물 받은 문제의식을 모두 소화할 수는 없었지만 앞으로 성장에 도움이 될 자양분일 것은 분명하다.

프로젝트를 시작하고 참여하고 마무리한 성원 다섯 분께 감사를 드린다. 즐거웠다는 말씀을 다시 드린다. 조정은 선생님은 나와 가까운 거리에 있다는 이유 때문에 프로젝트 내내 고생을 했다. 늘 미안하면서 고맙다. 김영수 선생님은 느닷없는 요청을 선뜻 들어주셨다. 오영준 박사생, 왕웅원 석사는 연구보조원으로 고생을 했다. 모든 분께 감사드린다. 출판계가 어렵다는 이야기를 들은 지 오래되었다. 그럼에도 역사비평사는 우리의 출판 요청을 두말없이 들어주셨다. 정순구 대표님과 역사비평사 편집부에 감사드린다. 이 책의 구석구석을 저자 못지않은 관심과 애정으로 살펴주신 덕분에 『도시를 보호하라』가 충실해졌다. 이 책이 실질적으로 역사비평사에도 도움을 주었으면 하는 마음이 크다.

3년의 연구 기간을 마치면서 "도시위생 시즌 2를 기획하자"는 이야기를 했다. 농담처럼 던진 이야기였다. 책임을 질 수 없었기 때문이다. 하지만 코로나19가 2년째 이어지는 지금, 나아가 그 끝을 예측할 수 없는 지금, 도시위생에 대한 연구는 더욱 절실해졌다는 생각이 든다. 혹시라도 이 책이 우리의 예상보다 더 많은 독자들의 관심을 끈다면 일종의 의무감을 느낄지도 모르겠다. 하지만 무엇보다 코로나19가 어서 사라졌으면 하는 마음이 가장 간절하다.

2021년 12월

집필자를 대표하여 박윤재

# 근현대 도시위생사 연구 동향과 전망

## 1. 머리말

서양에서 도시위생이 논의되기 시작한 시기는 대체로 18세기 중반이다. 산업혁명이 시작되고 일자리를 찾아 사람들이 도시로 몰리면서 불결과 위생의 문제가 부각되기 시작했다. 수용 능력을 넘어서는 인구가 도시로 이동하면서 이용할 수 있는 주택은 적어지고 좁아졌으며 더러워졌다. 도시민의 건강은 악화되었다. 19세기 초 콜레라의 확산은 도시위생 문제를 해결해야 한다는 위기감을 높였다. 콜레라는 불결한 환경의 빈민가에서 발생했지만, 피해는 하층계급에만 한정되지 않았다. 빈곤에 대한 관심과 질병에 대한 예방대책이 필요했다. 영국을 필두로 위생개혁 운동이 시작된 배경이다.[01]

19세기 중후반 동아시아에서도 위생에 대한 본격적인 고민이 이루어지기 시작했다. 위생 자체가 일본에서 자신들의 고민을 담아 만든 용어였다. 일본 초대 내무성 위생국장 나가요 센사이(長與專齋)가 영어의 '새너테리(sanitary)'

01 프레더릭 F. 카트라이트 외, 『질병의 역사』, 가람기획, 2004, 212~229쪽.

나 '헬스(health)'와 다른 독일의 '건강 보호(Gesundheitspflege)', '공중위생(Öffentliche Hygiene)'이라는 개념을 접하고 창안한 단어였다. '국민의 건강 보호를 위한 국가의 행정적 개입'이라고 요약할 수 있는 '위생'은 한국을 건강하게 만들 수 있는 부강의 수단으로 주목받기 시작했다.[02] 지금은 협소한 의미로 사용되지만, 위생은 근대의 다른 이름이었다. 근대는 위생을 통해 구현되었다. 근대화가 시대의 과제가 되면서 서양에서 일본으로 수입된 위생은 다시 중국과 한국으로 전달되었다.

위생이 구현되어야 할 공간에 구분은 없었지만, 도시에 대한 관심은 우선적이었다. 인구가 급증하는 도시화 현상이 진행되고 있었기 때문이다. 도시가 감당하기 힘들 정도로 인구가 증가하면서 위생 문제가 발생했다. 쓰레기가 늘어났다. 쌓여 있는 쓰레기로 집들이 더럽고 지저분해졌다. 19세기 서울의 거리는 눈을 뜨고 걷기 힘들 정도로 재가 날렸다.[03] 분뇨의 자연 처리도 불가능해졌다. 종래 분뇨는 비료로 활용되거나 그대로 버려지고 있었다. 인구의 증가는 그 상황을 변화시켰다. 분뇨 수거인이 생겼고, 그들은 분뇨의 판매를 통해 상당한 부를 축적해 나갔다.[04] 도시위생에 대한 고민이 필요한 시점이었다.

이 글은 근현대 시기 서양과 동아시아의 도시위생에 대한 역사적 연구를 정리하고 있다. 위생개혁 운동이 싹튼 영국에서는 1842년 채드윅(Edwin Chadwick)의 『영국 노동인구의 위생 상태에 대한 보고서』(이하 『위생보고서』)를 시작으로 1848년 '공중보건법(Public Health Act)' 제정, 스노(John Snow)의 콜레라 통제

---

02 신동원, 『한국근대보건의료사』, 한울, 1997, 50~52쪽; 박윤재, 『한국 근대의학의 기원』, 혜안, 2005, 29~30쪽; 신규환, 『국가, 도시, 위생』, 아카넷, 2008, 35~37쪽.

03 孫禎睦, 『朝鮮時代都市社會硏究』, 一志社, 1977, 381~382쪽.

04 김용선, 「분뇨 서사에 굴절된 대도시 한양의 팽창」, 『溫知論叢』 50, 2017, 203~208쪽.

같은 선구적인 위생개혁과 실천이 있었다. 한국은 1882년 개화파인 김옥균이 「치도론(治道論)」이라는 일종의 도시위생 개혁론을 저술했다. 도시위생은 근대국가 건설 과정에서 구현해야 할 가치였다. 도시위생에 대한 관심과 고민은 절박했고, 그 연구 역시 따라서 성장하고 있었다. 도시위생사 연구는 도시사 연구, 나아가 근대 연구와 맞닿아 있다.

이 글에서는 도시위생사 연구들을 영국, 일본, 중국, 한국으로 나누어 고찰하고자 한다. 대체로 도시위생이 도입된 순서에 따른 구분이다. 도시위생의 내용은 이론, 제도와 정치, 환경 정비로 나누어 고찰하고자 한다. 도시위생사를 이론, 제도, 실천으로 구분한 것이다. 하지만 각 구분 사이의 경계는 명료하지 않다. 제도를 다루는 연구가 배경으로 이론을 다루는 경우도 있고, 제도와 실천을 병행해 서술한 연구도 있기 때문이다. 따라서 이 구분은 편의적이다. 이 글에서 구분은 각 연구가 어디에 더 비중을 두고 있는지에 따라 이루어졌다.

## 2. 영국

### 1) 도시위생 연구의 출발

영국의 도시사 연구 및 도시위생 연구는 1960년대 대도시 쇠퇴 현상과 실업, 범죄, 소외와 같은 도시 문제를 경험하면서 시작되었고, 1980년대까지는 마르크스주의적 분석이 주도했다. 1980년대 말부터는 거대담론이 물러나고 푸코의 권력 이론의 영향 아래 담론 분석과 문화적 분석이 대두하면서 도시를 구성하는 다양한 주체들 사이의 권력 관계와 상호작용에 주목하는 경향이 생겨났다. 기존 연구는 크게 제도사 연구, 사회사와 문화사 연구, 제국사

연구로 분류할 수 있다. 제도사적 연구는 채드윅의 『위생보고서』를 비롯해 도시위생 실태조사, 공중보건법 제정 과정, 보건 행정과 복지서비스 체제 정비 같은 주제를 다루었다.[05] 사회사적·문화사적 연구로는 불결하고 밀집된 도시 환경이 노동계급의 체력과 신체를 퇴화시킨다는 사회심리적 공포에 관한 연구,[06] 도시위생과 사회정화의 일환으로서 성병 관리에 관한 연구,[07] 도시위생개혁이 계급 관계와 젠더 관계를 어떻게 구성·재구성했는가를 분석한 연구[08] 등을 들 수 있다. 여기서는 19세기 중반 채드윅의 『위생보고서』와 영국에서의 위생개혁에 관한 연구를 검토하면서 병인론(病因論)의 변천과 도시위생의 관계, 위생과 도시 공간을 둘러싼 정치의 동학(動學)을 살펴본다.

### 2) 채드윅과 근대 위생개혁

채드윅의 위생보고서가 영국 도시위생 담론과 실천의 출발점이었다는 사실에는 누구도 이의를 제기하지 않을 것이다. 영국의 근대 위생개혁은 의료 전문가가 아니라 채드윅과 같은 관료와 공무원을 중심으로 추진되었기 때문에, 의학적 실천보다 도시 인프라 구축, 노동 빈민의 비위생적 환경 개선

---

05 Anthony Brundage, *England's "Prussian Minister": Edwin Chadwick and the Politics of Government Growth, 1832~1854*, University Park: Pennsylvania State University Press, 1988; Christopher Hamlin, *Public Health and Social Justice in the Ages of Chadwick: Britain, 1800~1854*, Cambridge: Cambridge University Press, 1998; Dorothy Porter, *Health, Civilization, and the State: A History of Public Health from Ancient to Modern Times*, New York: Routldege, 1999.

06 Daniel Pick, *Faces of Degeneration: A European Disorder, c.1848~1918*, Cambridge: Cambridge University Press, 1993.

07 Judith R. Walkowitz, *Prostitution and Victorian Society: Women, Class, and the State*, Cambridge: Cambridge University Press, 1982; Judith R. Walkowitz, *City of Dreadful Delight: Narratives of Sexual Danger in Late-Victorian London*, Chicago: University of Chicago Press, 1992.

08 Mary Poovy, *Uneven Development: The Ideological Work of Gender in Mid-Victorian England*, Chicago: University of Chicago Press, 1988; Mary Poovy, *Making a Social Body: British Cultural Formation 1830~1864*, Chicago: University of Chicago Press, 1995.

과 통제 같은 과제들이 공중보건의 주요 이슈로 부상했다. 근대 위생개혁의 설계자 채드윅에 관해서는 '채드윅 산업'이라 불릴 정도로 많은 연구가 축적되어 있다. 채드윅에 관한 본격적인 연구는 1952년 두 편의 전기 출간을 계기로 시작됐다.[09] 그런데 1950년대 채드윅의 이미지는 지금과는 사뭇 달랐다. 파이너(S. E. Finer)와 루이스(R. A. Lewis)가 쓴 채드윅의 전기는 2차 대전 직후 집권 노동당에 의해 국민건강보험(NHS)이 도입되면서 복지국가로 도약하기 시작한 영국의 자신감과 낙관주의적 사회 분위기를 반영했다. 파이너와 루이스의 전기에서 채드윅은 공중보건의 선구자로서 역경을 헤쳐 나간 영웅이었고, 그의 자유주의적 비전은 결국 승리를 거두었다고 서술됐다.

하지만 1980년대 이후 연구에서는 채드윅을 보는 시각이 달라졌다. 브런디지(Anthony Brundage)와 조시(Priti Joshi)가 그려낸 채드윅은 더 이상 공중보건의 영웅이 아니었다. 브런디지는 채드윅을 영국에는 낯선 중앙집권적 관료제를 도입하기 위해 분투한 권력 추구형 인간으로 그렸다. 브런디지의 이런 관점은 복지국가 건설의 낙관적 시대정신이 꽃피었던 1950년대와는 확연히 달라진 1980년대의 개인주의와 냉소주의를 반영했다.[10] 브런디지는 높은 급료를 받는 구빈법 개혁위원회 위원이 되지 못하고 좌절한 채드윅에게 1842년 『위생보고서』는 경력을 증명하는 수단이자 출세를 위한 도구였다고 분석했다.[11] 한편, 조시는 브런디지가 전문가와 국가, 계급의 관계를 지나치게 평면적으로 인식했다고 비판했다.[12] 조시의 연구는 채드윅의 전문가로서 자기형성(self-

---

09 S. E. Finer, *The life and times of Sir Edwin Chadwick*, London: Methuen Drama, 1952; R. A. Lewis, *Edwin Chadwick and the Public Health Movement 1832~1854*, London: Longmans Green and Co., 1952.

10 Christopher Hamlin, "Review: Brundage, England's 'Prussian Minister': Edwin Chadwick and the Politics of Government Growth, 1832~1854", *Victorian Studies*, Vol. 33, Iss. 2, 1990, p. 340.

11 Anthony Brundage, op.cit., 1988, p. 80.

12 Priti Joshi, "Edwin Chadwick's Self-Fashioning: Professionalism, Masculinity, and the Victorian Poor",

fashioning) 과정에 주목했다. 구빈법 개혁위원회와 갈등을 빚은 채드윅은 결국 1842년 『위생보고서』를 자비로 출판했고, 이를 보건 전문가로서 권위를 구축하는 기회로 활용했다. 1830~40년대 영국에서 관료, 공무원, 위원보, 서기보, 조사관 등 교육받은 전문가의 수는 프랑스에 비해 매우 적었지만 점차 증가하는 추세였다. 채드윅의 『위생보고서』 출판과 위생개혁 설계는 개인의 출세 전략일 뿐만 아니라 전문 관료층의 성장이라는 역사적 변화의 방향과 맞물려 있었다는 것이 조시의 주장이다.[13]

햄린(Christopher Hamlin)은 '왜 의료인이 아닌 채드윅 같은 공무원이 공중보건을 주도했는가'라는 질문에 답한다. 영국에서 공중위생은 기본적으로 노동빈민의 건강에 관한 문제로 설정되었고 의료화되었다. 생명정치(biopolitics)의 담당자인 의사들은 왜 공중보건에서 주도적인 역할을 하지 못했을까? 의료인들은 세분화된 임상 의료와 환자 치료라는 필요에 속박되어 있었기 때문에 공중보건이라는 통합적·공공적 기획의 설계자가 되기 어려웠다는 것이다.[14] 하지만 치료 경험이 풍부한 의사들은 건강을 비위생 척결과 질병 퇴치 같은 좁은 의미로 한정하지 않고, 체질, 체력, 섭생, 의식주와 경제적 상태 등의 요소를 포괄하는 넓은 의미로 확장했다는 점에서 공중보건의 외연을 확장했고, 바로 이 점이 중요하다고 햄린은 지적했다.[15]

병인론의 변천과 위생개혁의 관련성은 도시위생사에서 중요한 논점이다. 채드윅은 독기(miasma)설의 신봉자였다. 채드윅은 모든 냄새는 질병이

---

*Victorian Literature and Culture*, Vol. 32, No. 2, 2004, p. 364.

13 Ibid., p. 356.

14 Christopher Hamlin, op.cit., 1998.

15 Christopher Hamlin, "Predisposing Causes and Public Health in Early Nineteenth Century Medical Thought", *Social History of Medicine*, No. 5, 1992, pp. 43~70.

고, 밀집한 노동자 주거지의 불결이야말로 질병의 온상이라고 보았기 때문에, 상하수도 설비 도입과 불결한 시가지 정비를 위생에서 가장 중요한 요소로 보았다. 오늘날에는 독기가 아니라 세균이 병인임이 널리 알려져 있지만, 1880년대에 세균설이 나오기 전까지는 독기설이 병인론의 주류 담론이었다. 코흐(Robert Koch), 파스퇴르(Louis Pasteur), 리스터(Joseph Lister) 같은 거장들의 활약으로 '세균학 혁명'이 일어났고 독기설에서 세균설로 급격한 전환이 이루어졌다기보다는, 완만한 이행이 있었다는 것이 더 실상에 가깝다. 따라서 채드윅의 위생개혁이 독기설을 토대로 했다고 해서 이상할 것은 없었다.

독기설은 일종의 '후각 훈련'으로, 나쁜 냄새가 풍기는 환경을 개인과 공동체의 건강에 대한 위협으로 보는 대중적 감각을 양성했다. 독기설은 냄새와 질병 사이에 수사적 상관성을 만들어냈고, 곧 빈곤은 병리적 상태이며 빈민은 질병의 온상이라는 감각으로 이어졌다. 이런 감각은 '거대한 악취(the Great Stink)'를 풍기는 더럽혀진 강물이 공중보건에 비상사태를 초래한다는 생각으로 이어졌다.[16] 예를 들어, 1858년 덥고 건조한 여름에 템즈강은 유독 엄청난 악취를 뿜었는데, 너무 냄새가 지독한 탓에 창문 가까이 앉은 의원들은 손수건을 코에서 뗄 수 없었다. 국회의사당까지 날아든 악취로 인해 의원들은 공중보건법 논의에 적극적으로 나서게 되었다.[17]

### 3) 위생개혁, 계급과 공간의 정치학

초기 연구와 제도사적 연구가 채드윅 『위생보고서』의 성과, 공중보건 실

---

16 Emily Winderman, Robert Mejia, and Brandon Rogers, "'All Smell is Disease': Miasma, Sensory Rhetoric, and the Sanitary-Bacteriologic of Visceral Public Health", *Rhetoric of Health & Medicine*, Vol. 2, No. 2, 2019, p. 116.

17 Stephen Halliday, "Death and Miasma in Victorian London: An Obstinate Belief", *BMJ: British Medical Journal*, Vol. 22, No. 29, 2001, p. 1470.

현을 위한 입법 과정에 주목했다면, 최근의 사회사적, 문화사적 연구는 '계급'과 '공간'을 둘러싼 정치에 주목했다. 우선, 위생개혁을 계급정치의 치안 기제로 보는 연구들은 『위생보고서』와 위생개혁이 대중과 빈민에 대한 통제와 관리, 재현에 미친 부정적 영향에 주목한다. 채드윅은 1833년 공장법과 1834년 신(新)구빈법, 1848년 공중보건법 등 19세기 자유주의를 표방하는 주요 입법에 모두 관여했다. 19세기 말에는 영국 전역에서 수천 명의 위생조사관이 활약하고 있었다. 위생조사를 명목으로 한 간섭과 통제에 대해 어느 교구 서기는 1893년 "영국인의 집은 더 이상 견고한 성(城)이 아니다. 위생조사관의 즐거운 사냥터가 되어버렸다. 위생조사관의 '열려라 참깨' 주문에는 수녀원의 단단한 철문도 견디지 못한다"[18]고 한탄했다.

위생개혁을 주도한 중간계급 전문가들에게 하층계급은 관리와 시혜의 대상이었다. 그러나 무식하고 더러운 존재, 구제받아야 할 불쌍한 존재라는 노동대중과 하층민의 이미지는 중간계급의 눈에 비친 모습일 뿐, 노동대중의 실상과 일치하지 않았다. 위생개혁과 공중보건의 역사가들이 이런 이미지를 따랐던 것은 위생개혁을 '아래로부터' 볼 수 있게 하는 사료가 많지 않았기 때문이었다. 시그워스(Michael Sigsworth)와 워보이즈의 연구가 밝히고 있듯이, 1840년대 다른 정치 운동과 달리 공중보건 운동에는 노동계급의 참여나 지지가 있었다는 증거를 찾아보기 힘들다. '위건 노동계급 공중보건협회(Wigan Working Class Public Health Association)'와 '브래드퍼드 양모선별인 위생협회(Bradford Woolsorters Sanitary Association)' 같은 단체가 채드윅식의 공중보건 기획, 즉 상수도, 하수도, 환기, 공해 등에 관심을 보였다는 증거가 단편적으로 남아 있을

18 Tom Crook, "Sanitary Inspection and the Public Sphere in Late Victorian and Edwardian Britain: a Case Study in Liberal Governance", *Social History*, Vol. 32, No. 4, 2007, p. 370.

뿐이다.[19]

하지만 시그워스와 워보이즈는 공중보건의 의미를 채드윅식 위생개혁으로 한정하지 않는다면 적지 않은 사료를 발견할 수 있다고 주장한다. 노동계급의 공중보건에 관한 관심과 참여는 헐, 리즈, 브래퍼드, 쉐필드 같은 산업도시에서 두드러졌고, 질병과 건강에 대한 보다 사회적이고 총체적인 관점을 보여주는 것이었다. 따라서 위생개혁을 아래로부터 이해하기 위해서는, 불결과 오염을 상하수도 설비와 입법으로 퇴치한다는 채드윅식 해법을 넘어 노동계급의 일상에 영향을 미치는 여러 요소에 눈을 돌리는 대안적 관점이 필요하다. 에든버러의 내과의 앨리슨(William Allison)은 채드윅에 대해 다른 원인은 모두 배제하고 불결한 환경만 탓하는 '초(超)위생주의자'라고 비난했다. 런던 최초의 공중보건의(Medical Officer of Health) 사이먼(John Simon)도 영양 상태, 노동 강도와 체력 소모 정도, 경제적 여건 등을 고려하는 보다 넓은 관점으로 건강을 정의하고 공중보건을 실천해야 한다고 했다.[20] 공중보건의 역사는 위생개혁의 역사로 축소될 수 없기 때문이다.[21]

다음으로는 공간의 정치학이다. 도시위생은 계급정치의 동학(動學)뿐만 아니라 도로, 광장, 공원 같은 도시 건조 환경(built environment)을 둘러싼 공간의 정치학과 관련된다. 예컨대 19세기 중반 트래펄가광장의 건설은 도시 환경을 아름답게 하는 목적 외에 정치적 의도가 내포된 것이기도 했다. 실현되지는 못했지만 트래펄가광장의 설계 원안에는 대형 연못과 분수가 포함되어 있었다. 광장이 저항의 장소로 활용될 것을 우려해 대규모 집회를 원천적으로 차

---

**19** Michael Sigsworth and Michael Worboys, "The Public's View of Public Health in Mid-Victorian Britain", *Urban History*, Vol. 21, No. 2, 1994, p. 238.

**20** Ibid., p. 239.

**21** Ibid., p. 250.

단하는 건축학적 설계를 시도한 것이다. 트래펄가광장에 일찍이 1839년부터 가스등 조명이 도입된 것도 공간에 대한 사회적 통제와 관련된다. 노상강도로부터 시민들의 안전을 지키는 동시에 부랑자와 노숙자를 광장에서 쫓아내기 위해서는 어둠을 밝히는 조명이 필요했기 때문이다.[22]

푸비(Mary Poovy)는 1840년대 영국 정치에서 위생개혁은 차티즘에 대한 방어 전략이었다고 논한다. 차티즘 세력을 억누르기 위해서, 토리와 휘그는 기꺼이 연합해 공중보건법을 제정했다. 위생개혁은 병든 '사회적 몸(social body)'을 치유하기 위해 공장 작업장이 아니라 가정생활에 초점을 두었다. 광장이나 거리에서 밀실로, 공적 공간에서 사적 공간으로 이동을 유도하는 것이다. 광장과 거리에서 어슬렁거리지 말고 작업장과 가정으로 돌아가라는 메시지였다. 거리를 깨끗하게 정비하는 것은 날뛰는 군중을 얌전하게 길들이는 일과 다르지 않았다고 푸비는 지적한다. 정치적 불만을 표출하는 공간으로서의 광장과 거리의 의미는 위생개혁으로 도시 정비가 이루어지면서 퇴색됐다. 위생개혁이 실현된 시기는 차티즘의 실패와 정치의 보수화를 목도한 시기와 겹쳐진다.[23] 이는 1850년대 파리에서 오스망화로 시가 정비 사업이 이루어지면서 혁명의 열기가 질식된 것과 유사한 현상이다.[24] 위생개혁으로 탄생한 도시는 결코 중립적인 공간이 아니었다. 깨끗한 물이 도시에 공급되고 거리가 말끔해지면서 위생은 개인이 챙겨야 하는 몸의 규율로 내면화되었다.

---

22 Rodney Mace, *Trafalgar Square*, London: Lawrence & Wishart Ltd, 1976, 2005, pp. 88~89.

23 Mary Poovy, *Making a Social Body*, pp. 101~103.

24 19세기 중반 파리에서 나폴레옹 3세와 파리 지사 조르주 외젠 오스망(Georges-Eugene Haussmann)에 의해 도시 정비 사업이 실행되었다. 구시가지가 철거되고 방사선 대로가 건설되어 오늘날 파리의 모습이 탄생했다. 오스망에 의한 파리 재정비 사업을 오스망화(Hausmannization)라고 한다. 중세 도시 파리가 세련된 근대도시로 정비되면서 바리케이트와 시가전이 사라지는 정치적 효과도 거두었다.

도시에 상하수도 시설을 갖추고 개인 위생을 철저히 함으로써 사회적 몸으로서 인구는 건강한 상태를 유지할 수 있다는 믿음의 도래, 이것이야말로 위생개혁의 계급정치와 공간정치가 도달한 지점이었다.

## 3. 일본

### 1) 도시위생 연구에 접근하는 방법들

일본에서 도시의 다양한 측면 중에 도시의 '위생'이라는 요소에 주목하는 연구는 꽤 새로운 연구에 속한다. 1990년대 후반에 위생이라는 주제가 역사학계의 주목받는 주제로 부상했고, 자연스럽게 근대사회, 그리고 근대사회의 가장 중요한 기반인 도시를 이해하는 주요한 테마로 부상했다.[25] 이때부터 점차 근대도시사 연구가 공권력의 편제, 도시에 작용하는 공공 개념과 법 제도의 변천이라는 관점에서 서술되던 것이 근대도시의 보편성과 개체성을 시간과 지역을 축으로 고찰하는 연구로 전환되었고, 도시 공간이라는 관점이 적극적으로 도입되기 시작했다.

그 과정에서 1990년대 이후 역사학계는 도시 공간의 변화에 주목하면서 에도 말기인 19세기 중반부터 1950년대까지 형성된 도시를 몇 시기로 나누어 논의했다.[26] 이는 근대도시로의 이행기, 근대도시의 형성, 근대도시 공간의 전개, 전시(戰時) 도시, 전후 도시계획 등으로 구분되었다. 이 논의에서 일본의 근

25 成田龍一,「書評 小林丈廣著,『近代日本と公衆衛生―都市社會史の試み』(雄山閣出版, 2001)」,『部落解放研究』141, 2001.

26 成田龍一,「近代都市と民衆」, 成田龍一編,『都市と民衆(近代日本の軌跡 9)』, 吉川弘文館, 1~56쪽; 鈴木勇一郎,『近代日本の大都市形成』, 岩田書院, 2004.

대도시는 각 시기가 갖는 특징적인 요소는 변화하지만 거의 동시진행으로 근대 대도시로 성장해 나갔고, 그 변화를 일으키는 중요한 요소가 위생이었다는 점에 의견이 모아졌다.

도시 공간을 중심으로 도시위생을 연구하는 학자들 외에도 도시의 위생상태를 결정짓는 주요 쟁점들, 예를 들면 콜레라, 페스트, 장티푸스 등과 같은 급성전염병, 성병, 결핵 등의 만성전염병, 전염병 억제를 위한 상하수도 정비, 도시민의 건강관리 등에 주목하면서 도시위생에 접근하는 연구가 활발히 진행되고 있다. 이러한 연구는 앞서 언급한 도시 발전의 시기구분과 연동되는 부분도 있지만, 도시의 변화와 발전에 수반되는 요소로 위생관리에 초점을 맞춘 것은 아니다. 질병, 방역, 상하수도, 건강이라는 요인이 도시 안에서 어떻게 작동하면서 도시의 변화를 이끌어내는지에 대한 사회사적 접근을 시도하고 있는 것이다. 예를 들어 도쿄나 오사카 등의 대도시에서 발생한 급성전염병의 전염 경로, 환자 및 사망자 발생, 방역 활동 등 전염병이라는 동인(動因)을 통해 도시위생의 정비를 다룬다거나, 전염 경로와 행정당국의 대응을 살펴보며 전염병의 사회적인 영향력에 초점을 맞추는 연구들이 여기에 속한다.[27]

전자가 도시에 주목하여 도시 공간의 변화와 발전을 설명하기 위해 위생을 다룬다고 한다면, 후자는 근대의 의료, 위생의 문제를 다루는 과정에서 결과적으로 도시를 언급하는 연구이다. 공간의 근대적 변화에 사람들이 순응·적응 혹은 반발하는 과정에서 드러나는 다양한 문제들, 그중에서도 인간의 생명과 건강에 직접적으로 결부되는 위생의 문제를 다루는 연구 중에 후자

27 坂口誠一,「近代大阪のペスト流行, 1905~1910」,『三田学会雑誌』97-4, 2005; 波江彰彦·廣川和花,「近代大阪における第一次ペスト流行」, 人文地理學會大會抄錄, 2010.

의 연구가 최근 새로운 연구 경향으로 떠오르고 있다.

### 2) 도시위생에 관한 주제별 연구

이 글에서는 도시위생이라는 용어를 사용하고는 있지만, 이 주제어는 아직 보편적으로 활용되고 있지 않다. 다만 관련 키워드를 활용하여 도시의 위생 상태를 유지 또는 개선하기 위해 중앙 및 지방정부, 관민 등이 행한 전염병 통계 작성, 분뇨 처리, 상하수도 부설, 빈민 대책, 위생조합 조직 등을 다룬 논문을 확인할 수 있다. 이러한 논문을 포함하여 대표적인 연구를 계통화해 보면 다음과 같은 주제로 도시위생에 관한 연구를 정리해볼 수 있다.

#### (1) 전염병 유행과 도시위생행정의 정비

전염병의 유행과 도시위생행정 정비의 관련성을 살펴보는 연구논문은 도시위생에 주목하는 연구논문의 상당수를 차지하고 있다. 특히 전염병 유행과 관련해서는 에도시대와의 연속성 속에서 논의되기도 한다.[28] 관련 연구는 근대적인 위생행정이 시행되기 이전인 에도 말기 도시부에서 행해진 전염병 대책을 통해 당시 도시위생의 정도를 보여준다. 홍역 발생과 그에 대한 대응을 다루는 연구가 대표적이다. 이는 1862년 에도에서 발생한 홍역을 막아내기 위해 막부가 의료의 제공과 시약 및 매약의 판매라는 대책을 세우고, 도시 생활에 필수적이었던 대중탕, 이발소, 공식적으로 운영되던 유곽 등에 이용금지 정책을 내려 전염병 유행에 대응한 모습을 보여준다. 이 연구에서는 추가적인 환사 발생을 막고 도시위생을 유지하기 위한 방법으로 홍역에

---

28 鈴木則子,「江戸時代の麻疹と医療」,『日本醫史學雜誌』 50-4, 2004; 鈴木則子,『江戸の流行り病ー麻疹騷動はなぜ起こったのか』, 吉川弘文館, 2012.

관한 금기(禁忌)가 공유된 것, 그리고 차단·금지라는 대책 외의 유효한 방역법의 부재 속에서 도시민들이 금기를 전염병과 공존할 수 있는 최선의 대책으로 활용했음을 지적했다.

이후 메이지 정부가 들어서면 전염병 대책은 정부 주도로 추진되고, 격리, 차단, 청결법의 실시 등이 도입된다. 이에 전염병을 일소하기 위하여 소독법과 같은 과학적인 방법을 동원하면서, 동시에 정부나 지역 담당 기관이 요구하는 방역법을 시행하는 '위생조합'과 같은 도시의 자치체가 등장하여 활약하는 점에 주목하는 연구가 뒤따른다.[29] 이러한 연구는 전염병 방역을 위해 관과 민이 어떠한 형태로 도시위생에 관여했는지, 그리고 그 과정에서 일어나는 협조와 갈등은 무엇이었는지에 초점을 맞추고 있다. 예를 들어 전염병 대책에 필요한 비용 조달, 환자 은폐 등의 문제, 그리고 위생조합이라는 조직의 결성과 활동을 통해 도시위생 문제를 해결해가는 과정과 그 안에서의 잡음, 새로운 조직체에 부여된 역할, 행정과 자치의 문제 등이 그것이다.

그리고 전염병 방역 대책의 실시가 결과적으로는 도시의 환경위생을 정비하는 정책으로 전환된 사례 연구도 있다. 요코하마와 같은 개항지이자 매립지는 개항 초기 도시 기반시설이 충분하지 않았기 때문에 도시 개조의 필요성이 절실했던 지역이었다. 특히나 의료나 공중위생을 염두에 둔 대책이 미비하고, 지리적 특성상 음용수의 공급이 부족했기 때문에, 전염병 발생에 취약했다. 일본에서는 1877년과 1879년 두 차례 콜레라가 유행하면서 외국인 거류지를 중심으로 콜레라 환자의 격리, 해항검역법에 근거한 철저한 방역이 시행되었는데, 그 과정에서 요코하마의 행정을 담당한 가나가와현은 지

29 小林丈廣,『近代日本と公衆衛生—都市社會史の試み』, 雄山閣出版, 2001; 尾崎耕司,「衛生組合に關する考察—神戸市の場合を事例として」,『大手前大學人文科學部論集』6, 2005.

방위생회를 조직하여 거류지에 거주하는 외국인 영사 및 의사들과 함께 호별위생검사를 실시했다. 그 과정에서 대소변을 받는 똥통이나 변소 시설의 비위생, 변소와 우물의 위치 등이 문제시되었고, 1879년 콜레라가 유행한 직후 전염병 대책의 일환으로 시멘트, 벽돌, 금속판 등으로 변소를 지을 것을 규정한 「변소하수구조규칙(便所下水構造規則)」이 반포되었다. 이것은 비단 변소의 개선이라는 측면에 머무르지 않고 이후 일본식 도시주택[長屋]의 건축 규칙에도 영향을 끼쳐, 호(戶)마다 변소를 설치할 것과 우물과 일정 거리 이상 떨어진 장소에 변소를 설치할 것 등이 정해지는 데 영향을 미쳤다.[30]

이 외에도 조약 개정 문제와 도시위생을 연관지어 살펴보는 연구를 들 수 있다.[31] 1850년대 막부가 서구 열강과 맺은 불평등한 수호통상조약을 개정하기 위해 메이지 정부는 빠르게 근대화 정책을 실시했다. 메이지 정부는 조약 개정을 위해 법 제정과 기반시설의 정비 등을 19세기 말까지 집중적으로 추진했는데, 위생 상태를 개선하는 것도 그중 하나였다. 주지하는 바와 같이 도쿄는 에도시대부터 일본의 중심지였고, 이는 메이지 시기에 더욱 공고해졌기 때문에, 일본과 구미 각국은 도쿄를 일본의 문명 수준을 보여주는 바로미터로 활용했다. 특히 메이지 정부 수립 초기에 수도 도쿄에서 상당한 수의 전염병 환자와 사망자가 발생했기 때문에, 메이지 정부는 도로, 철도, 항만과 같은 산업 기반시설뿐만 아니라 상하수도의 정비, 분뇨, 쓰레기 처리 시설의 개선 등 도시 생활과 관련된 사회자본의 정비와 개선을 적극적으로 추진했다.[32]

---

30 塚田景·土本俊和, 「明治一二年の戶別衛生検査—明治前期横浜における便所の改善に関する研究」, 『日本建築學會計画系論文集』 582, 2004.

31 市川智生, 「近代日本の開港場における醫療·衛生と地域社會—横濱の傳染病對策を中心として」, 横濱國立大學 博士學位論文, 2007.

32 安藤優一郎, 「首都東京の環境衛生行政—屎尿處理システムの變更と条約改正」, 『比較都市史研究』 22-1, 2003.

### (2) 근대 분뇨 처리 방식의 변화와 도시위생

근래 도시위생 연구 중에 분뇨 처리 방식의 변화에 관한 연구도 활발히 진행되고 있다. 전통사회에서는 비료로 사용되었지만 근대에는 도시위생을 해치는 오물로 인식된 양면성을 가진 분뇨를 어떻게 처리할 것인지를 둘러싼 문제라서 더욱 흥미롭다. 근세 이래 1900년대까지 도시에서 배출되는 분뇨는 민간업자를 통해 농촌으로 공급되어 양질의 비료로 사용되었기 때문에 행정개입이 필요하지 않았다. 그러나 점차 도시부의 확대와 화학 비료의 개발·보급으로 경제적 가치가 낮아진 분뇨를 적극적으로 수거하려는 움직임이 둔해지면서 분뇨 처리 문제는 도시행정의 원활함을 보여주는 지표가 되었고, 결국 이는 행정 기관이 처리해야 하는 문제로 남았다. 이에 분뇨는 가치 있는 재화에서 도시위생을 해치는 요인으로 전환되었고, 행정 기관이 개입하여 분뇨 처리 문제를 담당하게 되는 시영화가 진행되어온 것에 관한 연구가 이루어졌다. 시영화는 위생 문제에 대한 행정 기관의 적극적 개입이라는 측면에서 긍정적으로 평가되어오기는 했다. 그러나 실제로 분뇨 처리 시영화는 분뇨 처리의 관습적 요인, 민간업자의 역할 등의 사회문화적 요인과 얽히면서 분뇨 처리의 근본적인 해결책은 아니었다고 평가되기도 한다.[33] 이러한 평가는 다른 서구 국가들에 비해 수세식 화장실의 보급률이 높지 않았던 일본적인 특성과도 연결된 것이기도 했다.[34]

분뇨 처리는 근대화로 인한 분뇨 가치의 전환, 근대 위생 시스템의 도입,

---

33 石塚裕道,『日本近代都市論 東京: 1868~1923』, 東京大學出版會, 1991; 遠城明雄,「近代都市の屎尿問題—都市-農村關係への視點」,『史淵』141, 2004.

34 1970년대 서구 국가들의 수세식 화장실 보급률은 거의 100%에 달했던 것에 비해, 일본은 약 30%밖에 되지 않았다고 평가된다. 1945년 이전에 신속하게 하수처리화를 시행하지 못한 것이 이후의 위생 문제에도 영향을 끼친다고 보았다. 前田裕子,『水洗トイレの産業史』, 名古屋大學出版會, 2008, 18~19쪽.

전염병 문제, 하수도 시설 정비 등과도 연계되기 때문에 다양한 연구들이 등장하고 있다. 특히 분뇨는 불결하지만 금전적으로 환원 가능했다는 점에서 다양한 결과가 도출되고 있다. 한 연구는 하수도 시설을 이용하여 분뇨를 처리하면서 전염병 발생을 억제하려는 시도가 있었으나, 오사카와 도쿄의 사례를 보면 하수도 처리를 활용한 분뇨 처리가 전염병 발생 및 억제와 직접적인 상관관계를 나타내는 것은 아니었다고 하여 근대적 시설의 효용성에 의문을 제기했다.[35] 그리고 분뇨 처리의 시영화가 아니라 근대적 상하수도 시설의 정비를 통해 도시위생 환경을 도모하는 쪽으로 위생 정책이 전환되었고, 분뇨를 농촌으로 환원하는 전통적인 방식(농촌환원처분)을 시행하는 것이 분뇨 처리에는 유효했음을 보여주는 연구 결과도 도출되었다.[36] 또 다른 연구는 전염병이 유행할 당시 분뇨 처리의 주체가 개인이 아닌 위생조합 등과 같은 공공의 사무로 전환되었다는 점을 지적하기도 했다.[37]

이와 같은 사례는 도시화, 그리고 도시위생 시설의 '근대적' 정비가 반드시 당시 사회가 안고 있던 문제, 혹은 변수를 해결해주는 최선책이 아니었음을 보여준다. 다만, 관련 연구는 오사카 등 한 도시의 사례에서 발견되는 것으로서, 보편적인 사례로 확장시키기 위해서는 다른 도시에 관한 연구 성과를 기다려야 할 것이다.

---

35 Nagashima, Takeshi (永島剛), "Public health expenditures and typhoid fever in interwar Japanese cities: The Struggle for Sewerage Construction in Osaka", *KEIO-GSEC Project on F-CRONOS Working Paper Series*, No. 04-009, 2004.

36 星野高徳,「戰前期大阪市における屎尿處理市營化ー下水處理構想の挫折と農村還元處分の擴大」,『經營史學』48-4, 2014.

37 오자키 고지,「해항도시의 전염병, 그리고 방역 시스템—근대 일본, 고베시의 분뇨 오물 처리 문제를 중심으로」,『해항도시문화교섭학』3, 2010.

### (3) 빈민과 도시위생

도시사 및 의료사회사 분야에서 지속적으로 언급되는 것은 부락 문제, 도시빈민의 문제이다. 근대사회가 성립되는 과정에서 급성전염병 유행의 중요성을 인식하면서, 도시빈민 문제와 급성전염병 유행을 연관지어 도시의 사회사를 재구성하는 연구가 등장했다. 주된 연구는 위생행정의 필요성이 강조되는 가운데 단속의 주요 대상이 된 빈민, 부락(部落)민에 대한 위생 정책의 변용에 주목했다. 아울러 이 연구는 콜레라 유행과 위생 정책이 부락민 차별을 정당화하는 도구로 활용되기도 했다는 점도 지적했다.[38] 즉, 전염병 유행으로 촉발된 근대적인 위생규율의 제정이 도시빈민을 규정하고 그들을 차별의 대상으로 삼는 모습을 그려내면서, 빈민과 부락민 연구에서 새로운 접근을 시도했다. 현재까지도 같은 문제가 반복되고 있다는 점에서 많은 시사점을 가지고 있는 연구 주제이다.

### (4) 통계 분석과 도시위생

전염병 통계를 활용하는 연구는 기존에도 있었으나, 이를 활용하여 도시의 위생 상태를 살펴보는 것은 최근에 진행된 연구에 속한다. 대표적 연구로는 장티푸스의 이환율 및 사망률 통계를 활용하여 도시화와 질병의 역학적 특징, 그 외 사회적인 요인 등의 연관관계를 재분석한 연구를 꼽을 수 있다. 이 연구는 영국의 전염병 발생과 공중위생 정책의 적용 및 양자 간의 상관관계 등에 관한 기존 이론을 검토하고, 각 지역과 질병에 따라 사망률 패턴이 다양하게 등장하는 것에 착목하여 도쿄를 중심으로 이루어진 도시화와 장티푸스의 발생, 그리고 도시 재정비에 따른 장티푸스 발생의 저하와 그 요인 등

---

38 小林丈廣, 앞의 책, 2001.

을 살펴보고 있다.

여기서 중요한 지적은 장티푸스 환자 및 사망자의 사회경제적 지위와 위생환경상의 비교우위가 일치하지 않는다는 점이다. 즉, 장티푸스 발생에는 생활 수준, 상하수도 부설 여부, 우물 이용 여부, 주거 지형의 차이 등 다양한 요소가 작동하고 있었고, 급격한 도시화에 따라 전염병이 발생하고 만연하는 현상이 팽배해지는 가운데 빈곤층만이 도시화 문제의 대상이 아니었다는 것이다. '빈곤-열악한 위생 환경-전염병-빈곤'이라는 채드윅 이래 공중위생을 다루는 일반적인 주장만으로는 근대 공중위생의 특징을 다 설명하지 못한다는 것을 보여주는 사례이며, 도시의 공중위생 문제를 다룰 때 검토해보아야 할 지점을 다시 한 번 생각하게 하는 논의라고 할 수 있다.[39]

이 외에도 최근에는 신체 및 환경에 주목하는 연구가 등장하고 있다. 몸을 씻는 문화와 공중목욕탕(公衆浴場)의 등장에 관한 연구가 그 한 예이다.[40] 이 연구는 공중목욕탕이라는 위생적인 시설의 도입을 통해 근대 일본에서 청결 규범이 구축되는 과정을 그려내고 있다. 동시에 전근대의 사교장으로서 공중목욕탕1이 어떻게 지역의 위생을 담당하는 기관으로 변화하는지에 대해서도 고찰하고 있다. 또 다른 연구로는, 사회적인 측면에서 공중위생을 다룰 때 근대 일본의 도시 공간에 사는 사람들의 생(生)이 어떻게 통치의 대상이 되고 질서가 부여되는지에 대하여 환경의 문제와 결부시켜 고찰한 연구를 들 수 있다.[41] 근대 일본의 공중위생이 사람들의 '생'을 통치하기 위한 지식 및 기

---

39 永島剛,「感染症統計にみる都市の生活環境—大正期東京の腸チフスを事例として」,『三田学会雑誌』97-4, 2005.

40 川端美季,「明治-大正期における公衆浴場をめぐる言說の變容—衛生-社會事業の觀點から」,『立命館人間科學研究』21, 2010; 川端美季,『近代日本の公衆浴場運動』, 法政大學出版局, 2016.

41 西川純司,「近代日本の公衆衛生と都市における生の統治—科學知·日光·窓ガラス」, 京都

술이었다는 점을 인지하고, 햇빛(日光, 자외선)이라는 자연과학적 대상을 분석하여 근래의 포스트 푸코의 연구 동향 및 과학사 연구의 논점을 검토하고 있다. 자외선은 결핵의 치료 및 예방, 정신위생의 건전화를 목적으로 사용되기도 했고, 도시의 환경위생에 개입하는 수단으로 작용했다. 정부와 시정부가 환경위생에 개입하는 것으로 도시인들의 건강과 건전함을 달성하려고 했다는 것이다. 다이쇼·쇼와 초기의 위생 문제를 대상으로 신체보다는 환경위생에 중점을 둔 점, 환경을 매개로 개입하는 정치기술로서의 공중위생을 파악했다는 점이 종래 연구와의 차별점이라고 할 수 있다.

## 4. 중국

### 1) 도시위생론의 도입과 적용

아편전쟁을 기점으로 중국은 근대화의 물결에 휩쓸렸다. 이 시기 서구의 과학기술 및 의학 이론의 소개와 함께 근대적 위생론도 중국에 들어왔다. 중국 정부가 일본식 번역어인 '위생'이라는 용어를 채용한 사실은 일본 위생론이 중국에 미친 영향을 잘 보여준다. 또한 청일전쟁을 계기로 교양서에 '위생'이라는 용어가 자주 등장하는데, 이는 위생이라는 개념이 민간사회에 깊게 침투하여 일상용어가 되었음을 의미한다.[42] 근대 톈진(天津)에서는 제국주의 유럽과 일본의 건강·위생 관념의 전래가 위생이라는 용어의 성립을 끌어내기도 했다.[43] 근대적 위생론의 도입, 중국적인 건강관·양생론(養生論)이 서구

---

大學博士學位論文, 2015.

42 餘新忠, 「清末における衛生概念の展開」, 『東洋史研究』 64(3), 2005.

43 Ruth Rogaski, *Hygienic Modernity: Meanings of Health and Disease in Treaty-port China*, Berkeley:

적인 관념의 위생론으로 변화하는 과정 등에 대해서는 이미 다양한 연구가 진행된 바 있다.[44]

특히 세균설의 도입은 도시위생론에서 가장 중요한 분기점이 되었다. 세균설이 도입되면서 서양식 방역법이 수용되고, 도시 인프라가 구축되었으며, 사람들의 일상생활에도 큰 변화를 가져왔기 때문이다.[45] 중국에서 세균설은 근대의학을 배운 사람이라면 당연히 알아야 하는 필수적인 이론으로 자리 잡았고, 중의학에서도 세균설을 활용했다. 폐결핵을 설명해오던 전통적인 관점도 세균학과 충돌하면서 변화했고,[46] 기(氣)라는 전통적인 개념이 세균설과 결합되기도 했다.[47] 세균, 병균이라는 개념은 지식인의 주도하에 수용되었다. 식민지 타이완은 일본인 위생학자와 관료의 지휘 아래 위생 개념을 받아들였다.[48] 일반 사람들이 이해하기 쉽도록 민간에 잘 알려진 개념과 백화문을 이용하여 세균을 소개하기도 했다.[49]

### 2) 도시위생의 제도화

근대국가에서 도시위생의 제도화란 비위생적인 도시 환경을 개선하여 도시민의 건강을 지키기 위해 꼭 필요한 조치였다. 근대 중국에서도 조계(租

---

University of California Press, 2004.

44 餘新忠, 『淸代衛生防疫機制及其近代演變』, 北京師範大學出版集團, 2016, 1~2장 참고.

45 路彩霞, 『淸末京津公共衛生機制演進硏究(1900~1911)』, 武漢: 湖北人民出版社, 2010.

46 Bridie Andrews, "Tuberculosis and the Assimilation of Germ Theory in China, 1895~1937", *Journal of the History of Medicine and Allied Sciences* 52(1), 1997.

47 皮國立, 『氣與細菌的近代中國醫療史—外感熱病的知識轉型與日常生活』, 衛生福利部國家中醫藥硏究所, 2012.

48 劉士永, 「「淸潔」, 「衛生」與「保建」—日治時期臺灣社會公共衛生觀念之轉變」, 李尙仁 主編, 『帝國與現代醫學』, 聯經, 2008.

49 조정은, 「근대 상하이 도시위생과 세균설의 수용」, 『도시연구—역사·사회·문화』 18, 2017; 조정은, 「近代 衛生論의 소개와 上海 『衛生白話報』」, 『중국사연구』 115, 2018.

界)를 중심으로 서구식 위생 체제가 점차 들어오기 시작했으며, 중국의 지식인들 또한 위생행정의 필요성을 공감했다.[50] 특히 페스트나 콜레라와 같은 감염병의 방역 정책은 위생의 제도화를 가장 잘 보여주는 사례이다. 예를 들면 페스트 방역을 통한 위생의 제도화는 중국의 근대화 혹은 근대중국의 국가건설에 큰 영향을 미쳤다.[51]

그러나 위생행정을 관철하기 위해서는 거대권력의 강력한 통제와 간섭이 필요했고, 이는 도시민의 반발과 항의, 거주민 사이의 차별과 배제라는 문제를 낳았다. 베이징(北京)에서는 정부가 경찰 제도와 위생적 질병 관리를 통해 일상생활을 통제하면서 주민들은 본래 지니고 있던 지역 의료에 대한 감각·관념을 잃어버렸다. 본래 베이핑(北平: 지금의 베이징) 지역 주민은 병에 걸리면 중의(中醫: 전통의학을 배운 의사)나 민간신앙에 의존했는데, 위생 통제와 풍속개량 운동으로 인해 중의나 민간신앙의 영향력이 감소하면서 국가권력이 의료를 통해 도시 생활을 전면적으로 통제하게 된 것이다.[52]

특히 식민 지배를 받은 지역에서 이러한 통제와 간섭의 양상이 두드러지게 나타난다. 예를 들면 중일전쟁기 일본은 점령지에서 콜레라가 유행하자 일본인을 보호하기 위해 중국인에 대한 차별적인 위생 정책을 시행했는데,[53] 상하이(上海)에서는 이동을 통제하고 강제접종을 시행했다.[54] 현대의학이 콜

---

50 지식인들은 위생 사업의 발전이야말로 민족과 국가의 지위를 높이고 제국주의의 침략을 막을 수 있는 방편이라고 생각했다. 何小蓮,「論中國公共衛生事業近代化之濫觴」,『學術月刊』, 2003.

51 飯島涉,『ペストと近代中國』, 東京: 研文出版, 2000.

52 楊念群,『再造病人—中西醫衝突下的空間政治(1832~1985)』, 北京: 中國人民大學出版社, 2006.

53 辛圭煥,「日本占領期 콜레라 流行과 北京의 衛生行政(1937~1945)」,『중국근현대사연구』 51, 2011.

54 福士由紀,『近代上海と公衆衛生—防疫の都市社會史』, 東京: 御茶の水書房, 2010.

레라로부터 사람들을 보호한다는 생각은 공공위생 사업의 강제성을 정당화했다.[55] 한편으로 일본 점령기 톈진의 거주민은 일본의 강제적인 위생행정으로 인해 개인의 자유를 침해당하긴 했지만, 감염병의 위험에서 벗어날 수 있었다.[56] 이처럼 위생은 근대화의 도구일 뿐만 아니라 식민 지배를 정당화해주는 도구였다. 식민지에서 벗어난 후에도 식민지 시기의 유산이 여전히 영향을 미친 사례도 있다. 예를 들면 일본이 남긴 사회 지원 시스템은 제2차 세계대전 이후 타이완(臺灣)의 말라리아 프로그램에 중요한 역할을 했다.[57]

한편 이제까지 연구에서는 전통의학과 근대의학을 이분화하고 근대의학을 위생 체제의 주도자로, 전통의학은 위생 체제의 수동적 수용자로 그리는 경향이 강했다. 이러한 문제의식 속에서 지금까지 연구가 서양 중심적 혹은 이에 대한 반발로 전통적 시각을 강조하는 양극단으로 흘러왔다고 지적하고, 해결책으로 국가 건설적 시각에서 위생 의료 체제를 조망한 연구도 등장했다. 이러한 연구는 주로 난징 국민정부(南京國民政府) 시기를 다루고 있는데, 이는 난징 정부 시기 위생행정이 비약적으로 발전했기 때문이다. 난징 정부 시기 베이핑을 중심으로 베이핑시의 위생행정이 도시 공간을 재편하고 통제하는 과정을 통해 근대국가 건설에서 위생행정이 차지한 역할과 위상을 검토한 연구가 대표적이다.[58] 또한 국가 건설적 시각에 따라 난징 정부의 위생행정을 전반적으로 분석하거나,[59] 국가 의료 체제의 형성에 있어 서의(西醫: 서

---

55 Chieko Nakajima, *Body, Society, and Nation: The Creation of Public Health and Urban Culture in Shanghai*, Harvard University Asia Center, 2018.

56 Ruth Rogaski, op.cit, 2004.

57 Ka-che Yip, *Disease, Colonialism, and the State: Malaria in Modern East Asian History*, Hong Kong: Hong Kong University Press, 2009.

58 신규환, 『북경의 붉은 의사들』, 역사공간, 2020.

59 Ka-che Yip, *Health and National Reconstruction in Nationalist China: the Development of Modern Health Services, 1928~1937*, Association for Asian Studies, 1995.

양의학을 배운 의사)뿐만 아니라 중의 또한 주도적인 임무를 수행했음을 밝힌 연구가 있다.[60]

국가권력의 위생행정 체제 구축을 분석한 이들 연구는 중국의 시대적 정치적 한계를 염두에 두지 못했다. 당시 중국은 중앙정부의 위생행정과 지역별 위생행정의 연결성이 약했기 때문에, 중앙정부의 위생행정만 살펴봐서는 안 된다. 이러한 문제의식 아래서 이후 상하이, 톈진, 광저우(廣州) 등 각 지방정부의 위생행정에 주목한 연구들이 발표되었다. 예를 들면 상하이에서 전통적인 감염병 대응책은 본래 지역의 지식인과 선회(善會)가 주도했다. 그러나 조계지 설치와 서양의학의 도입으로 감염병 대응책은 백신 접종, 감염자 격리와 같은 근대적 방식으로 전환했다.[61] 한편으로 중국의 전통적인 두창 예방책인 인두법(人痘法)이 여전히 시행되고 있었다는 점은 전통적인 관념이 완전히 사라지지는 않았음을 보여준다.[62]

그에 따라 일반 사람에게 위생의 중요성을 알리고 정부의 방침을 따르게 하기 위한 위생 운동이 시행되었다. 위생 운동은 매우 전통적인 연구 주제이면서, 현재도 계속해서 연구가 진행되고 있는 분야이기도 하다. 이는 지역과 시기마다 서로 다른 주장과 방식의 위생 운동이 전개되어, 이를 통해 당시 시대 상황을 이해할 수 있기 때문이다. 말라리아를 주제로 식민지 권력의 위생 운동을 비교 분석한 연구,[63] 상하이의 신생활 운동이 국민당에 대한 충성도를

---

60 Sean Hsiang-lin Lei, *Neither Donkey nor Horse: Medicine in the Struggle over China's Modernity*, University of Chicago Press, 2014(박승만·김찬현·오윤근 역, 『비려비마—중국의 근대성과 의학』, ITTA, 2021).

61 福士由紀, 『近代上海と公衆衛生—防疫の都市社會史』, 東京: 御茶の水書房, 2010.

62 福士由紀, 「中國における予防接種の歷史的展開—種痘政策を中心に」, 『海外社會保障研究』 192, 2015; 조정은, 「근대 상하이 공공조계 우두 접종과 거주민의 반응—지역적·문화적 비교를 중심으로」, 『의사학』 29(1), 2020.

63 Ka-che Yip, op.cit, 2009.

높이는 데 기여했음을 밝힌 연구가 대표적이다.[64] 한편 일반 사람을 대상으로 한 위생 교육과 선전은 민족주의의 형성과 소비문화의 확대에까지 영향을 미쳤다.[65]

물론 거대권력의 힘으로만 위생 운동이 진행된 것은 아니다. 베이징의 위생행정부는 위생 운동이라는 형태를 빌려 사회 각 계층이 적극적으로 위생 교육에 뛰어들도록 했다.[66] 예를 들어 홍콩에서는 폐결핵의 유행을 막기 위해 '공유지에 가래침을 뱉지 않도록 타이르는 모임'이라는 민간단체가 결성되었는데, 이 단체는 국가와 협력하여 교육과 선전을 통해 민중을 교화하고자 했다.[67] 이처럼 민국 시기 생겨난 다양한 단체들은 공공위생 사업의 감독자이자 협력자로서 정부를 도와 위생 체제의 확립에 기여했다. 그러나 한편으로는 정부 정책에 반감을 품고 저항하여 위생 사업의 진행을 방해한 예도 있었다.[68] 도시위생 사업의 성공을 위해서는 민간단체와 일반 민중의 공감이 필요했으나, 이는 하루아침에 쉽게 얻을 수 있는 것이 아니었다.

### 3) 도시 환경의 정비

비위생적인 도시 환경을 개선하기 위해서는 위생행정의 제도화와 더불어 도시위생 인프라 구축도 중요하다. 상하이 조계에서 도시 정비를 위해 가장 먼저 착수한 공사도 도로 건설과 하수도망 구축이었다.[69] 또한 깨끗한 물

---

64 Chieko Nakajima, op.cit, 2018.

65 張仲民,『出版與文化政治—晚淸的"衛生"書籍研究』, 上海書店出版社, 2009.

66 杜麗紅,『制度與日常生活—近代北京的公共衛生』, 中國社會科學出版社, 2015.

67 雷祥麟,「公共痰盂的誕生—香港的反吐痰爭議與華人社群的回應」,『中央硏究院近代史硏究所集刊』96, 2017.

68 范鐵權,『近代科學社團與中國的公共衛生事業』, 人民出版社, 2013.

69 陳雲蓮,『近代上海の都市形成史—國際競争下の租界開發』, 風響社, 2018.

의 공급에도 힘썼는데, 공공조계에는 1883년 공공조계 상하이상수도회사(Shanghai Waterworks Company)가 설립되었다. 이 회사의 자본이나 기술, 관리는 모두 영국인이 맡았다. 상수도뿐만 아니라 1843년부터 1893년까지 개항 후 50년 도시위생 전반을 구체적으로 분석해보면, 상하이의 도시위생 체제 수립에 조계 정부와 영국인 의료 전문가가 미친 영향이 지대함을 알 수 있다.[70] 조계당국과 외국계 회사가 이득만 좇아 상수도 등을 무분별하게 발전시키고 독점함으로써 중국을 약탈하고 기형적인 근대화라는 결과를 남겼다는 주장도 있다.[71] 서구 권력에 의해 진행된 도시위생 인프라의 발전을 어떻게 평가할지는 여전히 논쟁의 여지가 있는 주제이다. 1900년대 이전을 다룬 연구가 주로 서양의 영향력을 강조하는 데 반해, 1900년대 이후까지 시야에 넣어 상하이의 공공위생을 다룬 연구에서는 상하이 공공위생 사업의 발전과 좌절을 정리하여 그 속에 나타나는 중(中)·서(西)의 대립과 협력의 다양한 양상을 고찰했다.[72]

베이징에도 20세기 초 상수도회사가 생겼지만, 주민들은 우물에 더 익숙한 데다 상수도는 너무 비쌌다. 즉 상수도가 생겼다고 해서 주민들의 용수 방식에 곧바로 큰 변화가 생기지는 않았다. 물장수들의 역할도 오랫동안 남아 있었다.[73] 그러나 상수도 건설은 베이징이 근대화된 도시로 나아가고 있었음을 보여준다.[74] 광저우에서도 시(市)정부의 적극적인 노력으로 도시 환경의 개

---

70 Kerrie L. Macpherson, *A Wilderness of Marshes: The Origins of Public Health in Shanghai, 1843~1893*, Lexington Books, 2002.

71 씽지엔룽, 「근대 상해 공공사업의 전개와 중서의 인식 차이」, 배경한 편, 『20세기 초 상해인의 생활과 근대성』, 지식산업사, 2006.

72 彭善民, 『公共衛生與上海都市文明(1898~1949)』, 上海人民出版社, 2007; Chieko Nakajima, op.cit, 2018.

73 邱仲麟, 「水窩子—北京的供水業者與民生用水」, 『中國的城市生活』, 北京: 新星出版社, 2006.

74 史明正 著, 王業龍 等譯, 『走向近代化的北京城—城市建設與社會變革』, 北京: 北京大學出版社, 1995.

선, 식품 위생 관리 등 다양한 공공위생 사업이 진행되었다.[75]

도시 환경 정비를 위해서는 분뇨와 쓰레기도 위생적으로 처리해야 했다. 상하이 공공조계 공부국에서는 1860년대부터 운반업자를 고용하여 조계 내의 분뇨를 농촌으로 가져가 비료로 쓰도록 했다. 1906년에는 정화조를 설치하여 분뇨를 농촌으로 운반하기에 앞서 병균이나 기생충 알을 제거할 수 있도록 분뇨의 무해화(無害化) 처리를 진행했다. 분뇨 처리 문제는 도시위생 체제가 구축되는 과정을 보여주는 중요한 사례였다.[76]

이러한 공공위생 사업의 진행이 순탄했던 것만은 아니었다. 중국에서는 분뇨를 거름으로 사용하다 보니 구체적인 방식에는 차이가 있을지 몰라도 사회와 시장이 분뇨 처리 시스템을 주도했다.[77] 경사경찰청(京師警察廳)이 분뇨장 관리 규칙을 제정하고 정부가 분뇨를 처리하려고 하다가 자신들의 이익을 빼앗길까 우려한 똥장수의 파업 때문에 결국 무산된 사례는 베이징 정부의 힘이 그리 강하지 못했음을 보여준다. 결국 시정부는 분뇨 처리를 위해 관독상판(官督商辦: 관이 감독하고 상인이 경영을 맡는 운영 방식)의 방식을 취했다.[78] 한편 관독상판은 표면적인 현상에 불과하며, 분뇨개혁은 시종일관 시정부가 주도했다고 주장하는 연구도 있다.[79] 광저우에서도 근대적 위생 관념을 앞세운 정부가 1930년 상인들로부터 분뇨 관리권을 얻어내면서 분뇨 처리와 같은 다양한 위생 행위가 정부의 공공위생 관리 범주에 포함되는 성과를 거두었다.[80] 톈진의 조계 정부는 오히려 중국식 분뇨 사업의 형태를 이용했다. 똥장

75 周瑞坤, 「公共衛生與廣州城市現代化(1901~1930's)」, 國立政治大學 석사논문, 2003.
76 羅蘇文, 『上海傳奇—文明嬗變的側影』, 上海人民出版社, 2004; 彭善民, 앞의 책, 2007.
77 餘新忠, 『清代衛生防疫機制及其近代演變』, 北京師範大學出版集團, 2016, 5장 참고.
78 杜麗紅, 『制度與日常生活—近代北京的公共衛生』, 中國社會科學出版社, 2015.
79 신규환, 『북경 똥장수—어느 중국인 노동자의 일상과 혁명』, 푸른역사, 2014.
80 唐何芳, 「商辦抑或官辦—試論近代廣州糞穢處理變遷」, 『社會科學研究』 3, 2014.

수들은 스스로 공공위생의 개선에 이바지하고 있다고 생각했다.[81] 즉 근대 정부는 도시위생 체제를 구축하고자 한편으로는 민간을 통제하고, 한편으로는 민간과 협력했다. 그 과정에서 민간의 일상생활은 크게 변화했다.[82] 이처럼 근대 정부는 도시위생의 개선을 위해 다각도로 노력했지만, 정작 도시위생의 완성을 보지는 못했다. 대표적인 근대도시 상하이에서조차, 정치적 분열(조계와 화계)과 불안정(전쟁)이라는 시대적 한계로 인해 본래 추구했던 도시위생의 완성은 해방 후에야 가능해졌다.[83]

## 5. 한국

### 1) 도시위생 연구의 출발

1942년 경성제국대학 위생조사부가 발간한 『토막민의 생활과 위생』은 한국의 도시위생에 대한 최초의 체계적인 보고서이다. 이 조사에 참여한 학생들은 1930년대 후반 확대된 서울의 이면(裏面)에 주목했다. 도시의 최하층을 차지하는 토막민이었다.[84] 학생들은 1940년 조선농촌사회위생조사회에서 펴낸 『조선의 농촌위생』에서 영향을 받았다. 이들의 "정당한 방법론적 기초에 입각하여 전면적이고 계통적으로 이루어진 농촌의 사회위생학적 조사"는 일본 현지에서도 이루어지지 않은 것이었다.[85] 1940년을 기점으로 한국의 농촌,

---

81 任吉東·原惠群,「衛生話語下的城市糞溺問題—以近代天津爲例」,『福建論壇(人文社會科學版)』3, 2014.

82 신규환, 앞의 책, 2014.

83 劉岸冰,「近代上海城市環境衛生管理初探」,『史林』, 2006.

84 경성제국대학 위생조사부, 『토막민의 생활과 위생』, 민속원, 2010(1942).

85 조선농촌사회위생조사회, 『조선의 농촌위생』, 국립민속박물관, 2008(1940).

그리고 도시의 위생에 대한 학문적 접근과 연구가 시작되었다.

그러나 도시위생에 대한 분석적인 연구는 이후 이십 년을 넘게 기다려야 했다. 도시위생에 대한 관심이 싹트기 위해서는 도시 자체에 대한 연구가 진척되어야 했다. 그 연구는 1960년대 이후 이루어졌다. 한국의 산업화가 이때부터 본격적으로 시작되었으며, 도시화 역시 같이 진행되었기 때문이다. 도시화는 전국적인 현상이었다. 도시화는 "서울과 부산이라는 거점도시를 중심으로 형성된 양 도시권역과 경부선 축을 따라 형성된 거대한 도시회랑을 중심"으로 이루어지고 있었다. 그 결과 한국은 도시민이 전 인구의 90%를 차지하는 사실상의 도시국가가 되었다.[86]

도시 문제에 대한 관심이 생기면서 도시위생에 대한 관심도 함께 증가했다. 관심은 도시 환경 전체를 포괄하는 가운데 도시위생 문제를 인식하고 대책을 마련하는 방식으로 표명되었다. 『도시문제』는 그 관심이 표명되는 공간이었다. 1966년 주요 도시의 시장들로 구성된 한국도시행정협회는 『도시문제』라는 잡지를 발간했다. 도시에서 발생하는 교통, 주택, 공해, 범죄 등 여러 문제를 연구하기 위한 목적이었다. 위생 문제가 거기에 포함되었음은 물론이다.

그러나 도시위생 문제에 대한 관심이 도시위생의 역사에 대한 관심으로 직접 이동하지는 않았다. 손정목의 선구적인 업적과 김상용·김희정의 분뇨처리에 대한 연구를 제외한다면,[87] 한국에서 도시위생의 역사에 대한 연구가 제출되기 시작한 것은 2000년대 이후이다.

---

86 김백영, 「도시의 사회사」, 『사회사/역사사회학』, 다산출판사, 2016, 337~338쪽.

87 孫禎睦, 『(韓國開港期) 都市社會經濟史硏究』, 一志社, 1982; 金相瑢·金熙正, 「부산시 분뇨 처리 발전사」, 『대한토목학회지』 37-2, 1989; 金相瑢·金熙正, 「韓國의 糞尿處理 發展史」 (1), 『대한토목학회지』 37-6, 1989; 金相瑢·金熙正, 「韓國의 糞尿處理 發展史」 (2·완), 『대한토목학회지』 38-1, 1990.

### 2) 도시위생의 이론

도시위생론의 전개와 서양의학의 수용은 밀접한 관계를 가지고 있었다. 서양의학은 위생이나 세균과 같은 새로운 개념을 통해 한국 사회를 변화시켜 나갔고, 그 개념들은 도시위생을 실천하는 데 활용되었다.

한국에서 서양의학의 도입을 이야기할 때 빠질 수 없는 인물이 지석영이다. 그는 1891년에 의학서인 『신학신설』을 저술했는데, 이 책에 주거 위생과 관련된 내용이 있다. 그는 주거와 관련하여 채광, 통풍과 환기의 중요성을 강조했고, 주거지의 조건으로 건조하고 높은 곳을 제시했다. 특징적으로 지석영은 주거 위생론을 제기하면서 지기(地氣), 양생, 장기설(瘴氣說) 등 전근대적 개념을 사용했다.[88]

1880년대 초반 개화파가 피력한 치도론은 한국 최초의 도시위생론으로 주목받았다. 여기에 영향을 미친 이론이 장기설(瘴氣說)이다. 대기 중에 존재하는 독소, 즉 장기(瘴氣, miasma)에 의해 전염병이 발생한다는 이론이다. 김옥균이 보기에 더러운 쓰레기들이 거리에 쌓여서 독한 기운을 내뿜는 상황은 전염병의 발생을 용이하게 만들고 있었다. 이렇게 불결한 환경을 개선하기 위해서는 치도, 즉 길을 닦을 필요가 있었다.[89]

치도 사업에 대한 관심은 그 내부에 존재했던 합리성에 대한 연구로 나아갔다. 이 연구에 따르면, 치도론에는 팽창하는 서구의 시공간으로서 국제질서에 편입하기 위한 조선의 생존 논리와, 조선 사회를 공포에 몰아넣었던 콜레라로부터의 해방이라는 위생 논리가 존재했다.[90]

---

88 김명선, 「지석영의 『신학신설』(1891)에서 근대적 주거 문제」, 『한국산학기술학회논문지』 9-3, 2008.

89 박윤재, 『한국 근대의학의 기원』, 혜안, 2005, 31~34쪽.

90 김동완, 「19세기 말 개화 지식인의 도시 인식과 실천론—'치도론(治道論)'의 통치 합리성과

개화파들은 도시에 필요한 구성 요소 중 하나로 공원을 제시했다. 이들의 공원관을 살펴볼 때 "일제강점기가 시작되기 훨씬 이전부터 한국인들에게는 공원에 대한 의식과 견해가 형성되었으며 단순한 모방과 이식이 아니라 충분한 이해와 사회적 필요성을 바탕으로 공원이 등장"했음을 알 수 있다.[91]

1890년대 후반 진행된 서울의 도시 개조 사업은 연구자들의 주목을 받는 주요 대상 중 하나이다. 이 개조 사업의 이론적 배경에는 서양이 있었다. 조선 건국 당시 담겨져 있던 이상, 즉 유교적 왕도 구현의 도시로서의 이상은 고려되지 않았다. 서울의 개조 사업은 한국을 부국강병한 국가로 만들겠다는 목적에서 진행되었다.[92]

도시위생론의 중심에 있었던 병인론은 1880~1900년대를 거치며 변화해 갔다. 분기는 1890년대 중반이다. 이 시기를 지나면서 병인론은 더러운 기운이 질병을 발생시킨다는 장기설에서 세균이 질병의 원인이라는 세균설로 교체되었다. 그 결과 장기설이 제기했던 토목 분야의 개선은 관심의 대상에서 사라지지 시작했다. "병인론의 전환은 도시위생의 범위를 구체화시켰지만, 동시에 축소시켰다."[93]

위생론은 도시 공간을 구성하는 건축에도 영향을 미쳤다. 1920년대 건축 전문 잡지에 의사들의 위생론이 게재되었다. 그들의 주장은 생활 방식이나 겨울 난방에 주목한 건축학자들의 그것과 차이를 보이고 있었다. 온돌을 개량하여 사용하는 시도는 장기설의 폐기와 연결되었다. 더 이상 공기가 전염

---

근대 인식」, 『공간과 사회』 52, 2015.

91 우연주 외, 「개항기 한국인의 공원관 형성」, 『韓國造景學會誌』 39-6, 2011.

92 김수자, 「1890년대 개화 지식인의 문명 담론과 한성부의 '위생도시' 기획—『독립신문』 기사 내용을 중심으로」, 『향토서울』 79, 2011.

93 박윤재, 「19세기 말~20세기 초 병인론의 전환과 도시위생」, 『도시연구』 18, 2017.

병의 원인이 아니라는 점이 밝혀지면서 온돌에 대한 인식의 전환이 이루어졌던 것이다.[94]

교과서는 도시위생론의 변화를 살필 수 있는 주요 소재 중 하나이다. 갑오개혁 이후 관립이나 공립학교에서 사용된 교과서는 주거에 반영된 근대적 지식이 무엇이었는지 알려준다. 교과서는 "위생적 주거를 바람직한 주거로 전제한 뒤 환기, 채광, 방습, 청결을 중요한 조건으로 제시"했다.[95]

1950년대 이후 발간된 예방의학과 미생물학 교과서의 내용 역시 도시위생론의 변화를 반영했다. 1950년대 예방의학 교과서는 식음료, 의복 위생, 주택 위생, 오물 처리, 전염병 등 도시위생과 직접적으로 연관된 주제들을 수록했다. 하지만 이런 내용은 시기가 내려오면서 축소되었고, 대신 산업보건, 만성질환에 대한 서술이 증가했다.[96]

### 3) 제도와 정치

상하수도와 같은 기반시설은 식민권력을 강화하는 수단으로 활용될 수 있었다. 공적 권력을 표방하는 경성부가 식수에 대한 권리를 확보하면서 주민들의 일상생활은 경성부의 수도 정책에 긴박되어갔다. "경성부가 표방하는 공공성은 대민 지배와 주민 동원의 바탕"이 되었다.[97]

그러나 한국인들이 식민권력의 기반시설 설치에 전적으로 동의했는지는 의심스럽다. 한 연구에 따르면, "경성부의 상하수도를 중심으로 한 위생정

94 이연경, 「1920년대 근대 건축에서의 위생 담론의 소개와 적용—『朝鮮と建築』에 소개된 의사들의 기사를 중심으로」, 『도시연구』 18, 2017.

95 김명선, 「생리 및 위생 분야 교과용 도서의 근대적 주거 지식(1894~1910)」, 『한국산학기술학회논문지』 9-5, 2008.

96 권오영, 「현대 한국의 도시위생 개선과 의학 교과서 서술의 변화」, 『도시연구』 18, 2017.

97 김영미, 「일제시기 도시의 상수도 문제와 공공성」, 『사회와 역사』 73, 2007.

치의 차원에서 볼 때 식민지 조선에 대한 제국 일본의 사회적 통합 전략은 성공했다고 보기 어렵다." 식민권력이 상수도를 건설할 때 한국인은 그 사업이 "공공성이 결핍된 사영 기업의 폭리"를 보장하고 "민족 차별의 구조"를 재생산하고 있다고 판단했다.[98]

공공성은 지배의 수단인 동시에 저항의 도구로 활용되었다. 서울의 주민들은 식민권력이 파고다공원 뒷문을 폐쇄하자 "파고다공원이 가진 보건=위생과 공공성이라는 두 가지 근대성을 내걸고 식민권력의 민족 억압에 대항"했다. "식민지 지배 아래 공공성을 매개로 한 저항"을 시도한 것이었다.[99] 방역 대책에 대한 저항도 나타났다. 한국인들, 특히 지식인들은 일본인의 장티푸스 발생률이나 사망률이 한국인보다 높았음에도 불구하고 "일본인들의 희생에는 무딘 반면, 조선인들의 피해에는 민감했다." 나아가 "열등한 신체와 비위생적 습관을 가진 것이 분명한 조선인들을 도리어 더 다그치고 훈계했다."[100]

#### 4) 환경 정비

서울의 도시위생 사업은 일본인 거류지에서 먼저 이루어졌다. "일본인 거류지에서의 위생 사업은 서구에서 시작된 근대 위생 사업이 일본 내에서의 경험과 결합되어 한성부 내 일본인 거류지를 거쳐 한성부에 전달"되었다. 이 사업의 성과는 "이후 한성부뿐 아니라 다른 지역에도 전해지게 된다."[101]

---

98 김백영, 「일제하 서울의 도시위생 문제와 공간정치」, 『사총』 68, 2009.

99 하시모토 세리(橋本妹里), 「공공성의 주체를 둘러싼 식민권력과 '경성부민'의 대립―'문명'으로서의 공원을 중심으로」, 『한국학연구』 35, 인하대학교 한국학연구소, 2014.

100 이정, 「제국 신민의 전염병 도시 경성」, 『梨花史學硏究』 58, 2019.

101 이연경 외, 「1885년~1910년 한성부(漢城府) 내 일본인 거류지의 근대적 위생 사업의 시행과 도시 변화」, 『대한건축학회 논문집―계획계』 28-10, 2012.

부산은 수도였던 서울보다 상수도 같은 도시위생 사업이 먼저 시작된 곳이다. 하지만 제3기 공사로 설치된 배수관이 대부분 초량왜관 지역에 집중된 점에서 알 수 있듯이, 부산 지역 수도 시설의 혜택은 일본인에게 유리하게 제공되었다.[102] 콜레라는 부산 사회를 변화시키는 계기였다. 1908년부터 시작된 제3기 공사는 "거류민을 위한 원활하고 안전한 물의 공급뿐만 아니라 일본의 조선 경영 구상을 고려해서 실시된 대형 위생 사업"이었다. "대륙과 일본의 '연쇄점'인 부산항의 도시위생 환경을 조성하는 차원에서 이루어진 것이었다."[103]

1928년 서울에서 발생한 장티푸스는 일본인 지역에 발생했다는 점에서 특징적이었다. 의사들은 장티푸스의 발병 원인을 수도에서 찾았다. 반면 수도를 관리하던 경성부는 장티푸스와 수도가 무관하다고 방어했다. 논쟁은 결론 없이 마무리되었지만, 수도라는 근대적 시설이 가진 취약점을 노출시키는 계기로 작용했다.[104]

일본인 위주의 위생 시설 설치는 하수도에서도 반복되었다. 서울에서는 1940년대 초까지 4기에 걸쳐 하수도 정비 사업이 진행되었지만 서울 전체를 포괄하지 못했다. 한국인들은 암거 하수도가 좋지만 "일본인 중심지에만 베풀어주는 것"으로 이해하고 있었다.[105]

부산에서는 1929년부터 3개년 사업으로 제1기 하수도 건설 사업이 진행

---

102 김승, 「한말 부산 거류 일본인의 상수도 시설 확장 공사와 그 의미」, 『한국민족문화』 34, 2009.

103 김정란, 「근대 해항도시 부산에서의 콜레라 유행과 그 대응—일본인 거류지 운영과 상수도 설비 과정을 중심으로」, 『해항도시문화교섭학』 4, 2011.

104 백선례, 「1928년 경성의 장티푸스 유행과 상수도 수질 논쟁」, 『서울과 역사』 101, 2019.

105 염복규, 「차별인가 한계인가?—식민지 시기 경성 하수도 정비의 좌절」, 『역사비평』 126, 2019.

되었다. 하지만 이 사업은 주로 일본인 거주 지역을 대상으로 했다. 한국인 거주 지역은 "식민권력의 민족 차별적인 시정에 의하여 시구개정을 비롯한 도시 정비에서 제외되었다." 이런 배제는 사업 지역을 선정한 협의회 의원의 구성과 연관이 있었다. 한국인 의원의 수는 일본인의 10%가 약간 넘었다.[106]

선행 연구들은 상하수도로 상징되는 근대적 기반시설 구축에서 일본인 거주지 우선의 정비가 이루어졌음을 지적했다. 2010년대에 접어들어 이런 연구들에 대한 비판이 제기되었다. 식민지 시기 서울은 한국인과 일본인이 단순하게 이분법적으로 거주한 곳이 아니라 내부 구조의 다양성과 시간의 흐름에 따른 변동이 나타났던 곳이라는 비판이었다.[107]

서울의 거리가 근대적으로 변화하면서 도로를 이용하는 주민들에게도 근대적 삶과 행동이 요구되었다. 개인의 고유영역이라 여겨졌던 물건의 적재, 가가(假家)의 설치, 도로변 휴식의 풍경까지 금지의 대상이 되었다. "도로 정비와 규율 규제를 통한 한성부의 위생적 도로 만들기는 근대의 공간적 구현이라는 점에서 의미"를 가졌다.[108]

도로에는 가로수가 심어졌다. 목적은 도심지 미화, 녹음 제공, 도심지 경관 향상과 함께 "도시위생 향상"에 있었다.[109] 도시에서 위생과 미화를 위해 진행해야 할 가장 중요한 작업은 청소이다. 청소 작업과 관련하여 1936년에 '조선오물소제령(朝鮮汚物掃除令)'이 공포되었다. 1908년 서울을 중심으로 청소 작업이 공적 영역으로 들어왔다면, '조선오물소제령'은 식민지 조선 전체를

---

106 박민주, 「일제강점기 부산부 상수도 건설 사업의 진행 과정과 한계(1929~1932)」, 『역사와 경계』 98, 2016.

107 김종근, 「식민도시 京城의 이중도시론에 대한 비판적 고찰」, 『서울학연구』 38, 2010.

108 서정현, 「한성부의 '근대' 도로 만들기—1890년대 후반 '위생' 담론을 중심으로」, 『민족문화논총』 64, 영남대학교 민족문화연구소, 2016.

109 김해경, 「일제강점기 경성 내 가로수에 대한 일고찰」, 『서울과 역사』 98, 2018.

포괄했다는 점에서 의미가 있다.[110]

청소의 중요한 대상 중 하나인 분뇨 처리에 대해서도 연구가 이루어졌다. 개항 이후 식민지 시기까지 서울의 분뇨 수거 체계는 분뇨 사업과 비용부담의 주체에 따라 변화했다.[111] 식민지 시기를 거치면서 분뇨를 안전하게 비료로 이용할 수 있는 과학적 기반이 마련되었다. 기생충 예방을 위해 분뇨를 부패시키는 것이었다. 이 방법은 전통적으로 이용되고 있었지만, 식민지 시기에 "분뇨의 혼합, 필요한 저장 기간 등 구체적인 필요사항에 대한 연구 결과"가 제시되었다.[112] 분뇨에 대한 가장 포괄적인 연구는 부산을 대상으로 이루어졌다. 이 연구는 19세기 말부터 2010년대까지 부산에서 분뇨 처리가 어떻게 이루어졌는지 역사적으로 개괄하는 동시에 분뇨에 대한 정의, 분뇨 처리 기술 등 기술적 분야를 포괄하고 있다.[113]

마산을 중심으로 한 목욕탕의 변화를 살피는 가운데 그 변화를 도시화와 연결시켜 고찰하는 연구도 이루어졌다. "마산 지역의 목욕탕은 도시 변화의 중요한 상징"이었다.[114] 이 연구는 목욕탕을 고립적인 소재가 아니라 도시의 변화와 연동시켜 고찰했다는 점에서 의미가 깊다.

---

110 김상은, 「'조선오물소제령' 실시 전후의 경성부 청소행정의 구성과 운영」, 『도시연구』 21, 2019.

111 서호철, 「서울의 똥오줌 수거 체계의 형성과 변화」, 『서울과 역사』 93, 2016.

112 박윤재, 「위생에서 청결로—서울의 근대적 분뇨 처리」, 『역사비평』 126, 2019.

113 정영란, 『부산시의 분뇨 처리—정책, 행정, 그리고 130년의 연대기』, 부산환경공단, 2013.

114 유장근, 「식민지 위생 시설에서 다기능의 생활공간으로—마산 지역 목욕탕의 1백년 역사」, 『加羅文化』 27, 2015.

## 6. 맺음말

수적으로 많고 질적으로 다양한 연구가 진행되었지만 향후 연구의 과제도 적지 않다. 먼저 도시위생사 수준의 질적 제고를 위해서는 무엇보다 구체적인 소재를 활용한 연구가 양적으로 축적될 필요가 있다. 소재는 다양해져야 한다. 개별적인 소재를 넘어 도시 전체를 포괄하는 구조에 대한 고민도 필요하다. 방역 체계는 하나의 예이다. 예를 들면, 사스는 "주권국의 전염병 거버넌스를 넘어선 글로벌 전염병 거버넌스의 중요함"을 깨닫게 했다. 이런 발병에 영향을 미친 요인은 과학기술의 발전, 무역 및 교역의 증가와 글로벌화, 그리고 도시화였다.

둘째, 기존의 연구는 대상을 주요한 대도시에 집중했다. 앞으로는 다양한 도시를 대상으로 정치적·사회적 제약 속에서 서로 다른 도시가 도시위생을 구축해 나가는 과정을 비교 분석함으로써 도시위생이 지니는 역사적 의미를 찾고자 노력해야 할 것이다. 개별 도시에 관한 연구 성과가 어느 정도 비슷한 수준으로 축적된 후에는 전체상을 파악하기 위한 시도도 가능해질 것이다.

셋째, 비교연구를 적극 활용할 필요도 있다. 같은 시기 다른 나라와 상관관계 속에서 도시위생의 문제를 검토할 필요도 있다. 도시위생사 연구 전반에서 지역 전문가의 역할만 강조되고 일반 민중의 목소리가 들리지 않는다. '도시'라는 공간을 중심으로 위생 문제를 논하면서도 정작 도시 공간에 대한 분석보다는 위생행정의 성립 과정에서 나타나는 국가권력 혹은 지방권력의 문제에 중점을 두고 있다.

넷째, 의료에 대한 관심도 필요하다. 자료의 활용과 관련해서 의료인의 연구를 직접 인용할 필요가 있다. 의료 지식이 부족한 역사 연구자지만, 의학 서적이나 의학 학술지에 게재된 논문을 직접 활용할 필요가 있다. 그렇게 연구가 진행될 경우 그 성과는 더욱 충실해질 것이다.

다섯째, 전통과 근대 그리고 식민에 대한 종합적 고찰이 필요하다. 전통이라고 해서 모두 시대에 뒤떨어진 후진적인 것이라 비판할 수 없다. 전통은 근대가 강제로 규정한 측면이 있다. 우물을 쉽게 전근대적 상수원이라 지적하지만, 우물의 수질 악화는 "도시화와 근대화라는 중첩된 역사적 변화의 자연사적 과정"이었다. 나아가 우물은 상수도 시설의 미비를 보완하는 대체제로 부상하기도 했다. 전통이 근대에 재활용된 것이다.

근대와 식민 역시 일면적으로 파악할 수 없다. 한국인들이 식민 위생 정책을 차별적이라 비판하며 저항한 것은 분명하다. 하지만 동시에 한국인들은 식민권력에 위생 시설의 확산을 요구하고 있었다. 그렇다면, 식민지 시기 위생 시설의 평가와 관련하여 식민 지배를 위한 목적만 강조하는 것으로 부족하다. 목적과 함께 확산 과정에 대한 고찰이 필요하다. 민족을 넘어 근대적 시설의 지역적·계층적 수용에 대한 포착이 필요하다. 즉 식민성과 근대성 사이에 존재하는 갈등과 융합, 나아가 진행되는 방향을 고민할 필요가 있다.

도시위생은 근현대를 관통하면서 관철된 가치였다. 도시는 청결해졌고 위생은 하나의 문화로 자리 잡았다. 그 결과는 장수와 건강이다. 한국의 경우 해방 직후 40대 중반이던 평균 수명이 80세를 넘어섰다. 60세를 노인이라 부르기 계면쩍은 상황이 되었다. 하지만 문제는 여전히 남아 있다. 그중 하나는 21세기 접어들어 주기적으로 출현하는 신종 전염병이다. 코로나19는 대표적인 예이다. 도시는 그 확산이 가장 활발하게 이루어지는 공간이다. 도시에서 사람 사이의 밀도는 가장 높다. 의료 기술과 행정 조직이 발전하면서 방역도 신속하고 체계적으로 이루어지고 있지만, 전염병 역시 발전하고 있다.

도시위생사 연구가 현재의 문제를 해결하는 데 직접적인 도움을 줄 수는 없을 것이다. 과거의 경험은 과거의 공간에서 의미를 가진다. 하지만 과거의 경험이 현재 속에 누적되었다고 할 때, 과거를 현재와 분리할 수는 없다. 경험은 현재를 고민하고 미래를 기획하는 데 도움을 줄 수 있다. 객관적으로 공공의 목적을 지녔다 해도 주관적으로 그 목적에 동의하지 못했던 식민지의 경험은 그 예가 될 수 있을 것이다.

# 1부

## 도시위생의 이론 — 식민지, 근대를 열다

# 병은 어디에서 오는가
## —장기설에서 세균설로 병인론의 전환

### 1. 머리말

19세기 말~20세기 초 한국 사회의 새로운 변화를 상징하는 단어 중 하나는 위생이었다.[01] 위생은 지역을 구분하여 적용되는 개념은 아니었지만, 우선적인 적용 대상은 도시였다. 도시의 불결은 개항 이후 한국을 방문한 외국인들에 의해 집중적으로 비판되고 있었다.[02] 한국 최초의 도시위생론이라고 할 수 있는 『치도약론』에서 "도성에서 시행하다가 효험이 있으면 외읍(外邑)으로 점차 확대해가자"라고 제안한 점에서 도시에 대한 우선적인 관심을 알 수 있다.[03]

위생이 그렇듯이 도시위생 역시 서양에서 발전된 개념이었다. 19세기 콜

---

01 신동원, 『한국근대보건의료사』, 한울, 1997, 50~52쪽; 박윤재, 『한국 근대의학의 기원』, 혜안, 2005, 29~30쪽; 신규환, 『국가, 도시, 위생』, 아카넷, 2008, 35~37쪽.

02 손정목, 『朝鮮時代都市社會研究』, 일지사, 1977, 379쪽.

03 『治道規則』, 서울대 규장각 소장번호 15255, 7쪽. 번역은 寬勳클럽信永研究基金에서 1983년에 영인 발간한 『한성순보』를 원용하였다.

레라가 유럽으로 확산되면서 도시 주민들의 건강을 확보하기 위한 방법으로 도시위생론이 구체화되고 발전하기 시작하였다. 그 발전 과정에서 병인론은 중요한 역할을 담당하고 있었다. 왜 사람들이 전염병에 걸리는지에 대한 설명은 그 전염병을 막을 수 있는 방법으로 이어지는 길이었기 때문이다. 오물과 분뇨에서 발생하는 나쁜 기운, 즉 장기(瘴氣), 혹은 미아즈마(miasma)가 전염병의 원인이라는 '장기설' 혹은 '미아즈마설'은 초창기 도시위생론이 기반을 두고 있던 병인론이었다. 장기를 피하기 위한 분뇨의 분리와 재활용, 하수와 상수도 시설의 설치는 도시위생의 중심축이었다.[04]

장기설에 기반을 둔 서양의 병인론은 19세기 말 격동기를 맞이하였다. 파스퇴르, 코흐로 대표되는 일련의 학자들이 전염병의 구체적인 원인을 발견했기 때문이다. 세균이었다. 1861~1863년 파스퇴르는 세균이 발효의 원인이며 가열을 통해 세균을 박멸할 수 있다는 사실을, 1882~1883년 코흐는 결핵과 콜레라균을 발견하였다. 세균설은 학문적 기반을 강화해 나갔고, 중첩되고 혼합되는 시기가 있기는 했지만 장기설을 대체해 나가기 시작하였다. 이 시기 한국은 개항을 맞이했고, 갑신정변, 갑오개혁, 광무개혁, 통감부 지배로 이어지는 일련의 변화를 겪고 있었다. 각 시기마다 제기된 도시위생론, 구체적으로 진행된 도시 정비 사업에서 서양에서 이루어진 병인론의 변화가 수용되었을 가능성은 충분하다.

이 글은 19세기 말 병인론의 전환이 한국의 도시위생에 어떤 변화를 가져왔는지 살펴보는 것을 목적으로 한다. 시기는 1880년대부터 1900년대까지이다. 장기설에 따른 도시위생론이 1882년 『치도약론』에서 구체화되었다

04 Mark Harrison, *Disease and the Modern World: 1500 to the Present Day*, Cambridge: Polity, 2004, pp. 109~117.

면, 1890년대 본격적으로 수용된 전염설은 1900년대를 거치면서 정착되었고 그 변화가 도시위생 분야에서 나타났기 때문이다. 즉, 병인론의 전환에 따른 도시위생론의 변화를 살펴볼 수 있는 시기는 1880~1900년대이다. 서양이 그렇듯이 전염설이 장기설을 단기간에 급속도로 대체하지는 못했지만, 1880~1900년대는 전환이 일어났던 시기임에 분명하다.

이 시기 도시위생에 대해서는 개화파의 개혁론을 살펴보는 일환으로 연구가 진행되었다.[05] 특히 연구가 집중된 대상은 도시 개조 혹은 도시 정비 사업이라고 할 수 있는 치도 사업이었다. 이 연구들을 통해 해당 시기 진행된 치도 사업의 배경, 과정, 성과 등이 풍부하게 밝혀졌다. 도시위생에 주목한 최초의 정치세력은 개화파였고 그 지향이 계승되었다는 점, 광무개혁 과정에서 정비와 청결을 중심으로 한 서울의 개조 사업이 진행된 점, 따라서 대한제국에 의해 근대적인 도시 개조 사업이 추진·진행되었다는 평가가 가능하다는 점 등을 밝힌 것이다.

하지만 선행 연구는 도시위생론의 기반이라고 할 수 있는 병인론에는 주목하지 않았다. 병인론에 대해서는 최근 질병과 관련된 각 용어의 사전적 의미와 역사적 용례를 서술한 책이 출간되어 도움을 준다.[06] 하지만 이 책은 시기별 용례에 주목했다는 점에서 이 글과 서술의 목적이 다르다. 이 글은 각 시기별로 제기된 도시위생론과 병인론의 관계에 주목했다는 점에서 선행 연구와 차이가 있다.

---

05 김광우, 「대한제국시대의 도시계획」, 『향토서울』 50, 1991; 신동원, 『한국근대보건의료사』, 한울, 1997, 64~72쪽, 176~76쪽, 218~28쪽; 韓哲昊, 「대한제국 초기 한성부 도시 개조 사업과 그 의의—'친미' 개화파의 치도 사업을 중심으로」, 『鄕土서울』 59, 1999; 박윤재, 『한국 근대의학의 기원』, 혜안, 2005, 30~37쪽.

06 신동원, 『호환 마마 천연두—병의 일상 개념사』, 돌베개, 2013.

## 2. 1880년대 장기설의 수용과 도시위생론의 전개

한국의 전염병에 대한 전통적인 인식은 원인을 귀신에서 찾는 것이었다. 원인이 초자연적인 존재인 귀신에 있었던 만큼, 물리치는 방법 역시 초자연적인 것일 수밖에 없었다. 가장 보편적으로 사용된 방법은 귀신을 달래는 제사였다. 국가적 차원에서는 여제(厲祭)가 진행되었다. 여제는 예방적 차원에서 정기적으로 시행되었고, 전염병이 유행하면 해당 지역에서 별도로 시행되기도 했다. 여제는 전통 한국의 가장 보편적인 전염병 대응책이었다.[07]

그러나 전염병 퇴치를 위해 여제와 같이 초자연적인 존재에 기원하는 방식만 이용된 것은 아니었다. 중앙정부로부터 의원의 파견, 약재의 배송, 의방서의 간행 등이 이루어졌고,[08] 축적된 경험에 기반을 둔 방법이 동원되기도 했다. 1822년(순조 22) 4월 28일 『조선왕조실록』에 따르면, 당시 방역 대책으로 "환자는 천막을 치고 식량을 주어 각자 살게 하고, 사망자는 성 밖으로 실어다가 곧바로 깊이 묻어주"었다. 격리와 매장이 이루어진 것이다. 중국 명·청 시기에 사람과 사람 사이의 직간접적인 접촉을 통해 전염이 이루어진다는 사실을 인지했다는 점을 고려하면,[09] 그 이론의 수입 혹은 경험의 축적에 따라 환자로부터 자신을 차단 보호하고자 했던 노력이라고 평가할 수 있다.

나아가 『조선왕조실록』 1821년(순조 21) 8월 17일 기록은 백련교도가 "우물에 독약을 살포하고 오이밭에 독약을 뿌"려 전염병을 퍼뜨린다는 소문을 적고 있는데, 사실 여부와 무관하게 우물과 오이에 대한 언급이 있는 점이 주목

---

07 신동원, 「조선 말의 콜레라 유행, 1821~1910」, 『한국과학사학회지』 11-1, 1989, 69~71쪽.

08 김두종, 『한국의학사』, 탐구당, 1993, 424쪽.

09 Angela Ki Che Leung, "The Evolution of Idea of Chuanran Contagion in late Imperial China", *Health and Hygiene in Chinese East Asia*, Durham and London: Duke University Press, 2010, p. 38.

할 만하다. 당시 콜레라가 우물을 식수로 마시고 오이와 같은 채소를 먹고 난 다음에 발생한다는 경험적 사실을 반영하고 있었기 때문이다. 콜레라를 수인성 전염병으로 인식할 단초가 존재했던 것이다.[10] 하지만 이러한 인식이 국가 정책에까지 영향을 미칠 만큼 확대되지는 않았다.

도시위생에 대한 관심도 제기되었다. 박제가가 대표적이었다. 그가 경험한 도시는 오물이 거리에 쌓여 바람이 조금만 불어도 눈을 뜰 수 없는 환경을 가지고 있었다. 이러한 불결은 말과 같은 수송 수단의 미비 때문에 생기고 있었다. 일정량의 오물을 성 밖으로 배출해야 하는데, 그런 체계가 갖추어지지 못했던 것이다.[11] 하지만 박제가는 도시의 불결을 전염병과 직접 연관시키지는 못하고 있었다.

방역과 관련하여 국가 정책 차원에서 도시위생의 문제를 처음으로 제기한 이는 김옥균이었다. 그는 1882년 저술한 『치도약론』에서 길을 닦는 일, 즉 치도(治道)를 제시하였다. 구체적으로 도로를 청결히 하고 그 과정에서 나오는 분뇨는 비료로 사용함으로써 위생과 농업 생산력 향상을 도모하자는 제안이었다. 도로가 정비되면 교통이 원활해져 상업이 발전할 수 있고, 그동안 운수에 종사하던 인력의 다수가 수공업 분야에서 활동하게 됨으로써 경제활동 인구를 증대시킬 수 있었다. 치도는 한마디로 한국을 부강시킬 수 있는 가장 중요하고 긴급한 방법이었다.[12] 이 치도론에 영향을 준 병인론이 장기설이었다. 김옥균은 전염병의 원인으로 독기를 지목했다.

수십 년 이래로 괴질과 여역(癘疫)이 여름과 가을 사이에 성행해서 한 사람이

10 신동원, 앞의 글, 1989, 63쪽.

11 손정목, 앞의 책, 1977, 381~382쪽.

12 신동원, 앞의 책, 1997, 64~70쪽; 박윤재, 앞의 책, 2005, 30~35쪽.

병에 걸리면 그 병이 전염되어 수많은 사람이 죽는데, 죽는 자의 대다수는 일을 한창 할 장정들이었다. 이것은 비단 거처가 불결하고 음식물에 절제가 없어서일 뿐만 아니라 더러운 것이 거리에 쌓여 있어 독기의 영향을 받기 때문이다.[13]

김옥균이 지적한 독기는 더러운 것들에서 나왔다. 그중에서도 가장 경계해야 할 대상은 분뇨였다. 당시 분뇨 문제는 심각했다. 한국을 방문한 외국인이 '한국의 도로에는 분뇨가 가득 차 있으니 그것이 가장 두려워해야 할 일'이라고 지적할 정도였다. 김옥균은 분뇨를 농사에 활용하자고 제안했다. "전답에 거름을 부지런히 주면 더러운 것을 없앨 수 있고, 더러운 것을 없애면 전염병도 없앨 수 있"었다.[14]

전염병의 원인인 독기를 없애는 방법은 부패였다. 넓게 구덩이를 파고 여기에 석회를 발라 분뇨의 독기가 빠져나가지 못하게 한 후 썩으면서 스스로 독기가 사라질 때까지 기다리면 되었다. 이렇게 시간을 두고 부패시키면 전염병이 발생할 염려가 사라졌다. 무해한 분뇨를 비료로 사용하면 농사에 도움을 받을 수 있음은 물론이었다. 여기서 분뇨는 그 자체가 독기를 품은 배제의 대상이었다. 김옥균은 전형적으로 장기설에 근거한 도시위생론을 펼쳤다.

김옥균은 '전염'이라는 용어도 사용했다. "한 사람이 병에 걸리면 수많은 사람이 전염되어 죽는"다는 서술에서였다.[15] 17세기 기록에도 사용되었다는 점에서 알 수 있듯이, 전염은 병의 전파 현상을 표현하는 전통적인 용어였다.[16] 현재 사용되는 전염병과 유사한 용어로는 '여역(癘疫)'을 사용하고 있다.

---

13 『治道規則』, 3쪽.

14 『治道規則』, 4쪽.

15 "一人罹患傳染至於千百死亡." 『治道規則』, 3쪽.

16 신동원, 『호환 마마 천연두—병의 일상 개념사』, 206쪽.

"더러운 것을 없애면 여역도 없앨 수 있을 것이다"라고 전망한 부분에서이다.[17] 하지만 전염병의 원인에 대한 이해는 현재와 달랐다. 여역에 대한 이해에 나타나듯이, 김옥균에게 전염병은 세균의 전염이 아닌 독기의 전염에 의해 발생하는 것이었다. 김옥균이 가진 전염병에 대한 이해는 장기설을 기본으로 했다.

장기설은 조선 시기에도 존재했던 인식이었다. 독기 때문에 병이 생기고, 더러운 기운이 문제라는 인식이 있었다. 예독(穢毒)은 오예물에서 생기는 독을 지칭하는 용어였고, 물에서 피어나는 음습한 기운 때문에 장역(瘴疫)이 발생한다는 이해도 있었다. 인식에서 유사성이 보이지만, 개항 이전과 이후에는 차이가 있었다. 장기를 제거하기 위한 행정력의 동원 여부였다.[18] 1880년대 초반 김옥균은 장기 제거를 위한 구체적인 방안을 제시하였다.

장기설을 기본으로 한 김옥균의 치도론, 즉 도시위생론은 청결과 토목에 대한 구상을 함께 포괄하고 있다는 데 의미가 있었다. 분뇨 처리로 대표되는 청결은 핵심적인 과제였다. 치도를 담당하는 부서인 치도국은 분뇨를 운반할 수 있는 분통(糞筒)을 제작해야 했고, 행인들의 편의를 위해 공중화장실을 설치해야 했다. 분뇨에 대한 직접적인 감독 역시 치도국 담당이었다. 똥독[糞窖]에는 치도국에서 감수(監守) 관리를 배치하여 분뇨의 판매를 담당하도록 했다.[19] 치도국의 업무는 청결, 구체적으로 분뇨 처리였다.

그러나 치도는 청결에 국한되지 않았다. 토목, 즉 도로 정비가 동시에 진행되어야 했다. 도로에 쌓인 분뇨의 처리뿐 아니라 교통의 원활을 도모하기 위해서였다. 정비되지 않은 도로와 가옥은 불결을 낳는 공간일 뿐 아니라 원

17 "汚穢去則癘疫可銷也."『治道規則』, 4쪽.

18 신동원, 앞의 책, 2013, 216~217쪽.

19 『治道規則』, 9~10쪽.

활한 교통을 막는 방해물이었다. 김옥균은 조선이 개창될 당시부터 "도로와 교량을 수치(修治)하는 일"에 대한 관심이 있었음을 서술하여 자신의 구상이 전통에 입각한 개혁안임을 시사했다.[20] 나아가 치도사(治道師)는 목공(木工)과 철공(鐵工)을 데리고 성내와 오강(五江) 등의 지형을 살펴 공사에 착수해야 한다고 서술했다.[21] 목공이나 철공의 존재, 나아가 지형 파악과 공사 착수라는 서술은 치도에 토목이 결합되었음을 알려준다. 장기설에 입각하여 도시위생론을 전개할 경우 청결과 토목은 치도 사업의 주요한 구성요소로서 작용했다.

1880년대 중반 서양에서는 세균설이 정립되고 있었지만, 한국에서는 장기설에 입각한 도시위생론이 지속되었다. 김옥균과 함께 갑신정변에 참여했던 박영효에게서 그 사실을 확인할 수 있다. 1888년 박영효는 고종에게 자신의 개혁 구상을 담은 일종의 상소문인 「건백서」를 제출했다. 「건백서」에는 국제정세, 법률, 경제를 포괄하는 8가지의 개혁안을 담았다. 그중 하나가 양생으로 인민을 건강하게 하자는 제안이었다.[22]

박영효의 이 글에서도 '전염'이라는 용어가 사용되었다. 조선 시기 전염병 환자를 수용, 진료하던 활인서를 활용하자고 요구하는 부분이었다. 그는 "활인서에 역려병원(疫癘病院)을 개설하고 그 규정을 엄격히 하며, 다른 사람에게 전염되지 않게 하고 병든 사람들을 힘써 구제하고 치료"할 것을 제안하였다.[23] 역려병원, 즉 '전염병 치료소'라고 번역할 수 있는 용어를 사용한 점에

---

20 『治道規則』, 2쪽.

21 『治道規則』, 7쪽.

22 「朴泳孝建白書」, 『日本外交文書』 21, 日本國際連合協會, 1949. 번역은 김갑천, 「박영효의 상소문」, 『한국정치연구』 2, 1990을 원용하였다.

23 "於活人署 改設疫癘病院 嚴其規則 使不傳染於他 而勤愼救治其病人事." 「朴泳孝建白書」, 302쪽.

서 알 수 있듯이, 현재의 전염병에 해당하는 용어는 '역려'였다. 김옥균의 『치도약론』에서 사용된 '여역'과 함께 '역려'는 당시 전염병을 지칭하는 용어였다. 전염이라는 용어를 사용하고 있었지만, 박영효에게 그 용어는 "다른 사람에게 전염되지 않게 하"라는 서술에서 사용한 것처럼, 병의 전파라는 포괄적인 의미에서 사용되었다. 세균설을 전제하고 사용된 것이 아니었다.

박영효는 김옥균과 마찬가지로 장기설이 기본이 된 병인론을 가지고 있었다. 다음의 제안이 그 사실을 알려준다. 박영효는 양생을 위한 구체적인 방법으로 "더러운 증기가 발생하는 것을 막고 대기의 좋은 기운을 맑게 하는 일"을 제안하였다.[24] 문제는 더러운 기운이었고, 그 기운을 대체할 맑은 공기가 중요했기 때문이다. 거처로 높고 넓은 곳을 선택해야 하는 이유도 마찬가지였다. 낮고 좁은 집이라면 더러운 증기나 습한 기운이 올라올 가능성이 높았다. 더러운 기운, 즉 장기에 의해 전염병이 발생한다는 인식을 가지고 있었던 것이다. 장기는 물과 관련하여 독(毒)으로 표현되었다. 수도 개설과 관련하여 박영효는 단순한 개설을 넘어 수질 검사를 통해 양질의 물을 마실 수 있게 하자고 제안했다. 물에 독이 있을 수 있기 때문이었다.[25] 수인성 전염병의 원인으로 일반적인 독을 지칭한 점에서 알 수 있듯이, 박영효에게 전염병은 세균이 아닌 독기, 즉 장기에 의해 발생하는 병이었다. 장기설에 기반을 두고 있었던 만큼 박영효의 도시위생론 역시 김옥균의 『치도약론』 내용을 원용하고 있었다. 청결에 대한 강조였다.

---

24 "植樹木於人家稠疊處 及街道之側 以除汚穢蒸發之氣 以淸大空之養氣事." 「朴泳孝建白書」, 303쪽.

25 "且水或有毒 勿論注水井水 皆可檢査其良否 然後可使民服飮以免疾病也." 「朴泳孝建白書」, 303쪽.

궁궐에서부터 민간의 거리, 시내와 도랑에 이르기까지 깨끗이하고 똥, 오줌, 먼지, 짚을 제거하게 하는 규정을 만들 수 있다면, 이것은 한갓 건강을 위한 것일 뿐 아니라 농사에도 큰 이익이 될 것입니다.[26]

분뇨와 오물의 위험성에 대한 경고, 나아가 그 활용을 통한 농업 생산력 증대 제안은 김옥균의 그것과 같았다. 김옥균에게 치도의 필요성을 알려준 이가 박영효였음을 고려하면,[27] 두 사람 사이에 차이는 존재하지 않았다고 볼 수 있다. 토목에 대한 고려 역시 마찬가지였다.

가옥을 도로선 안에 짓는 것을 금지하고 미리 도로의 선을 곧게 정하여 가옥의 기초로 삼으며, 도로를 넓혀서 일정한 폭을 갖게 하고 가옥의 높이를 높여서 일정한 높이를 유지케 함으로써 후일의 폐해를 막고 화재와 좁고 더럽고 누추함으로 인한 피해를 감소시키는 일입니다.[28]

도로 정비뿐 아니라 가옥 구조 개선까지 요청하고 있다. 가옥의 넓이와 높이를 더러운 기운과 연결시킨 점을 고려하면, 이런 개선이 장기설에서 연원했음을 알 수 있다. 박영효는 김옥균과 마찬가지로 장기설에 입각하여 도시위생론을 전개하고 있었던 것이다. 나아가 박영효의 도시위생론에도 청결과 토목이 결합되어 있었다. 장기설이라는 인식에 기반을 두고 도시위생론을 전개할 때, 청결이나 토목은 독립적으로 존재할 수 있는 요소들이 아니었다.

---

26 「朴泳孝建白書」, 303쪽.

27 이광린, 『개화당연구』, 일조각, 1973, 191쪽.

28 「朴泳孝建白書」, 303쪽.

김옥균과 박영효가 공유한 장기설은 유길준에게서 다시 한 번 확인된다. 유길준은 1880년대 후반 『서유견문』을 집필하면서 전염병이라는 용어를 독립적으로 사용했다. "전염병이 유행ᄒᆞ면 예기(穢氣) 소제(消除)ᄒᆞᄂᆞᆫ 약으로 기(其) 전포(傳布)홈을 예방"해야 한다는 서술에서이다.[29] 아래 인용문에서 알 수 있듯이 전통적으로 전염병을 지칭했던 '괴질'이나 '여역'이라는 용어가 병존하고 있지만, 현재 사용하는 '전염병'이라는 용어가 1880년대 후반부터 활용되기 시작했음을 알 수 있다. 하지만 유길준 역시 장기설에 기반을 둔 도시위생론을 전개했다. 그는 전염병의 원인과 관련하여 아래와 같이 말했다.

> 인(人)의 질병이 기(其) 기혈의 실상(失常)홈을 종출(從出)홈이 매다(每多)ᄒᆞ나 역(亦) 오예기(汚穢氣)의 유파(流播)ᄒᆞᄂᆞᆫ 자(者)로 인연(因緣)홈도 불소(不少) (…) 전염ᄒᆞᄂᆞᆫ 병의 괴질(怪疾)과 여역(癘疫)의 종류ᄂᆞᆫ 전혀 예기(穢氣)의 독이라.[30]

유길준에게 전염병의 원인은 예기(穢氣), 즉 장기였다. 좁은 방 안에 두세 사람이 함께 숙식하면 나쁜 이유는 장기 때문이었다. 사람들이 배출하는 예기로 인해 공기가 혼탁해지고 호흡기 질환에 걸릴 수 있었다. 옷을 깨끗하게 입어야 하는 이유 역시 누추해 보이기 때문만은 아니었다. 막히고 습한 악기(惡氣), 즉 장기가 몸을 해치기 때문이었다. 독기는 가옥이나 의복을 통해 제한적인 범위에 영향을 미치기도 하지만, 도시 전체에 전염병을 확산시킬 수도 있었다. 초봄이나 초가을 한국의 주요 도시에 전염병이 발생하는 이유가 독기, 즉 장기에 있었다.[31] 한마디로 장기는 전염병의 원인이었다.

29 兪吉濬, 『西遊見聞』, 交詢社, 1895, 300쪽.

30 위의 책, 299쪽.

31 위의 책, 298~299쪽.

장기의 발생을 막기 위해 필요한 것은 청결이었다. 집 주변에 나무를 심거나 목욕을 자주하는 것도 좋은 방법이었다. 서양에는 가옥 중에 욕실이 없는 곳이 없고, 넓고 큰 도로의 양편에는 울창한 나무가 심어져 있었다. 나무는 더러운 기운이 가진 독을 흡수하는 역할을 했다. 하지만 무엇보다 분뇨의 처리가 필요했다. "대소변은 토함(土陷)에 장치(藏置)ᄒᆞ야 기(其) 기(氣)의 설발(泄發)을 방(防)"해야 했다.[32] 분뇨를 흙구덩이에 넣어 장기의 배출을 막아야 한다는 제안이었다. 청결은 도시위생의 중요한 요소였다.

나아가 유길준은 토목 분야의 개선 역시 시사했다. 서양의 도시를 소개하면서 쓰레기 없이 청결한 점과 함께 가옥의 건축에 일정한 법규가 있고 도로의 건설에도 정연한 질서가 있다는 점을 지적하고 있었다.[33] 서양의 예에 따라 한국의 도시 정비를 구상했다는 추정이 가능하다. 하지만 이 서술은 건강과 직접 연관된 "양생ᄒᆞ는 규칙"이 아니라 도시계획에 해당하는 "성시(城市)의 배포(排鋪)"라는 제목 아래 배치되었다. 그가 지향한 도시위생에서 청결과 토목 사이에 분리가 나타나기 시작한 것이다.

## 3. 1890년대 세균설의 수용과 도시위생론의 구체화

세균설은 1890년대 들어 한국에 수용되기 시작했다. 그 증거를 1895년 콜레라 방역 과정에서 반포된 「호열랄병예방규칙(虎列剌病豫防規則)」에서 찾을 수 있다. 이 규칙은 이름 자체에서 '호열랄', 즉 '콜레라'라는 고유한 병인을 특

32 위의 책, 299쪽.

33 위의 책, 486쪽.

정하고 있다. 내용을 보면 세균을 '병독'이라 표현했음을 알 수 있다. 우물, 시내, 하천, 화장실, 쓰레기장, 개울 등 병독의 원인이 될 수 있는 장소는 주의하여 소제청결법을 시행해야 한다고 규정하고 있는 것이다.[34] 독이라는 기존의 표현을 넘어 '병독'이라는 구체적 용어를 통해 세균을 지칭하고 있었음을 알려준다.

당시 방역위원장으로 활동했던 의료선교사 에비슨(Oliver R. Avison)의 기억도 같다. 그는 콜레라의 원인이 무엇이고 어떻게 피할 수 있을지에 대해 쉽게 쓴 포스터를 만들어 배포했다. 그 내용 중에는 "콜레라는 귀신에 의해 일어나지 않습니다. 이 병은 세균이라 부르는 아주 작은 생명체에 의해 일어납니다"라는 언급이 있다.[35] 포스터의 배포는 방역을 효과적으로 진행하기 위해 한국인들에게 세균설을 인지시켜야 한다는 판단 아래 진행한 조치였다. 그 조치는 효과가 있었다. 사람들에게 콜레라가 무엇인지, 나아가 피할 수 있는 방법은 무엇인지 알려주는 일은 콜레라 확산을 막는 데 중요한 역할을 했다.[36]

세균설에 입각한 검역도 진행되었다. 검역이 1895년에 처음 실시된 것은 아니었다. 검역은 1885년부터 논의되고 실시되었다. 1888년에는 콜레라라는 병명이 직접 언급되기도 했다. 당시 영국 공사는 정부가 실시하려는 온역장정(瘟疫章程)의 질병명이 모호하다는 이유를 들어 전염병을 특정해달라고 요청했다. 영국 공사에 따르면, 검역 대상으로 지정되어야 할 전염병은 콜레라에 해당하는 곽란(癨亂), 페스트에 해당하는 온역, 황열에 해당하는 발열황(發熱黃), 그리고 두창이었다. 하지만 이런 병명은 국내 방역에 사용되지 않았다.

---

34 「虎列剌病豫防規則」,『官報』 1895. 윤5. 13.

35 올리버 R. 에비슨,『올리버 R. 에비슨이 지켜본 근대 한국 42년』 상, 청년의사, 2010, 242쪽.

36 O. R. Avison, "CHOLERA IN SEOUL", *THE KOREAN REPOSITORY*, 1895, pp. 342~343.

정부가 실시한 방역 대책은 귀신에게 제사를 드리는 여제였다.[37]

그러나 1895년은 달랐다. 이 해 반포된 검역규칙에는 콜레라라는 병명이 명시되었다. 검역과 정선(停船)을 시행하는 목적이 "호열랄병 급(及) 기타 전염병의 만연을 방(防)"하기 위함임을, 즉 콜레라를 비롯하여 외국에서 유입될 수 있는 전염병 방어를 위함임을 명확히 지적하고 있었던 것이다.[38] 검역 방법에 대한 세부 규정이 없을 뿐 아니라 검역지 선정, 유행지 결정 등도 내부대신의 판단에 맡기는 모호함을 지니고 있었지만, 이 규칙은 장기적인 방역 조치를 준비하는 하나의 단계로서 의미가 컸다. 조급히 세부적인 내용을 규정할 경우 사무가 번잡해질 염려가 있다고 판단한 정부가 과도기적으로 포괄적인 규정을 제정했던 것이다.[39]

세균설은 확산되었다. 세균이라는 용어가 구체적으로 사용되기 시작하였다. 전염병을 일으키는 원인으로 서양어로 "빅테리아", 즉 세균이 지목되었다. 기계 없이는 볼 수 없는 이 물건, 세균은 사람의 몸속에 들어가 여러 병, 예를 들면 괴질, 열병, 학질, 이질, 그리고 다른 속병들을 만들었다. 따라서 야채는 삶고 물은 끓여야 했다. 세균을 박멸하기 위해서였다.[40] 장기의 정체도 구체화되었다. 1880년대에 '더러운 기운' 정도로 표현되었던 장기는 1890년대 후반에 이르면 냄새와 공기로 구체화되었다. "더러온 음식들과 독흔 연긔는 인민의 위싱상에 크게 히가 되는 것"이었다. 냄새도 공기에 포함된다는 점에서 문제는 공기였다. 따라서 위생의 최우선 과제는 공기 문제를 해결하는 것이었다. "위싱ᄒᆞ는 도리는 공긔를 정결ᄒᆞ게 ᄒᆞᆫ 연후에야 사ᄅᆞᆷ이 병이 나지

37 신동원, 앞의 책, 1997, 116~124쪽.

38 「檢疫規則」, 『官報』 1895. 윤5. 13.

39 박윤재, 앞의 책, 2005, 82~83쪽.

40 「논설」, 『독립신문』 1896. 5. 19.

안"게 하는 데 있었다.[41]

공기를 청결하게 유지해야 하는 이유도 구체화되었다. 나쁜 공기가 병을 일으키는 이유는 먼지와 "독혼 싱물", 세균이 들어 있기 때문이었다.[42] 숨을 쉴 때 세균이 사람의 몸속으로 들어와 병이 생기는 것이었다.[43] 전염에 대한 인식도 분명해졌다.

> 혼 사름이 병을 알커드면 그 싱물이 그 사름의게셔 써러져셔 다른 사름의게로 들어가는 닷돍에 병이 젼염이 되는 것이라 대져 위션 흔혼 병즁에 이 싱물 닷돍에 젼염되는 병들은 담병과 림질과 력질과 괴질과 염병과 운긔와 부하병과 부죡증과 리질과 모든 학질과 기외 다른 병들도 싱물을 인연호야 젼염이 되며 (…).[44]

세균이 사람에게서 사람으로 전염되면서 전염병이 발생한다는 세균설이 명료하게 지적되고 있다. 하지만 병인론은 쉽게 교체되지 않았다. 장기설은 병의 원인을 설명하는 이론으로 지속적인 영향력을 미치고 있었다. 도로를 정비하지 않고 청결을 유지하지 않을 경우 오물에서 나오는 "독긔를 밧아 병도 자죠 나고 필경에는 감슈식지 호"였다.[45] 병을 낳고 장수를 막는 방해물은 독기, 즉 장기였다. 세균설과 장기설의 병존도 나타났다. 병의 근본을 추적해보면 개천이 있고, 그 개천의 "악독혼 내음식와 지미혼 벌너지"가 사람에게

---

41 「잡보」, 『독립신문』 1897. 8. 28.

42 「론셜」, 『독립신문』 1896. 12. 12.

43 「론셜」, 『독립신문』 1897. 7. 22.

44 「론셜」, 『독립신문』 1897. 7. 22.

45 「위싱에 급혼 일」, 『독립신문』 1899. 4. 11.

들어가 병이 발생한다는 설명이었다.[46] 냄새, 즉 장기와 작은 벌레, 즉 세균이 동시에 병인으로 지적되고 있는 것이다.

1890년대 후반 장기설이 지속되고 세균설이 확산되는 가운데 치도 사업이 시행되었다. 구체적으로 이 시기 치도 사업은 서울의 중심지인 종로, 남대문, 경운궁 주변의 도로를 정비하는 동시에 분뇨 처리, 하천 준설, 청소 작업 등을 시행하면서 이루어졌다.[47] 청결과 토목을 포괄하는 치도 사업이 진행된 것이었다. 구체적으로 토목은 "가가만 헐 쑨이 아니라 도로를 넓게 슈보"하는 것,[48] 즉 무허가 가옥의 철거와 도로의 정비로 이루어졌다. 개천 바닥에 쌓인 오물을 제거하는 준천(濬川)도 실시되었다. 그동안 준천이 개천의 길이나 넓이를 고려하지 않은 채 시행됨으로써 물의 운행이 순조롭지 않거나 다시 오물이 쌓이는 경우가 있다는 판단 아래, 전문가를 초빙하기도 했다. 미국인 기사였다.[49] 청결을 유지하기 위한 조치도 취해졌다. 순검들이 가로 주변에 거주하는 주민들에게 청소를 시키고, 모인 오물을 개천에다 버리지 못하게 하며, 집 앞에 있는 개천을 깊게 파내라는 내용의 조치였다.[50] 정부 차원의 훈령도 반포되었다.

> 어룬과 아희를 물론ᄒᆞ고 길가에셔 오줌과 ᄯᅩᆼ누ᄂᆞᆫ 거슬 금ᄒᆞ며 길갓집 들챵 밧긔 요강과 더러온 물ᄇᆞ림을 금ᄒᆞ며 더러온 나무와 물건과 못 쓸 죠희와 헝겁 등물을 일졀히 불에 살으고 푸셩귀에 먹지 못ᄒᆞᆯ 립파리와 셕은 ᄉᆡᆨ기와 집과 풀

46 「량전 지칙」, 『독립신문』 1899. 7. 19.

47 韓哲昊, 「대한제국 초기 한성부 도시 개조 사업과 그 의의—'친미' 개화파의 치도 사업을 중심으로」, 『鄕土서울』 59, 1999, 121~130쪽.

48 「잡보」, 『독립신문』 1896. 11. 14.

49 「잡보」, 『독립신문』 1897. 3. 6.

50 「잡보」, 『독립신문』 1896. 12. 17.

은 쏭거름 장슈를 주든지 엇덧케 쳐치ᄒᆞ든지 길에 ᄇᆞ림을 금ᄒᆞ고(…).[51]

이 훈령은 분뇨, 그리고 오물의 처리와 관련하여 쓰지 못하는 종이와 헝겊, 먹거나 사용할 수 없는 야채와 볏짚 등 구체적인 대상을 지목하고 있다. 1880년대 장기설이 주도적일 당시에는 오물, 특히 분뇨가 청결의 대상이었다면, 1890년대 후반에는 청결의 대상이 구체화되고 있었던 것이다. 1895년 콜레라 방역을 위해 각종 소독규정과 규칙이 반포되고 실행된 점을 고려하면,[52] 방역의 기초가 되었던 세균설이 확산되면서 청결의 대상이 구체화되었다고 할 수 있다. 세균설은 구체적인 방역이 가능해지는 기반이었다. 하지만 대상이 구체화되면서 장기설이 제기했던 토목 분야는 관심의 대상에서 사라지기 시작했다.

## 4. 1900년대 세균설의 확산과 도시위생론의 축소화

세균설이 확산되면서 방역 사무는 전문성을 획득하기 시작했다. 방역 과정에서 전문직인 의사의 역할이 강화되었다. 1895년 콜레라 방역 과정에서부터 의사는 방역의 중심에서 활동했고, 1902년 콜레라가 발생했을 때도 마찬가지였다. 경무청에 특별히 설치된 임시위생원에서는 국내외 의사들을 모아 위생과 관련된 논의를 진행했다.[53] 이전에 청결 관리와 관련된 업무를 담당하던 경찰은 전염병에 관련된 전문지식을 배워야 했다. 순검들은 관립으로 설

51 「논셜」, 『독립신문』 1896. 7. 18.

52 신동원, 앞의 책, 1997, 148~167쪽; 박윤재, 앞의 책, 2005, 81~90쪽.

53 「궁정녹사」, 『官報』 1902. 7. 29.

립된 의학교에서 괴질 예방법을 수업 받고 위생 사무를 실시했다.[54] 단순한 통제나 관리를 넘어 전문지식에 입각한 방역이 필요했던 것이다.

1902년에는 일본에서 기타사토 시바사부로(北里柴三郞)가 발명한 콜레라 백신이 접종되었다. 백신은 일본인들이 먼저 사용하다가 방역 관계자들을 중심으로 확산, 접종되었다. 피병원에 근무하는 종사자들이 대상이 되었고, 경무국에 근무하는 관리들로 접종 대상자가 확대되었다. 이 해에 일본에서도 처음으로 백신이 실시되었는데, 기타사토는 효과에 대해 확신을 가지고 있었다.[55]

접종의 효과는 분명한 것으로 인식되었다. 후대의 기록이지만, "한국인들은 일본인이 사용한 예방액의 효과가 뛰어난 것을 보고 일본영사관이 신약을 보관하고 있다고 말하며 궁내부 대신을 시작으로 속속 분양을 청구했다"는 회고가 있다.[56] 당시 고종의 시의(侍醫)로 근무하던 분쉬(Richard Wunsch) 역시 기타사토가 만든 콜레라 백신에 대해 긍정적인 평가를 내렸다. 그는 이 백신이 진정을 시키고, 학문적으로 가치가 있으며, 돈이 거의 들지 않는 데다가 실질적인 효과까지 있다고 평가했다.[57] 백신은 세균설이 강화되는 데 무엇보다 큰 공헌을 했을 가능성이 높다.

세균설을 확정하는 데 견학 이상은 없었다. 1890년대 후반에도 세균의 존재는 언론을 통해 언급되고 묘사되었지만,[58] 1902년에는 직접 견학이 가능했다. 분쉬로 추정되는 독일 의사가 자신의 병원에서 현미경을 통해 세균을 관

---

54 「巡檢受醫業」, 『뎨국신문』 1902. 9. 24.

55 山本俊一, 『日本コレラ史』, 東京大學出版會, 1982, 844~850쪽.

56 『京城府史』 2, 京城府, 1936, 705쪽.

57 리하르트 분쉬, 『고종의 독일인 의사 분쉬』, 학고재, 1999, 72~73쪽.

58 신동원, 「세균설과 식민지 근대성 비판」, 『역사비평』 2002년 봄호, 345~347쪽.

찰할 수 있도록 한 것이다.

> 근일에 덕국(德國) 의사 일인이 호열랄 병균 일개를 착득ᄒᆞ야 유리병 내에 치(寘)ᄒᆞ얏는ᄃᆡ 미세난견(微細難見)이라 사천 배 되는 현미경을 착안ᄒᆞ고 견(見)ᄒᆞᆫ 칙(則) 기충(其虫)의 형상이 두흑신홍(頭黑身紅)ᄒᆞ고 흑모편신(黑毛遍身)ᄒᆞᆫ데 해(該) 의사가 병원에 치(寘)ᄒᆞ고 한성 내 친지(親知)ᄒᆞᄂᆞᆫ 인(人)을 초치ᄒᆞ야 사지관광(使之觀光)케 ᄒᆞ고 병균에 소이생(所以生)ᄒᆞᄂᆞᆫ 근인(根因)과 제살(除殺)ᄒᆞᄂᆞᆫ 방법을 설명ᄒᆞ더라.[59]

현미경을 통해 머리가 검고 몸이 붉으며, 온 몸에 검은 털이 난 세균을 확인할 경우 세균설에 근거한 방역을 수용할 가능성은 높았다. 의사들의 개입이 확대되면서 그 가능성은 더 높아갔다. 서양의학 교육을 실시하고 있던 제중원의학교의 1896년 교과목을 보면 기초 현미경학이 있다.[60] 의학교 학생들에게 세균학이 강의되고 있었던 것이다. 1890년대 소수의 의사들 중심으로 수용되기 시작한 세균설은 1900년대 초 독일 의사의 예처럼, 방역이 전문화되는 과정에서 일반인들에게 전파되었다.

세균설은 언론을 통해서도 확산되었다. 일반인이 공유해야 할 상식의 일종이 된 것이다. 1907년 10월 『대한매일신보』, 『황성신문』 등은 「호열랄예방주의」라는 기사를 동시에 게재했다. 이 기사는 콜레라균에 대한 설명으로 시작되었다.

---

59 「虎列剌菌」, 『皇城新聞』 1902. 10. 28.

60 박형우, 『연세대학교 의과대학의 연구 역사』, 연세대학교 대학출판문화원, 2014, 22쪽.

호열랄자(者)는 극렬혼 급성전염병이라 호열랄균이라 칭호는 병독의 감염을 인호야 발호나니 차 호열랄균은 환자의 배설호는 분변 중과 구토호는 물중(物中)에 유(有)호니 여사(如斯)히 토사물과 공(共)히 배설혼 병독은 타인의게 직접으로 감염호거나 혹 각종 기물에 부착호야 전염하는지라.[61]

콜레라가 세균에 의해 발생하는 급성전염병이며, 환자의 분뇨와 토사물을 통해 전파된다는 점을 분명히 전달하고 있다. 세균이 병인으로 지목되면서 청결해야 하는 이유도 분명해졌다. 오물, 특히 분뇨가 병인이었던 만큼 도로나 개울에 분뇨를 배출하는 행위는 병독을 살포하는 것과 같았다. 우물에 스며들지 않도록 용기를 설치해야 하는 이유도, 화장실에 소독제를 뿌리고 청결을 유지해야 하는 이유도 병독을 막는 데 있었다. 세균의 적극적 전파자에 대한 관심도 촉구되었다. 파리였다. 오물 처리에 주의하고 시내를 자주 준설해야 하는 이유는 파리가 모이는 것을 막기 위해서였다.[62]

병인론으로 세균설이 확산되면서 도시위생의 대상은 구체적인 물질로 축소되기 시작했다. 제거의 대상은 분뇨와 오물, 그 매개자는 파리였다. 장기설이 지배적일 당시에도 오물과 분뇨는 주목의 대상이었다. 장기를 발산했기 때문이다. 하지만 장기설은 발생 환경으로 도로나 가옥도 주목했다. 이 상황이 세균설의 확산으로 변화하기 시작했다. 제거 대상이 구체화될 경우 병의 발생을 막기 위해 환경이 아닌 물질에 주목하게 될 가능성이 있었다. 장기설도 병의 원인과 관련하여 대기나 기후와 같은 자연적인 요인에서 통제가 가능한 오물이나 분뇨로 관심을 이동시켰다는 점을 고려하면,[63] 세균설은 그

61 「호열랄예방주의(虎列剌豫防注意)」, 『大韓每日申報』 1907. 10. 11.

62 위와 같음.

63 Peter Baldwin, *Contagion and the State in Europe, 1830~1930*, Cambridge: Cambridge University Press,

이동을 더욱 강화시킬 수 있었다. 세균설이 확산되면서 도시위생에서 주목할 대상은 토목보다 청결이 될 가능성이 있었다.

나아가 토목은 정부 입장에서 볼 때 재정과 연관되어 있었다. 1890년대 후반 치도 사업이 전개되는 과정에서 청결의 중요성을 강조했던 한 글은 비용 문제를 지적했다. "정ᄒᆞ게 ᄒᆞᄂᆞᆫ 거슨 돈 과히 드ᄂᆞᆫ 일도 아니고 ᄯᅡᆫ만 사ᄅᆞᆷ이 부지런ᄒᆞ면" 된다는 내용,[64] 즉 청결의 관건은 성실에 있지, 비용에 있지 않다는 주장이었다. 재정 문제가 부각될 경우 도시위생과 관련하여 도로 정비나 가옥 개축 같은 토목보다는 청결이 강조될 가능성이 높았다.

실제로 1900년대를 거치면서 치도 사업에서 청결과 토목은 분리되고 있었다. 1906년 치도국 설치 배경에 오물 제거라는 목적은 언급되지 않았다. "각 지방의 도로를 수치(修治)ᄒᆞ야 인민의 왕래와 거마운수를 편리케 ᄒᆞᆷ"이 치도국 설치의 목적이었다.[65] 치도는 도로 정비, 즉 토목 분야로 한정하여 사용되고 있었다. 일반인도 치도에서 청결을 분리하여 인식했다. 치도란 길을 파헤쳐 사람과 거마의 통행을 편리하게 하는 것이었고, 청결을 의미하는 위생이란 각 가호에 분통을 설치하여 정기적으로 수거해가는 것이었다. 따라서 치도와 위생은 비용에서 구분되었다. 정부는 치도비와 위생비를 별도로 걷어갔다.[66]

세균설이 정착하면서 도시위생의 두 축이었던 토목과 청결, 즉 도로와 가옥의 정비, 그리고 분뇨와 오물의 제거도 분리되기 시작했다. 세균은 분뇨와 오물에서 발생하기 때문에 그 제거만 이루어지면 되었다. 청결과 토목을 포

---

1999, p. 3.

64 「논셜」, 『독립신문』 1896. 5. 19.

65 「치도국임시설치건」(1906. 4. 7), 『奏本』 9, 서울대학교 奎章閣, 1998, 214쪽.

66 「衛生係의 匿名書」, 『皇城新聞』 1908. 10. 1.

함하는 단어였던 위생은 분뇨와 오물 소제, 즉 청결을 의미하는 그것으로 국한되어 사용되기 시작했다. 한성위생회가 그 예였다.

한성위생회는 1907년 서울 전역을 대상으로 한 환경위생 활동을 위해 조직되었다. "한성 급(及) 부근의 지역 내에서 위생 상태의 개선을 도(圖)홈"에 목적을 두고 있었다.[67] 조직의 계기는 1907년 콜레라 유행이었다. 그해 9월 의주에서 첫 콜레라 환자가 발생한 이래 서울까지 콜레라가 확산되자 통감부는 긴장했다. 10월에 일본 황태자의 방한이 예정되어 있었기 때문이다. 당시 통감부는 행정 인력인 경찰뿐 아니라 군대까지 동원한 군사적 방역 활동을 전개했다.[68] 그 과정에서 소독을 포함한 청결 작업이 진행되었다. 하지만 방역을 위해 시행된 청결 작업은 일시적이라는 한계가 있었다. 근본적이고 지속적인 작업이 필요했고,[69] 한성위생회는 그 작업을 진행할 기관이었다.

한성위생회가 진행한 청결 작업은 오물 관리와 제거에 집중되었다. 도로와 관련된 업무는 나무를 심는 식수와 물을 뿌리는 살수(撒水) 정도였다. 식수조차 방역과는 직접 연관이 없는 활동이었다. 도로의 식수는 "시가지의 풍치에 지대한 관계를 가지기" 때문에 시행했다. 식수의 대상이 되는 나무도 위생과의 연관성이 아니라 잎의 풍성함이나 성장 속도가 선정의 기준이 되었다.[70] 장기설에서 식수의 목적으로 제시된 '더러운 기운의 흡수'는 한성위생회의 식수 사업과 상관이 없었다.

청결과 관련된 사항은 1908년 반포된 「제예규칙(除穢規則)」에 규정되었다. 이 규칙에 따르면 토지나 건물을 이용하는 사람은 해당 구역을 청소하여 청

---

67 「한성위생회규약」, 『官報』 1907. 12. 23.

68 박윤재, 앞의 책, 2005, 198~202쪽.

69 『明治四十年韓國防疫記事』, 韓國統監府, 1908, 59쪽.

70 『漢城衛生會狀況一斑』, 한성위생회, 1914, 110쪽.

결을 유지할 의무를 지니고 있었다. 병인의 발생 물질이 특정된 만큼 그 오물과 분뇨를 모을 수 있는 공간 역시 필요했다. 건물 점유자는 오물을 모을 용기를 구비해야 했고, 소유자는 분뇨를 모을 화장실을 만들거나 수선해야 했다. 공중이 사용할 수 있는 화장실과 쓰레기 소각장, 분뇨 처리장도 필요했다. 소유자는 오수를 배출할 수 있는 배수 통로도 만들거나 수선해야 했다.[71] 오물과 분뇨, 그 자체가 관리와 제거의 대상으로 특정된 것이다.

전염병의 원인이 세균이었던 만큼 한성위생회는 전염병원의 설치와 같은 분야로 자신의 업무를 집중했다. 그리하여 전염병 전문병원인 순화원(順化院)이 설립되었다.[72] 세균의 전염을 방지하는 직접적인 방법은 환자의 격리였기 때문이다. 세균을 가진 환자의 격리가 일반적인 차원에서 이루어지는 도로 정비보다 우선적인 과제로 상정된 것이다. 1880년대 김옥균에게 '위생'은 도로 정비를 포함하는 포괄적인 개념이었지만, 1900년대에 같은 '위생'을 이름으로 사용했던 한성위생회에게 토목과 같은 도로 정비는 관할 대상이 아니었다.

## 5. 맺음말

1880년대 초반 김옥균의 『치도약론』을 통해 한국에서 처음으로 도시위생론이 제기될 당시, 주장의 배경에는 병인론으로 장기설이 있었다. 장기설은 분뇨와 오물에서 나오는 독기, 즉 장기를 병인으로 지목했고, 그 제거를 위해

---

71 「除穢規則」, 『官報』 1908. 4. 4.

72 정민재, 「일제강점기 順化院의 설립과 운용」, 『한국근현대사연구』 57, 2011.

청결뿐 아니라 도로와 가옥의 정비라는 토목 차원의 개선까지 제시했다. 김옥균은 그 개선을 '위생'이라 지칭했다. 위생은 청결과 토목 분야를 포괄하는 개념이었다. 장기설의 영향력은 지속되었다. 1880년대 도시위생론을 제창한 박영효, 유길준뿐 아니라 1890년대 중반 치도 사업에서도 그 연속성을 찾을 수 있다.

그러나 1890년대 중반 한국에서는 세균설이 확산되기 시작했다. 세균설은 전염병의 원인으로 장기보다 구체화된 실체인 세균을 특정했다. 1895년 유행하는 전염병과 관련하여 '콜레라'라는 세균이 지목되었고, 기존의 전염설은 세균을 통한 병의 확산이라는 구체적인 내용을 확보했다. 병인으로 세균이 특정된 만큼 오물과 분뇨의 제거, 즉 청결은 분명한 근거를 가지게 되었다. 장기설에서 세균설로 병인론이 전환되면서 도시위생론은 구체화되고 실질화되었다.

그러나 19세기 말~20세기 초 세균설의 확산은 도시위생론에 결합되어 있던 청결과 토목을 분리시키고, 그중 청결에 주목하게 하는 결과를 낳았다. 1880년대까지 '위생'이라는 용어에 토목과 청결이 포함되어 있었다면, 1900년대를 거치면서 그 용어는 청결을 지칭하는 것으로 축소되었다. 1907년 창립된 한성위생회는 그 예였다. 한성위생회의 사업은 오물과 분뇨의 처리, 즉 청결을 목적으로 했다. 병인론의 전환은 도시위생을 구체화시켰지만, 동시에 축소시키기도 했다.

# 1920년대 의사 주택을 통해 본 근대 주택의 위생 담론

## 1. 병이 나지 않기 위해서는 깨끗한 집을

19세기 말 개화파들에 의해 조선에도 '위생(衛生)'이라는 개념이 소개되었다. '위생'이라는 단어는 일본의 초대 내무성 위생국장 나가요 센사이(長與專齋)가 장자(莊子)의 『경상초(庚桑楚)』에서 가져와 '건강보호(Gesundheitpflege)'나 '공중위생(Öffentliche Hygiene)'과 같은 독일어 단어의 번역어로 사용한 것이었다.[01] 19세기 말 조선도 이와 같은 의미의 위생 개념을 수용했기에, '위생'이라는 개념은 질병을 예방하기 위한 것으로서 인식되었다.[02] 『독립신문』은 개인과 도시의 위생에 대한 기사들을 종종 실었는데, 그중 1896년 5월 19일 위생에 관한 논설에서는 백성들이 병이 나지 않게 하기 위해서는 '몸을 깨끗이 하는 것'이 가장 중요하고 그 후에는 '집을 깨끗이 하는 것'이 중요하다고 언급되었다.[03] 여기에서 이야기하는 '집을 깨끗이 하는 것'은 곧 주택의 위생 문제를

---

01 박윤재, 『한국 근대의학의 기원』, 혜안, 2005, 29~30쪽.

02 「만국위생회」, 『한성순보』 1884. 5. 5.

03 강성우, 「개항기 조선에서 근대적 위생문화의 수용」, 『한일관계사연구』 52호, 2015, 319~327

의미하는 것으로, 질병에 걸리지 않는 건강한 삶을 영위하기 위한 조건이었다.[04]

이처럼 주택의 위생 문제는 개화기부터 꾸준히 논의된 주제였다. 개화파들은 대한자강회나 서북학회의 학회지에 생활 개선, 특히 주택 개량 관련 글들을 기고하며 위생 논의를 활발히 전개했다. 식민화 이후에는 주로 온돌 난방을 중심으로 한국의 주택 위생에 대한 논의가 이어졌으며, 1920년대에는 주택에서의 위생 논의들이 『조선과 건축(朝鮮と建築)』 및 주요 일간지 등에서 본격적으로 다루어지기 시작했다. 그 결과 1920년대 이후에는 문화주택이 본격적으로 보급되기 시작했으며, 1930년대에는 박길룡, 박동진 등 조선인 건축가들이 주택개량론을 전개하며 개량주택들을 선보였다. 주택개량론은 온돌의 개량뿐 아니라 주요 실의 남향 배치, 변소와 부엌 등의 개량 및 청결, 주택 재료의 성능 등에 관한 내용을 포함하고 있다.

1922년 창설된 조선건축회(朝鮮建築會)가 발간한 『조선과 건축』에는 창간 초기부터 주택과 관련된 위생 논의들이 게재되었다. 특히 1922년 창간호부터 1924년에 이르는 기간 동안 집중적으로 시가 기요시(志賀潔)를 비롯한 식민지 조선의 위생 및 의료를 담당하던 의학자들의 주택 및 도시위생에 관한 강연문과 논문 등이 게재되었으며, 이후에도 종종 의학자들의 도시 및 주택 위생에 관한 글들이 게재되었다. 또한 1925년부터 1929년까지 4명의 의사들이 자신들의 주택 및 병원 겸용 주택의 설계 의도를 설명하는 기사를 실었다. 건축가들의 잡지인 『조선과 건축』에 의사들이 개회 기념 강연을 하고 주택에 관

---

쪽.

04 김명선의 연구에 따르면 1918년 나석기(羅錫琪)는 1918년 겨울(1918. 2. 15~17, 2. 20~24, 2. 26) 『매일신보』에 8회에 걸쳐 「衛生講話」를 연재했는데, 이 중 5회 기사에서 '공중의 위생'과 '개인의 위생'을 구분한 후 '개인의 위생'의 한 항목으로 '주거'를 포함시켰다. 김명선, 「1910년대 주거 담론의 성격」, 『한국산학기술학회 논문지』 11권 2호, 2010, 629쪽.

한 글을 기고한 이유는 무엇이었을까? 1920년대 식민지 조선의 공중위생 및 보건의료에서 중요한 역할을 한 시가 기요시를 비롯한 의학자들은 『조선과 건축』의 지면에 주택의 위생적 측면에 관한 자신들의 연구 결과를 발표하는 한편, 실제로 자신들이 거주하는 주택을 소개하면서 위생 개념을 주택에 적용시킨 예를 소개했다. 1920년대에 식민지 조선에 문화주택이 본격적으로 소개되면서 도입되었다는 것을 생각해볼 때, 의사들의 『조선과 건축』 기고는 당시 주택 위생 개념의 도입과 확산에 나름의 역할을 했던 것이다.

## 2. 1920년대 『조선과 건축』 잡지에 게재된 의사들의 글

### 1) 조선건축회와 『조선과 건축』

조선건축회는 1922년 한국 내 일본인 건축인들이 중심이 되어 창립한 협회로, 1922년부터 1945년까지 『조선과 건축』이라는 건축학회지를 매달 발행했다. 『조선과 건축』은 조선 및 일본의 최신 건축뿐 아니라 건축 및 도시 관련 담론들을 소개하고 확산시킨 잡지로, 식민지 조선의 근대 건축 변화에 큰 역할을 했다.

1922년 창립 당시 조선건축회는 조선 건축계의 2대 급무(急務)로 도시 설계와 주택 개선 두 가지를 선정했다. 개회식 당일에는 조선건축협회 이사장 나카무라 마코토(中村誠)와 조선총독부 내무국장 도키자네 아키오(時實秋穗), 조선총독부의원장이자 경성의학전문학교장 시가 기요시(志賀潔)가 각각 〈도시계획과 건축개선(都市計畫と建築改善)〉, 〈현재 도시의 사명과 그 개선(現在都市の使命と其改善)〉, 〈일광과 건축(日光と建築)〉이라는 제목의 특별 강연을 했다. 조선건축회는 창립을 전후하여 세 번의 강연회를 연속하여 개최했다. 그 첫 번째는 창립 직전인 3월 28일에 도쿄제국대학 교수이자 문학박사인 구로이타 가츠미(黑板勝美)를 초대해 개최한 〈문화와 건축(文化と建築)〉이라는 제목의 강연회였다. 두 번째는 개회식 당일 시가 기요시를 비롯한 3명의 강연자가 나선 조선건축회 개회 기념 강연이었으며, 개회 한 달 후인 5월 17일에는 공학박사 가타오카 야스시(片岡安)가 〈생활 개선과 주택(生活改善と住宅)〉이라는 제목의 강연회를 열었다. 강연회의 연사들은 식산은행 소속 건축설계기사였던 나카무라 마코토나 도시계획가이자 건축가인 가타오카 야스시뿐 아니라 사회 저명인사라 할 수 있는 역사학자 구로이타 가츠미, 의사 시가 기요시를 초청하여 조선건축회 회원뿐 아니라 일반 대중으로 청중의 저변을 넓히고자 했다.

조선건축회가 매달 발행한 『조선과 건축』은 창간호부터 1923년까지 회지의 내용 대부분이 주택 개선과 도시계획 관련 논고들이었을 정도로 이 두 주제를 중점적으로 다루었다. 변화가 나타난 것은 1923년 7월호(2권 7호)에서 관동대지진 이후 지진과 재해 대응 관련 내용들이 등장하기 시작하면서부터였다. 1924년 1월(3권 1호)부터는 잡지 체제가 개편되어 논설, 연구, 기사, 잡보 등으로 기사가 분류되며 주택 개선과 도시계획에 대한 논고들의 비중이 줄어들었다. 1924년 4월호(4권 4호)부터는 신축 건축물 소개의 비중이 커졌으며, 1925년 1월호의 고노씨 주택(河野氏住宅)을 시작으로 실제로 신축된 문화주택들을 소개하고 있다. 즉 『조선과 건축』은 초반 2~3년 동안 중점적으로 주택 개선 논의를 전개하다가 그 이후에는 실제로 지어진 문화주택들을 소개하는 양상을 보인다.[05]

---

05 『朝鮮と建築』의 시기별 특징에 관한 김주야의 연구에 따르면, 제1기에 속하는 1~9권(1922~1928년) 의 경우, 〈研究と資料〉 편이 37.6%를 차지하며, 그중 논문이 전체 기사의 절반에 해당하여 학술적 성격이 강하게 드러나고 있다. 신축 사례를 소개하는 〈工事要覽〉의 경우 4권(1925년)부터 급격히 늘어났으며, 〈挨拶〉라는 코너에서는 한국의 고건축과 주택 개선에 관한 내용이 주로 다뤄져 당시 주택 개선에 대한 관심을 엿볼 수 있다. 이후부터는 〈工事

### 2) 시가 기요시 및 의학자들의 『조선과 건축』 참여

시가 기요시[06]는 적리균을 발견한 저명한 세균학자로서, 1920년 조선총독부의원장으로 부임하여 이후 조선총독부의원장 및 경성의학전문학교장을 역임하며 조선의 의료 교육 및 전염병 예방, 공중위생 등에 종사했다. 또한 그는 경성제국대학 창설에 깊이 관련하고 초대 경성제국대학 총장을 역임하기도 했다.[07] 조선에 오기 전까지 시가 기요시는 주로 일본과 독일의 대학과 연구소에서 세균학 연구, 결핵의 예방 및 화학적 치료법 등을 연구하는 연구자였으나, 조선에 온 이후에는 연구보다 의학 교육과 보건 행정을 담당하게 되었다. 시가 기요시의 조선 부임은 조선의 식민지 의료·위생 정책의 변화를 불러왔다. 그의 부임 이전까지 육군 군의에 의해 주도되던 의료 및 위생 정책이 이후 의학 연구자 중심으로 전환되는 계기가 되었기 때문이다. 또한 3·1운동 이후 문화통치가 시작되는 시기에 조선의 위생 정책 기조 또한 통제에서 생

---

要覽〉과 같이 실제 건축 사례를 소개하는 기사가 주가 되었으며, 제3기에 속하는 14권(1935년)부터는 주택 문제에 관한 내용은 거의 다루어지지 않았다. 김주야, 『日本强占期の建築團體「朝鮮建築會」の機關誌「朝鮮と建築」と住宅改良運動に關する研究』, 京都工藝纖維大學, 1998, 434쪽.

06 1896년 12월 東京帝大 醫科를 졸업하고, 1905년 7월 醫學博士 학위를 취득했다. 졸업 후에는 전염병연구소에 들어가서 조수로 세균학 연구를 했으며, 臨時檢疫局事務官(1898년 5월), 전염병연구소 제1부장(1899년 4월), 臨時檢疫局技師(1900년), 血淸院 技師(1904년) 등을 거치며 전염병을 연구했다. 시가 기요시가 유명해진 것은 1897년 이질(dysentery)의 원인이 되는 시겔라(Shigella)균을 발견했기 때문이며 1901~1905년에는 독일에서 Paul Ehrlich 밑에서 연구하다가 일본으로 돌아와 警視廳 技師를 겸하며(1913년) 공중위생 관련 일을 하기도 했다. 1920년에는 도쿄제국대학 의학대학 교수가 되었다. 시가 기요시가 조선에 온 것은 1920년 10월 朝鮮總督府醫院長으로 초빙되면서였으며, 1922년 4월부터는 京城醫學專門學校長을 거쳤다. 1926년 4월에는 京城帝國大學 教授를 겸했으며, 1928년 4월에는 大學教授 專任이 되고, 다음 해 10월에는 松浦總長의 뒤를 이어 총장이 되었다. 1931년에는 총장직을 사임하고 도쿄에 돌아가 傳染病研究所에 復職하여 전염병 연구를 계속했다. 『조선공로자 명감』 및 https://ja.wikipedia.org/wiki/志賀潔 참조.

07 松田利彦, 「志賀潔と植民地朝鮮」, 『한림일본학연구』 25, 2014, 38~40쪽.

조선건축회 개회기념사진(1992. 4. 30). 원으로 표시된 인물이 시가 기요시이다.

활로 변경되었으며, 위생 강연과 홍보를 통해 위생의 생활화를 시도했다.[08] 이러한 시대적 배경하에서 식민지 조선의 보건·위생 및 그 교육의 책임자였던 시가 기요시가 조선건축협회의 개회 기념 강연을 한 것이라 추정된다.

시가 기요시는 개회 기념 강연뿐 아니라 수차례 『조선과 건축』에 글을 기고하며 적극적으로 식민지 조선의 도시와 건축 문제에 관여했다. 1920년대 『조선과 건축』은 총 18회에 걸쳐 의학자와 의사들의 글을 게재했는데, 그중 시가 기요시의 강연문 및 논고만 총 6번 실렸다. 상·하로 나누어진 글을 합쳐서 계산해보면 총 14회 중 5회를 게재한 셈이었다. 시가 기요시는 조선의 기후와 건축의 문제, 특히 주택 문제를 다루는 글을 중점적으로 기고했으며(「일광과 건축(日光と建築)」, 「건축에 조선의 쾌청한 기후를 이용하자(建築に朝鮮の快晴なる天候を利用せよ)」, 「주택과 위생(住宅と衛生)」), 이 외에도 병원 건축과 도시위생에 대한

08 TODD A. HENRY, *Assimilating Seoul*, University of California Press, 2013, pp. 145~146.

글을 여러 편 기고했다.

시가 기요시의 강연문인 「일광과 건축(日光과 建築)」이 『조선과 건축』 창간호에 게재된 이후, 1922년 9월과 11월에는 교토제국대학 의학부 위생학교실의 다카츠 기(高津寄)의 논문인 「일본 가옥의 위생적 연구—환기 부분(日本家屋の衛生的研究—換氣の部)」이 실렸다. 1923년과 1924년에는 「일본 가옥의 위생적 연구(日本家屋の衛生的研究)」와 「조선 가옥의 위생적 연구(朝鮮家屋の衛生的研究)」라는 제목으로 일본과 한국의 주택을 위생적인 측면에서 연구한 경성의학전문학교 위생학교실의 후지 사다키치(當士貞吉)[09]의 논문이 실리기도 했다. 이처럼 1924년까지는 의학박사인 시가 기요시, 후지 사다키치, 다카츠 기의 논고들만 게재되었는데, 후지 사다키치와 다카츠 기의 경우 다른 잡지에 게재된 연구논문을 『조선과 건축』에도 중복 게재한 것이었다.

1925년 이후에는 의사인 고노 마모루(河野衛), 가토 겐(加藤謙), 니노미야 료키치(二宮亮吉), 구도 다케키(工藤武城), 오오사와 마사루(大澤勝)가 본인의 병원 겸용 주택 혹은 주택을 설명하는 글을 게재하기 시작했다. 이는 『조선과 건축』의 편집 방향 변화에 따른 것으로, 1924년까지는 의학자들의 주택 연구나 주택 개선론이 대부분이었다면, 1925년 이후에는 실제 의사들의 주택 혹은 병원을 소개함으로써 그것이 실제로 적용된 예들을 보여주었다.

이와 같이 의사들의 글이 1920년대 『조선과 건축』에 꾸준히 게재된 것은 의학자의 관점에서, 특히 채광 및 난방 방식 등과 연관지어 의학적·과학적 실

---

09 교토제국대학 출신의 위생학(공중위생) 전문가로서 1923년 1월호에는 京城醫學專門學校衛生學教室 醫學士로, 2월호에는 大原硏究所勞動衛生硏究室 醫學士로 소개되어 있으나 1924년 2, 3월호에 기고할 당시에는 倉敷紡績會社保健課 醫學博士로 소개되었다. 1928년에 오사카의과대학 위생학 교수로 부임했다가 1928년 경성의학전문학교 교수로 부임했다. 오사카의과대학 홈페이지(https://www.osaka-med.ac.jp/deps/hyg/history1.html) 및 大原記念労働科学硏究所 홈페이지(http://www.isl.or.jp) 참조.

〈표 1〉 1920년대 『조선과 건축』에 게재된 의학자 및 의사들의 글

| 게재년월 | 권호 | 저자 | 직위, 소속 등 | 제목 |
|---|---|---|---|---|
| 1922.06 | 1(1) | 志賀潔 | 朝鮮總督府醫院長, 의학박사 | 日光と建築(上) |
| 1922.07 | 1(2) | | | 日光と建築(下) |
| 1922.09 | 1(4) | 高津寄章 | 京都帝國大學衛生學教室, 조교수, 의학박사 | 日本家屋の衛生的研究(換氣の部)(上) |
| 1922.11 | 1(6) | | | 日本家屋の衛生的研究(換氣の部)(下) |
| 1923.01 | 2(1) | 富士貞吉 | 京城醫學專門學校衛生學教室, 의학사 | 日本家屋の衛生的研究(上) |
| 1923.02 | 2(2) | | | 日本家屋の衛生的研究(下) |
| 1923.06 | 2(6) | 志賀潔 | 朝鮮總督府醫院長, 의학박사 | 病院の建築に就て |
| 1924.01 | 3(1) | | | 建築に朝鮮の快晴なる天候を利用せよ |
| 1924.01 | 3(1) | 加藤賢 | 총독부기사, 의학사 | 建築上重視すべざ採光の關係 |
| 1924.02 | 3(2) | 富士貞吉 | 倉數紡績會社保健課, 의학박사 | 朝鮮家屋(オンドル室)の衛生的研究(上) |
| 1924.03 | 3(3) | | | 朝鮮家屋(オンドル室)の衛生的研究(下) |
| 1925.01 | 4(1) | 河野衛 | 京城河野小兒科病院長, 의학사 | 私の建てた住宅 |
| 1925.05 | 4(5) | 加藤謙 | 총독부기사, 의학박사 | 日本家屋に就て改良せらるべき點 |
| 1926.02 | 5(2) | 二宮亮吉 | 二宮婦人科病院長, 의학박사 | 病院と住居とを同一建物に收めてみた |
| 1925.07 | 5(7) | 工藤武城 | 京城婦人科病院長 | 病院を新築した氣分と設備 |
| 1927.03 | 6(3) | 志賀潔 | 朝鮮總督府醫院長, 의학박사 | 住宅と衛生 |
| 1928.07 | 7(7) | 大澤勝 | 京城帝國大學教授, 의학박사 | 私が住宅を建てるに就て |
| 1929.04 | 8(4) | 志賀潔 | 京城帝國大學醫學部長, 의학박사 | 都市と衛生 |

험 결과를 근거로 주택 위생의 문제를 논하기 위해서였다. 이는 당시 주택개량론과 문화주택(文化住宅) 보급 운동 등에 직·간접적 영향을 주었을 것이다. 1920년대 『조선과 건축』에 기고된 의사들의 글을 정리해보면 〈표 1〉과 같다.

## 3. 『조선과 건축』의 주택 위생 담론

앞에서 살펴본 바와 같이 『조선과 건축』에는 1922년부터 1924년까지 주택

및 도시위생에 관한 시가 기요시를 비롯한 의사들의 글이 집중적으로 게재되었다. 특히 시가 기요시는 1927년 3월에 「주택과 위생(住宅と衛生)」, 1929년 4월에는 「도시와 위생(都市と衛生)」이라는 제목의 글을 게재했고, 1920년대 후반까지도 『조선과 건축』 지면에서 지속적으로 위생 담론을 전개했다. 시가 기요시를 비롯한 의사들이 주택 및 도시위생 관련 기사들에서 가장 주안점을 두고 언급한 것은 채광과 환기였다. 채광은 건축물의 향이나 창호와, 환기는 건축물의 난방 등과 직접 연관이 있기 때문에 건축의 입지와 배치, 공간 구조를 결정할 수 있는 중요한 요소들이었다.

#### 1) 채광

시가 기요시의 조선건축회 창립 특별 강연 「일광과 건축(日光と建築)」 강연문은 1922년의 『조선과 건축』 창간호 및 2호에 연속 게재되었다. 「일광과 건축」은 일반인 대상의 강연문인 만큼 대중의 눈높이에 맞춘 쉬운 글이다. 이 글은 조선의 채광이 강하다는 것을 언급하며 그에 대해 의학적·위생적 관점에서 관찰한 것을 이야기하고 있다. 글의 전반부에서는 채광이 생활뿐 아니라 건강상에도 매우 중요하다는 것을 콩의 생장 실험과 결핵의 치료법·예방법 등을 예시로 들며 설명했다. 특히 유럽의 대형 고층 빌딩에서 동측보다 북측에, 또한 고층부보다 저층부의 어두운 곳에 사는 사람들에게 결핵 발생이 많다는 통계를 인용하며 결핵 예방에서 채광의 중요성을 설명했다. 세균학자인 시가 기요시는 결핵의 병원(病原)이 결핵균임을 지적하고 있으나, 채광을 계속 쬐면—온도, 기압, 건조 등의 상태에 따라—결핵균 자체가 죽는다는 실험 결과에 근거하여 결핵균을 죽일 수 있는 환경, 즉 채광이 충분한 환경의 중요성을 강조했다. 시가 기요시는 채광의 유입은 겨울철 햇빛을 공급해줌으로써 보온상의 이점 또한 가진다는 점을 언급하며, 일반적으로는 보온을

강연 중인 시가 기요시. 조선건축회개회기념강연 〈일광과 건축(日光と建築)〉(1922. 4. 30).

위해 창을 작게 하는 것이 경제적이라 여겨지지만 건강을 고려하여 창을 크게 만들되 이중창을 사용할 것을 주장했다. 또한 주요실의 경우 반드시 남향으로 배치하여 채광이 강한 조선의 기후를 잘 활용할 것을 권고했다.

채광에 대한 시가 기요시의 강조는 이후의 글에서도 잘 드러난다. 1923년 6월호에 게재된 글인 「병원 건축에 관하여(病院の建築に就て)」는 주로 병동 설계를 다루었지만, 역시 "남쪽과 동쪽의 창은 조선에서는 극도로 크게 하여 충분히 채광을 이용하게 하고, 서풍을 통하게 하는 것을 생각해야 한다"라고 하고 있다. 특히 병실은 치료상 채광의 영향이 크므로, 창이 작아 음기가 있고 어두운 방을 만드는 것은 금지해야 한다고 주장했다. 1924년 1월호에 실린 「건축에 조선의 쾌청한 기후를 이용하자(建築に朝鮮の快晴なる天候を利用せよ)」에서는 최근 건축가와 거주자 모두 일광의 중요성에 대해 자각하고 있다면서 그 효과에 대해 이야기했다. 1927년 3월에 게재한 「주택과 위생(住宅と衛生)」에

서도 조선의 주택은 조선의 기후에 맞게 지어져야 한다고 강조하며, 조선의 강한 햇빛을 적극적으로 이용할 수 있도록 가옥을 반드시 남쪽으로 면하게 하여 충분한 채광을 받게 해야 한다고 언급하고 있다. 또한 조선의 혹한에 대응하고 보온성을 높이기 위해 공간을 밀폐하는 것은 위생상 문제를 야기하며, 창은 겨울철 직사광선 유입으로 인한 보온의 효과도 있으므로 적극적으로 채광을 유입할 수 있도록 주택을 계획하는 것이 중요하다고 이야기했다.

채광에 관해서는 후지 사다키치도 비슷한 입장이었다. 그는 「조선 가옥의 위생적 연구(朝鮮家屋の衛生的研究)」라는 논문에서 온돌실의 개선을 위해 창의 면적을 크게 하여 채광을 충분하게 할 것을 제안했다. 그는 실제 주택을 대상으로 유리창을 크게 설치했을 때의 열손실을 계산한 뒤, 이중창을 사용할 경우 열손실을 2/3 수준으로 줄일 수 있으므로 온돌실에서 유리면을 크게 함과 동시에 이중창을 사용할 것을 제안했다.

시가 기요시의 채광에 대한 언급은 결국 주택 배치에서 남향을 우선시할 것, 그리고 주택 내 각 실의 배치에서도 주요 실들은 남향 혹은 동향으로 할 것이라는 주장으로 정리된다. 또한 조선의 기후 특징을 고려할 때도 혹한의 겨울 날씨에 대비하기 위해 보온성을 우선시하기보다는 햇빛이 강한 기후를 이용하여 채광을 극대화할 것을 제안하고 있어, 그가 우선적으로 주목하는 것은 채광 효과였음을 알 수 있다. 보온상의 문제점을 극복하기 위해서는 시가 기요시와 후지 사다키치 모두 이중창의 사용을 제안했으며, 특히 후지 사다키치는 실험 결과에 근거하여 이중창을 사용할 경우 열손실이 줄어든다고 이야기하고 있다. 채광과 향의 강조는 1920년대 후반 이후 개발된 문화주택지들이 남산의 남쪽 경사지에 집중적으로 배치된 것과도 직접 연관된다.[10]

10 이경아, 「일제강점기 문화주택 개념의 수용과 전개」, 서울대학교박사논문, 2006, 150쪽.

이전까지 경성의 일본인 거류지는 주로 남산 북쪽 경사지에 위치하여 건물의 배치에서 채광을 충분히 활용하지 못했고, 이에 대해서는 시가 기요시도 1929년 4월호의 기사인 「도시와 위생(都市と衛生)」에서 향(向)의 중요성, 즉 도시의 입지와 향에 따른 채광의 중요성에 대해 언급하고 있다. 구체적으로 일본인 거류지가 있는 남촌의 경우 일광을 받을 수 있는 남쪽으로는 남산이 있고 겨울에는 북서풍이 강해 한기가 더 심하지만, 경복궁, 창덕궁이 있는 북촌은 남쪽이 열려 있어 채광을 받기 유리하고 바람도 없어 온도는 남산 북쪽에 비해 5, 6도~10도까지 높다며, 경성 내에서 자연지형에 따라 결정되는 남향, 북향의 장단점을 평가했다. 이런 내용을 근거로 새롭게 개발하는 문화주택지에서는 남향이라는 조건이 중시되었다.

채광에 대한 강조는 『조선과 건축』에서 같은 시기 다른 건축 종사자들이 전개한 주택개량론과 구별되는 특징이다. 남향에 대한 선호는 사실상 근대 이전의 주택들에서도 나타났던 것으로, 특별히 언급하지 않더라도 주요실들을 남향으로 배치하는 것은 자연스러운 일이었다. 하지만 시가 기요시를 비롯한 의학자들은 남향 혹은 동향으로 실을 배치함으로써 얻을 수 있는 위생적 효과들, 즉 살균 효과를 비롯한 건강상 도움이 되는 부분들을 언급함으로써 주택에서 채광의 위생적 효과에 대한 의학자로서의 견해를 밝히고 있다. 『조선과 건축』 9권 1호의 「부인주택담—내가 생각하고 있는 것들(婦人住宅談—私の考ひます事ども)」에는 문화주택지와 관련하여 '남산 북사면에 살던 당시 집안에 환자가 끊일 날이 없었으나 남향의 택지인 삼판정에 산 이후에는 그런 일이 없었다'라는 경험담이 실려 있는데, 이런 인식에도 의학자들의 채광에 대한 담론이 영향을 주었을 것이다.

### 2) 난방과 환기

1922년 9월과 11월에는 교토제국대학 위생학교실 조교수인 다카츠 기(高津寄章)의 「일본 가옥의 위생적 연구—환기 부분(日本家屋の衛生的研究一換氣の部)」이, 1923년 1월과 2월호에는 경성의학전문학교 위생학교실의 후지 사다키치(富士貞吉)가 쓴 「일본 가옥의 위생적 연구(日本家屋の衛生的研究)」가, 1924년 2월과 3월호에는 역시 같은 저자의 「조선 가옥의 위생적 연구(朝鮮家屋の衛生的研究)」가 게재되었다. 이 논문들은 주로 일본 가옥과 조선 가옥의 가옥 구조 및 난방에 따른 실내 공기의 질을 다루고 있는데, 특히 「조선 가옥의 위생적 연구」는 온돌 난방을 하는 조선 가옥의 실내 공기 문제를 구체적으로 다루고 있다.

「조선 가옥의 위생적 연구」는, 온돌을 사용하는 조선 가옥의 경우 일본 가옥에 비해 1회 연료를 투입했을 때 장시간 실온을 높게 유지할 수 있는 데 반해, 내외부의 온도차가 작고 벽 구조가 치밀하고 밀폐되어 있어 환기가 거의 되지 않는다고 지적했다. 이는 곧 내부 공기의 청결 문제로 직결되어 조선 가옥은 난방을 시작하면 얼마 되지 않아 공기가 불결해지기 때문에 온돌 난방은 위생적으로 바람직하지 않다는 것이었다. 반대로 일본식 가옥은 화로(火鉢) 난방을 주로 사용하기 때문에 보온 지속 효과가 좋지 않으나, 환기와 청결 면에서는 조선의 온돌 난방보다 양호하며, 엔가와(縁側)나 칸막이벽, 복도 등을 부속시키면 보온성을 높일 수 있다고 언급했다.

다카츠 기와 후지 사다키치의 연구는 다양한 유형의 가옥들을 대상으로 한 실험 측정 결과에 근거했으며, 환기수와 청결 시간을 실의 면적 등과 연관시켜 수학적 공식에 대입하여 구체적인 수치들을 제시했다. 그러나 후지 사다키치는 혹한의 겨울을 가지는 조선의 기후 특성상 온돌 난방을 사용할 수밖에 없기 때문에 온돌 난방의 문제점을 보완하기 위해 굴뚝을 높이 설치하여 연기를 배출하고, 창의 면적을 크게 하여 채광을 충분하게 함으로써 위생 상황을 개선하고, 실내에 식물을 재배하거나 장치를 설치하여 습기를 공급하며, 환기용 보조기구(Wheeler System)[11] 등을 설치하여 보조적으로 환기를 돕는 방법을 제안했다.

시가 기요시는 1924년 1월호에 실린 「건축에 조선의 쾌청한 기후를 이용하자(建築に朝鮮の快晴なる天候を利用せよ)」에서 온돌실의 동, 남, 서 세 방향으로 유리창을 설치하고 지붕을 높여 일광을 적극적으로 유입했더니, 비용은 크게 증가하지 않으면서 밝고 기분 좋은 공간을 만들어낼 수 있었다고 하며, 온돌실이 일본인들의 생활에도 적합하다고 이야기한다. 이는 온돌 난방의 개선을 위해 채광 면적의 확대를 이야기한 후지 사다키치와도 일맥 상통하는 것으로, 후지 사다키치보다 좀 더 적극적으로 일본인의 생활 공간으로서 온돌실을 고려하고 있다. 그러나 시가 기요시도 1927년 3월에 게재한 「주택과 위생」에서 가장 바람직한 난방 방식은 유럽식 난방 방식이므로 이를 도입해야 한다고 주장하면서 증기 난방, 온수 난방, 열기 난방 등 세 가지 각각의 장단점을 소개했다. 그에게 온돌 난방은 차선의 선택이었다.

환기에 관해서 다카츠 기와 후지 사다키치는 난방 시의 실내외 온도차에 의한 환기 회수와 그에 따른 실내의 습도 및 청결도를 주로 언급했으며, 시가 기요시는 「일광과 건축」 강연에서 이들의 연구에 근거하여 실내 쾌적도를 언급했다. 시가 기요시에 따르면 불쾌감을 느끼는 것은 습도와 관계가 깊었다. 온도가 올라가면 건조해지면서 불쾌해지고 두통이 생기고 호흡이 과해지는 등의 폐해가 나타나므로 실내 환기가 중요하다고 했다. 한편, 시가 기요시

11 아래에 라디에이터 같은 걸 두고 창 높이를 최대한 높여서 외부로부터 위에서 공기가 들어오게 함으로써 내부에서 환기가 되게 만드는 방식이라 설명하고 있다.

는 도시적 차원에서 주택의 자연 통풍에 대해서도 언급했다. 그는 「도시와 위생」(1929년 4월호) 기사에서 도로와 가옥의 방향을 정할 때는 기후와 지형을 고려해야 하는데, 조선에서는 가옥이 서쪽으로 열려 있어야 여름에 통풍이 잘 되어 시원하다고 말했다. 이는 환기 문제를 주택 내부가 아닌 도시적 차원에서 다루었다는 점에서 의미가 있으나, 실제로 겨울철의 북서풍이 강한 조선의 겨울을 고려하지 못한 발언인 데다 채광에 비해 큰 비중을 두지 않았다는 점에서 중요성은 떨어진다.

## 4. 1920년대 의사 주택들을 통해 살펴본 위생 개념의 적용

창간 초기 『조선과 건축』에서는 주로 주택 개선을 둘러싼 논의와 담론들이 다루어졌으나, 1925년부터는 실제로 지어진 문화주택들이 다수 소개되었다. 특히 1925년~29년 사이에 소개된 4명의 의사들의 신축 주택안은 의학자들이 제시한 위생학적 측면의 주택 개선 방안들을 확인해볼 수 있는 좋은 예시이다.

### 1) 1920년대 『조선과 건축』에 소개된 의사 주택들

1925년부터 1929년 사이 『조선과 건축』에는 의사인 고노 마모루(河野衛), 니노미야 료키치(二宮亮吉), 구도 다케키(工藤武城), 오오사와 마사루(大澤勝) 각각의 주택 4채에 관한 기사가 게재되었다. 이 기사들은 의사들이 직접 설계 주안점을 설명하고 있다는 점에서 특징적이다. 4개의 주택 중 니노미야와 구도의 주택은 부인과병원과 함께 있는 겸용 주택이었으며, 고노와 오오사와 주택은 단독주택이었다. 의사들의 신축 주택에 관한 기사에서 알 수 있는 것은,

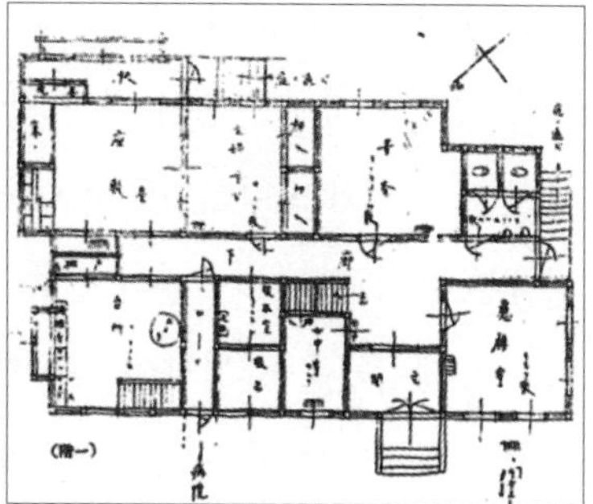

고노 주택의 전경(왼쪽)과 평면(오른쪽).

의사들이 적극적으로 병원 및 주택 설계에 참여했으며 위생적인 측면에 대해서도 많은 고려를 했다는 점이다. 그 내용을 구체적으로 살펴보면 1920년대 당시 의사들의 주택 위생에 대한 개념과 그 적용을 알 수 있다.

(1) **고노 주택**

1925년 1월호에는 고노 소아과병원의 병원장 고노 마모루(河野衛)[12]가 자신의 병원과 연결된 주택을 신축하며 평상시 본인이 가지고 있었던 주택에 대한 의견을 이야기하고 신축한 주택의 특징을 설명하는 「내가 지은 주택(私の建てた住宅)」이라는 기사가 게재되었다. 고노 마모루는 주택 설계에서 가장 먼저 생각해야 하는 것은 위생이기 때문에 일광을 충분하게 유입하는 것과 배수가 잘 되는 것을 중시해야 하며, 벽체의 색을 고를 때도 위생학적 측면의 고려가 필요하여 푸른색은 음기가 강하고, 백색은 자극을 주며, 실내 벽에는

12 1906년 도쿄제국대학 의과대학을 졸업하고 1907년부터 도쿄제국대학 소아과교실 조수로 근무하다가 1909년 한국에 와서 대한의원 촉탁이 되었다. 1910년 조선총독부의원 소아과장으로 일하다가, 1916년부터는 경성의학전문학교 교수를 겸직했다. 1917년에는 스웨덴으로 유학하고 1918년에 다시 돌아와 총독부의원 소아과장으로 일했다. 한국사데이터베이스(http://db.history.go.kr).

회색이 가장 좋다고 위생학자에게 들은 바를 언급했다. 또한 채광의 경우에도 창이 지나치게 크면 실내가 지나치게 밝고 겨울에 춥다는 단점이 있으므로 방의 크기와 방향을 고려하여 창을 결정해야 하며, 이중창을 사용하고, 천장에는 환기구를 내야 한다고 했다. 이렇게 본인이 평소 주택에 대해 가지고 있었던 생각들을 반영하여 자신의 집을 계획했는데, 특히 식당 겸용으로 사용하는 부엌에는 동쪽으로부터 채광이 들어오게 하고, 욕실 등의 앞에는 사각형 구멍을 파고 사각통을 넣어두어 오물 처리를 하게 하는 등의 장치를 했다고 한다.

### (2) 오오사와 주택

경성제국대학교수 의학박사 오오사와 마사루(大澤勝)[13] 의 주택은 1928년 7월호의 「내가 주택을 건설한 것에 관하여(私が住宅を建設てるに就いて)」라는 기사에서 다루어졌다. 기사에 따르면, 그의 주택은 경성에 위치한 부지 총면적 106평, 건평 37평의 신축 건물이었다. 오오사와 마사루는 주택지의 위치를 선정할 때 '건강지'라는 조건을 최우선으로 고려했으며, 그 다음 교통을 고려했다. 오오사와는 주택의 방향은 정남향으로 하되 건축 면적은 작게, 이용 면적은 크게 하여 환기와 채광을 충분히 하도록 주택 설계를 의뢰했다. 그 결과 이 주택에는 햇빛이 들어가지 않는 실이 없었으며, 전체적으로 매우 밝고 환기가 잘 되는 특징을 가지게 되었다. 창은 모두 이중창이었고, 창문 안쪽에는 응접실은 철망을, 다른 장소는 전부 한냉사(寒冷紗)를 쭉 붙여, 여름엔 파리와

---

13 1917년 도쿄제국대학 의학과를 졸업했으며, 1919년 5월 朝鮮總督府醫院 醫官에 임명되어 조선에 건너왔다. 1920년 12월부터는 京城醫學專門學校 教授를 겸임하고, 1923년 9월 教授專任이 되었다. 1925년 4월 의학박사 학위를 취득한 이후 1926년 4월 京城帝國大學 醫學部 教授가 되었으며, 1922년 5월부터 1923년 5월까지 歐美에 유학하기도 했다. 한국사데이터베이스(http://db.history.go.kr).

니노미야 부인과병원 겸용 주택

모기를 방지하고 겨울엔 그 위에 종이를 붙여서 방한에 도움이 되게 했다. 난방은 온수 난방을 했으나, 취사장에 둔 보일러의 열을 이용하여 화장실과 욕탕은 열기 난방을 했다. 오오사와 주택 역시 충분한 채광과 환기, 이중창과 온수 난방에 주안점을 두고 있었다.

**(3) 니노미야 산부인과 겸용 주택**

1926년 2월호에는 「병원과 주거를 동일 건물에 넣어보았다(病院と住居とを同一建物に收めてみた)」라는 기사가 게재되었다. 이 글은 니노미야 부인과(二宮婦人科)의 병원장인 의학박사 니노미야 료키치(二宮亮吉)[14]가 경성에 자신의 병원 겸용 주택을 건설하고 그에 대해 설명한 기사였다. 니노미야병원장은 1922년부터 1925년까지 독일에서 연구했는데, 이 글에서는 독일 체재 중에 경험한 독일과 미국의 주택에 대해 간략히 설명한 후 경성의 부지 330평, 건축 면적 115평 규모의 니노미야병원 겸용 주택에 대해 이야기하고 있다.

14 九州帝國醫科大學의 산과, 부인과 교실에 근무했으며, 1911년 7월 京城漢城病院 부인과 부장으로 초빙되어 조선으로 건너왔다. 1913년 5월에 한성병원을 사임하고 경성 수정으로 옮겨 二宮病院을 개원했다. 한국사데이터베이스(http://db.history.go.kr).

경성부인과병원 겸용 주택의 전면과 후면

니노미야병원 겸용 주택은 우선적으로 병원의 기능에 충실했다. 수술실을 북측에 위치시키고 창도 북측으로 두어 일정한 광선을 받을 수 있도록 했으며, 병실을 2층 동남측에 설치하여 따뜻하고 밝게 했다. 병원의 일부, 즉 병원의 남측은 주거용으로 사용했다. 주거용 현관, 응접실, 8첩의 거간(居間), 6첩 아이방, 10첩의 식당, 4첩 반의 여중실(女中室) 등으로 구성되었으며, 식당은 동남서의 광선을 받게 하고, 통풍을 돕기 위해 둥근 창을 설치했다. 이 주택에서 가장 유의한 것은 환자들을 따뜻하면서도 밝은 방에 수용하는 것과 주거 공간을 햇빛이 충분히 들어오는 좋은 위치에 위치시키는 것이었다.

요컨대 니노미야 료키치가 병원 겸 주택의 설계에서 많은 주의를 기울인 것은 채광과 난방이었다. 그는 각 실의 용도에 맞는 채광을 하되 병실과 거실을 남측에 배치하고 온수 난방을 사용하여 밝고 따뜻한 실내 공간을 구성하고자 했다.

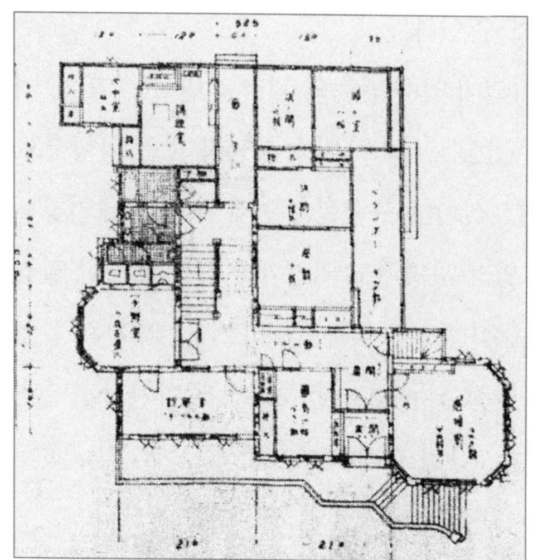

경성부인과병원 겸용 주택의 평면도

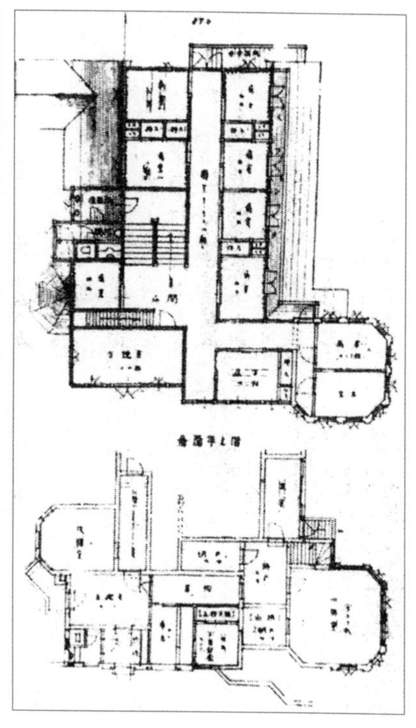

⑷ **경성부인과병원 겸용 구도 주택**

1926년 7월호에 소개된 「병원을 신축한 기분과 설비(病院を新築した氣分と設備)」라는 기사는 경성부인과병원 원장인 구도 다케키(工藤武城)[15]가 본인의 병원 겸용 주택에 대해 설명하는 글이다. 이 병원 겸용 주택은 약 천 평의 대지에 4층 규모로 지은 건물로, 건축비만 5만 원 이상이 든 대규모의 고급 병원 및 주택이었다. 여기에서도 역시 채광과 환기를 병원 및 주택 설계에서 가장

15 1901년 나가사키의학전문학교를 졸업하고, 1903년 독일 베르츠부르크대학 부인과에 입학하여 다음 해인 1904년 의학박사 학위를 받았다. 도쿄산과부인과병원 의원으로 근무했으며, 1905년 12월 한성병원 산부인과부장으로 초빙되어 경성에 온 이후 경성부인병원을 개업하여 원장으로 근무했다. 한국사데이터베이스(http://db.history.go.kr).

중요하게 고려했음을 글을 통해 알 수 있다.

이 주택은 건물이 동서로 배치되어 있어 남측의 채광을 받을 수 있게 배치되었으며, 옥탑층의 각 방향에 창호를 설치하여 동서남북 모든 방향으로부터 채광을 극대화했다. 특히 진료실이나 수술실은 천장에 이중 유리창을 설치하여 햇빛을 충분히 받을 수 있게 하면서도 외기와의 접촉에 의한 열손실을 최소화했다. 또한 변소의 위생적 처리 및 취사실과 조리실의 환기 설비 설치 등 위생 설비의 구비에도 주안점을 두었다. 주택 공간도 마찬가지였다. 동남 방향으로 큰 창을 두고, 일식 공간인 자시키(座敷)에서 츠키노마(次の間)로 이어지는 부분에는 동서 방향의 긴 베란다를 만들고 창을 설치했다.

구도 다케키는 실제로 병의 전염은 공기를 매개로 하는 경우가 극히 드물기 때문에, 환자가 집에 있는 기분을 느끼게 해주기 위해 각 나라별 환자에게 익숙한 병실을 제공해주었다. 이 병원의 주요 내원객인 일본인 부인 병실에는 도코노마(床の間)를 갖추었지만, 서양인 부인들을 위해서는 구미풍 설비를 갖추었다. 또한 조선인 부인들을 위해서는 기존의 가옥을 부속시켜 3개의 온돌이 있는 조선식 병실을 준비했다. 이는 온돌을 사용하는 조선식 가옥은 환기가 되지 않아 공기가 오염되고 질병이 전염될 수 있다는 온돌에 대한 기존의 비난과 상반되는 이야기이기 때문에 주목된다. 이미 의학계에서는 전염병의 원인이 공기가 아닌 세균이라는 것, 즉 미아즈마설(장기설)이 아닌 세균설이 주가 되었기 때문이다.

### 2) 의사 주택들에 나타난 위생적 특징

1925년 이후 『조선과 건축』의 지면에 자신의 집을 소개한 의학자들은 공통적으로 유럽과 미국에서 생활해본 사람들이었으며, 한성병원, 총독부의원 등에서 근무한 적이 있거나 근무 중인 의사들이었다. 이들은 유럽과 미국의 주택을 직접 경험했으며, 위생학 연구의 중심 기관이었던 총독부의원이나 의학전문학교 등에서 위생학 연구와 밀접한 상황에 있었던 사람들이었다. 또한 니노미야 료키치와 구도 다케키의 경우 산부인과 의사로서 부인과병원을 주택과 겸용하여 사용하고 있었는데, 부인과병원은 그 특성상 병원들 중에서도 가장 주택과 같은 환경, 즉 산모를 위한 병실을 제공해준다는 측면에서 주택과 연장선상에서 생각할 수 있다. 따라서 이들이 주택 혹은 병원 설계에서 주안점을 두었던 점들을 분석해봄으로써 당시 의사들이 주택에 대해 갖고 있던 생각을 읽어볼 수 있다. 특히 1922년 『조선과 건축』 창간 이후 본격적으로 새로운 문화생활에 적합한 개선주택, 즉 문화주택이 도입·확산되는 과정에서 의사들과 연계되어 있는 일면을 살펴볼 수 있다.

(1) **양식 및 구조**

먼저, 이 네 개의 주택은 모두 서양식 연와조 주택으로 지어졌다. 또한 평면을 확인할 수 있는 고노 주택이나 경성부인과병원 겸용 주택의 경우, 두 건물 모두 속복도를 기준으로 실이 양 옆으로 배치되며 각 실은 직접 외기와 면하는 형식을 가지고 있었다. 평면이 확인되지 않는 오오사와 주택과 니노미야병원 겸용 주택도 각 실을 남향으로 배치시켰다거나 창호를 설치했다는 등의 설명으로 미루어보아 주변에 복도나 다른 공간 없이 직접 외기와 맞닿아 있었을 것으로 유추해볼 수 있다. 이 시기, 즉 1925년~1929년 『조선과 건축』에 소개된 다른 주택들을 보면, 의사 주택을 제외한 주택 14채 중 4채가 여전히 목조로 지어졌으며, 1925년 4월에 소개된 하나조노 주택(花園住宅)은 일본 전통 주택의 특징과 같이 각 실을 복도가 둘러싼 형식으로 지어졌는데, 의사 주택들은 모두 서양식 구조 및 평면 형식을 갖추고 있었다. 이는 의사들이 모두 서양 거주 경험을 바탕으로 주택을 계획했기 때문이었을 것으로 추정되며 위생적 측면과도 연관이 있을 것으로 생각된다. 특히 1925년 2월호에 자신의 집을 소개한 오가사와라 요시오(小笠原義雄)의 경우 러시아 거주 경험을 바탕으로 서양식 주거의 필요성을 강하게 주장하며, 심지어 위생상의 이유로 다다미의 폐지까지 역설했다.[16]

(2) **채광**

위생적 측면에서는 4개의 의사 주택들이 공통적으로 채광 문제를 중요하게 언급했다. 시가 기요시가 「일광과 건축」에서 강한 조선의 햇빛을 적극적으로 주택에 활용할 것을 제안했듯이, 실제로 의사들은 일광을 적극 활용하기 위해 주택의 입지 결정부터 내부 실 배치 및 창호 계획 등에 직접 관여했다. 이 주택들은 공통적으로 주요 실들을 남향 혹은 남동향으로 배치했으며, 남측으로 큰 창을 설치했다. 구도 다케키의 경성부인과병원은 건물 자체를 남향 햇빛을 받기 좋게 동서로 길게 배치함으로써, 채광을 위한 향의 설정이 주택 배치에서 중요한 요소가 되었다. 또한 사진을 통해 볼 때 이 주택들은 고측창을 설치하여 채광을 더 적극적으로 유입시키고 있었다. 채광의 중요성은 의사 주택뿐 아니라 다른 주택 기사들도 다루었으며, 의사 주택과 마찬가지로 주요실을 남향에 위치시키고 특히 아동실에는 적극적으로 채광을 하는 등 유사한 양상을 보인다. 그러나 의사 주택에서처럼 비중 있게 다루어지는 경우는 많지 않았다. 의사 주택을 제외하고 채광에 대해 비중 있게 언급한 주택으로 1925년 2월호에 소개된 오가사와라 주택이나 1927년 10월호에 소개되는 건축사무소 겸용 주택인 아이자와 주택[17]을 들 수 있다. 오가사와라 요

16 小笠原義雄, 「私の住宅を建てた気持と設計ー寒い京城に建てるのであるから」, 『朝鮮と建築』 4집 2호, 1925, 18~22쪽.

17 相澤啓治, 「設計事務所を兼ねた住宅」, 『朝鮮と建築』 6집 10호, 1927, 15~16쪽.

시오는 의학적 연구에 따르면 창이 많으면 병자가 줄어들고 건강상 좋다고 언급했으며, 아이자와 게이지(相澤啓治)는 자신의 주택을 설명하면서 '채광 및 환기'를 별도로 다뤘다. 그 특징으로, 동서남북 네 방향 모두에 창호를 설치했으며, 베란다의 창호를 일본식 미닫이창이 아닌 여닫이창으로 하여 채광을 더 풍부히 받도록 한 점을 꼽았다. 이처럼 의학자들의 채광에 대한 연구가 실제로 1920년대 중반 주택 설계에 미친 영향에 대해 살펴볼 수 있다.

시가 기요시는 〈일광과 건축〉 강연에서 채광을 위해 창호를 크고 넓게 만듦에 따라 발생할 수 있는 문제점, 즉 겨울철 보온의 문제점을 보완하기 위해 이중창 사용을 권장하고 새로운 창호의 개발을 독려했다. 이와 연관하여 생각해보면, 의사들의 주택 4채는 모두 이중창을 사용했으며 오오사와 주택은 창 안쪽에 철망 혹은 한냉사(寒冷紗)를 덧대고 겨울에 그 위에 종이를 붙여둠으로써 여름철 방충 기능뿐 아니라 겨울철 보온 기능 강화를 위한 새로운 장치를 고안했다. 물론 이중창은 의사들의 주택뿐 아니라 1922년 조선건축회의 창립과 함께 시행되었던 〈주택 도안 현상모집〉[18]에 제출된 당선안들도 사용하고 있었으며,[19] 의사 주택을 제외한 대부분의 주택도 이중창을 사용했다. 하지만 이중창의 사용 역시 전체적인 적용이라기보다는 부분적인 수준이었으

18 조선건축회는 1922년 창립과 함께 주택 개선을 위해 〈주택 도안 현상모집〉을 진행했는데, 1922년 6월 『朝鮮と建築』 창간호에 실린 모집 공고를 통해 그 자세한 내용을 살펴볼 수 있다. 공고문은 조선의 중류 가정으로 문화생활에 적당한 개선 주택안을 모집한다는 문구로 시작하고 있다. 구체적으로는 "지하실 합쳐서 연평 30평 이하, 5인 정도의 가족 본위로, 양식은 자유, 구조는 조선 중부 기후 풍토에 맞게, 특별히 외벽은 방한적으로, 건축비는 5,000원 이하"라는 조건을 내걸었다. 위생에 대한 별도 언급 없이 "기후 풍토에 맞게"라는 조건만 언급되었다. 당선안들은 그해 10월 21일, 22일에 〈현상 주택 도안 전람회〉를 통해 공개되고, 『朝鮮と建築』 11월호 지면에 소개되었다. 당초 7개의 당선안을 선정하기로 한 것과 달리 1·2등 각각 1개, 3등 6개, 가작 13개로 총 21개의 당선안이 선정되었으며, 『朝鮮と建築』 11월호에는 1, 2, 3등 모두와 가작 1개 등 총 9개의 작품이 소개되었다.

19 3등 스미타 다케타로(隅田竹太郎)안과 우시오 미사오(牛尾美佐雄)안에서는 남향으로 주요실을 배치한 것뿐 아니라 이중창을 설치하는 특징을 발견할 수 있다.

며, 여전히 일본식 창호 등이 함께 사용되었다.

### (3) 난방 및 환기

난방은 온수 난방 등 서양식 난방을 선호했지만, 경성부인과병원 겸용 주택의 예처럼 온돌을 사용한 병실을 계획하기도 했다. 후지 사다키치를 비롯한 이전의 연구자들은 온돌을 사용한 조선의 한옥이 공기 오염도가 높아질 수 있는 구조임을 지적하며 온돌 사용을 지양할 것을 주장했다. 하지만 온돌실 역시 유리창을 설치하고 지붕을 높여 채광을 적극적으로 하면 밝고 기분 좋은 공간이 될 수 있다고 주장했던 시가 기요시[20]와 마찬가지로, 구도 다케키 역시 공기 전염의 가능성은 낮으므로 오히려 환자들에게 익숙한 환경을 만들어주는 것이 중요하다고 주장하면서 조선식 온돌 병실을 설치하여 제공했다. 그러나 시가 기요시가 개량된 온돌실은 일본인들이 사용하기에도 적합하다고까지 언급한 반면, 구도 다케키는 이보다는 소극적인 수준, 즉 조선인 환자들을 위해 온돌 병실을 설치하는 수준에 머물렀다. 이는 1920년대 초 중반까지 온돌 난방을 기피하고[21] 온수 난방이나 페치카 등을 이용한 열기 난방을 선호하던 경향과 대비되는 것으로, 1920년대 후반 이후 『조선과 건축』에 소개되는 주택들이 여중실을 제외하고도 가족실 등에 온돌 난방을 설치했던

---

20 『朝鮮と建築』 1924년 1월호의 「建築に朝鮮の快晴なる天候を利用せよ」에서 내용을 확인해 볼 수 있다.

21 1925년 10월호에는 경성부 위생계장인 후지모토 하라이치(藤本原市)의 주택 소개가 게재되었는데, 이 글에서 후지모토 하라이치는 이전에 온돌이 설치된 관사에서 살아본 경험을 근거로, 온돌이 유용한 건 겨울의 3~4개월뿐으로, 불을 떼면 뜨겁고 떼지 않으면 차가우며, 여름에도 불을 가끔 떼주지 않으면 습기가 차버리는 점에서 오히려 불편하기만 하다며 온돌 난방을 지양하고 스토브와 페치카를 이용한 열기 난방을 선택했다. 藤本原市, 「京城に家を建てつみた心持ち」, 『朝鮮と建築』, 4집 10호, 1925년, 21~22쪽.

것과 연관성도 생각해볼 수 있다.[22]

한편, 환기는 채광보다는 상대적으로 덜 중요하게 다루어졌지만, 환기의 중요성 역시 강조되었다. 복도 공간을 길게 배치하여 실내 공기 흐름을 원활하게 하거나 화장실, 부엌 등에는 인공 환기 설비를 설치하기도 했다. 고노 주택의 경우 환기를 위해 천정에 환기구를 설치했고, 니노미야 주택은 통풍을 돕기 위해 둥근 창을 설치했으며, 경성부인과병원은 화장실이나 취사실 등에 환기 설비 등을 설치하고 서풍을 이용하기 위해 동서로 복도를 길게 설치했다. 이는 1920년대 일본식 주택에서 주로 사용되었던 속복도식 평면 유형의 한 예라 볼 수 있지만, 속복도가 꺾임 없이 일직선으로 배치된 것은 고노 주택과 경성부인과병원 겸용 주택이 지닌 특징이었다.

그 밖에 고노 주택처럼 실내의 색채까지도 위생학적 고려의 결과임을 언급하는 경우나, 오물 처리를 위한 구체적인 설비 및 설계도 확인된다. 이처럼 의사 주택에서 의사들은 적극적으로 주택 설계에 참여했다. 그들은 해외 거

22 『朝鮮と建築』에 1922년부터 1944년까지 게재된 개인주택의 난방 방식은 주로 온돌과 온수 난방, 그리고 페치카를 이용한 열기 난방이었는데, 온돌만 사용하는 주택은 전체의 28%, 온돌과 온수 난방, 온돌과 페치카를 변용하는 것까지 포함하면 전체의 61%가 온돌을 사용했다. 온수 난방만 사용하는 주택은 26%, 온수 난방과 온돌을 변용하는 주택까지 포함하면 46%가 사용했으며, 페치카는 전체의 13%, 페치카와 온돌을 변용하는 주택까지 포함하면 26%가 사용했다. 최진규자, 「일제강점기 도시 단독주택의 근대적 진화에 관한 연구—『朝鮮と建築』에 수록된 주택 사례를 통한 한일 영향관계를 중심으로」, 연세대학교 석사논문, 2004, 38쪽. 『朝鮮と建築』 1926년 11월호는 난방 설비를 특집으로 다루었는데, 조선총독부 경복궁출장소 건축기사였던 도쿠나가 신이치(德永眞一)는 「건물의 보온에 대하여」라는 글에서 증기난방, 온수 난방, 열기 난방에 대해 설명하며, 증기난방이나 온수 난방이 바람직하지만 경제적인 측면에서 페치카나 스토브를 사용하는 것이 적합하다고 언급했다. 같은 호에 실린 경기도 산림과장 가케바 사다키치(掛場定吉)의 「온돌의 개량에 대하여」라는 글에서는 조선의 삼림을 유지하기 위해 온돌을 연료 효율이 높은 방식으로 개량할 것을 이야기하고 있다. 1928년 6월호에는 가와카미 산쥬로(川上三重郞)가 1927년 개발한 가와카미식(川上式) 온돌이 소개되었으며, 1930년대 이후 일본인 업자들에 의해 개량온돌이 다수 소개되며 하나의 난방 방식으로 자리 잡았다. 강상훈, 「일제강점기 일본인들의 온돌에 대한 인식 변화와 온돌 개량」, 『대한건축학회논문집』 22집 11호, 2006, 253~260쪽.

주 경험도 있고 위생학 및 의료에 관한 전문지식을 갖추고 있었기 때문에 당시로서는 상당히 진보적으로 주택 설계에 임했을 것이다. 또한 이 주택들은 1922년 개선주택 설계도안 현상모집의 주택들보다 규모도 크고 위생적으로도 진일보한 양상을 보여준다. 의사 주택, 혹은 병원 겸용 주택들은 수가 많지는 않았지만 『조선과 건축』 창간 초기부터 주택 개선에 대한 의학자들의 적극적인 의견을 제시하여 일반 대중을 교육하고자 했던 시도들의 실천적 예로 읽힐 수 있다.

## 5. 주택 위생과 주택 개량론

이상에서 『조선과 건축』에 실린 의학자들의 기고 글을 통해 위생적 측면에서 주택 개선에 대한 의사들의 논지들을 짚어보고, 실제 주택에 구현된 특징들을 찾아보았다.

『조선과 건축』은 창간 초기부터 주택 개선에 대한 의학자들의 연구와 기사들을 연속적으로 게재했고, 이는 1920년대 주택개량론 및 문화주택 보급 등에 영향을 미쳤다. 특히 의학자들은 주택의 위생 문제를 다루면서 채광과 환기의 중요성을 강조했는데, 이는 과학적 실험 결과를 바탕으로 적극적으로 전개되었으며, 1920년대 『조선과 건축』에 소개된 나카무라 마코토(中村誠)를 비롯한 건축 관련자들의 주택개량론과는 강조하는 바가 다소 달랐다. 나카무라 마코토는 『경성일보』에 기고한 기사를 통해 접객 공간 중심에서 가족 공간 중심으로의 변화, 좌식 생활에서 입식 생활로의 변화 등을 주택의 중요한 변화 방향으로 언급했다. 그는 위생적인 주거에 대해서도 언급했는데, 그에게 '위생적인 주거'란 부엌과 화장실 등의 개조를 뜻했다.[23] 또한 1920년대의 주택 담론은 결국 조선의 추운 겨울에 대비하기 위한 난방 설비에 관한 내용, 특히 온돌의 폐지와 개량에 관한 내용들로 집중되었다. 그에 반해 시가 기요시를 비롯한 의사들의 위생 담론은, 앞서 살펴보았듯이 난방법과 환기에 관한 연구를 한 후지 사다키치를 제외하고는 대부분 채광에 관한 내용이 상당한 분량을 차지하고 있었다. 특히 시가 기요시는 혹독한 조선의 겨울 추위에 대응하기 위해 겨울에도 적극적으로 일광을 이용하고, 온돌의 보완을 위해서도 일광을 활용해야 한다고 이야기하는 등 주택 위생에서 일광을 매우 중시했다. 또한 앞서 살펴보았듯이 일광이 실제로 주택 위생에 미치는 효과들을 과학적으로 언급했다는 점에서도 다른 건축 관련 종사자들과 차별점을 보이는데, 이는 세균학이나 위생학을 전공한 의학자들의 입장이 반영된 것이었으며, 이는 의학자로서 『조선과 건축』에서 주택개량론을 전개하는 그들의 역할이기도 했다.

한편, 1920년대 중반까지 일본인들은 온돌을 경제적인 측면이나 위생적인 측면에서 폐기되어야 할 것으로 생각하고 있었다. 그러나 1920년대 후반부터는 온돌을 폐기하기보다는 단점을 보완하여 개량하려는 시도들이 나타났다. 1930년대에는 일본인 주택의 여중실 외에도 가족실 등에 온돌방을 설치하는 경우를 찾아볼 수 있었다. 이는 경제적인 이유나 온돌의 장점 때문이기도 했지만, 구도 다케키가 언급한 것처럼 더 이상 공기가 전염병의 원인이 아님을 알게 된 탓도 있을 것이라 추정된다. 즉 미아즈마설에서 세균설로 변화한 의학계의 변화가 병원 건축뿐 아니라 일반 주택의 계획에도 영향을 미쳤을 가능성을 생각해볼 수 있다. 특히 시가 기요시가 채광의 멸균 효과를 강

23 이경아, 앞의 논문, 2006, 81~83쪽.

조한 것 역시 이와 연관 지어 생각해볼 수 있다.

1930년대가 되면 박길룡, 박동진 등의 조선인 건축가들이 적극적으로 주택개량론을 전개하는데, 주택개량론은 온돌의 개량뿐 아니라 주요 실의 남향 배치, 변소와 부엌 등의 개량 및 청결, 주택 재료의 성능 등에 관한 내용을 포함하고 있기 때문에 시가 기요시를 비롯한 의학자들이 『조선과 건축』에 기고한 논고들과의 연관성을 생각해볼 수 있다. 특히 채광의 중시에 따른 남향의 선호와 겨울철 방한을 위한 이중창의 사용, 환기창이나 환기 설비 설치, 온돌실에 창호를 많이 설치하여 온돌 난방의 문제점을 보완하는 등의 시도들은 이후 문화주택들에서 발견할 수 있는 특징들이다. 『조선과 건축』 창간 초기 의학자들의 이론과 실제가 미친 영향이다.

# 방역과 인종분리
## —영국 열대의학과 식민지 도시위생

## 1. 머리말

19세기 말 서구에서 탄생한 열대의학(tropical medicine)은 제국을 정복하고 통치하기 위한 식민의학(colonial medicine)의 성격을 강하게 띠었다. '열대'는 에드워드 사이드(Edward Said)가 『오리엔탈리즘』에서 제시한 '심상지리(imaginative geography)'의 일종으로, 물리적 공간인 동시에 식민지 '타자'에게 부여된 공간이었다.[01] 유럽인에게 열대는 '백인의 책무(white man's burden)'를 실현하는 기회의 공간이면서, 동시에 '백인의 무덤(white man's grave)'이 쌓이는 죽음의 공간이기도 했다. 열대로 진출한 유럽인의 생명을 위협해온 말라리아, 사상충병, 수면병, 홍열, 황열 같은 열대병을 다스리기 위해서는 병인론 연구와 치료법과 치료제 개발뿐만 아니라 식민지의 공중보건과 도시위생의 진전이 필요했다.

독기(miasma)설이 병인론의 주류였던 19세기 중반까지 열대는 치명적인 독

01 국내 연구 가운데 오리엔탈리즘 비판의 관점에서 열대 담론을 분석한 선구적 업적으로 다음의 연구가 있다. 이종찬, 『열대와 서구—에덴에서 제국으로』, 새물결, 2009.

기를 뿜어내는 질병의 온상으로 여겨졌다. 덥고 습한 열대는 그 자체에 위험한 독기를 품고 있기 때문에 열대기후에 익숙하지 않은 유럽인의 건강을 위협한다는 것이었다.[02] 그러나 19세기 말 우세해진 세균설은 독기가 아니라 특정 세균을 질병의 원인으로 지목했다. 세균설이 독기설을 완전히 대체한 것은 아니었지만, 로베르트 코흐(Robert Koch)에 의해 결핵균과 콜레라균이 발견되고 세균학이 발달하면서 열대의학은 그 영향을 강하게 받았다. 따라서 열대의학은 기후와 환경이 아니라 세균과 기생충을 열대병의 원인으로 지목했고, 박테리아학과 기생충학 분야에서 획기적인 실험 연구들이 축적되면서 말라리아, 수면병, 황열 같은 열대병은 점차 통제 가능한 질병이 되어갔다.[03]

말라리아[04]는 오늘날까지도 인간을 괴롭히고 있는 대표적인 열대병이다. 말라리아에 관한 기록은 고대 로마부터 나타나고, 지리적으로 지중해 남부, 서남아프리카, 인도, 중국에 이르기까지 널리 분포한다. 특히 서아프리카의 말라리아가 악명 높다. 지금까지도 백신이 개발되지 않아 전 세계적으로 해마다 1백만 명 이상이 말라리아로 목숨을 잃고 있다. 말라리아는 한국과도 무관하지 않다. 말라리아는 과거 한국에서는 '학질'이라고 불렀다. 일제강점기에는 만주 지역에서 유행한 말라리아가 한반도로 유입되어 피해를 낳았다.[05] 말라리아는 열대열, 삼일열, 사일열, 난형 원충 등 네 종류의 원충에 의해 발생하는데, 열대열 말라리아가 전체의 98%를 차지하며 가장 치명적이다. 한

---

02 David Arnold, ed., *Warm Climates and Western Medicine: The Emergence of Tropical Medicine, 1500~1900*, Amsterdam: Rodopi, 1996, p. 10.

03 Ibid., p. 4.

04 말라리아(malaria)는 이탈리아어로 '나쁜(mal) 공기(aria)'라는 뜻이다.

05 한국의 말라리아에 관해서는 다음 논문이 유용하다. 여인석, 「학질에서 말라리아로—한국 근대 말라리아의 역사(1876~1945)」, 『의사학』 20:1, 2011, 53~82쪽.

국에서 유행하는 삼일열 말라리아는 치사율이 낮다.[06] 현재 휴전선 인근 일부 지역은 말라리아 위험 지역으로 인근 부대에서 복무하는 군 장병의 헌혈이 제한되고 있다. 또한 탈북민이나 이주노동자의 말라리아 감염 사례가 보고되기도 한다.

이 글은 말라리아 방역을 중심으로 19세기 말 20세기 초 영국 열대의학의 성립과 전문화, 제도화 과정을 살펴보고, 열대의학과 결합한 식민권력이 서아프리카 시에라리온(Sierra Leone)의 도시위생을 어떻게 관리하고, 식민도시 프리타운(Freetown)의 주거 공간을 어떻게 구획했는가를 분석하는 시도이다. 열대의학의 전문화와 제도화는 교육 기관 설립을 통해 이루어졌는데, 영국에서 열대의학 전문 교육 기관은 1899년 런던과 리버풀에 각각 설립되었다. 패트릭 맨슨(Patrick Manson, 1844~1922)이 런던열대의학대학(London School of Tropical Medicine)[07]을 설립했고, 리버풀에는 리버풀열대의학대학(Liverpool School of Tropical Medicine)[08]이 세워졌다. 모기가 말라리아 병원충을 매개한다는 사실을 밝혀내 노벨상을 수상한 로널드 로스(Ronald Ross, 1857~1932)는 리버풀열대의학대학 교수로 재직하면서 1899년과 1901년 두 차례 시에라리온 말라리아 조사를 수행했다.

이 글에서는 특히 로스의 말라리아 조사가 식민성과 시에라리온 총독이 추진하던 인종 분리 정책과 어떻게 연관되었는지를 주목할 것이다. 기존 연구는 인종 분리에 대한 로스의 태도를 해석하는 데 상반되는 입장을 보였다. 로스가 인종 분리를 지지했다고[09] 보는 연구가 있는가 하면, 정반대로 인종

06 정준호, 『기생충, 우리들의 오래된 동반자』, 후마니타스, 2011, 305쪽.

07 현재 명칭은 런던위생열대대학원(London School of Hygiene and Tropical Medicine)으로 런던대학(University of London) 소속 의학대학원이다.

08 리버풀열대의학대학은 초창기에는 유니버시티 칼리지(University College) 소속이었고, 현재는 리버풀대학(University of Liverpool) 소속이다.

09 Ambe J. Njoh, "Colonial Philosophies, Urban Space, and Racial Segregation in British and French

분리에 반대했다고[10] 보는 견해도 있다. 이 글에서는 런던위생열대의학대학원(London School of Hygiene and Tropical Medicine) 소장 '로스 컬렉션(Ross Collection)'[11]의 사료를 분석함으로써 로스의 말라리아 조사의 실체와 의미, 식민 정책과의 관계에 접근해볼 것이다.

## 2. 열대의학의 탄생과 제도화

### 1) 근대 열대의학의 아버지 맨슨

학문적 개념으로서 열대의학을 처음 제시한 인물은 영국 의학자 맨슨이었다. 맨슨은 중국에서의 경험을 발판으로 런던에서 성공을 거둔 의사였다. 맨슨은 스코틀랜드 애버딘셔 출신으로 애버딘대학에서 의학 교육을 받았다. 1866년 대만(당시 포모사)과 중국 푸젠성의 항구도시 아모이(Amoy)로 이주해 17년 동안 해관(Chinese Imperial Maritime Customs Service)에서 검역 업무를 담당했다. 1889년 영국으로 귀국해 런던에서 개업의로 활동하며 식민성 의학 자문에 임했다.[12]

선구자로서의 업적을 기리는 의미에서 흔히 맨슨을 '열대의학의 아버지'

---

Colonial Africa", *Journal of Black Studies*, 38:4, 2008, p. 589.

10 John W. Cell, "Anglo-Indian Medical Theory and the Origins of Segregation in West Africa", *The American Historical Review*, 91:2, 1986, p. 311.

11 2만 점이 넘는 방대한 양의 '로스 컬렉션'은 원래 로스가 교수로 재직했던 리버풀열대의학대학의 '로스 연구소(Ross Institute)'가 소장하고 있었으나, 2000년대 초반 매각되어 현재는 이를 사들인 런던위생열대대학원 아카이브가 소장하고 있다.

12 정세권, 「제국의 공간과 의학적 실행의 변주—리처드 피어슨 스트롱과 20세기 초 미국의 열대의학 연구」, 서울대 박사학위논문, 2016, 19~20쪽; Douglas M. Haynes, *Imperial Medicine: Patrick Manson and the Conquest of Tropical Disease*, University of Pennsylvania Press, 2001.

라고 부르지만, 그가 열대의학의 유일한 창시자는 아니었으며, 동시대의 루이 파스퇴르(Louis Pasteur), 알퐁스 라베랑(Alphonse Laveran), 코흐의 공로도 인정해야 한다. 1925년 런던열대의학대학장에 취임한 앤드류 밸포어(Andrew Balfour)는 프랑스의 의사이자 곤충학자 라파엘 블랑샤르(Raphael Blanchard)가 맨슨을 '열대의학의 아버지'가 아니라 '근대 열대의학의 아버지'라고 평했다면서, 맨슨 이전 열대의학 선구자들의 업적과 맨슨의 차별성을 강조했다.[13] 맨슨은 열대병 치료의 근대적 혁신을 이룬 인물이라는 것이다. 인류가 열대 풍토병에 대처해온 역사는 길지만 박테리아학, 기생충학, 현미경학 등 실험실 연구 방법을 활용하는 근대 열대의학을 개척한 인물은 맨슨이었다. 맨슨은 20여 년 동안 중국에서 사상충병을 연구해온 성과를 바탕으로 열대의학의 전문화와 제도화를 주도했다.

실험실 연구에 기반을 둔 열대의학은 독기설과 점차 멀어졌다. 맨슨 이전의 열대의학은 환경론과 독기설로 병인을 설명했던 반면, 맨슨의 열대의학은 현미경을 통해 관찰한 미생물 병원체에 주목했다.[14] 말라리아에 관해서도 맨슨 이전의 열대의학은 높은 기온과 습도, 강한 햇빛 같은 외부 조건에 주목했고, 유럽인은 열대 환경에 적응하지 못하는 체질적 특성으로 인해 말라리아에 걸린다고 보았다. 말라리아 방역도 독기를 내뿜는 유해 환경의 개선과 체질 개선을 언급하는 수준에서 크게 벗어나지 못했다. 맨슨은 말라리아를 연구한 것은 아니었다. 하지만 상피병에 모기가 동물 숙주로 관여한다는 사실이 밝힘으로써 말라리아의 원인 규명에 크게 도움을 주었다. 중국에서 열대 풍토병의 일종인 상피병(象皮病) 연구를 시작한 맨슨은 1877년 혈액 속에

---

13 Andrew Balfour, "Some British and American Pioneers in Tropical Medicine and Hygiene", *Transactions of The Royal Society of Tropical Medicine and Hygiene*, 19:4, 1925, p. 226.

14 David Arnold, op.cit., 1996, p. 3.

사는 기생충 가운데 하나인 사상충(filaria)의 배아가 빨간집모기(Culex fatigans)의 체내로 흡입되어 성장한다는 사실을 밝혀냈다. 맨슨의 연구는 곤충이 병원체의 숙주가 된다는 사실을 밝혀낸 최초의 연구였다. 맨슨의 상피병 연구와 모기에 기생하는 사상충 발견은 파스퇴르, 코흐의 세균 연구와 함께 19세기 말 실험실 의학의 대표적인 성과 가운데 하나였다.[15]

### 2) 런던열대의학대학의 설립

맨슨을 '근대 열대의학의 아버지'로 만든 또 다른 계기는 교육 기관 설립이었다. 맨슨은 1897년부터 열대의학 전문교육이 필요하다는 주장을 계속해 왔다. 열대는 영제국의 중심이 되어가고 있으며 말라리아, 각기병, 사상충성 상피병 같은 열대병은 온대병과 다르기 때문에 진단과 치료에 특별한 전문 지식이 필요하다는 것이었다. 런던열대의학대학은 1899년 선원병원협회(the Seaman's Hospital Society)[16]가 세운 병원의 앨버트독 분원(the Albert Dock Branch Hospital)[17]에 처음 만들어졌다.[18] 학교 설립에 필요한 재원은 선원병원협회 출연 재원과

---

15 A. J. Duggan, "Medicine and Health in the Tropics: A Brief History of Britain's Role With a Comment on Its Future", *Transactions of the Royal Society of Tropical Medicine and Hygiene*, 75, Supplement 1, 1981, p. 4.

16 선원병원협회는 상선대(Merchant Navy, MN)의 복지를 위한 단체로 1821년 3월 8일에 설립됐다. 일반 상선에 속한 선원들은 해군(Royal Navy, RN)보다 대우가 열악했기 때문에, 상선대 소속 선원 가운데 빈민 선원을 구제하고 복지를 도모하기 위한 단체가 설립되었고, 이를 계승한 것이 선원병원협회다. 선원병원협회 설립의 열성적인 지지자 중에는 유명한 노예제 폐지 운동가 윌리엄 윌버포스(William Wilberforce, 1759~1833)와 재커리 매콜리(Zachary Macaulay, 1768~1838)도 있었다.

17 선원병원협회는 1821년 오래된 군함 그램퍼스(Grampus)를 그리니치에 정박해 개조한 병원선을 개원했고, 1870년에는 트래펄가 해전에 참전했던 군함 드레드노트(Dreadnought)의 이름을 붙인 드레드노트병원을 개원했다. 1890년에는 런던 이스트엔드 앨버트독에 병원 건물을 신축해 앨버트독 분원으로 개원했다.

18 1차 대전 이후 런던열대의학대학은 런던 도심의 엔슬리 팰리스호텔(현재 이곳은 유니버시티 칼리지 학생회관이 되었다)로 이전했다. 1929년 록펠러재단과의 10여 년에 걸친 협상 끝에 현재 위치인 유니버시티 칼리지(University College London, UCL)와 런던대 본부 세

식민성 예산, 개인 기부로 충당했다. 1903년 학장에 임명된 프랜시스 러벨(Sir Francis Lovell)은 매년 인도, 실론, 말라야 연방, 해협식민지, 홍콩 등을 돌면서 기부금을 모아 왔다. 봄베이의 부유한 파시교도 신사 보만지 딘샤우 페팃(Bomanji Dinshaw Petit)은 약 6,600파운드에 달하는 거금 십만 루피를 기부했다.[19]

런던열대의학대학의 초창기 역사를 기록한 맨슨의 사위 필립 헨리 맨슨-바(Philip Henry Manson-Bahr)에 의하면, 학생들은 주 3회 강의를 듣고 열대병 임상 관찰을 진행했다. 1899년부터 1903년까지 총 421회의 강좌가 개설되었는데, 질병별로 분류하면 급성 말라리아 128회, 만성 말라리아 22회, 이질 101회, 각기병 76회, 간농양 16회, 한센병 6회, 기니벌레종양 17회, 상피병 8회, 흑수열 6회, 역병 4회, 몰타열 9회, 간염 10회, 빌하르츠 주혈 흡충증 11회, 트리파노소마증 1회, 스프루병 6회 등으로 구성됐다.[20]

선원병원 앨버트독 분원에 열대의학대학을 설립하자는 측은 임상 연구에 귀중한 정보원이 되는 열대병 환자가 끊임없이 유입된다는 사실을 강조했다. 선원병원 환자들은 선원뿐만 아니라 식민지 근무에서 돌아온 관리, 선교사, 무역업자, 상인도 있었다. 선원 가운데는 영국인뿐만 아니라 외국인 선

---

닛 하우스(Senate House) 사이의 케펠 스트리트(Keppel Street)로 이전하고 런던위생열대대학원(London School of Hygiene and Tropical Medicine)으로 개명해 오늘에 이르고 있다. Lise Wilkinson and Anne Hardy, *Prevention and Cure: The London School of Hygiene and Tropical Medicine: A 20th Century Quest for Global Public Health*, New York: Kegan Paul, 2001, Chapter. 3. 1929년 이후 이 학교는 열대의학뿐만 아니라 글로벌 공중보건 분야로 영역을 넓혀갔지만, 여전히 열대의학 중심의 위상은 흔들리지 않았다. 1930년대에도 열대의학 학위 졸업자는 1,000명인 데 반해 공중보건 학위는 150명 정도에 지나지 않았으며, 2차 대전 이후에는 많은 아프리카 학생들이 열대의학을 배우러 유학을 왔다. John Farley, "Review: Prevention and Cure: The London School of Hygiene and Tropical Medicine. A 20th Century Quest for Global Public Health, 2001", *Bulletin of the History of Medicine*, 77:1, 2003, p. 211.

19 Philip Gibbs, "The London School of Tropical Medicine", *Journal of the Royal African Society*, 2:7, 1903, p. 322.

20 Philip Henry Manson-Bahr, *History of the School of Tropical Medicine in London, 1899~1949*, London: H.K. Lewis & Co Ltd, 1956, pp. 15~21.

원도 많았다. 열대병에 걸린 동인도인·중국인·흑인 선원들은 항구 인근 앨버트독의 선원병원을 선호하기 때문에, 이곳이 열대병 연구에 최적의 장소라는 것이었다. 웨스트엔드나 런던 교외에 사는 학생들의 통학 거리가 멀지만 이는 감내해야 할 불편이라고 보았다.[21]

하지만 맨슨의 동료 의사들 모두가 선원병원 앨버트독 분원에 열대의학 전문 교육 기관을 설립하는 데 찬성한 것은 아니었다. 내과의 존 커나우(John Curnow)와 존 앤더슨(John Anderson), 외과의 조지 로버트슨 터너(George Robertson Turner)는 맨슨의 계획을 맹비난했다. 표면상의 이유는 입지 조건이었다. 앨버트독 분원이 아니라 네틀리(Netley)의 육군빅토리아병원(the Royal Army Medical Corps Victoria Hospital)이나 하슬러(Haslar)의 해군병원(the Royal Navy Hospital)이 더 적합하다는 것이었다. 하지만 숨은 이유는 자존심 문제였다. 선원병원협회 병원에서 다년간 열대병을 치료해온 이 의사들로서는 맨슨의 계획이 탐탁지 않았다. 맨슨의 계획안에는 이들이 열대병 치료에 무능하다는 평가가 담겨 있었기 때문이다.[22]

선원병원협회와 앨버트독 분원 기록에 의하면, 장소에 대한 반대 의견은 결코 억지가 아니었다. 통념과 달리 앨버트독 분원에는 열대병 임상 사례가 많지 않았다. 런던 도크랜드에서 일하는 중에 부상한 환자들의 외상 치료가 더 많았다. 1890년부터 1905년까지 앨버트독 분원에 입원한 환자를 외과, 내과, 열대병으로 분류해보면 외과 환자가 150~300명, 내과 환자가 100~210명이었던 반면 열대병 환자는 50~100명 정도였다. 열대병 입원환자 중에는 말라리아가 연간 평균 약 30명으로 가장 많았고, 그 다음으로 각기병이 연간 평균

21 Philip Gibbs, "The London School of Tropical Medicine", p. 317.

22 G. C. Cook, "The Seamen's Hospital Society: A Progenitor of the Tropical Institutions", *Postgraduate Medical Journal*, 75:890, 1999, p. 717.

약 20명 수준이었다. 이를 통해 앨버트독 분원에서 열대병 치료가 차지하는 비중은 부분적이었음을 알 수 있다. 출신 지역별로 보면, 아프리카인 입원환자는 평균 15명(10~18명), 아시아인은 111명(93~129명) 정도였고, 그 외에는 런던 부두 노동자가 228명(209~259명)으로 대다수를 차지했다. 아프리카인, 아시아인 환자 비율이 낮다는 점은 맨슨의 계획에 반대하는 측에 논거로 활용됐다. 반대자들은 네틀리의 빅토리아병원에 인도, 중국, 열대, 아열대 지역에서 이송된 환자들이 훨씬 더 많다는 이유를 들어 런던에 열대의학교를 설립하는 데 반대했다.[23]

동료 의사들의 반대, 많지 않은 열대병 환자 같은 불리한 조건에도 불구하고 런던에 열대의학교를 설립할 수 있었던 이유는 무엇일까? 사실 열대병 치료의 효능이 가장 잘 발휘되는 현장은 영국 본국이 아니라 열대 식민지였다. 따라서 영국에 설립되는 열대의학 전문 기관의 주된 기능은 임상 환자의 치료보다는 열대병의 통제 가능성을 높이는 실험과 연구에 있었다고 보아야 할 것이다. 여기에 더해 전문가 맨슨의 권위와 식민성장관 조셉 체임벌린(Joseph Chamberlain)의 전폭적인 지원, 제국의 수도에 열대의학 전문 기관을 설립한다는 자부심, 6개월 먼저 개교한 리버풀열대의학대학에 대한 경쟁심이 더해져 제국의 수도 런던에 열대의학대학이 설립될 수 있었다.

### 3) 리버풀열대의학대학과 로스

한편 리버풀열대의학대학은 1898년 11월 12일 리버풀 상인과 사업가의 재정 지원을 받아 설립됐다. 잉글랜드 중북부 도시 리버풀은 18, 19세기 노예

23 G. C. Cook, "'Tropical' Cases Admitted to the Albert Dock Hospital in the Early Years of the London School of Tropical Medicine", *Transactions of the Royal Society of Tropical Medicine and Hygiene*, 93:6, 1999, pp. 675~677.

무역으로 번성했던 항구도시로, 19세기 말에도 식민지 무역과 해운업 중심지로 번영을 이어갔다. 리버풀열대의학대학의 설립자 겸 총장 알프레드 루이스 존스(Sir Alfred Lewis Jones)는 리버풀 해운업계의 거물 사업가로서 1891년부터 엘더뎀스터(Elder Dempster Lines) 해운회사[24]의 소유주가 되었고, 영국서아프리카은행(Bank of British West Africa) 회장, 리버풀 상공회의소장 등 요직을 역임한 인물이었다. 존스는 유명 여성 여행가 메리 킹슬리(Mary Kingsley)의 친구였는데, 킹슬리가 38세의 젊은 나이에 서아프리카에서 장티푸스로 사망하자 이를 계기로 열대의학에 관심을 갖게 됐다고 한다.[25]

리버풀열대의학대학의 임상병원인 왕립남부병원(Royal Southern Hospital)에서는 1899년에서 1910년 기간 동안 매월 80~150여 명의 말라리아 환자를 치료했다. 런던의 앨버트독 분원과 비슷하거나 약간 더 많은 정도의 숫자지만 런던과 리버풀의 규모를 고려하면 결코 적은 수가 아니었다. 같은 기간 왕립남부병원의 입원환자를 직업별로 보면, 선원이 47.9%로 가장 많았고, 여객선 승무원 13.3%, 소방관 10.8%, 상인 3.4%, 정부관리 2.4% 순이었다.[26]

리버풀열대의학대학은 로스를 빼놓고는 말할 수 없다. 초대 학장 로버트 보이스(Robert Boyce)는 당시 말라리아 연구로 유명했던 로스를 리버풀열대의학대학 교수로 초빙하는 데 성공했다. 로스는 인도에서 출생해 런던 성바르돌

---

24 엘더뎀스터사는 알렉산더 엘더(Alexander Elder)와 존 뎀스터(John Dempster)가 설립한 해운회사로 1868년 영업을 시작했다. 유럽과 서아프리카 시에라리온, 케이프 팔머스, 케이프 코스트 캐슬, 아크라, 라고스 등지에 취항하는 증기선 해운회사로 리버풀에 본사가 있었다. 19세기 말 벨기에 레오폴드 2세의 콩고자유국과도 운송 계약을 맺고 무자비한 통치를 위한 탄약과 무기를 실어 날랐던 전력이 있다.

25 리버풀열대의학대학은 1905년부터 '메리 킹슬리 메달'을 운영하고 있다. 1905년에는 맨슨, 코흐, 라베랑이 공동 수상했고, 1908년에는 조셉 체임벌린이 명예상을 수상했다.

26 Helen J. Power, *Tropical Medicine in the Twentieth Century: A History of the Liverpool School of Tropical Medicine, 1898~1990*, London and New York: Routledge, 1999, pp. 29~30.

로뮤병원 의학교에서 수학한 후, 인도에서 보건의(medical officer)로 근무하며 꾸준히 말라리아를 연구를 해왔다. 로스는 아노펠레스(Anopheles) 모기가 말라리아를 매개한다는 사실을 밝혀냈고, 1897년 모기의 위벽에서 말라리아 병원충을 발견하는 데 성공했다.[27]

로스는 1902년 말라리아 연구로 노벨 생리의학상을 수상해 영국인 최초의 노벨상 수상자가 되었다. 로스의 성과는 앞선 라베랑과 맨슨의 발견이 있었기에 가능했다. 프랑스 육군 외과의였던 라베랑은 환자의 혈액 속에서 말라리아를 일으키는 생물체를 발견했지만, 이 생명체가 어떻게 인체 외부에서 혈액 속으로 침투하는지는 밝혀내지 못했다. 환자의 분비물이나 배설물에서는 말라리아 병원체가 발견되지 않았기 때문이다. 그래서 설득력을 얻게 된 것이 흡혈곤충, 즉 모기 매개설이었다. 앞서 언급한 대로 맨슨은 혈액 속에 사는 사상충을 모기가 매개한다는 사실을 알아냈다. 맨슨을 멘토로 삼고 교류했던 로스는 맨슨에게서 아이디어를 얻어 인도에서 조류 말라리아 연구를 거듭했고, 조류의 혈액 속에서 말라리아 병원충의 생장 과정을 관찰하는 데 성공했다. 단추 모양으로 성장한 병원충은 모기의 타액이나 독선에 축적되는데, 이 모기가 인간을 물면 말라리아에 걸리게 되는 것이다.

런던과 리버풀에 열대의학 교육 기관이 설립되었다는 사실은 본국에서 열대의학 연구가 전문화·제도화되기 시작했다는 증표였다. 런던열대의학대학이 맨슨의 주도 아래 실험실 중심으로 연구를 진행했다면, 리버풀열대의학대학은 보다 현장 중심적이었다. 리버풀열대의학대학은 3절에서 살펴볼 로스의 시에라리온 말라리아 조사를 지원했으며, 1921년부터는 시에라리온

27 Ronald Ross, "The Role of the Mosquito in the Evolution of the Malarial Parasite: The Recent Researches of Surgeon-Major Ronald Ross, IMS 1898", *The Yale Journal of Biology and Medicine*, 75:2, 2002, p. 103.

프리타운에 '알프레드 루이스 존스 실험실'을 운영했다. 열대의학 분야에서 본국과 식민지의 관계는 이론 연구와 현장조사라는 지식 분업 관계로 구조화되었다.

## 3. 시에라리온 말라리아 조사와 인종 분리

### 1) 세 차례의 시에라리온 말라리아 조사

시에라리온에는 1899년과 1900년, 1901년 모두 세 차례 말라리아 조사단이 현장조사를 위해 방문했다. 1896년 보호령이 된 서아프리카 시에라리온은 말라리아로 악명 높은 곳이었다. 19세기 서아프리카에서 백인의 연간 사망률은 10% 내외였고, '백인의 무덤'이라는 오명이 처음 적용된 곳도 바로 시에라리온이었다.[28] 시에라리온의 선주민은 템네(Temne)족이다. 18세기 말 이곳에는 '크레올'로 불리는 주민들이 이주해오게 되는데, 크레올 주민은 크게 세 그룹으로 나뉘었다. 첫 번째 그룹은 흑인 빈민으로 1787년 5월 9일 376명이 시에라리온에 도착했다. 이들은 미국 독립전쟁에서 영국군에 복무했던 흑인 노예로서, 해방 후 영국으로 건너와 최하층 빈민으로 살아가고 있었다. 박애주의자들과 노예제 폐지 운동가들은 이들을 시에라리온에 정착시켜 식민지 건설에 활용한다는 계획을 실행했던 것이다.[29] 두 번째 그룹은 미국 독립전쟁 참전 해방노예들이 캐나다 남동부 노바스코샤로 이주했다가 재이주한 경우였

---

28 Stephen Frenkel and John Western, "Pretext or Prophylaxis? Racial Segregation and Malarial Mosquitos in a British Tropical Colony: Sierra Leone", *Annals of the Association of American Geographers*, 78:2, 1988, p. 214.

29 H. Reginald Jarrett, "Some Aspects of the Urban Geography of Freetown, Sierra Leone", *Geographical Review*, 46:3, 1956, p. 346.

고,[30] 세 번째 그룹은 자메이카 출신 도망노예 마룬(Maroons)으로 약 550명이 프리타운에 정착했다.[31]

시에라리온 건설을 '인도주의적 제국주의(humanitarian imperialism)'라고 옹호하는 견해[32]도 있다. 하지만 시에라리온은 노예무역으로 강제이주를 당한 흑인들을 재이주시켜 건설한 식민지로, 식민주의가 어디까지 위선적일 수 있는가를 보여주는 극단적 사례일 뿐 인도주의와 무관하다. 1896년 영국이 시에라리온을 보호령으로 삼은 배경에는 1880년대 이후 서구 열강의 제국주의 정책의 변화가 있었다. 영국은 1875년 주식 지분을 매입하면서 사실상 수에즈 운하를 지배하게 되었고, 1882년 이집트를 점령했다. 1884~85년 베를린회의를 통해 서구 열강의 아프리카 분할이 본격화되면서 영국은 동아프리카와 동남아시아에서 영토 확장에 성공했다. 한편 이집트와 동아프리카를 영국에 빼앗긴 프랑스는 견제를 위해 서아프리카에서 팽창 정책을 추진해 세네갈, 기니, 코트디부아르, 부르키나파소, 카메룬 등의 식민지를 건설했다. 영국에게 시에라리온 보호령은 다이아몬드와 목재 같은 천연자원의 산지로서뿐만 아니라 프랑스를 견제하는 서아프리카의 전략적 요충지의 가치를 지녔던 것이다.

점차 중요해지는 식민지 시에라리온을 효율적으로 통치하기 위해서는 말라리아 방역과 공중위생 개선이 무엇보다 필요했다. 시에라리온에는 1899년, 1900년, 1901년 모두 세 차례 말라리아 조사단이 파견되었다. 1899년 말라리아 조사단은 로스와 리버풀열대의학대학이 주관했고 식민성이 지원했다. 1900년에는 왕립학회의 말라리아위원회(the Malaria Committee)가 조사단을 파견

30 Stephen Frenkel and John Western, op.cit., 1988, p. 212.

31 H. Reginald Jarrett, op.cit., 1956, p. 347.

32 James Morris, *Heaven's Command: An Imperial Progress*, London: Faber & Faber Ltd., 1973, 2003.

했다. 스티븐(J. W. W. Stephen)과 크리스토퍼스(S. R. Christophers)의 왕립학회 말라리아위원회 조사단 역시 식민성의 재정 지원을 받았다.[33] 1901년 조사는 로스 조사단이 재차 방문한 것으로, 리버풀열대의학대학과 독지가의 개인 후원으로 성사됐다.

### 2) 말라리아와 인종 간 거주지 분리 정책

1900년 왕립학회 조사단의 결론은 말라리아 예방조치로서 인종 간 주거 분리를 강력하게 주장함으로써 백인 인구 증가에 따라 서서히 진행되고 있었던 인종 분리 추세를 더욱 강화시키는 내용이었다. 스티븐과 크리스토퍼스는 "원주민은 유럽인 말라리아 감염의 주된 요인"[34]이라고 주장했다. 인종 분리를 통한 말라리아 예방책은 당시 만연했던 인종주의적 사고를 반영한 것으로 백인에게만 혜택이 돌아가는 계획이다. 결국 1901년 식민성은 열대 식민지에서 인종에 따른 주거 분리 정책을 결정하게 되는데, 1900년 왕립학회 조사단의 권고는 이 결정에 힘을 실어주었다. 시에라리온에서 인종 분리 정책은 1904년 프리타운 고지대에 백인 주거 전용 지역으로 힐스테이션(Hill Station)을 건설하고, 평지와 힐스테이션을 연결하는 고산철도를 부설하는 것으로 나타났다.

식민성의 인종 분리 정책은 표면적으로는 로스의 발견을 과학적 근거로 내세웠다. 로스에 따르면 말라리아 감염 매개체는 모기다. 토착민은 이미 말라리아에 걸려 있지만, 영국에서 온 식민지 관료와 이주자들은 그렇지 않기

---

33 Royal Society, *Reports to the Malaria Committee, 1889~1900*, London: Harrison and Sons, St. Martins Lane, 1900.

34 J. W. W. Stephens and S. R. Christophers, "IV. On the Segregation of Europeans", in Royal Society, *Further Report to the Malaria Committee*, London: Harrison & Sons, 1900, p. 17.

때문에, 모기가 옮겨 다닐 수 없도록 토착민과 영국인의 거주 지역을 멀리 분리하면 식민지 거주 영국인의 건강을 보호할 수 있다는 논리였다.[35]

시에라리온 총독 킹 하먼(King Harman)은 왕립학회 조사단을 지원했을 뿐만 아니라 로스와 의사 로건 테일러(Logan Taylor)가 주축이 된 리버풀열대의학대학 조사단에 대해서도 지원을 아끼지 않았다. 하먼은 1901년 10월 20일, 조사를 끝내고 귀국한 로스에게 보낸 편지에서 한편으로 로스 조사단의 성과를 칭찬하면서, 다른 한편으로 모기 퇴치를 식민통치의 성과와 직접 연결 지었다.

> 400여 명의 공무원 가운데 환자는 단 세 명뿐이고, 그것도 고환염, 관절염, 마비를 앓고 있는 환자들이다. 요양소도 텅텅 비었다. 테일러가 내게 와서 그래스필드의 원주민들이 모기가 눈에 띄게 감소해 매우 기뻐한다고 전했다. 날씨도 기분도 최상이다. 얼마 전에 테일러와 그래스필드를 지났을 때와 비교하면 놀랄 만큼 개선됐다. 주민들은 총독의 시찰에 매우 흥미를 보였고, 여성들은 손뼉을 치며 이웃에게 "총독이 와서, 모기를 잡았다(De Gobnar come, de Gobnar catch skeetar)"고 소리쳤다.[36]

총독의 이 발언은 정부 보고서와 신문들에서 반복해서 인용되며 모기 퇴치와 도시 환경 개선은 식민통치 덕분이라는 점을 선전했다. 로스 조사단의 노력으로 아노펠레스 모기가 눈에 띄게 감소했으니 인종 분리가 필요하지 않다는 결론에 이를 수도 있었다. 그러나 하먼은 그렇게 생각하지 않았다. 같은 편지의 바로 다음 문장에서 하먼 총독은 "다음 목표는 유럽인들을 위한 고

---

35 Stephen Frenkel and John Western, op.cit., 1988, pp. 211~228.

36 LSHTM Archives, Ronald Ross Archives, GB 0809/ROSS/79/65, Letter from C. King Harman to Ronald Ross, 20, Oct. 1901.

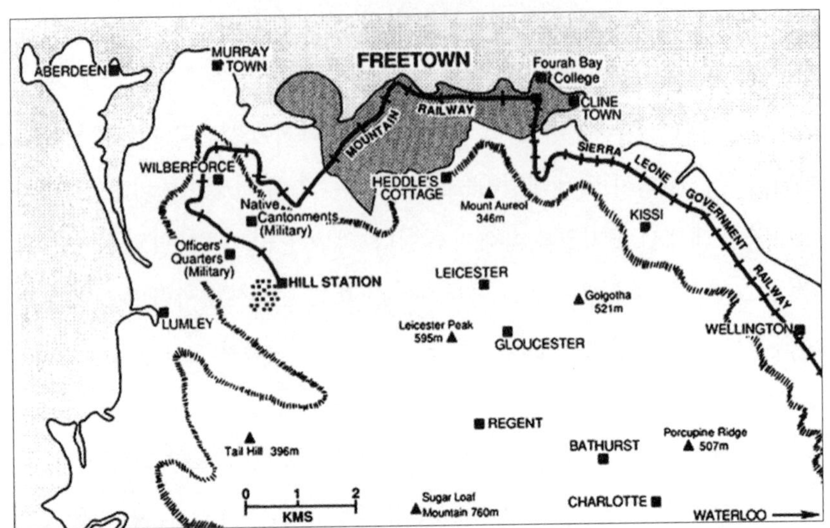


**〈지도 1〉 프리타운 힐스테이션**
CO 700/47/1908. Stephen Frenkel and John Western, "Pretext or Prophylaxis? Racial Segregation and Malarial Mosquitos in a British Tropical Colony: Sierra Leone", *Annals of the Association of American Geographers*, 78:2, 1988, p. 218에서 인용.

원지대의 거주지를 건설하는 것이다. (…) 다우닝가에 폭탄을 떨어뜨리기 전에 제발 고산철도의 중요성을 알아야 할 텐데"[37]라고 덧붙였다. 또한 식민성 장관에게 보낸 다른 편지에서도 하먼은 식민성을 설득했다. 아노펠레스 모기가 서식하는 물웅덩이를 벗어나 안전한 지대를 찾으려면 프리타운의 구릉지대로 거주지를 옮기는 수밖에 없고, 그러려면 철도 건설에 시간과 비용이 많이 들겠지만, 삶의 조건을 개선하고 열대병 환자 발생률과 사망률을 최소화하기 위해서는 감수해야 할 비용이라는 것이었다.[38]

결국 총독 하먼의 주장대로 프리타운 고지대에는 힐스테이션이 건설됐

---

37 Ibid.

38 TNA, CO 267/448, Letter from C. King Harman to Secretary of Colonial Office, 12 Dec. 1899.

고(지도 1 참고), 백인 주거지에는 필로티와 베란다를 갖춘 방갈로(Bungalow)가 들어섰다(사진 1, 사진 2 참고). 방갈로는 원래 식민지 인도 벵골 지방에서 식민관료 거주지나 군대 병영으로 쓰이던 주택 형태로, 영국 중산층의 휴양지 별장에 도입되기도 했다.[39] 열대는 특히 백인 여성에게 적합하지 못하다는 인식이 강했기 때문에, 기혼의 식민지 관리들은 부인을 데려오지 않는 경우가 대부분이었다. 수녀, 선교사, 간호사 등을 제외하면 식민지에 여성의 수는 적었다. 이런 관습은 백인 남성과 현지 여성의 접촉을 증가시켰고 여러 문제를 낳았다. 19세기 말경이 되면 영국인 식민사회가 건전하고 장기적인 번영을 이루려면 부인과 가족을 동반하는 것이 좋다는 판단이 우세해졌다. 시에라리온의 경우 힐스테이션 건설과 방갈로 주택은 이주해 오는 영국인 가족을 위한 안전하고 위생적인 주거지의 필요성에서 추진된 것이었다.[40]

### 3) 로스의 말라리아 조사

1899년과 1901년 두 차례 말라리아 조사에 임했던 로스는 말라리아와 인종 분리의 관계에 대해 어떻게 생각했을까? 로스의 생각이 무엇이었는지에 대해서는 보다 면밀한 검토가 필요하다. 말라리아 조사단 보고서와 신문기사, 미간행 원고 등을 통해 확인할 수 있는 로스의 견해는 확실한 효과가 보장되는 방법, 즉 모기 서식지 없애기와 모기장 사용이었다. 비용이 많이 들고 효과도 불확실한 인종 간 주거 분리보다는 아노펠레스의 서식지가 될 수 있는 물구덩이를 메워 없애고, 오수가 제대로 흘러 내려가도록 배수로를 설치하고, 개인용 모기장을 철저히 사용하는 것이 로스가 권장하는 말라리아 방

39 김백영, 「식민지 도시성에 대한 이론적 탐색」, 『사회와 역사』 72집, 2006, 181쪽.
40 Stephen Frenkel and John Western, op.cit., 1988, p. 222.

**〈사진 1〉 백인 주거지의 방갈로**
왼쪽은 힐스테이션 방갈로(방 4개). 오른쪽은 클린타운 방갈로(철도 공무원 본부)이다.
LSHTM Archives, Ronald Ross Archives, GB 0809 Ross/82/18.

역 방법이었다.

1901년 조사 때 로스는 의사 테일러와 함께 7월부터 약 6개월 동안 시에라리온에 머물렀다. 테일러는 로스가 귀국한 후에도 시에라리온에 남아 말라리아 퇴치 사업을 계속했다. 1902년 3월 7일 로스는 테일러의 성과를 점검하기 위해 부인과 함께 재차 시에라리온을 방문했다. 로스가 1902년 4월 15일 리버풀열대의학대학 총장 존스에게 보낸 성과 보고서에는 로스와 테일러가 시에라리온에서 말라리아 퇴치를 위해 어떤 사업을 했는가에 대해 상세히 기록되어 있다. 이 보고서는 1902년 4월 16일자 『리버풀 쿠리어(The Liverpool Courier)』의 특집 기사 「로널드 로스 소령의 말라리아 퇴치 작전, 시에라리온에

**〈사진 2〉 최신형 석조 더블 방갈로**
'에터닛' 지붕, 콘크리트 마루와 베란다 벽, '스틸리닛' 천장을 갖추고 있다. LSHTM Archives, Ronald Ross Archives, GB 0809 Ross/82/18.

서 완수. "백인의 무덤에서" 가든파티」에 인용되었다.

기사에 인용된 보고서 내용을 따라가보자. 우선 1901년 말라리아 조사단은 70명의 인부를 고용했는데, 이 가운데 12명의 인건비는 시에라리온 총독이 부담했고, 나머지 58명의 인건비는 리버풀열대의학대학이 부담했다. 인부들은 아노펠레스 모기 유충의 서식처가 될 만한 온갖 구덩이와 웅덩이를 자갈, 시멘트, 원유로 메우는 작업을 했다. 보고서에서 당시 프리타운의 열악한 상황에 대해 로스는 이렇게 썼다.

> 테일러는 프리타운에서 가장 감염병이 많은 지역에 대부분 배수처리를 했다. 이곳은 프리타운에서 가장 낮은 지역이고, 그래서 움푹 들어간 구덩이, 패인 구덩이, 잘못된 배수 시설이 많고, 우기에는 물웅덩이가 많이 생겨 말라리아를

옮기는 아노펠레스 모기떼의 서식처가 된다. 너무나 충격적이었던 것은 많은 도로가 비만 오면 배수가 되지 않아 습지로 변하고, 주택은 모기유충, 개구리, 올챙이로 가득 차 부글부글 끓어오르는 물웅덩이 한가운데 위치하게 된다는 사실이다. 이런 곳을 평평하게 만들고 배수로를 만드는 작업은 바위가 많이 섞인 토질과 잘못된 옛 배수 시설 때문에 더욱 고되었다. 사실 '백인의 무덤'이라고 알려진 악명 높은 비위생의 책임은 이런 배수 시설 때문이다.[41]

로스 조사단이 고용한 인부들은 프리타운의 주택을 일일이 방문해 모기 서식처를 없애는 일에 주력했다. 인부들은 "이 카드를 소지한 작업 인부를 개인주택으로 들여보내주기 바랍니다. 무료로 개인주택에서 모기를 퇴치합니다"라고 쓰인 엽서 사이즈의 카드(사진 3 참고)를 소지하고 다니며 주택의 물웅덩이를 없애고 쓰레기를 치웠다. 테일러는 인부들이 주택 16,295채를 방문했고, 2,257개 수레 분량의 쓰레기를 치웠다고 로스에게 보고했다. 당시 프리타운의 인구가 약 3만 명이었으니 프리타운의 거의 모든 주택을 방문한 셈이었다. 로스의 조사와 모기 퇴치 사업으로 프리타운의 모기는 현저하게 감소했다. 특히 배수 시설을 새로 설치한 지역에 거주하는 원주민들은 더 이상 집에 모기가 없다고 증언했다. 총독관저에 머물렀던 로스는 관저가 나무로 둘러싸여 있고, 창문을 밤새도록 열어놓았음에도 체류 기간 9일 동안 모기를 단 한 마리도 보지 못했다고 했다. 또한 조사를 위해 아노펠레스가 많은 원주민 주택으로 안내해달라고 했지만 며칠을 뒤져서 겨우 한 채를 발견했을 뿐이

41 LSHTM Archives, Ronald Ross Archives, GB 0809/ROSS/82/04, "Major Ronald Ross on the Anti-Malaria Operations. Work Done In Sierra Leone. Garden Parties at "The White Man's Grave"", *The Liverpool Courier*, 16 April, 1902.

LIVERPOOL MALARIA EXPEDITION.

is employed for the purpose of destroying Mosquitoes in private houses.

He will destroy all the Mosquitoes in your house WITHOUT PAYMENT.

**〈사진 3〉 "무료로 모기 퇴치해드립니다"**
리버풀 말라리아 조사단이 주택 방문 시 사용한 카드. LSHTM Archives, Ronald Ross Archives, GB 0809/ROSS/82/02, Liverpool Malaria Expedition.

라고 자랑스레 썼다.[42]

결국 로스가 시에라리온 말라리아 조사에서 실제로 역점을 두었던 작업은 청소와 배수로 정비를 통해 모기 서식처를 없애는 일이었다. 이는 백인과 원주민 가리지 않고 혜택이 돌아가는 사업이었다. 로스의 이런 소신은 일반인에게 권하는 말라리아와 황열 예방법을 서술한 미간행 원고에서도 일관되게 드러났다.

미간행 원고 『서아프리카에서 건강을 유지하는 법』[43]에서 로스는 말라리아 예방을 위한 제1의 방책은 물웅덩이 제거와 모기장 사용이고, 일단 말라리아에 걸리면 퀴닌(quinine)을 적당량 꾸준히 복용하는 것이 최선이라고 권고

42 Ibid.

43 LSHTM Archives, Ronald Ross Archives, GB 0809 Ross/70/22. Instructions for Maintaining Health in West Africa.

**〈사진 4〉 모기장 하우스와 개폐식 덮개 모기장**
"Tropical requisites", advertisements for mosquito nets from Malarial Fever: its causes, prevention and treatment, by Ronald Ross, 1902. Wellcome Library reference: 3800874.

했다. 이 원고에 대해 로스는 "1901년에 쓰기 시작했으나 출판하지 않은 원고, 1922년 10월 15일"이라는 메모를 남겼다.

로스는 위의 미간행 원고에서 중요도 순으로 여섯 가지 예방법을 차례로 제시했다. 첫 번째는 모기장이다. 모기가 들어갈 틈이 없도록 치는 것이 중요하며, 모기장에 구멍이 나 있으면 안 되며, 침대 위에 모기장을 펴고 들어갈 때 모기가 따라 들어가지 않도록 해야 한다고 세심하게 경고했다. 〈사진 4〉는 로스가 추천한 휴대 가능한 모기장 제품의 광고다.

두 번째로 중요한 방법은 모기유충 박멸이다. 물웅덩이, 습지, 늪을 메워 모기가 서식하지 못하도록 해야 한다는 것이다. 세 번째, 주택이 늪이나 습지, 수풀 가까이 있는 경우에는 창문, 환기구, 배수 파이프 등 주택의 모든 구멍이란 구멍에 방충망을 설치해야 한다. 네 번째는 우물과 빗물통에 뚜껑을 씌워 모기가 알을 낳지 않도록 보호하는 것이다. 다섯 번째는 호텔 방이나 휴게소에 모기가 너무 많은 경우, 젖은 타월을 펄럭거리려 모기를 쫓아내고, 유황초를 태워 모기를 죽이는 것이다. 마지막 여섯 번째가 인종 분리다.

로스는 독자들에게 모기는 말라리아, 황열, 상피증을 발생시키는 것이 아니라, 이런 병들을 병자에게서 건강한 자에게로 옮기기만 한다는 사실을 명심해야 한다고 강조한다. 따라서 이런 병에 걸린 환자가 없는 곳에서는 모기가 많아도 아무런 해가 되지 않는다. 아노펠레스 모기는 리버풀 근처에도 있지만, 아노펠레스가 환자를 물 수 있는 환경이 아니기 때문에 해롭지 않다. 원주민들, 특히 원주민 아이들은 혈액 속에 말라리아균을 가지고 있기 때문에 모기장 없이 단 하룻밤을 원주민 집에서 자거나 아니면 원주민 마을에 가까운 텐트에서 하룻밤 보내는 것만으로도 감염에 이르게 된다고 경고했다.

하지만 로스는 독자들이 모든 예방법을 다 지키기 힘들다고 불평하며 무엇이 가장 필수적인지 묻는다면, "의심할 여지없이, 모기장을 주의 깊게 사용하는 것이 가장 본질적이다. 그 다음으로는 주 1회 물웅덩이 비우기, 모기 철조망 사용하기"라고 답하겠다고 말했다. 즉 로스는 인종 분리가 말라리아 예방을 위한 최선책이라고 판단하지 않았던 것이다. 왜일까? 앞서 드러난 대로 모기장의 효능에 대한 신뢰도 있겠지만, 다년간 인도 근무 경험상 원주민과 접촉이 불가피한 것이 식민지의 현실이라는 인식이 있었기 때문이 아닐까 생각된다.

사실 식민지에서 백인 유럽인의 의식주는 원주민 하인들의 손에 맡겨져 있었다. 열대에서는 모든 마시는 물을 주의 깊게 의심하고, 필터로 거른 물이라도 반드시 물을 끓여 먹으라고 신신당부하는 로스의 서술에는, 원주민 하인에 대한 강한 불신과 인종적 편견이 비쳐 보인다. 물을 끓여 마시는 게 가장 좋은 방법이지만 원주민 하인을 믿을 수 없다는 것이다. 하인들은 물 끓이는 수고가 귀찮아서 끓이지 않은 물을 더하고 끓였다고 거짓말을 할 수 있다.

그러니 하인이 끓인 물은 반드시 확인해야 한다고 했다.

> 물이 제대로 끓었는지 확인해라. 에나멜이 칠해진 커다란 철 주전자를 사서 저녁 식사를 하는 동안 하인에게 물을 끓이라고 명령해라. 그리고 철 주전자를 거실이나 침실 머리맡에 두고 밤 동안 식혀라. 이렇게 하면 물이 끓었는지, 더러운 물이 더해지는 확인할 수 있다. 더구나 다음 날 아침이 되면 적당하게 식어서 이용하기 좋은 상태가 된다. (…) 깨끗한 물을 마시기 위해서는 물만 주의하면 되는 것이 아니라 물을 담는 물잔, 포트 등도 주의해야 하는데, 식기를 닦는 행주는 하인의 더러운 손가락, 먼지, 파리 등에 의해 오염되기 쉽다.

하수도 설비, 웅덩이 제거 등 환경 개선을 통해 말라리아 모기를 퇴치하기 위한 노력을 할 때는 원주민과 백인을 구분하지 않고 프리타운의 모든 주택을 방문해 모기 유충의 서식을 막았던 로스였지만, 위의 구절들을 읽어보면 로스 역시 인종적 편견에서 자유롭지 않았음을 짐작할 수 있다.

## 4. 식민통치와 열대 식민지 도시위생

### 1) 열대의학을 위한 맨슨과 체임벌린의 협력

열대의학과 열대 보건위생은 식민통치의 구성요소였다. 식민성장관 체임벌린은 열대의학의 근대화와 전문화, 학교 설립, 식민지 파견 의료진의 관리에 깊은 관심을 보였다.[44] 체임벌린은 "의학의 위대한 역할을 이해하기에

44 런던열대의학대학은 체임벌린 집안과 인연이 깊다. 식민성장관 조셉 체임벌린이 학교 설립

충분한 상상력을 갖춘 장관", "영국 역사상 가장 위대한 식민성장관"[45]이라는 칭송을 들었다. 버밍엄의 기업가 가문 출신인 체임벌린은 버밍엄 지방정부에서 경력을 쌓아 중앙 정계로 진출한 보수당 정치인이다. 식민성장관으로서 영제국 식민지를 본국의 경제적 이해관계에 따라 개발하는 정책을 펼쳤던 체임벌린은 의료와 공중보건을 식민 지배의 주요 과제로 인식했다. 체임벌린은 1897년 맨슨을 식민성 의학 자문으로 임명했고, 맨슨의 제안을 받아들여 런던열대의학대학 설립을 지원했다. 체임벌린의 주된 관심은 서아프리카에 파견된 식민관료들을 위해 건강한 환경을 마련하는 일이었다. 또한 식민지 거주민의 식단을 개선하고 식민지의 수익성 수출작물을 다양화하기 위해 큐가든 왕립식물원에서 열대식물 연구를 장려하기도 했다.[46]

맨슨과 체임벌린은 의료, 위생, 교육 문제에 걸쳐 협력했다. 협력의 내용은 서아프리카의 의료 서비스 구축, 주요 식민지에 연구 실험실 설치, 식민지 의료 보고서의 발간과 보급, 말라리아 연구, 런던열대의학대학의 설립이었다. 체임벌린이 맨슨을 식민성 의학자문에 임명한 이유는 열대병 방역과 퇴치에 과학적 자문이 필요했기 때문이었다. 1897년 6월 28일, 식민성 의학자문 지원서에서 맨슨은 자신의 경력을 "23년간 중국(포모사, 아모이, 홍콩) 근무, 런던에서 열대병 전문의로 개업, 선원병원협회의 앨버트독병원 내과의사, 세인트조지병원과 채링크로스병원 의학교 강사"[47]라고 소개했다. 식민성 의학자문으로서 맨슨의 주된 업무는 식민지로 파견할 의료진의 자질을 평가하는 일

---

을 지원했고, 그의 아들 네빌 체임벌린(Neville Chamberlain)은 보건부장관으로서 1926년 7월 7일 케펠 스트릿 빌딩의 초석을 놓았다.

45 Eli Chernin, "Sir Patrick Manson: Physician to the Colonial Office, 1897~1912", *Medical History*, 36:3, 1992, p. 321.

46 Travis L. Crosby, *Joseph Chamberlain: A Most Radical Imperialist*, London: IB Tauris, 2011, p. 117.

47 Eli Chernin, op.cit., 1992, pp. 321~322.

이었다. 젊은 시절의 자신처럼 식민지 진출을 원하는 젊은 의사들이 식민성에 신청서를 제출하면 지원자들의 의학적 능력을 평가하고 보고했다. 1912년 의학자문을 그만둘 때까지 맨슨은 거의 만 명에 가까운 젊은 의사들을 면담하고 평가했다.[48]

1897년 10월 15일 식민성차관에게 보낸 편지에서 맨슨은 몇 가지 제안을 했다. 열대의학의 연구와 임상 훈련 확대 필요성, 열대의학 훈련을 받은 의료진 후보자를 해외 근무에 임명할 것, 식민지 의학 보고서의 정리와 간행 등이 그것이다. 이 편지에 나타난 바와 같이 맨슨의 역할은 원래 의료자문 역할에 명시된 '의료시험관(medical examiner)'의 범위를 훌쩍 넘어서는 것이었다.[49] 이런 방향 전환은 1897년 12월 무렵 보다 명백해졌다. 맨슨은 체임벌린의 "관찰과 제안" 요구에 대해 11페이지에 달하는 편지를 써서 서아프리카 말라리아 방역 조치를 위한 해외 특별위원회가 필요하다고 요청했다. 이 편지에서 맨슨은 말라리아에 관심을 보인다. 하지만 아직 로스가 모기-말라리아 가설을 확증하기 전이었기 때문에 말라리아를 일으키는 독기로부터 거주민을 어떻게 보호할 것인가에 관해 서술하고 있다.[50]

맨슨은 자신의 역할이 영제국을 위한 전사임을 분명하게 인식하고 있었다. 식민성 의학자문직은 맨슨이 처음이 아니었고, 유일한 인물도 아니었다. 전임자는 찰스 게이지 브라운(Sir Charles Gage Brown)이었으나 그는 정책에 별로 개입하지 않았다. 맨슨과 동시에 식민성 의학자문 역을 한 의사로는 에든버러의 앤드루 데이비슨(Dr. Andrew Davidson), 더블린의 하틀리 벤슨(Dr. J. Hawtrey

48 Ibid., p. 320; 정세권, 앞의 논문, 2016, 20쪽.

49 Eli Chernin, op.cit., 1992, p. 323.

50 Manson to the Under Secretary of State, 4 Dec. 1897, Welcome Tropical Institute, Archive File 2(19), quoted in Eli Chernin, op.cit., 1992, p. 323.

Benson)이 있었다. 두 사람 모두 존경받는 임상의였으나 맨슨만큼 식민 정책에 개입하는 능력을 발휘하지는 못했다.[51]

### 2) 열대 식민지 공중보건 위생보고서

식민성에서 식민지로 파견하는 의사들은 의료와 보건위생 분야에서 식민통치를 실천하는 주체들이었다. 1913년 통계를 보면, 종속식민지에 파견된 의사는 모두 320명으로 영국령 기아나 45명, 자메이카 56명, 트리니다드 토바고 32명, 윈드워즈 아일랜즈 22명, 리워드 아일랜즈 25명, 브리티시 온두라스 5명, 피지 8명, 시에라리온 3명, 감비아 2명, 골드코스트 19명, 라고스 5명(현지인 2명 포함), 실론 74명(현지인 8명 포함), 말라야 해협정착지 11명, 홍콩 5명, 지브롤터 2명, 사이프러스 3명, 세인트헬레나 1명, 포클랜드 2명이었다.[52]

개인 개업의가 아닌 식민성이 파견하는 의사는 런던열대의학대학이나 리버풀열대의학대학에서 2~3개월 정도 열대병 강좌를 이수하는 것이 의무였다. 식민성이 파견하거나 현지 식민정부가 고용해 식민지에서 활동하는 의사는 직급에 따라 수석보건의(principal medical officer), 상급보건의(senior medical officer), 일반보건의(medical officer)로 나뉘었다. 수석보건의의 연봉은 약 1,000파운드, 상급보건의는 약 600파운드, 일반보건의는 약 400파운드 수준이었고, 아프리카인 일반보건의는 300파운드 정도였다.[53]

---

51 Eli Chernin, op.cit., 1992, p. 323.

52 "Medical Appointments in the Colonies", *British Medical Journal*, 1897, Aug 28, 1913, pp. 558~560; Haynes, op.cit., 2001, p. 129.

53 Adell Patton, *Physicians, Colonial Racism, and Diaspora in West Africa*, Gainesville: University Press of Florida, 1996, p. 130, table 3: Salaries of European medical officers of various grades, Cold Coast, Southern Nigeria, and Northern Nigeria and Sierra Leone and Lagos, 1902. Source: TNA, CO 872/72. Report of the Committee to Discuss Amalgamation.

1902년 시에라리온의 경우, 수석보건의 1명, 상급보건의 1명, 일반보건의 7명, 아프리카인 일반보건의 5명으로 식민지 의료 체계가 구축되어 있었다.[54] 1890년대 시에라리온 보건의를 지낸 윌리엄 토머스 프로트(William Thomas Prout)는 이런 식민지 의료 인력의 전형적 사례였다. 프로트는 모리셔스와 나이지리아를 거쳐 시에라리온에 부임했고, 프리타운의 공중보건의로 활약했다.[55] 프로트는 1899년 11월 29일 프리타운 시의회에 제출한 1899년 10월~12월 프리타운 위생보고서에서 위생국 직원 월급, 야채시장, 가축, 하수도, 거리청소, 공중변소, 공중보건, 물공급, 주거, 월별 사망자 통계 등을 꼼꼼하게 기록하고 있다. 이 위생보고서는 식민성장관 체임벌린에게 보고되었다.[56]

20세기 초 말라리아는 어느 정도 통제되고 있었다. 1900년 의회보고서에 나타난 1891년 시에라리온 식민지의 인구는 74,835명이었고 이 가운데 유럽인은 224명이었다. 의회보고서에 따르면 1900년 유럽인 사망자는 16명이었고, 사망 원인별로는 말라리아열 7명, 내과질환 1명, 자살 1명, 만성신장염 1명, 폐렴 1명, 복막염 1명, 폐결핵 1명, 장염 1명, 열사병 1명, 익사 1명 등이었다.[57]

말라리아로 인한 사망자가 감소한 요인으로는 상하수도 설비 도입 등의 도시위생 개선 같은 환경개혁이 중요했다. 시에라리온 식민정부는 도시위생 개선 사업을 꾸준히 실행했고, 눈에 보이는 성과가 있었다고 보고했다. 예컨대, 1910년 시에라리온 상급보건의 케넌(R. H. Kennan)이 작성한 보고서는 시에라리온 식민지의 간략한 역사와 함께 영국 식민지가 된 이후의 발전상을 과

---

54 Adell Patton, op.cit., 1996, pp. 132~133.

55 William Thomas Prout는 1884년 에든버러대학에서 의학사 학위를 받았다. Ibid., p. 135.

56 TNA, CO 267/448, Desp. No. 333. 29 Dec. 1899, Report on Health of Freetown by William Thomas Prout.

57 TNA, CO 267/458, blue book.

**〈사진 5〉 제방의 오물통과 수로**
왼쪽은 샌더스 브룩(Sanders Brook) 제방의 오물통(건기), 오른쪽은 니콜 브룩(Nicole Brook)의 홍수 피해로 기능을 상실한 수로(건기). LSHTM Archives, Ronald Ross Archives, GB 0809 Ross/82/18.

시하는 내용이었다. 보고서에는 하수도, 배수 시설, 급수대, 쓰레기 소각로, 철도 건설, 방갈로 주택 건설 등의 현황에 대한 설명과 관련 사진들(사진 5, 6, 7, 8, 9 참고)이 수록되어 있었다. 케넌 보고서에 실린 프리타운 식민지 병원 통계를 보면, 이질과 설사로 치료받은 원주민 환자와 사망자 수는 1900년 발병 환자 105명, 사망자 13명에서, 1901년 82명, 11명, 1902년 72명, 14명, 1907년 35명, 8명, 1908년 20명, 7명으로 꾸준히 감소하고 있는 것으로 나타났다.[58]

한때 '백인의 무덤'을 낳는 무서운 질병이었던 말라리아가 꾸준히 감소한 배경에는 말라리아 연구와 실태조사, 퇴치 노력이 존재했다. 말라리아 조사

58 LSHTM Archives, Ronald Ross Archives, GB 0809 Ross/82/18. Freetown 1800-1870 from a sanitarian point of view by R. H. Kennan. senior medical officer, W.A.M.S. Sierra Leone, Dublin: John Falconer, 53 upper sackville street, 1910: 41.

**〈사진 6〉 지하 배수로**
왼쪽은 대형 지하배수로 내부(우기), 오른쪽은 바위로 막히고 바닥이 평평해진 대형 지하배수로 구멍 입구(우기). LSHTM Archives, Ronald Ross Archives, GB 0809 Ross/82/18.

**〈사진 7〉 배수로**
왼쪽 석조 대형 수로, 오른쪽 반원형 콘크리트 배수로. LSHTM Archives, Ronald Ross Archives, GB 0809 Ross/82/18.

**〈사진 8〉 급수대와 배수로**
왼쪽 급수대, 오른쪽 도로 수리와 신설 콘크리트 배수로 설치가 끝난 웨스트모어랜드 거리. LSHTM Archives, Ronald Ross Archives, GB 0809 Ross/82/18.

**〈사진 9〉 소각로**
왼쪽 구형 소각로(1908년), 오른쪽 신형 소각로(1909년). LSHTM Archives, Ronald Ross Archives, GB 0809 Ross/82/18.

와 방역 과정은 열대의학 전문가들이 식민지와 본국에서 의료 권력을 확립해가는 과정과 중첩됐다. 말라리아 조사와 식민지 의료 체계 정비, 식민지 도시위생 개혁은 식민통치와 열대의학의 효능을 현시(顯示)하는 일에 다름 아니었으며, 동시에 식민자와 피식민자 사이에 주거와 생활을 분리하는 인종분리의 추진이기도 했다.

## 5. 맺음말

열대병에는 세균학적·병리학적 요인뿐만 아니라 빈곤과 불평등 같은 사회적 요인이 관련된다. 때로는 경제발전을 우선시하는 무분별한 개발이 열대병의 재앙을 불러오기도 한다. 19세기 말에 탄생한 열대의학은 의학적 실천과 제국주의적 이해관계 사이의 간격과 모순을 드러내는 분야라고 할 수 있을 것이다. 런던열대의학대학과 리버풀열대의학대학의 설립과 열대의학의 전문화·제도화는, 식민지는 현장조사를 담당하고 식민모국은 식민지에서 모은 데이터를 바탕으로 이론을 정립하는 학문적 분업의 과정이기도 했다. 본국과 식민지는 서로 공명하면서 열대의학을 발전시켜 나갔다. 맨슨이 체임벌린과 협력해 교육과 연구를 통해 식민지의학으로서 열대의학을 확립해갔다면, 로스는 교육과 연구에 더해 식민지 현장에서 말라리아 퇴치를 직접 지휘했다. 맨슨의 열대의학이 실험실과 임상 위주의 의학 연구였다면, 로스는 현장 중심의 도시위생 사업에 더 힘을 쏟았다고 할 수 있을 것이다.

1904년부터 시작된 시에라리온 프리타운 힐스테이션 건설은 식민도시에서 인종 분리의 대표적인 사례였다. 시에라리온의 인종 분리는 말라리아에 관한 열대의학 전문지식이라는 과학의 아우라에 의해 뒷받침되었다. 말라리아가 인종 분리를 필요로 하는 질병이 아니었음에도 불구하고, 말라리아 예방이라는 명분을 내걸고 백인들은 보다 쾌적한 고지대에 주거지를 마련했다. 말라리아 방역은 인종 간 주거 분리를 실천하는 명분으로 활용되었다. 즉 방역과 분리의 관계에서, 방역을 위해 분리가 필요했던 것이 아니라 분리를 하기 위해 방역을 내세웠던 것이다. 말라리아 방역은 로스가 한 것처럼 아노펠레스 모기의 서식처가 될 만한 물웅덩이들을 없애서 모기 개체 수를 줄이고, 모기장을 철저히 사용하는 것만으로도 충분히 가능했기 때문이다. 말라리아는 사람에서 사람으로, 원주민에서 유럽인으로 옮는 질병이 아니라 모기가 매개하는 질병이다. 따라서 방역과 분리가 필연적 상관관계를 갖는 것이 아님에도 불구하고, 방역의 필요는 백인을 위한 안전하고 위생적인 전용 주거지 힐스테이션 건설이라는 인종 분리의 명분으로 활용되었다.

식민도시에서의 인종 분리는 시에라리온만의 현상은 아니다. 영국 식민지인 인도, 나이지리아, 케냐, 탄자니아, 북로디지아, 남아프리카 등에서도, 프랑스 식민지인 마다가스카르, 코트디부아르, 기니, 콩고, 앙골라 등에서도 인종 분리는 존재했다. 인도에서 백인 거주지와 인도인 거주지 사이에는 널따란 공터가 있었다. 나이지리아에서는 유럽인 정착지와 원주민 거주지가 최소한 440야드(약 403미터) 떨어져 있어야 한다는 원칙이 적용되었다. 440야드는 아노펠레스 모기가 이동할 수 있는 거리보다 멀다고 생각됐기 때문에 일종의 '방역선' 역할을 했다. 식민지 시대 탄자니아 무투와라 하버 도시계획은 인종적 사고에 바탕을 둔 도시계획을 잘 보여준다. 이 계획에서는 도시 공간을 저밀도, 중밀도, 고밀도 주거 지역으로 구분했다. 저밀도 주거 지역은 유럽인 전용으로 한 가족에게 1에이커(약 1,224평) 면적을 할당하고, 중밀도 지역은 아시아인 거주지로 1에이커당 20~26명, 고밀도 지역은 아프리카인 거주지로 같은 면적에 40명을 할당했다.[59] 백인과 유색인 사이의 공간적 분리는 백인 권력의 다른 표현이다. 누군가의 처소를 다른 이가 결정하는 일은 권력 작용에 다르지 않다. 시에라리온에서와 마찬가지로 영국은 여러 식민지에서 인종별로 구획된 식민도시를 건설했고, 열대의학과 도시위생 담론은 식민통치와 깊게 관련되었다.

59 Ambe J. Njoh, "Colonial philosophies, urban space, and racial segregation in British and French colonial Africa", *Journal of Black Studies*, Vol. 38, No. 4, 2008, pp. 590~591.

# 2부

## '체제'가 된 도시위생 — 근대 도시를 지탱하는 보이지 않는 손

# 식민지 시기 경성 하수도 정비의 한계와 위생의 '좌절'

## 1. 서울의 전통적 '열린' 하수도와 근대의 변화

하수도는 사전적으로 "빗물이나 집, 공장, 병원 따위에서 쓰고 버리는 더러운 물이 흘러가도록 만든 설비"[01]로서 "하수도가 불결하여 배수가 잘 안 될 때는 전염병의 원인이 되거나 시민생활에 장애요인이 되므로 신속히 배제" 해야 한다.[02] 도시위생과 미관에서 주요 시설임을 금방 알 수 있다. 따라서 동서양을 막론하고 도시 근대화 과정에서 하수도의 축조는 반드시 중요한 현안이었다. 이는 식민지 조선에서도 마찬가지였다. 그러나 오늘날과 비슷한 형태는 아니더라도 전통 시대에 하수도에 해당하는 것이 없었던 것은 물론 아니다. 이른바 근대 하수도는 전통적 하수도를 한편으로 배제·대체하면서도 다른 한편으로는 '유지'하면서 형성되었다.[03]

---

01 국립국어원 표준대국어사전(http://stdweb2.korean.go.kr).

02 한국민족문화대백과사전(http://encykorea.aks.ac.kr).

03 식민지 시기 경성 하수도의 형성 과정을 통시적으로 정리한 연구는 최근 고아라의 논문이 유일하다. 이 연구는 경성 하수도의 공사 기록과 시기별 지도를 매칭하여 식민지 시기 경성

그렇다면 서울의 전통적 하수도는 언제 만들어졌을까? 조선의 건국과 더불어 수도로 정해진 서울은 산으로 둘러싸인 도시이면서 '물의 도시'이기도 했다.[04] 서울을 감싼 여러 산에서 흘러내리는 물길은 도성 한가운데로 모여 큰 시내를 이루었다. 도성을 동서로 가로질러 흐르는 청계천과 남북의 지천(支川)이 그것이다. 그런데 이 개천의 상당수는 이전부터 존재한 자연 하천이었지만, 조선 건국 초기 배수로로 이용하기 위해 인위적으로 하천 바닥을 파서 물길을 연 인공 하천이기도 했다. 조선 정부는 정도 직후부터 청계천을 비롯한 도성 내 하천을 정비하기 시작했다. 이 작업은 대략 세종대에 완료되었다. 그리고 이때에 이르러 도성 내 하천의 '기능'이 확정되었다.

실록에 보면 세종은 여러 신하에게 하천의 기능을 묻는다. 이에 대해 두 명의 답변이 대조적이다. 집현전 수찬 이선로는 "개천의 물에는 더럽고 냄새나는 물건을 버리지 못하도록 금지하여 물이 늘 깨끗하도록 해야" 한다고 답한 반면, 교리 어효첨은 "도읍의 땅에 있어서는 사람들이 번성하게 사는지라 번성하게 살면 냄새나는 것이 쌓이게 되므로 반드시 소통할 개천과 넓은 시내가 그 사이에 종횡으로 트이어 더러운 것을 흘러내려야 도읍이 깨끗하게 될 것이니 그 물은 맑을 수가 없"다고 답한다. 이에 세종이 "어효첨의 논설이 정직하다"고 평함으로써 논쟁을 종결했다. 도성 내 하천의 기능을 하수도로 규정한 것이다.[05]

이렇게 정도 초기부터 청계천을 비롯한 도성 내 하천은 빗물(雨水)과 더러

---

하수도의 확장·정비 과정을 정밀하게 검증했다. 이 글도 고아라의 연구에 크게 빚지고 있다. 그러나 고아라의 연구는 물길과 도시의 물리적 형태 변화에 초점을 맞추고 있어 이 글에서 던지려는 질문에 답을 주는 것은 아니다. 고아라, 「물길을 중심으로 한 서울 역사도심의 도시형태 해석」, 서울시립대 박사학위논문, 2018.

04 위의 글, 7쪽.

05 『세종실록』 세종26년(1444) 12월 21일(위의 글, 79~82쪽에서 재인용).

운 물(汚水)을 도성 밖으로 배출하는 하수도로 기능했다.[06] 하수도 기능은 적어도 임진왜란과 병자호란의 양대 전란 전까지는 큰 문제없이 작동했다. 그런데 조선 후기 들어 도성의 배수 기능은 이상을 보이기 시작했다. 근본 원인은 인구 급증이었다. 대체로 한양 도성은 20만 정도의 인구를 기준으로 설계되었다. 그런데 양대 전란 이후 도성의 인구는 이를 훨씬 넘어섰다. 그에 따라 하천에 버려지는 오물의 양도 감당할 수 없을 정도로 증가했다. 청계천의 바닥이 거의 교량에 닿을 정도였다는 기록도 있다. 배수로의 기능을 전혀 할 수 없는 지경에 이르렀던 것이다.

조선 정부는 문제의 심각성을 깨닫고 영조대에 이르러 청계천 준천(濬川) 사업을 시행했다. 공사에 동원한 인력이 연인원 20여만 명, 비용이 약 35,000량, 쌀 2,300포에 이를 정도의 대공역이었다. 이후에도 준천은 띄엄띄엄 계속되었다. 실록에 보이는 마지막 준천 기록이 1893년이다.[07] 19세기 말까지도 준천을 계속했음을 알 수 있다. 한편 조선 초기부터 『경국대전』에는 도로변에 소규모 도랑[溝]을 설치하고 이를 통해 가호의 오수를 하천으로 흘려보내도록 규정했다. 이 규정이 얼마나 잘 지켜졌는지는 알기 어렵다. 그러나 19세기 말 서구인이 촬영한 사진을 보면 민가나 가게 앞에 측구(側溝) 시설을 하고 그 위에 다리를 걸어 출입한 것을 확인할 수 있다.[08]

그러나 준천 사업으로 전통적인 열린 하수도를 유지하는 것만으로 시대의 변화에 대처할 수는 없었다. 인구의 지속적 증가는 물론이거니와, 개항 이후 새로운 문물과 지식의 도입, 외국인의 서울 거주 등의 상황을 맞아 하수도

06 이하 도성 내 하천의 변화와 준천 사업의 대강은 이상배, 「조선시대 도성의 치수 정책과 준설 사업」, 『중앙사론』 30, 2009 참고.

07 『고종실록』 고종30년(1893) 3월 5일.

08 경남문화재연구원, 『서울 중구 관내 근대배수로 정밀조사』, 2013, 56쪽.

는 위생 시설의 하나로서 종국에는 도로 정비와 짝을 이루어 그 지하에 설비되어야 할 것으로 인식되기 시작했다.

이런 인식의 시발점으로는 1880~90년대 등장하는 개화파의 위생 중심 하수도 정비론을 들 수 있다. 일반적으로 그 단초는 김옥균의 『치도약론(治道略論)』(1882)에서 찾는다. 이 책은 기본적으로 도로 정비론이지만 그중 상당한 부분을 하수도 정비론에 할애했다. 하수도 정비 문제가 정책적으로 전개되는 것은 갑오개혁기에 와서부터이다. 1895년 내부대신 박정양은 도로변의 도랑을 개선하는 방법으로 "대로의 우수는 간간(間間)이 소거(小渠)를 횡작(橫作)하여 구거(溝渠)로 도입하고 구거는 지금보다 깊고 넓게 파고 좌우 석축을 단단히 한 후에 노변의 가주(家主) 및 가가주(假家主)에게 신칙하여 구거를 춘추 두 차례 준설하게 하되 그 외에도 필요할 때는 또한 준설하게" 할 것을 제시했다.[09] 그런데 박정양의 주장도 배수로를 "깊고 넓게 파"는 것, "좌우 석축을 단단히" 하는 것 등에 초점이 맞추어져 있다. 덧붙여 "노변의 가주 및 가가주"에게 시설 유지의 책임을 부여하는 것이 핵심이다. 국가 사업으로 새로운 하수도 시스템을 만들어야 한다는 문제의식은 없었던 셈이다.

그러나 1900년대 초 하수도를 지하에 설비하는 암거(暗渠)도 등장하기 시작했다. 현재까지 밝혀진 바로는 대한제국 수립 무렵 경운궁을 정궁으로 정비하면서 정릉동천을 궁궐의 금천(禁川)으로 끌어들여 일부를 복개한 것이 이 시기 최초의 암거이다. 그러나 경운궁의 암거는 궁궐의 영역을 확장하면서 하천을 복개한 점, 화강석 석축 쌓기 등 전통적 방식을 사용한 점[10] 등을 볼 때 근대적 하수도 공사로 단정하기는 어렵다.

---

09 「奏本, 1895년 8월 6일」, 『한말근대법령자료집』 I, 국회도서관, 1970.

10 경남문화재연구원, 앞의 책, 2013, 105쪽.

병합 이전까지 일본 측에 의해서도 간간히 암거가 축조되었다. 당대의 공사 기록이 전해지지 않아 정확한 시공 연월일이나 구간은 알 수 없다. 그러나 1927년 경성부가 간행한 도시계획 자료에는 '시구개정 이전 하수거(下水渠)'라는 표가 실려 있어 그 개요를 살펴볼 수 있다.[11] 여기에 나오는 하수도의 구조는 대부분 벽돌(煉瓦), 모르타르(膠泥)를 이용한 원형, 계란형의 구거로서 당시 일본의 하수도 축조 방식이다. 축조 지점은 서울역에서 용산 일대(서울역, 의주로, 봉래동, 동자동, 후암동), 남대문로, 한국은행 앞, 회현동, 소공로, 태평로, 명동, 을지로 등지이다. 대략 철도 부지와 일본인 거류지인 남촌 일원이라고 할 수 있다. 철도 부지에서 배수의 중요함은 말할 것도 없거니와, 일본인 거류민도 일찍부터 거류지의 하수도 정비를 시작했다. 이들이 처음 정착한 곳은 '진고개'라는 별칭에서 알 수 있듯이 배수가 원활하지 않은 곳이었다. 일본인 거류민의 하수도 정비 기록을 보면 1887년, 1895년에는 도로 개수와 더불어 단지 노변 양측의 구거(溝渠)를 정비했다고 되어 있어 개거(開渠)를 축조한 것으로 보이지만, 10여 년이 지난 1907~09년에는 거류지 일대에 상당수의 암거 하수도를 축조했다.[12]

이상과 같이 1910년 무렵 경성의 하수도는 도심부 전역의 전통적 개거와 서울역·남촌 일부 지역의 암거가 병존하는 상황이었다. 그런 가운데 병합과 더불어 하수도 정비와 도시위생 개선의 '책임'을 지게 된 식민지권력은 이 문제에서 얼마나 진전을 가져왔을까?

---

11 「市區改正以前下水渠」, 京城府, 『京城都市計劃資料調査書』, 1927.

12 이연경·김성우, 「1885년~1910년 한성부 내 일본인 거류지의 근대적 위생 사업의 시행과 도시 변화」, 『대한건축학회논문집—계획계』 28-10, 2012, 217쪽. 주장의 근거는 『京城發達史』 第二篇, 京城居留民團役所, 1912이다.

## 2. 식민지 시기 하수도 개수 사업의 전개와 실제

현재 경성부의 위생 상태를 보면 그 불량함이 얼만한 정도에 이른 것을 알 수 있다. 인구 1,000인에 대하여 사망자가 30인이나 되는데 이것을 일본 도시에서 18인 내지 21인인 것에 비하든지 기타 외국 도시의 10인 내지 15인인 것에 비하여 얼마나 심한 것인지 알 수 있으며 이로 인하여 부민이 받는 손해가 다대함을 알 수 있는데 (…) 하수도는 청계천 유역과 욱천(旭川)[13] 유역 2대 구역에만은 지선이 있어서 하수구로 흘러들어가서 배수를 하는 터이나 그 대부분은 자연유로로 출수가 될 때는 물이 넘쳐서 전대 미증유의 대참극을 연출하는 일이 한두 번이 아니요 더욱이 조선인촌의 하수구는 언어도단의 형편에 있어서 해마다 홍수기에 가산을 모두 유실하고 몸을 의지할 곳이 없어서 이곳저곳으로 유리표박(遊離漂迫)하는 사람은 말도 할 수 없이 많으며 심하게는 부모를 잃은 아이와 자식을 잃은 부모의 구천에 사무치는 울음소리로 전 시가가 비운에 싸여 있게 된 적도 여러 번 있었었다.[14]

1927년 『조선일보』 기사의 한 구절이다. 위생에서나 홍수 예방에서나 경성의 하수도는 미흡한 상태이며 그중에서도 "조선인촌의 하수구"가 "언어도단의 형편"임을 역설하고 있다. 그렇다면 병합 이후 근 20여 년간 하수도 분야의 진전은 전혀 없었던 것인가? 조선총독부가 경성 하수도 검사를 최초로 시행한 것이 1913년이었다. 제법 이른 시기인 셈이다. 검사 결과 하수도 1㎤

13 욱천은 서대문구 무악재에서 발원하여 서대문 네거리, 서울역, 청파로, 원효로를 따라 원효대교 부근에서 한강으로 흘러들어가는 하천으로 원래는 蔓草川이라고 불렸다(『서울지명사전』). 청계천과 더불어 서울의 양대 간선 하천이다.

14 「今後의 京城은 零落乎 發展乎」, 『朝鮮日報』 1927. 12. 2.

당 세균 수는 종로·남대문통 등 도심부가 11만 9천여 개, 동대문 성곽 안팎이 5만 3천여 개, 청량리역 부근이 2만여 개로 드러났다. 시외로 나갈수록 세균 수는 급격히 감소했다. 이 검사를 토대로 조선총독부는 경성 하수도 정비의 요체는 하수를 최대한 신속하게 시외로 방출할 수 있게 하는 것이며, 또 지상에 하수가 노출되는 것이 전염병의 원인이므로 하수도는 "가로 아래 매설한 지하의 암거로 인도"해야 한다고 결론지었다.[15]

조선총독부는 이듬해 총공비 100만 원으로 7개년 하수도 개수 사업안을 내놓았다. 대규모 계획 수립에는 조선물산공진회 개최를 계기로 공진회 장소인 경성의 위생 문제가 크게 공론화된 것도 영향을 미쳤다.[16] 그런데 이는 경성부협의회의 반대에 부딪쳤다. 부민에게 너무 큰 경제적 부담을 지울 수 없다는 이유였다. 사업안에 예산 계획은 아직 포함되어 있지 않았지만, 경성부 부담이 상당할 것으로 예상되었기 때문이다. 부협의회의 반대는 도시 기반시설 확충을 우선시하는 조선총독부와 실제 비용의 많은 부분을 부담해야 하는 납세자의 이해관계를 대변하는 부협의회의 갈등으로 해석할 수 있다.[17] 그리하여 이 때의 사업안은 일단 무산되었다. 그런데 이는 공진회를 계기로 도심부 도로 정비인 경성시구개수가 크게 진전한 것과는 대조된다.[18] 이는 시구개수가 조선총독부 치도비 일부를 전용한 '국비 개수'였기 때문이었

15 「社說: 下水道의 注意」, 『每日申報』 1913. 4. 17; 「都市의 衛生設備, 總督府技師 山岡元一」, 『每日申報』 1914. 10. 25. 당시 조선총독부 토목국·체신국의 겸임 기사였던 야마오카 겐이치(山岡元一)는 경성 하수도 검사 및 개수 계획안 입안의 최고 책임자였다고 생각된다.

16 京城府, 『京城府史』 3, 1941, 170~175쪽.

17 1910년대 경성부협의회원은 임명제로서 민족별 비율이 정확하게 5:5로 맞추어져 있었다. 임명제였기 때문에 대체로 납세자(따라서 상당한 부유층)의 이해관계를 대변했다고 해석한다. 김제정, 「1910년대 경성부협의회의 구성과 활동」, 『일제강점기 경성부윤과 경성부회 연구』, 서울역사편찬원, 2017 참고.

18 염복규, 『서울의 기원 경성의 탄생』, 이데아, 2016, 25~42쪽.

다. 따라서 조선총독부의 의도가 어떠했든, 경성의 하수도 정비가 '눈에 보이는' 도로 정비보다 우선순위에서 밀리는 모양새였다. 그리고 이런 전개는 이후에도 반복되었다.

조선총독부 토목국은 1916년에도 총공비 160만 원으로 1917년부터 3개년 계속 사업을 하겠다는 안을 내놓았다. 이번에는 예산 계획이 포함되어 있었는데 반액 국고 보조, 나머지 반액은 도 지방비 보조 및 경성부 기채(起債)로 충당하고자 했다.[19] 그런데 어이없게도 이 안은 하수도 개수 계획의 기초가 되는 강우량, 우량 유출량 계산이 잘못되었음이 밝혀져 설계를 수정하는 등의 우여곡절 끝에 1918~24년 제1기 7개년 계획으로 변경되었다.[20] 당시 경성부윤이었던 가나야(金谷充)는 1919년 12월 마산부윤으로 전임하면서 밝힌 소회에서 경성부윤으로서 자신의 유일한 '업적'을 제1기 사업의 개시로 들었다.[21] 실제 그는 경성부 기채를 되도록 크게 일으켜 하수도 개수 예산을 마련하고자 노력한 것으로 보인다.[22] 국고 보조가 있더라도 자체 예산 확보가 안 되면 사업 개시는 어려웠기 때문이다. 그러나 기채액 설정 권한을 가지고 있는 경기도는 경성부의 경제 규모를 넘어서는 기채를 허가하지 않았다. 이 과정에서 경성부는 최초 사업 구상을 크게 축소할 수밖에 없었다.[23] 그러나 제1기 하수도 개수 사업안은 병합 이후 실행에 이른 최초의 경성 하수도 정비 계획이라는 점에서 의미가 작지 않다. 그 개요는 다음과 같다.

---

19 김제정, 앞의 글, 2017, 178~180쪽.

20 京城府, 앞의 책, 1941, 507쪽.

21 「馬山으로 轉任되는 金谷充氏의 多情한 一言의 付託」, 『每日申報』 1919. 12. 11.

22 「下水溝와 起債」, 『每日申報』 1916. 6. 29.

23 「下水溝協議會」, 『每日申報』 1916. 7. 18.

경성 하수도의 완전한 계획은 지형상 경성을 성내 하수구(경성 방면)와 외 하수구(용산 방면)의 2구로 분하고 하수 배제의 방법은 배수의 현재 및 하수 처분의 관계로부터 성내 하수구에서는 분류 방식을 채용하고 현재의 배수로를 개량 보수하며 동시에 협익굴곡한 가로의 불완전한 가구를 정리하여 혹은 갱(更)히 차를 신설하여 우수의 배제에 충하고 인류의 배설물, 기타 제오수는 하수 암거를 축조하여 배제하고 오수처분공장을 축설하여 하수를 청정 처분하여 그 청정수를 한강으로 방류하는 계획이오. 성외 하수구에 재하여는 합류 방식을 채용하고 현재의 배수로를 개량, 보수하여 동시에 암거를 축조하여 제오수 및 우수를 공인(共引) 동일 하수거에 의하여 한강 중류로 방류하여 그 자정 작용으로 청정케 하는 계획이라. 연한대 좌의 여히 완전한 계획은 그 공비 거액을 요하고 직히 그 실행을 행하지 아니한 고로 본시 하수도의 현계획은 암거 축조는 차를 후일에 양(讓)하고 전(專)히 우수 및 지상 오수의 배제를 목적으로 암거 계획에 저촉치 않고 개거식 하수 계획을 입할 것이오 성내 하수구(경성 방면)에서는 전히 분뇨, 기타 오수 배제에 비할 암거의 축조는 차를 후일에 양하고 암거식 계획 중 우수 및 지상 오수의 배제에 충하는 개거를 축조하고 개거식 하수도로 하고 (…) 성외 하수구에 재하여는 암거의 축조 및 개거 간선의 일부 개축을 후일에 양보하고 현재의 하수거 및 가구를 개수, 신설하여 우수 및 지상 오수를 공히 차로 인도하여 배제하는 계획이니 차로써 성내 하수구 하수공사에 주요되는 것은 가구의 정리, 현재 하수 간선의 개수, 중앙 대하수의 준설, 호안 동대문 외 대하수의 개수 및 남북 용산의 사방 공사 등이오. 성외 하수구에 재하여는 대하수 즉 욱천의 개수 및 가구의 정리 등이니 (…) 차 계획을 실시하는 시는 현금 시내 각처에 ○류부패한 오수는 개(皆) 배제하고 우 저습지를 견치 못하게 되고 시민의 위생 상태를 개선하여 악역(惡疫) 유행의 근원을 일소하고 오수가 범람 횡일(橫溢)하는 해를 제

(除)하여 (…).[24]

위 기사는 1910년대에 한정되는 것이 아니라 식민지 시기 경성 하수도 정비 과정 전반을 관통하는 이상과 현실의 괴리를 잘 보여준다. 이상안에 의하면 경성 하수도 정비의 바람직한 방향은 성내와 성외를 나누고, 성내는 우수를 배출하는 개거와 오수를 배출하는 암거를 분류식으로 설비하고 오수 정화 시설을 설치하며, 성외는 개거와 암거를 혼합하여 합류식으로 설비하여 최종적으로는 정화된 하수를 한강에 방류한다는 것이었다. 그러나 제1기 사업안이 이렇게 이상적으로 입안된 것은 아니었다. 위 기사에서 빈번하게 언급하듯이 대부분의 세부 계획은 '이를 후일로 미루었'다. 그리고 현실안은 성내외를 막론하고 우수와 오수를 한꺼번에 배출하는 합류식으로 기설 개거식 하수도를 정비하는 데 주안점을 두었다. 조선시대 이래의 전통적 하수도와 단절하지 못했던 것이다. 이렇게 할 수밖에 없는 근본 원인은 예산 문제였다. 위 기사의 필자 야마오카는 이미 2년 전 도시위생상 암거의 필요성을 역설했지만 현실적으로는 후퇴할 수밖에 없었음을 짐작할 수 있다.

제1기 사업의 결산을 보면 총공비 161만 8천 원으로 주로 "청계천과 욱천의 본류 및 시급을 요하는 지선의 개수를 실시"했다.[25] 지도를 통해 확인해보면 주로 청계천, 욱천과 직접 연결되는 물길 16개로, 청계천을 기준으로 북쪽 7개, 남쪽 9개이다. 개거와 암거를 비교하면 역시 개거의 비중이 훨씬 높고, 암거는 일부 소규모 구간에서만 이루어졌다. 공사 지점을 구체적으로 보면 당시 남산 남록에 위치한 조선총독부 청사, 황금정통 부근 등의 정비가 두드

24 「都市衛生과 下水溝—京城下水道의 設計에 就하야」, 『每日申報』 1916. 10. 3. 이 기사의 필자도 토목국 기사 山岡元一이다.

25 朝鮮總督府, 『朝鮮土木事業誌』, 1937, 1240쪽.

러진다. 청계천 북쪽의 공사는 사업 마지막 연도인 1923년에 대거 시행되었는데, 종묘 오른편의 전매국 공장과 동대문경찰서 부근, 경복궁과 창덕궁 사이의 경성제일고등보통학교, 경성여자고등보통학교 등 관립학교 밀집 지역을 주로 정비했다.[26] 공사 구간 채택의 기준과 과정은 알 수 없지만, 결과적으로 남촌 일대, 그리고 북촌에서 관변 시설이 입지한 지역 위주로 암거화가 이루어졌던 셈이다.

제2기 사업은 1925~31년 총공비 121만 원으로 시행되었다. 제2기 사업 기간은 조선총독부 청사 등 주요 식민통치 시설이 청계천 북쪽 지역에 새롭게 입지하는 시기이다. 따라서 제2기 사업은 신축하거나 이전한 주요 시설 중심으로 이루어졌다. 주된 공사 지역은 조선총독부 청사 서쪽 일대, 경성제국대학이 입지하게 된 도성 동북부 지역, 경성운동장과 장충단공원에서 발원하는 도성 동남부 지역 등이었다.[27] 정리하자면 제2기 사업은 1920년대 중반 주요 식민통치 시설의 건립 시기에 맞추어 그 일대 시가지 개발 차원에서 진행되었다. 그중에서도 조선총독부 청사 서쪽 백운동천[28] 일대는 대부분 암거 공사를 시행했다. 청사 신축과 더불어 그 일대에 조선총독부, 경성부, 동양척식회사 등의 관사촌이 대규모로 형성된 것과 관련이 있었다. 그에 반해 도성 동부 지역은 남북을 막론하고 거의 개거로 정비되었다.[29]

제2기 사업에 이어 1930~40년대 제3기(1933~1936), 제4기(1937~1943) 사업도 잇달아 시행했음을 확인할 수 있다. 제3기 사업은 총연장 19.5km, 총공비 30여만

---

26 고아라, 앞의 글, 2018, 102~116쪽.

27 朝鮮總督府, 앞의 책, 1937, 1245~1255쪽. 『朝鮮土木事業誌』는 1928년까지 토목사업의 결과를 정리한 책자이기 때문에 제2기 사업 내역의 일부가 반영되어 있다.

28 종로구 청운동의 청계천 최상류로서 백운동을 감싸고 흘러내려오는 하천. 『서울지명사전』.

29 고아라, 앞의 글, 2018, 118~131쪽.

원이 소요되었으며, 제4기 사업은 8.4km, 17만 3천여 원으로 계획되었다.[30] 제3기, 제4기 사업은 제2기까지와는 달리 상당 부분 암거 공사를 시행한 것이 특징이다. 그런데 암거 공사의 비중이 훨씬 늘어났음에도 공사비는 오히려 이전보다 감소했다. 정비 총연장의 규모가 줄어든 점, 그간의 공사 기술력 향상 등도 이유가 되었을 것이며, 1937년 이후에는 경성 시가지 계획을 개시함에 따라 시가지 계획 도로 부설의 일부로 하수도 암거 공사가 포함되었기 때문으로 짐작된다.

제3기 사업의 결과를 1936년판 지도에서 확인해보면, 청계천에서 남산 남록 사이 지역, 즉 남촌 일대는 거의 완전히 암거화되었음이 확인된다.[31] 그에 비해 청계천 북쪽은 이전보다는 암거화가 많이 진전되었지만 여전히 개거로 남아 있는 구간도 적지 않았다. 제4기 사업에서는 이 시기 다른 도시계획 사업과 비슷하게 예산 부족 문제가 발생했다. 1937년 8월 중일전쟁 발발과 더불어 조선총독부는 이듬해부터 각종 도시계획 사업의 국고 보조를 거의 중지했다. 그리하여 하수도 개수 사업도 대체로 경성부비만으로 간선 하수도(청계천) 정비에 집중하게 되면서, 원래 계획했던 외곽의 새로운 부역(1936년 경성부는 행정구역을 동서 외곽으로 크게 확장했다) 공사는 진척하지 못했다.[32]

이런 상황은 부회에서도 문제가 되었다. 이에 대해 경성부 측은 "하수도 개수는 간선 하수도 정비를 먼저 한 다음에 적은 것을 점차 개수하여야 되는데 이것은 하수도만 따로 떼여 하기는 곤란하고 도로 개수와 병행할 수박게는 업다"고 답했다. 이런 '해명'은 원래 계획한 공사 구상이라기보다 계획한

---

30 京城府,『京城府土木事業概要』, 1938. 근거 사료가 1938년 간행본이므로 제4기 사업은 예정 계획이다.

31 고아라, 앞의 글, 2018, 132~135쪽.

32 「下水道工事는 大槪 坐礁」,『朝鮮日報』 1938. 12. 3.

사업을 그대로 진척하기 어려워진 현실을 설명한 것이라고 볼 수 있다.[33] 그러나 주지하듯이 전시기(戰時期)의 고질적인 자재난은 계속되었고, 상황의 별다른 개선은 없었다.[34] 이에 제4기 사업의 결과도 지도에서 확인해보면 이전과 달라진 것은 크게 보이지 않으며, 다만 경성운동장 일대의 완전한 암거화 정도가 눈에 띈다.

그런데 이런 상황에서도 경성부는 뜻밖에 제5기 사업안을 입안했다. 1941년부터 5개년 계속 사업, 총공비 500만 원, 79개 소, 60.730km를 개수한다는 내용이었다. 공사 지점은 주로 새롭게 편입한 외곽 지역이었다. 이에 대해 경성부는 "전염병 만히 발생하기로 유명한 경성, 이는 하수도가 유일한 배양소로 지목되어 사변하의 후생을 목표로 약간의 자재난을 물리쳐서라도 이 사업은 예정대로 수행할 방침이라"고 호기롭게 밝혔다.[35] 그러나 이 시기 많은 도시계획 사업이 그렇듯이 이는 '문서상의 사업'에 불과했다고 보아야 하겠다.

## 3. 유예된 암거, 좌절된 위생

이상에서 살펴본 바와 같이 식민지 시기 경성 하수도의 정비는 그 개시 단계에서부터 예산 부족의 현실 논리에 밀려 '합류식 개거 하수도'를 주축으로 전개되었다. 다시 말하자면 식민지 권력이 주장하는 근대 하수도의 새로운 축조라기보다 조선시대 이래 전통 하수도를 정비하는 성격이 더 컸다. 이는 하수도가 지속적으로 도시위생상 결정적인 한계를 가졌음을 의미한다.

---

33 「下水道工事를 促進」, 『朝鮮日報』 1939. 3. 26.

34 「物資의 入手難 深刻」, 『每日新報』 1939. 7. 2.

35 「新府域에도 下水改修」, 『東亞日報』 1940. 6. 23.

京城小景 말하는사진 (七)

◇地下의巨物◇

◇조선에데일큰하수도◇

1921년 돈화문통 남쪽 구간 하수도 공사를 다룬 기사. 『동아일보』 1921. 7. 29.

전염병의 원인으로 지목된 오수가 노출되는 것을 피할 수 없었기 때문이다. 이런 상황은 늘 여론의 비판 대상이 되었다. 일례로 도성 밖 왕십리 일대에서 재배한 야채를 들여와서 파는 행상들은 이전부터 개천에서 야채를 씻는 것이 관례였다. 식민지 시기에도 많은 개천이 개거로 노출되어 있는 이상 "이러한 위험한 모든 병균이 석기어 잇는 하수도 물에 야채를 씻는 습관이 계속"되고 있다는 지적이 이어졌다.[36]

따라서 하수도의 암거화 여부는 민감한 사안이었다. 여론상 암거와 개거의 채택은 단순한 재정 문제, 공사 방식의 문제가 아니라 항상 '민족 차별의 상징'으로 이해되었다. 1921년 7월 『동아일보』는 근대도시로서 경성의 새로운 문물, 풍경을 소개하는 연재 기사에서 돈화문통(황금정 3정목-창덕궁 구간) 관수교 남쪽의 암거 공사를 다루었다. 하수도를 땅에 묻는 일이 진귀하고 선진적인 풍경으로 이해되었던 것이다. 이 기사는 이 공사를 가리켜 "경성의 시가

36 「夏期의 危險物, 菜蔬에 對한 注意」, 『東亞日報』 1921. 5. 25.

도 남편만 위주하야 살기 조케 만들랴는 것"이라고 했다.[37] 조선어 언론에서 암거 하수도는 좋은 것, 근대적 도시 시설의 상징, 그래서 일본인 중심지에만 베풀어주는 것으로 이해되고 있었음을 알 수 있다.

1920년대 들어 경성부는 하수도 공사를 비롯하여 거액의 예산이 소요되는 도시 기반시설 구축을 위해 당시 일본에서 시행하던 수익세를 도입하고자 했다.[38] 그리하여 제2기 사업을 시작하면서 경성부는 간선 하수도뿐만 아니라 소하수구도 개수하기 위하여 350여만 원으로 1926~29년 4개년 계속 사업안을 입안했다. 대상 지역은 "북부 일대의 개울은 누백 년 이래 바닥이 썩어서 위생상으로 보아 도저히 그대로 둘 수 없다"는 언급으로 보아 주로 북촌 조선인 중심지였던 것으로 보인다. 예산의 배분은 국고 보조 170여만 원, 경성부비 70여만 원 외에 117만 원을 수익세로 충당할 예정이었고, 이에 대해 부윤 우마노(馬野精一)와 중앙위생회장 전성욱(全聖旭)[39]의 합의도 있었다.[40] 우마노는 3·1운동 이후 새롭게 조선에 전임한 엘리트 내무관료 출신으로서 1925년 6월 경성부윤으로 부임한 이래 스스로 부정 방침을 '위생제일주의'라고 할 정도였다.[41] 따라서 이전의 부윤들과 달리 나름대로 의욕적인 사업안을 세웠던 것이다.

---

37 「京城小景 말하는 사진」(七),『東亞日報』1921. 7. 29.

38 수익세 도입 시도의 직접적인 배경은 그간 국비 사업으로 진행하던 시구개수 사업의 경성부 이관이 임박한 데 있었다. 그러나 경성부가 입안한 수익세안을 보면 적용 범위는 시구개수뿐 아니라 다양한 도시 시설 구축에 걸쳐 있었다. 염복규,「일제하 도시 지역 정치의 구도와 양상」,『한국민족운동사연구』67, 2011 참고.

39 전성욱(1877~1945)은 한말 중하급 관료 출신으로 식민지 시기 경성을 중심으로 부협의원 등 공직자, 각종 친일단체 간부 등으로 활동한 전형적인 지역 친일 유력자이다.『친일인명사전』.

40 「市內 小下水溝 來年부터 擴張工事 實施」,『東亞日報』1925. 12. 11.

41 김대호,「1920~1933년 경성부윤과 주요 정책」,『일제강점기 경성부윤과 경성부회 연구』, 서울역사편찬원, 2017, 88쪽.

그러나 문제는 역시 돈이었다. 부윤과 친일 유력자인 중앙위생회장은 합의했을지 모르나, 이를 제도적으로 뒷받침할 수익세 제정은 끝내 무산되었고 계획은 진척될 수 없었다. 수익세 제정은 경성부협의회에서 조선인 의원 다수의 반발, 조선어 언론의 거듭된 비판, 문제를 키우고 싶지 않았던 조선총독부의 부정적 기조 등에 부딪쳐 무산되었다. 부정적 여론의 저류에는 분명 그간 남촌의 암거화는 예산 범위 안에서 크거나 작게 진행된 반면 이제 북촌의 암거화는 주민에게 돈을 받아서 하느냐는 피해의식이 깔려 있었다.[42]

그리하여 1930년대 제3기 사업의 개시 시점에도 "하수도 공사 및 그 개수는 대개 일본인이 많이 사는 곳으로만 착수하고 조선인이 많이 사는 북촌은 다른 시설과 한가지로 비교적 등한하게 방치한 듯한 감이 잇"다는 정서는 여전했다.[43] 이에 청계천 북쪽 지역의 암거화를 위한 예산 증액 등이 논의되기도 했다. 개거 하수도가 전염병균의 온상으로 지목되면서 암거화가 필요한 하수도 연장은 약 30km, 소요 예산은 200여만 원으로 추산되었다. 문제는 그 돈이 어디에서 나오느냐는 것이었다. "부근 주민에게 결국 수익세를 받기로 기채"하기로 결정했다.[44] 그러나 제도적 뒷받침이 없는 가운데 기채는 이루어지지 못했고 암거화도 진행되지 못했다.

식민지 시기 내내 경성 하수도가 정비되지 않은 것은 아니었다. 그럼에도 여전히 하수도에 대한 불만은 높았다. 1940년대 초가 되어서도 "서울 장안은 특히 하수도의 불비에서 오는 원인이 만하 소위 장안의 가두는 뚜껑 업는 전

---

42 사실과 정확하게 부합하느냐의 여부를 떠나 이런 정서는 이 시기 도시 기반시설 정비 사업 전반에 깔려 있었다. 염복규, 앞의 글, 2011 참고.

43 「汚物의 都市 大京城, 下水道 完備 尙遼遠」, 『朝鮮日報』 1933. 2. 21.

44 「社說: 霖雨期와 傳染病」, 『東亞日報』 1934. 7. 21; 「惡菌 培養 源泉된 三十萬米 市內下水道」, 『朝鮮日報』 1935. 1. 24.

염병균의 배양소로 지목"되었으며,[45] "근대적 도시의 외형을 갖추고 잇는 대경성도 백만 부민은 실로 하수의 꾸정물 우에서 살고 있다는 그리 반갑지 않은 결론"에서 벗어나지 못한 것이 현실이었다.[46]

"뚜껑 업는 전염병균의 배양소"를 넘어선 하수도의 암거화는 주요 식민 통치 시설의 입지에 따라 진행되었다. 암거화의 명분은 위생이었지만 재정의 한계 속에서 암거화의 '우선순위'는 토지 이용의 위계에 따라 결정되었다. 따라서 같은 북촌이라도 조선총독부 신청사가 건립되고 그 서쪽 일대에 관변 기구의 관사촌이 형성되면서 암거화는 신속하게 진전되었다. 경성운동장이 들어서면서 도성 동부가 암거화되었다. 반면 조선시대 이래 전통적 간선 하수도인 청계천의 암거화도 항상 제기되는 이슈였지만 식민지 시기 내내 거의 진척되지 못했다. 이 공사는 1950년대 후반에 와서 개시되었고 5·16 직후 완성되었다.[47] 단지 오수를 배출만 하는 것이 아니라 정화하는 '오수처분공장'도 1910년대부터 언급되었지만, 1976년 최초의 도시 하수 종말처리 시설로서 청계천 하수처리장이 건설되고서야 비로소 실현되었다.[48]

식민지권력은 경성을 근대도시라고 칭했다. 그리고 근대도시에 걸맞는 도시위생을 실현하겠다고 했다. 그러나 위생 시설로서 암거 하수도의 축조는 끊임없이 유예되었다. 그리하여 도시위생의 실현은 좌절되었다.

---

45 「傳染病菌의 溫床인 市內下水道에 "메스"」, 『東亞日報』 1940. 5. 22.

46 「都心엔 汚水氾濫, 時急한 大京城의 下水道施設」, 『每日新報』 1941. 2. 5.

47 식민지 시기 청계천 복개의 지연과 1950년대 이래 복개 과정에 대해서는 염복규, 「청계천 복개와 '1960년대적 공간'의 탄생」, 『역사비평』 113, 2015 참고.

48 서울하수도과학관 홈페이지 '하수도의 역사'.

# 도시위생의 수호자, 상수도

## 1. 도시위생의 수호자, 근대 상수도

2002년 폐쇄된 선유정수장을 재활용하여 한국 최초의 환경생태공원인 선유도공원이 개장한 이후, 한국에서 산업유산은 폐기되어야 할 대상이 아닌 재활용의 대상으로 인식이 변화했다. 선유정수장뿐이 아니다. 뚝섬정수장은 상수도박물관 및 서울숲 공원의 일부로 사용되고 있으며, 구의정수장은 물환경전시관으로 사용됨으로써 문화 및 교육 공간으로 기능하고 있다. 또한 대구의 대봉배수지는 2018년 국토부 도시재생 뉴딜 사업의 사업지로 선정되어 배수지 일대의 재생 사업을 통해 문화공원 및 청년 예술가 공간으로 활용될 예정이다. 이는 한국을 넘어서 전 세계적인 현상으로, 상수도 관련 시설들은 현대 도시에서 산업유산으로서 가능성을 주목받고 있다.

이렇게 상수도 관련 시설들이 도시의 문화유산으로 주목받는 것은 상대적으로 상수도 시설들이 보존 상태가 좋은 편이며, 그 규모가 커서 도시 규모의 재생 사업이 가능한 공간이기 때문이다. 또한 20세기 초반 건축물 및 산업 시설물의 양식들을 잘 보여준다는 측면에서도 재활용 가치가 높은 편이다. 20세기 초반 등장한 상수도 시설은 도시 인프라의 핵심 시설로서 오랫동안 수질 관리 등의 목적으로 일반에 개방되지 않았고, 큰 변형 없이 계속 사용되었기 때문에 상대적으로 장기간 보존·보호되었다. 그러나 수도 공급량이 늘어나며 시설이 확충되거나 다른 지역으로 이전되었고, 그에 따라 이전에 축조된 상수도 시설들의 활용이 이슈가 되고 있다. 특히 한국에서는 2000년대 이후 등록문화재 제도가 도입되며 상수도 시설 중 상당수가 등록문화재가 되었고, 상수도 시설의 특성상 그 규모가 상당히 크고 국가소유(상수도사업본부)이기 때문에 공공을 위한 도시공원이나 문화 시설 등으로 활용하기 좋은 편이다.

그러나 이미 문화재가 된 상수도 시설들 역시 서울과 같은 대도시를 제외하고는 여전히 제대로 활용되지 못하고 있는 경우가 다수이다. 상수도 시설뿐 아니라 노후화된 도시 기반시설의 재활용 문제는 21세기 도시들이 공통적으로 직면한 문제인데, 여전히 그 역사적·도시적 가치에도 불구하고 철거되거나 제대로 활용하지 못하는 경우도 많다. 최근에는 재생을 통해 문화 공간이나 상업 공간 등으로 재탄생시키는 시도들도 많이 이루어지고 있지만, 도시 기반시설이 가지고 있던 원래의 성격에 주목하는 경우는 많지 않다. 특히 도시 기반시설은 내구연한이 지나고 나면 사용가치가 떨어지기 때문에 원래 용도로는 사용할 수 없으며, 원래의 성격을 보여주는 장소성을 간직하기 쉽지 않다. 또한 상수도 시설은 일반인의 출입이 통제되는 공간이기 때문에 사용하지 않는 오래된 시설을 존치하여 재활용하는 데 한계가 있다. 즉 문화유산으로서의 진정성을 확보하기 어려운 상황이다. 그러나 서울의 첫 번째 상수도정수장이었던 뚝섬정수장은 일제강점기가 아닌 대한제국기에 설치된 시설로서 그 역사적 의미와 가치가 더 크기 때문에 유산화(Heritagization) 과정을 거쳐 수도박물관으로 사용 중이다. 그렇다면 실용적인 이유로 설치된 정수장과 같은 도시 기반시설이 어떻게 산업유산으로서 재평가되고 재의미화될 수 있는 것일까? 뚝섬정수장을 통해 도시위생의 수호자로서의 의미가 부각되며 유산화에 성공한 상수도 유산에 대해 살펴보고자 한다.

## 2. 한국 근대 상수도의 부설과 변화

### 1) 근대 상수도란 무엇인가?

상수도는 기원전 312년 고대 로마의 아피아 거리에 처음 설치된 것으로 알려져 있다. 이 수도는 로마시 주변의 샘물과 호수의 물을 18km의 수로를 통해 끌어와 공동 목욕탕이나 분수대에 공급했던 것으로, 현재까지 그 시설의 일부가 사용될 정도로 기술이 우수하고 규모가 장대했다.[01] 고대 중국에서도 주나라 시기(기원전 770~256)부터 지하수로를 이용한 상수도 시스템을 구축했으며, 북송의 청두에서는 침전을 이용한 정수 시설이 시도되기도 했다.[02] 일본에서는 1590년 도쿠가와 이에야스의 명으로 도쿄의 고이시카와(小石川) 상수[03]를 부설한 이후 점차 그 급수 규모를 확장해 나갔으며, 영국에서는 1619년 이후 뉴리버(New River)사에 의해 런던 전체의 상수도 공급이 시작되었다.[04] 그러나 19세기 들어 점차 도시의 규모가 팽창하고 콜레라 등의 전염병이 창궐함에 따라, 각 도시들은 기존에 설치된 상수도를 개량할 필요가 있었다. 그에 따

---

01 서울특별시 상수도사업본부, 『서울상수도백년사』, 서울특별시 상수도사업본부, 2008, 77쪽.

02 Du, P. & Chen, H., "Water supply of the cities in ancient China", *Water Supply*, 2007, p. 7.

03 고이시카와 상수는 1603년 에도막부 창설 직후 간다(神田) 상수로 확장되었다. 堀越正雄, 『水道の文化史—江戸の水道·東京の水道』, 鹿島出版会, 1981, 10~12쪽.

04 서울특별시 상수도사업본부, 앞의 책, 2008, 77쪽.

라 영국과 일본 등에서는 수질 관리를 통해 깨끗한 물을 공급하고자 상수도를 개량했다.

영국은 1804년 물을 정수하는 방법 중 하나인 완속여과법을 개발하여 1826년에 런던에서 처음으로 완속여과법을 도입한 근대 상수도를 부설했다. 이 시기 런던을 비롯한 많은 유럽 도시들에 주철관을 사용하는 배수 방식이 도입되었으며, 1855년에는 영국을 넘어 유럽과 북미 지역에서 완속여과법을 사용하는 것이 필수가 되었다.[05] 일본은 영국의 상수도 기술을 도입하여 1887년 요코하마를 시작으로 하코다테(1889), 나가사키(1891) 같은 개항도시와 도쿄, 오사카 등의 주요 도시에 1900년을 전후하여 상수도를 건설했다.[06] 도쿄의 경우 1887년 12월 도쿄시회가 공학박사 후루이치 고이치(古市公威)[07]와 나카지마 에이지(中島鋭治)[08]가 공사 설계를 위임받고,[09] 외국인 초빙기사인 영국인 기술자 윌리엄 버튼(William K. Burton)에게 설계를 맡겨 1893년 10월 22일 상수도가 기공되고, 1898년 11월에 준공되었다.[10] 도쿄에서 상수도의 설치는 사망자 감소, 열병 및 적리병 환자 감소,[11] 화재 시 가옥 소실 급감 등의 효과를 가져왔다.

---

05 J. Douet, *The Water Industry as World Heritage: The International Committee for the Conservation of the Industrial Heritage*, France: Paris, 2018, p. 26.

06 高橋裕·酒匂敏次 共著, 『日本 土木技術の歷史』, 地人書館, 1960, 118쪽.

07 1854~1934. 근대 일본 토목의 최고 권위자였다. 문부성 최초의 유학생으로서 프랑스로 유학을 떠나 Ecole Centrale와 파리대학 이학부를 졸업했다. 졸업 이후 귀국하여 내무성 토목기사로 일하다가 1886년 제국대학 공과대학의 초대학장으로 취임하고 일본토목학회 초대 회장 등을 역임했다. 일본 전국의 하천 치수, 항만의 수축 사업 및 일본 근대 토목행정의 골격을 구축했으며, 경부철도를 설계하고 총독부 초대 철도관리국장을 지내기도 했다.

08 나카지마는 1905년 인천 상수도를 비롯하여 식민지 조선의 상수도를 다수 설계했다.

09 細野猪太郎, 『東京の過去及将来』, 金港堂, 1902, 230~231쪽.

10 이는 처음 3개년계획에 비해 약 두 배의 시간이 더 들어간 것으로, 주요 원인은 예산 확보, 용지 수용 문제 및 일본주철관회사의 부정철관 사건 등이었다. 高寄昇三, 앞의 책, 2003, 154쪽.

11 상수도 공급 3년 전과 공급 후 3년간을 비교한 결과 약 800명이 감소했다. 細野猪太郎, 앞의 책, 1902, 241쪽.

19세기 이후 이와 같은 근대적 기술을 사용한 새로운 상수도 시스템이 유럽과 북미 대륙을 넘어 아시아 지역까지 전해졌다. 당시 만들어진 근대 상수도는 침전-여과의 정수 과정을 거친 물을 동력을 이용해 배수지로 송수한 후, 철로 된 배수관을 통해 급수하는 것이었다. 이후 여과법을 비롯한 정수 방법은 점차 발전했지만, 상수도 부설의 주된 목적이 도시위생의 관리라는 점에는 변화가 없었다. 경성부 상수도의 부설이 본격화된 1906년 신문 기사들에는 위생상 식료수를 청결하게 하는 게 가장 필요한 부분이라는 언급이 자주 등장했으며, 각 도시들에서 상수도 설치의 필요성을 이야기할 때 가장 먼저 언급하는 것 역시 청결한 식수를 공급해야 한다는 위생상의 필요성이었다. 물론 도쿄와 마찬가지로 경성에서도 도시 곳곳에 소화전을 설치하여 소방용수를 공급하는 것 역시 상수도 설치의 주요 목적이었으며, 이후에는 철도 및 공업용수 공급을 위하여 상수도를 부설하거나 확장하는 경우도 생겼지만, 상수도 부설의 첫 번째 목적은 무엇보다 깨끗한 식수의 공급이라는 위생적인 측면이었다.

### 2) 20세기 전반 한국의 상수도 부설

한국은 여름에 강수량이 많은 기후적 특징으로 인해 하천에 물이 흐르고 지하수가 고여 생활용수를 쉽게 얻을 수 있었다. 따라서 한국에서는 급수를 위한 수도가 일찍이 발달하지 않았으며, 주로 우물과 계곡 및 하천의 물을 식수로 음용했다. 그러나 인구가 급증한 영·정조 시대 이후 서울과 같은 도시에서는 비가 내리지 않으면 우물이 고갈되었고, 하천에서 계곡이나 하천물을 길어 공급하는 물장수가 등장했다. 19세기 이후 한국에서도 도시화에 따른 생활용수의 부족 및 콜레라 등 수인성 전염병의 유행으로 근대식 상수도의 부설이 시급해졌다. 한국에서 상수도가 등장한 것은 개항 이후의 일로, 부산의 일본인 거류민들이 1895년 보수천에 자연여과장치를 갖춘 집수 제언 시설을 만들고 대청정에 배수지를 설치한 것이 시초였다.[12] 1903년에는 경성의 일본인 거류지에도 사설 수도가 설치되었는데,[13] 이 수도들은 모두 자연여과 및 자연유하에 의한 소규모 수도로 근대 상수도라 부르기엔 미흡했다. 본격적으로 한국에 근대 상수도가 설치된 것은 통감부 시기였다. 1906년 수도국의 설치와 함께 경성(1908), 인천(1910), 목포(1910), 평양(1910) 순으로 상수도가 구축되었다. 영국인 기술자와 미국인 사업가에 의해 만들어진 경성 상수도를 제외한 인천, 목포, 평양 상수도는 모두 일본인 기술자에 의해 설계·구축된 것이었다.

일본의 지배하에 들어간 1910년대 이후부터 1930년에 이르는 시기에는 진주(1911), 진남포(1914), 나남(1914), 진해(1914), 군산(1915), 의주(1916), 원산(1916), 해주(1917), 대구(1918), 광주(1920), 청진(1920), 함흥(1921), 신의주(1921), 고흥(1922), 청주(1923), 공주(1923), 강경(1924), 전주(1924), 통영(1924), 춘천(1925), 김천(1926), 포항(1926), 회령(1926), 성진(1926), 평강(1927), 완도(1929), 마산(1930), 여수(1930)에 상수도가 설치되어 총 33개의 도시에 근대 상수도가 설치되었다. 1930년대에는 상수도 부설 속도가 더욱 빨라졌다. 1930년대 동안 52개 도시에 상수도가 설치되어 전체 85개 도시에 상수도가 설치되었다.

---

12 부산에서는 일본인 거류민들이 1880년 보수천 상류에 죽관을 이용한 도수 설비를 했으며, 1886년에는 죽통을 도관으로 교체했으나, 이는 소규모로 여전히 대부분 우물과 하천수를 식수로 사용했다. 이후 정수 처리와 철관 등을 사용한 본격적인 상수도 설치는 1894년에 이루어졌다. 김승, 「한말 부산 거류 일본인의 상수도 시설 확장 공사와 그 의미」, 『한국민족문화』 34호, 2009, 240~241쪽.

13 남산의 하천수를 사용한 일본인 거류지의 사설 수도는 소규모이긴 했지만 정수 과정을 거친 후 철관을 통해 배수되는 근대적 수도였으며, 한 달에 두 번 수질 검사를 했다. 이연경·김성우, 「1885년~1910년 한성부(漢城府) 내 일본인 거류지의 근대적 위생 사업의 시행과 도시 변화」, 『대한건축학회논문집』 28권 10호, 2012, 218~219쪽.

일제강점기에 설치된 상수도 시설을 시기별로 분류하여 그 분포 상황을 표현해보면 〈표 1〉과 같다. 1910년 이전에는 부산, 경성, 인천, 평양, 목포 순으로 상수도가 설치되었는데 이 도시들은 서울과 평양을 제외하고는 당시 일본인 거류지가 이른 시기에 설치되었고, 거류민 수가 가장 많았던 도시들이다. 이 도시들에서 상수도는 서울을 제외하고는 전부 통감부 수도국의 일본인 기사들에 의해 설계되었으며, 부산과 목포의 경우 일본인 거류민 주도로 상수도 부설이 진행되었다. 1910년대에 상수도가 설치된 도시는 총 11개로, 진해와 나남을 제외하고는 전부 당시 부(府)이거나 도청 소재지인 도시들이었다. 진해와 나남은 각각 일본 해군 군항, 육군 주둔지로서 기존의 군용 수도인 해군 수도와 육군 수도를 상수도로 사용하는 경우였다. 1920년대에도 당시 부(府)였던 신의주와 마산을 포함한 총 17개 도시에 상수도가 설치되었는데 도청 소재지인 함흥, 전주, 공주, 청주, 춘천과 포항, 통영, 성진, 여수 등 항구 도시와 철도가 지나가며 다수의 일본인들이 거주하는 상업 도시인 강경, 김천, 그리고 군사 도시인 회령 등 당시 부(府)였거나 지정면이었던 지역이 대부분이었다. 고흥의 경우 부나 지정면이 아님에도 비교적 이른 시기에 수도가 설치되었는데, 이는 고흥에서 1918년 이질과 장티푸스의 발병으로 수백 명의 사상자가 발생함에 따라 우선적으로 상수도를 설치했기 때문이다. 1930년대에 상수도 시설이 설치된 도시는 총 52개로 부설 속도가 크게 빨라졌다. 특히 이 시기에는 공업화에 따른 공업용수 제공을 위한 상수도 설치가 대부분이었다. 1930년대 공업화가 활발하게 진행되었던 북한 지역에서 함경남도 7개 도시, 함경북도 3개 도시, 평안북도 5개, 평안남도 2개, 황해도 5개 도시에 총 22개 상수도 시설이 설치되었다. 이처럼 일제강점기의 상수도 부설은 우선적으로 일본인 거류민의 수가 많은 대도시(府)를 중심으로 진행되었으며, 이후 지정면으로 확대되었고, 1930년대에 이르면 공업 도시들을 비롯한 지방

〈표 1〉 1940년경 한국 각 도시의 상수도 부설 현황

| | |
|---|---|
| 경기도(3) | 서울(1908), 인천(1910), 개성(1940) |
| 강원도(6) | 춘천(1925), 평강(1927), 철원(1933), 홍천(1935), 강릉(1937), 장전(1937) |
| 충청북도(2) | 청주(1923), 제천(1941) |
| 충청남도(7) | 공주(1923), 강경(1924), 대전(1933), 논산(1933), 조치원(1935), 천안(1935), 장항(1937) |
| 전라북도(4) | 군산(1915), 전주(1924), 이리(1933), 김제(1936) |
| 전라남도(9) | 목포(1910), 광주(1920), 고흥(1922), 완도(1929), 여수(1930), 벌교(1933), 순천(1933), 나노도(!936), 추자도(1936) |
| 경상북도(6) | 대구(1918), 김천(1926), 포항(1926), 경주(1933), 안동(1936), 영천(1936) |
| 경상남도(14) | 부산(1895), 진주(1911), 진해(1914), 통영(1924), 마산(1930), 고성(1932), 밀양(1933), 울산(1933), 삼천포(1934), 김해(1936), 동래(1936), 장승포(1936), 해운대(1936), 사천(1940) |
| 평안북도(7) | 의주(1916), 신의주(1921), 강계(1935), 박천(1937), 벽동(1938), 정주(1938), 의천(?) |
| 평안남도(4) | 평양(1910), 진남포(1914), 안주(1936), 중화(1937) |
| 함경북도(7) | 나남(1914), 청진(1920), 성진(1926), 회령(1926), 웅기(1936), 나진(1937), 무산(1931~1940 사이) |
| 함경남도(10) | 원산(1916), 함흥(1921), 영흥(1932), 홍남(1933), 신고산(1933), 단천(!936), 혜산(1936), 신포(1937), 서천(1935~1940 사이), 군선(1931~1940 사이) |
| 황해도(6) | 해주(1917), 재령(1931), 신천(1935), 연안(1935), 황주(1935), 사리원(1940) |

* 이 표는 『조선토목사업지』(1937) 및 『조선수도지』(1940)의 내용을 바탕으로 정리했다. 괄호 안은 준공년도이다.

중소도시로 확대되었음을 알 수 있다.

## 3. 서울의 근대 상수도와 뚝섬정수장

### 1) 서울의 근대 상수도 부설

경성의 상수도는 1903년 12월 9일 미국인인 콜브란(H. Collbran)과 보스트윅(H. R. Bostwick)이 대한제국으로부터 상수도 부설 경영의 특허를 받은 것이 시초가 되었다. 이들이 특허권을 받은 1903년의 전년도인 1902년에는 콜레라가 크게 유행하여 고종 즉위 40주년 기념 칭경예식이 연기되기도 했다. 따라서 콜레라의 유행은 1903년 남산 일본인 거류지의 사설 수도 부설 및 경성부 상수

도 구축에 영향을 주었을 것이다. 콜브란과 보스트윅은 1905년 8월 영국인 토목기술자인 바햄(Hugh Garrat Foster Barham)[14]이 설립한 대한수도회사(Korea Water Works Limited, The International Syndicate)에 수도 부설권을 양도했으며, 콜브란과 보스트윅은 공사 시행의 도급을 맡았다. 상수도 공사는 1906년 8월 뚝섬정수장에 완속여과지 공사를 착공하는 것으로 시작되어 1908년 8월에 준공했는데, 2개의 침전지와 5개의 여과지, 그리고 1개의 정수지를 갖춘 시설이었다. 경성 상수도는 한강 상류의 표류수를 수원지로 하여 펌프로 침전지에 유입시킨 후, 2개의 침전지를 이용한 연속침전법을 사용했으며, 요도바시 정수공장과 마찬가지로 완속여과법을 사용했다. 여과 후의 상수는 정수지에 저장되었다가 송수펌프실로 유입되어 송수펌프에 의해 대현산배수지로 송수되어 이후 자연유하식으로 철관을 통해 시가지 내 급수 구역으로 배수되었다.[15] 배수 본관을 통해 광희문을 거쳐 청녕교(靑寧橋, 을지로 5가 부근)에 이른 후 다시 4선으로 나뉘어졌다. 4선으로 나뉜 각 배수관이 닿는 지역은 각각 청녕교-황금정-동측성벽, 본정-남대문 조선은행 앞, 동대문-종로(중간에 창덕궁-편동, 신교통-태평정, 광화문앞-경복궁 앞, 서대문-화천정-봉래정-남대문 외 어성정, 마포-공덕리 경성감옥 남측 등으로 분기됨), 황금정-남대문통-원정1정목-신용산-주차군사령부였다. 준공 당시 용량은 12,500m$^3$로 12만 5,000명에게 매일 1인당 111L를 급수하는 것을 목표로 했으며. 준공 당시인 1909년 한성부 인구는 21만 7,391명으로 급수 보급률 자체는 57%였다. 그러나 실제 급수 인구는 이에 못 미쳤는데 『경성부 상수도 개

14 바햄은 The Crystal Palace Practical School에서 Civil Engineering을 전공하고 1901년부터 호주의 the Brisbane Board of Waterwork에서 근무하다 러일전쟁 이후인 1905년 한국에 와서 International Syndicate, 이후 Korean Waterworks Company에서 일하며 서울의 상수도를 부설했다. 1910년 한국이 일본의 식민지가 됨에 따라 Barham은 시부사와에게 Korean Waterworks Company를 매각하고 영국으로 돌아갔다. https://astro.uni-bonn.de/~deboer/genea/as/as23mclips/as23m-clips.html(검색 2018. 12. 31).

15 朝鮮總督府, 『水道小誌』, 朝鮮總督府, 1913, 7~8쪽.

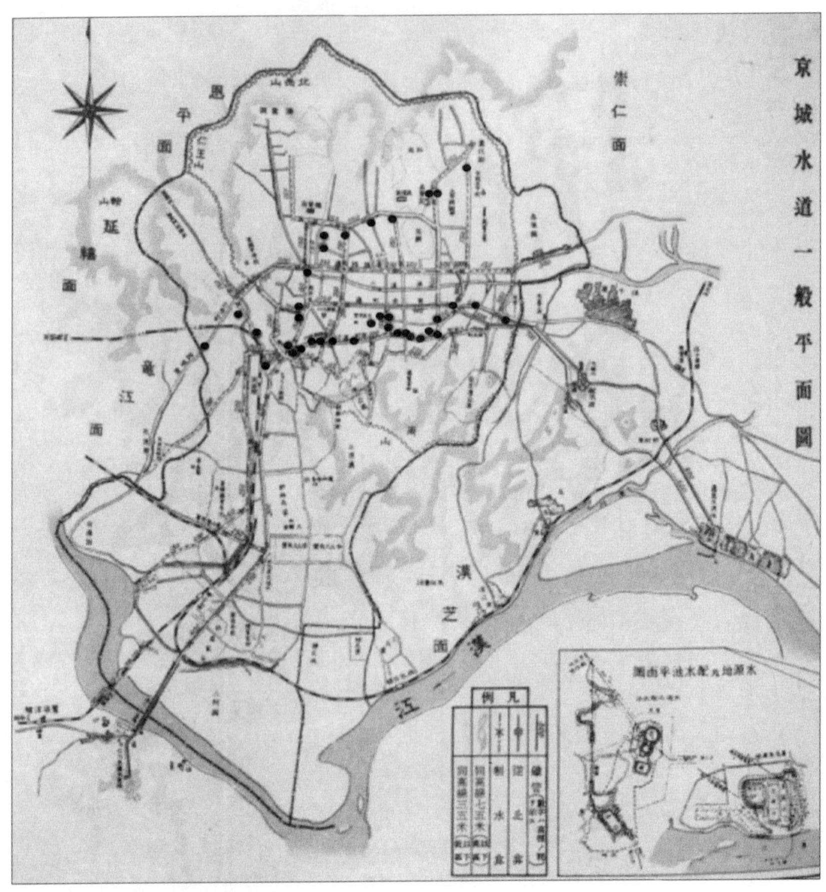


**〈그림 1〉 경성수도일반평면도**
* 출처: 『조선토목사업지』, 1937.

요』에 따르면 1912년 현재 급수 구역 내 인구수는 30만 2,686명인 데 반해 급수 인구는 78,442명으로 실제 급수 보급률은 26%에 지나지 않았다.[16]

뚝섬 상수도정수장은 한국에서 근대적 여과 시설을 설치한 최초의 정수장이었으며, 일본인이 아닌 서양인(영국인 기술자와 미국인 사업가)의 주도로 부설

16 서울특별시 상수도사업본부, 앞의 책, 2008, 102~104쪽.

되었다는 점에서 특수성을 가진다. 한국에서 정수장 부설 자체는 보호국화 이후 외국인에 의해 이루어지긴 했지만, 정수장 설치 계획은 1903년에 이미 시작되었다는 점에서 대한제국의 근대화 의지를 보여준다고도 할 수 있다.

### 2) 경성부 상수도의 개량·확장과 수질 위생 개선

식민지화 이후인 1911년 1월 24일에 경성 상수도 부설 경영은 시부사와 신디케이트가 맡게 되었으며, 두 달 후인 3월 31일에는 총독부가 시부사와로부터 2,896,153원 84전에 수도 경영권을 매수했다. 이후 1922년부터는 경성부가 경영했다.

경성부 상수도는 취수(取水)-침전(沈澱)-여과(濾過)-정수(淨水)의 단계를 거쳐 배수되었다. 부설 초기 경성부에서는 완속여과법이 사용되었는데, 완속여과법은 1804년 영국의 파슬리(Parsely)가 개발한 방식으로, 하수를 펌프로 퍼내어 침전지에 보낸 후 침전지에서 일정 시간 정치(靜置)시켜 불순물을 가라앉힌 다음 여과지로 보내 모래층을 통과시켜 여과하는 방식이었다. 경성뿐 아니라 도쿄에서도 이 방법을 택했다.[17] 두 도시의 상수도 설계자가 모두 영국인 기술자였기 때문에 영국에서 개발된 정수 방식인 완속여과법을 선택했던 것이다.[18] 또한 경성부 수도의 원수인 한강 상류 표류수의 수질이 상대적으로 매우 양호했기 때문에 완속여과법으로 정수가 가능한 측면도 있었다. 완속여과법은 생물학, 생리학적인 정수 방법으로, 여과력을 높이려면 여과 속도

17 1919년 발간된 『朝鮮水道水質之研究』는 완속여과법을 영국여과법, 혹은 보통여과법으로 칭하며, 도쿄의 상수도를 설계한 버튼이 영국인이기 때문에 이 방법을 선택했다고 설명하고 있다. 朝鮮総督府京畿道, 『朝鮮水道水質之研究』, 朝鮮総督府京畿道, 1919, 60쪽.

18 일본의 상수도 기술은 영국의 영향을 강하게 받아 일본 및 일본의 식민지 내 대부분의 상수도가 완속여과법을 선택했으나, 교토와 용산, 타이난의 상수도는 설치 초기부터 급속여과법(기계식 여과법)을 사용했다. 朝鮮総督府京畿道, 앞의 책, 1919, 74쪽.

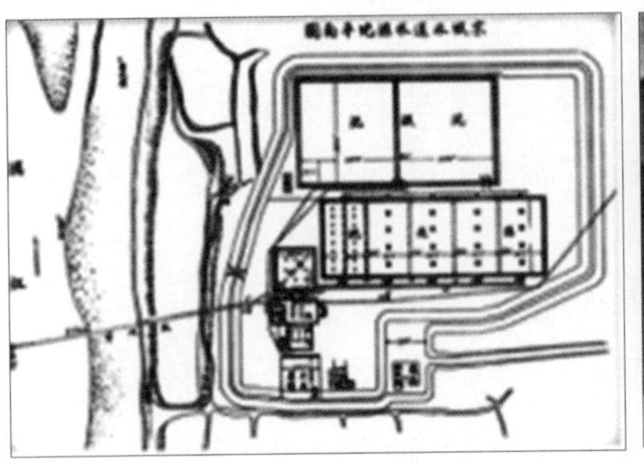

**〈그림 2〉 1912년 당시 뚝섬정수장 평면도(왼쪽)와 완속여과지(오른쪽)**
* 출처: 『사진으로 보는 상수도 백년사』.

를 낮춰 여과 효율은 크게, 여과 시간은 길게 해야 했다. 그러나 이는 급수량 부족이라는 문제에 부딪힐 수밖에 없었다.

처음부터 전체 인구에 비해 정수장 급수 규모가 작았던 경성부에서는 부설 직후부터 급수량 확대를 위한 정수장 증설·확장이 계속되었다. 1912년부터 15년까지 358,162원을 들여 뚝섬정수장을 개량하고 확장했는데, 이때 여과지 1지, 배수지 1지를 축조하고 기타 시설을 확장했다. 1918년부터는 인천 수도의 노량진정수장에서 인천 수도의 여분을 급수받았지만, 그럼에도 급수량이 부족하여 1919~1922년까지 노량진정수장에 침전지 2개, 여과지 3개 등을 증축했다. 1928~1933년 사이에는 총 123만 441원이 투입되어 뚝섬정수장의 대규모 개량 및 확장이 이루어졌다. 관정 청소를 비롯한 수원지 개수 및 복류식 취수 방식의 도입, 침전지 개조, 급속여과법 및 염소소독법의 도입, 송수관 부설, 배수지 축조 및 시내 배수 간선 부설 등을 포함한 대대적인 공사가 시행되었다.[19] 특히 이 시기에는 급속여과 및 염소소독, 복류수 취수라는 정수

19 京城府, 『경성수도확장공사수원지개수공사설계서(도면첨부)』, 京城府, 1928(국가기록원, 관

방식의 근본적인 변화가 일어났다.

급속여과법은 황산알루미늄을 사용하여 응집시킨 후 여과시키는 방식으로 하룻밤에 3~4백 척을 여과할 수 있었다. 급속여과법은 완속여과법보다 속도가 약 40배나 빠르고 여과 면적도 1/4밖에 필요하지 않아 급수량 확보에 유리했다. 또한 약품 처리를 통해 응집시켜 침전시키기 때문에 원수(原水)가 특별히 혼탁할 때도 일정한 수준의 정수가 가능하다는 이점을 가지고 있었다.[20] 급속여과법의 도입과 함께 화학적 정수법인 염소소독법[21] 역시 도입되었는데, 염소소독법은 여과를 통해 제거되지 못하는 물 속 세균이나 바이러스를 염소를 이용하여 제거하는 방식으로 콜레라, 이질 등 수인성 전염병 예방에 효과적이었다. 1933년 도입한 복류수 취수법[22]은 하천의 저면에 흐르는 지하수를 집수암거(集水暗渠, infiltration gallery)를 설치하여 취수하는 방식으로, 비교적 양호한 수질의 원수(原水)를 얻을 수 있을 뿐 아니라 안정적인 공급량을 확보할 수 있다는 장점을 가졌다. 급속여과법과 염소소독법의 도입, 복류수 취수는 경성부 상수의 수질을 높이는 데 결정적인 역할을 했다. 특히 여름철 홍수가 잦아 원수가 혼탁해지는 일이 잦고, 겨울에는 동파 방지를 위해 완속여과지 위에 덮개를 씌울 수밖에 없어 먼지가 생기는 등 위생상 문제들을 개선할

---

리번호: CJA0014986).

20 「絶對安全の淨水を供給する急速濾過設備, 京城の水道は日本一」, 『경성일보』 1933. 9. 14.

21 1914년 미국에서 발명된 염소소독법은 1919년 현재 미국의 시카고, 필라델피아, 발티모어 등 대도시에서 시행 중이었다. 朝鮮総督府京畿道, 앞의 책, 1919, 86쪽.

22 인천, 목포 상수도 등 조선의 상수도 설계를 대부분 담당한 사노(佐野藤次郎)가 설계한 복류식 취수 방식은 풍부한 수량을 안정적으로 얻을 수 있을 뿐 아니라 수질을 매우 양호하게 할 수 있는 방식으로 근본적인 수도 개량 방식이었다. 鈴木坂鐵, 「故佐野藤次郎博士と朝鮮の水道」, 『水道』 7권 2호, 1932, 45쪽. 지하 복류수는 원수의 양이 점차 감소하여 생산에 지장을 초래하면서 1960년대 이후 사용이 중단되었으며, 한강변 둔치에 직경 15m 정도의 우물통을 두었던 취수원 역시 1984년 한강 개발 및 강변도로 확장과 함께 매몰되어 사라졌다. 서울특별시 상수도사업본부, 앞의 책, 2008, 249쪽 및 253쪽.

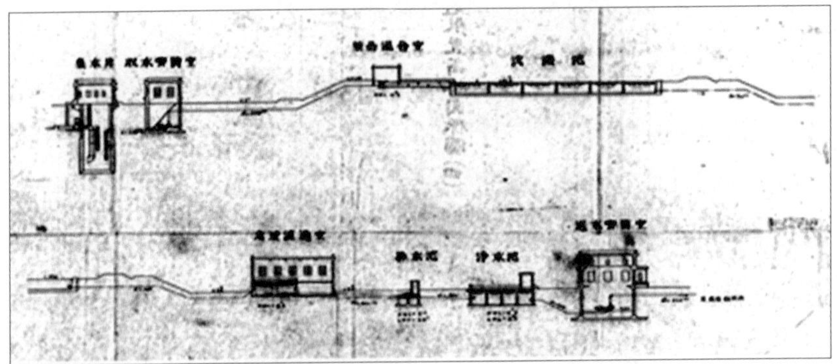

**〈그림 3〉 급속여과장치 구조물 고저관계도**
* 출처: 京城府,『京城水道擴張工事水源池改修工事設計書』, 京城府, 1928(국가기록원, 관리번호: CJA0014986).

수 있었다. 1928~1933년의 대대적인 확장 공사 이후 1934, 35년에도 급속여과 장치를 설치하고, 1938년에도 급속여과지를 증설하는 등 경성부 수도의 확장과 증설은 계속되었다.

〈그림 3〉과 〈그림 4〉는 1928~1933년 뚝섬정수장 확장 및 증설 공사의 계획 평면도와 구조물 관계도이다. 급속여과법과 복류수 취수법, 그리고 염소소독법이 도입되면서 복류수 취수를 위한 집수침정과 급속여과를 위한 약품혼합실, 급속여과지가 추가된 것을 알 수 있다. 급속여과를 위한 시설들은 기존 정수장 시설의 서측에 설치되었으며, 복류수 취수를 위한 집수정 시설은 기존의 정수장 남쪽 한강의 저변에 설치되었다. 이처럼 새로운 정수 방법의 도입은 정수장 시설의 확장으로 이어졌다.

1928~1933년의 대대적인 경성 상수도 개량 및 확장 공사는 1928년의 장티푸스 유행과 연관이 있었다. 당시 경성부는 부인했지만, 장티푸스 유행의 원

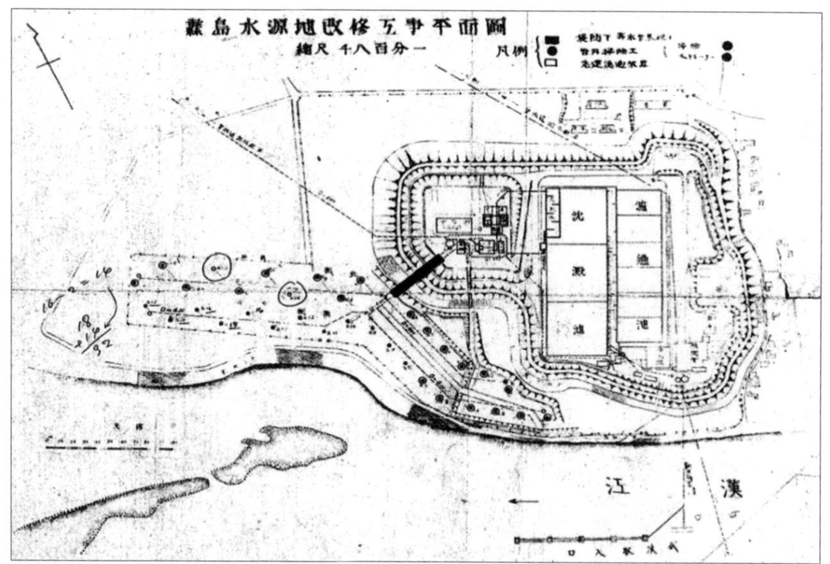


**〈그림 4〉 뚝섬수원지 개수공사 평면도**
* 출처: 京城府, 『京城水道擴張工事水源池改修工事設計書』, 京城府, 1928(국가기록원, 관리번호: CJA0014986).

인이 경성부 상수도에 있다는 비판이 제기[23]되었으며, 1929년 11월 13일 『동아일보』는 「안심 못할 경성수도 착정식(鑿井式)은 재명년준공」이라는 기사에서 염소소독만으로는 절대 안전을 보장할 수 없다는 학자의 말을 언급하며 여과 방식 대신 절대 안전하다는 착정식(鑿井式) 수도로 개조하는 계획이 있음을 전했다. 장티푸스의 유행은 결국 경성부 상수도의 원수 취수 방식 및 여과 방식 등을 크게 변화시키는 요인이 되었다. 이처럼 경성부 수도의 확장 및 증설 공사의 일차적 목표는 급수량 확보였지만, 그와 함께 상수의 수질 위생 개

23 1928년 3월 당시 세균학자이자 조선총독부 의원장이었던 시가 기요시(志賀清)가 경성부 장티푸스의 유행은 상수도로 인한 문제라는 보고서를 제출함으로써 논쟁이 야기되었다. 「醫學界와 當局者間 波瀾惹起한 水道問題」, 『동아일보』 1928. 3. 19.

선이라는 목적도 있었다.

## 4. 상수도 정수장의 산업유산화

### 1) 현존하는 근대 상수도 시설

통감부 시기 및 일제강점기에 설치된 근대 상수도 시설은 해방 이후에도 그대로 사용되었으나, 한국전쟁으로 인해 상당한 피해를 입었다. 이들은 전쟁 직후 복구되었으며, 1960년대에는 미국, 독일 등의 차관에 의한 정부재정 융자로 서울, 부산, 대구, 광주, 인천, 대전, 청주 등 7개 도시의 수도 시설이 개선되었다. 1960년대 22%에 머물렀던 수도 보급률은 계속된 상수도 시설 증설 및 확충에 따라 1971년에는 36%, 1976년에는 56%가 되었고 2016년에는 98.9%에 이르렀다. 상수도 시설의 증설 및 확충에 따라 상수도 부설 초기의 상수도 시설들 역시 철거되거나 용도가 전환되었다. 이들 중 상당수는 철거되어 그 흔적을 찾아볼 수 없으나, 한국 근대 상수도 시설의 시작으로서 대한제국기에 건설된 뚝섬수원지 제1정수장을 비롯한 역사적 가치를 지닌 근대 상수도 시설들은 수명을 다한 후에도 문화 시설 등으로 전용되었으며, 문화유산으로서 보존되고 있다. 특히 2001년 등록문화재 제도 이후 많은 근대 상수도 시설들이 문화재가 되어 보호되고 있는데, 전체 등록문화재 724개 중 상수도 관련 시설은 총 10개이다. 현재 문화재로 지정·등록된 상수도 시설은 총 12개이며, 그 현황을 살펴보면 다음과 같다.

먼저, 지정문화재로 분류되는 문화재로는 시도유형문화재인 서울 뚝섬 수원지 제1정수장과 문화재자료인 인천 송현 배수지 제수변실을 비롯하여 상수도 관련 시설만 총 11개가 있다. 지역별로는 서울과 부산에 각 2개, 인천,

군산, 마산, 강경, 대구, 청주, 통영 각 1개소씩이다. 시도유형문화재인 서울 뚝섬수원지 제1정수장(1989년 지정)을 제외하고는 대부분 2005~2008년 사이에 문화재로 등록되었다. 그 밖에 인천 배수지 시설이 2003년 문화재자료로 지정되었으며 강경 채운산 배수지는 2014년에 등록되었다. 시설별로는 수원지가 3개소, 정수 시설이 2개소, 배수지와 배수 시설이 6개소이다. 이 중 근대 상수도의 핵심이라 할 수 있는 정수 시설은 모두 서울에만 위치해 있는데, 뚝섬정수장과 구의정수장이 그것이다. 두 정수장은 각각 시기별로 다른 유형의 정수 방식을 보여준다는 점에서 의미를 갖는다. 시기별로는 1910년 이전에 건축된 정수 시설이 4개소(서울 뚝섬, 부산 성지곡 수원지와 복병산 배수지, 인천), 1910년대 시설은 2개소(군산, 대구), 1920년대 2개소(강경, 청주), 1930년대 시설은 3개소(마산, 통영, 서울 구의정수장 1공장), 1960년대 시설은 1개소(서울 구의정수장 2공장)이다. 이용 현황을 살펴보면 서울 뚝섬정수장이 서울상수도박물관으로, 서울 구의정수장 1공장은 관람 시설로, 2공장은 물환경전시관으로 사용 중이다. 그 외 다른 시설들은 현재까지도 이용 중인 강경 채운산 배수지 및 통영 운화동 배수 시설을 제외하고는 대부분 공원 등으로 이용되고 있다. 대구 대봉 배수지는 2018년 도시 재생 뉴딜 사업의 사업지로 선정되어 총 129억 원을 투입하여 대봉산 배수지 문화관광자원화 및 예술정원화가 예정되어 있다.

한편, 문화재로 지정되지 않았지만 문화재청의 16개 시도별 근대문화유산 조사 및 목록화 사업(2002~2005)에서 조사된 근대문화유산 중 2008년 국토연구원에서 산업유산으로 분류하여 목록화한 상수도 유산은 16개소가 있다. 이들 가운데 해방 이후 시설 4개소를 제외하면 12개소가 일제강점기에 만들어진 것인데, 그중 4개의 수원지와 1개의 정수장은 여전히 사용 중이지만 7개소는 현재 사용되지 않으며, 대부분 공원으로 이용 중이다. 12개소 중 수원지는 7개소, 정수장은 2개소, 배수지는 3개소이다. 시기별로 살펴보면 1910년 이전,

〈표 2〉 현존하는 한국의 상수도 유산

| 분류 | 소재지 | 시설명 | 시설 분류 | 준공년도 | 문화재지정, 등록년도 | 현재 사용 여부 | 현재 용도 |
|---|---|---|---|---|---|---|---|
| 시도유형문화재 | 서울시 | 뚝섬 수원지 제1정수장 | 정수장 | 1908 | 1989 | X | 문화 시설 |
| 문화재자료 | 인천시 | 송현 배수지 제수변실 | 배수지 | 1910 | 2003 | X | 공원 |
| 등록문화재 | 부산시 | 부산 복병산 배수지 | 배수지 | 1910 | 2007 | O | 공원 |
| 등록문화재 | 대구시 | 대구 대봉 배수지 | 배수지 | 1918 | 2006 | O | 공원 |
| 등록문화재 | 청주시 | 청주 동부 배수지 제수변실 | 배수지 | 1923 | 2007 | X | 공원 |
| 등록문화재 | 논산시 | 강경 채운산 배수지 | 배수지여과지 | 1924 | 2014 | X | |
| 등록문화재 | 통영시 | 통영 문화동 배수 시설 | 배수지여과지 | 1933 | 2005 | O | |
| 등록문화재 | 서울시 | 서울 구의정수장 제1·2공장 | 정수장 | 1936 | 2007 | X | 문화 시설 |
| 등록문화재 | 부산시 | 부산 구 성지곡 수원지 | 수원지 | 1910 | 2008 | X | 공원 |
| 등록문화재 | 군산시 | 군산 구 제1수원지 제방 | 수원지 | 1915 | 2005 | O | 공원 |
| 등록문화재 | 창원시 | 마산 봉암 수원지 | 수원지 | 1930 | 2005 | X | 공원 |
| 산업유산 | 부산시 | 고원 견산 수원지 | 수원지 | 1902 | | X | 공원 |
| 산업유산 | 대구시 | 가창 수원지 | 수원지 | 1918 | | O | |
| 산업유산 | 광주시 | 광주 제1수원지 | 수원지 | 1920 | | X | 공원 |
| 산업유산 | 부산시 | 수정산 제1배수지 | 배수지 | 1931 | | X | 공원 |
| 산업유산 | 부산시 | 범어사정수장 | 정수장 | 1932 | | O | |
| 산업유산 | 양산시 | 법기 수원지 | 수원지 | 1932 | | O | 공원 |
| 산업유산 | 밀양시 | 삼문동 정수장 | 정수장 | 1933 | | X | 공원 |
| 산업유산 | 밀양시 | 내일동 제1배수지 | 배수지 | 1933 | | X | 공원 |
| 산업유산 | 대전시 | 판암 배수지 | 배수지 | 1934 | | X | 공원 |
| 산업유산 | 대전시 | 세천 수원지 | 수원지 | 1934 | | X | 공원 |
| 산업유산 | 부산시 | 회동 수원지 | 수원지 | 1938 | | O | 공원 |
| 산업유산 | 광주시 | 광주 제2수원지 | 수원지 | 1939 | | O | 공원 |
| 산업유산 | 대전시 | 대흥 배수지 | 배수지 | 1955 | | X | 공원 |
| 산업유산 | 울산시 | 태화강 취수탑 | 수원지 | 1963 | | X | 전망대 |
| 산업유산 | 광주시 | 광주 제4수원지 | 수원지 | 1967 | | O | 공원 |

1910년대, 1920년대 시설은 각각 1개소이며 나머지 9개소는 모두 1930년대에 부설된 것으로 부산 동래정수장 및 밀양 삼문동정수장, 밀양 내일동 제1배수지를 제외하고는 원형이 거의 남아 있지 않다.

현재 문화재로 지정되거나 등록된, 혹은 산업유산으로 목록화된 산업유산 중 근대 토목유산으로서의 상수도 시설의 역사적 가치를 살리면서 사용되는 경우는 서울의 뚝섬정수장과 구의정수장뿐이다. 다른 시설들은 현재 공원 등으로 사용되고는 있으나 상수도 시설로서의 역사적 가치는 주목받지 못하고 있다. 인천 송현 배수지 같은 경우 제수변실만 문화재로 지정되었고 배수지로 사용되던 공간 등은 운동장으로 활용되다가 현재 철거 위기에 놓여 있다. 이와 같이 문화재로 지정된 건조물만 덩그러니 놓여 있는 경우가 대부분이다.

### 2) 20세기 후반 뚝섬정수장의 변화

해방과 한국전쟁을 거치며 서울의 인구 규모는 폭발적으로 증가했고, 그에 따라 해방 당시인 1945년 77%에 달했던 급수 보급률은 1959년 57%까지 떨어졌다. 하지만 시설 확충은 빠른 속도로 이루어졌다. 1948년에는 1939년에 공업용 정수장으로 만들었던 영등포정수장을 상수도정수장으로 변경했고, 1956년에는 1949년부터 건설을 시작했던 뚝섬정수장 제3정수장을 준공, 1959년에는 구의정수장[24] 제2정수장을 건설했다. 이후 1972년에 보광동정수장, 1973년에 영등포 제1공장이 신설되었고, 1976년에는 하루 100만 톤 규모의 광암정수장 착공, 1978년 선유정수장 통수, 1984년 암사정수장 착공, 1998년 강북정수장 통수가 이루어지며 상수도 시설의 확충이 이루어졌다.

---

24 구의정수장은 1936년 경성부 확장으로 처음 설치되었다.

그러나 1990년대에 들어오면서 많은 정수장들이 노후화되어 더 이상 사용할 수 없게 되었다. 이에 1998년 노량진정수장, 2002년 구의정수장 제1, 2공장, 2003년 뚝섬 제1공장, 2003년 신월정수장, 2005년 보광동정수장이 차례로 폐쇄되었다.[25] 폐쇄된 정수장들은 대부분 철거되었으나, 그중 일부는 폐산업시설로 재활용되었다. 2002년 폐쇄된 선유정수장이 폐정수장을 활용한 선유도공원으로 재탄생한 이후 뚝섬 제1정수장 및 구의정수장 1, 2공장이 박물관 및 전시관으로 사용되었다.

현존하는 한국의 상수도 유산 중 가장 오래된 시설 중 하나인 서울의 뚝섬정수장은 1908년 경성부 상수도 부설과 함께 탄생한 곳으로, 한국 수도의 출발점이라는 의미를 가지는 장소이다. 이 정수장은 현재도 여전히 서울의 7개구에 급수를 담당하며 서울의 상수도 정수장 중 하나로 사용되고 있다. 현재 뚝섬정수장의 일부 공간, 즉 1908년 부설 초기에 사용하던 정수 시설인 여과지와 정수지, 송수실은 시도문화재자료로서 지난 2008년 수도 100주년을 기념하여 개관한 수도박물관으로 활용 중이다. 그러나 1928년 부설된 제2정수장(급속여과지)은 1991년에 철거되었고, 그 자리에는 새로운 정수장이 건축되었다. 1956년 ICA(International Cooperation Agency) 기금의 원조로 지어진 제3정수장과 1970년에 건축된 제4정수장은 일부 구조물만 남긴 채 1990년에 철거되었는데, 잔존하는 정수지와 여과지의 구조물은 현재 서울숲공원의 체험학습원, 나비정원, 곤충식물원 등으로 사용 중이다.[26]

수도박물관으로 활용 중인 뚝섬 제1정수장의 펌프실은 1907년에 지어진 붉은 벽돌조의 단층 건물이다. 이 건물은 현재 서울 상수도의 역사를 보여주

---

25 서울특별시 상수도사업본부, 앞의 책, 2008.

26 안근철, 「기능 체계 관점으로 본 산업유산 재현 방식 연구—서울시 폐정수장을 대상으로」, 서울대학교 석사논문, 2014.

**〈그림 5〉 뚝섬 제1정수장의 펌프실(왼쪽)과 완속여과지(오른쪽)**
* 출처: 필자 촬영

는 주전시실이며, 송수관실은 부전시실이 되었다. 한국에서 가장 오래된 콘크리트 구조물로 알려져 있는 1908년 준공된 완속여과지는 신축 당시의 원형을 복원한 후 현재 일반에 개방 중이다. 이곳은 근대 상수도의 특징인 '정수'를 보여주는 상징적인 공간으로 특별한 전시물 없이 공간 자체를 전시하고 있다. 특히 완속여과지와 펌프실은 뚝섬 수도박물관의 가장 중요한 시설이다. 왜냐하면 '여과'와 기계동력장치에 의한 '펌핑'은 근대 상수도의 가장 핵심적인 기술이며, 이 두 시설은 한국에서 최초로 설치된 근대 상수도 시설로서 의미가 크기 때문이다. 인근에 위치한 제3정수장과 제4정수장의 여과지와 정수지가 각각 원래의 기능과 의미는 잃고 공원 시설로 사용 중인 것과는 대조적인 상황이다.

## 5. 뚝섬정수장의 역사적 의미와 층위

뚝섬정수장은 1908년 준공 이후 83년간 도시민들에게 깨끗한 물을 공급하는 정수장으로서 기능을 다했다. 이후 그 역사적·문화적 가치를 인정받아

문화재로 지정되고 박물관으로 사용 중이다. 19세기 이후 정수장의 설치는 세계 곳곳에서 보편적으로 일어난 일이었으나 뚝섬정수장은 대한제국기에서 일제강점기, 이후 한국전쟁이라는 다양한 역사적 층위 속에서 그 의미가 더 특별하게 다가온다.

먼저, 뚝섬정수장은 급격한 도시화의 문제였던 도시위생을 해결하기 위해 도입된 정수 시설로서의 의미가 가장 크다. 특히 19세기 말 이후 빈번한 수인성 전염병의 확산을 막기 위해 정수장 설치는 필수적이었고, 이에 한국에 거류 중이던 외국인들[27]뿐 아니라 조선인 지식인들[28]도 도시위생의 진전을 위해 상수도 설치를 주장했다. 정수장 설치 이후 대한수도회사는 자신들이 공급하는 수도가 '순량(純良)', 즉 순수하고 품질이 좋아 이 물을 마시면 질병으로 인한 고뇌도 사라지고 친구와 자식을 잃지도 않을 것이며, 피로하지도 않을 것이라 광고하기도 했다.[29] 뚝섬정수장의 부설 이후 수질 관리는 필수적인 일이었으며 실제로 상수도 부설이 수인성 전염병 발생을 저지했다고 보고되기도 했다.

두 번째로 뚝섬정수장의 건설에는 대한제국 정부와 서양의 기술자와 사업자들, 그리고 일본제국까지 복합적인 관계가 개입했다. 상수도 설치는 전기 부설, 전차 설치 등과 마찬가지로 처음에는 19세기 말 한국을 근대화하고자 했던 고종의 의지로 시작되었으나, 당시에는 한국에 이를 담당할 기술자가 없었기에 서울에 전차를 부설한 콜브란과 보스트윅에게 수도 사업 역시 맡겨졌다. 이들은 영국인 수도 기술자인 바햄을 불러와 상수도 부설을 맡겼

27 올리버 R. 에비슨 지음, 박형우 편역, 『(올리버 R. 에비슨이 지켜본) 근대 한국 42년: 1893~1935』, 청년의사, 2010.

28 「衛生問題要感」, 『황성신문』 1906. 9. 13.

29 『대한매일신보』 1908. 3. 24, 광고.

는데, 바햄은 한국에 오기 전에 호주에서 상수도 부설 사업을 하는 등 19세기에 전 세계를 사업장으로 삼았던 영국인 기술자 중 한 명이었다. 즉, 상수도를 설치하고자 한 대한제국의 의지와 상수도 사업을 통한 이권을 추구한 서양인 기술자와 사업가들의 만남으로 뚝섬정수장은 건설될 수 있었던 것이다. 초기에 서양인들의 이권 사업으로 설치된 뚝섬정수장은 1911년 이후 시부사와 신디게이트를 거쳐 경성부에 이관됨으로써 공공시설이 되었으나 식민지 상황에서 상수도 자체는 식민 지배의 차별을 보여주는 대표적인 시설이기도 했다. 그로 인해 1916년 콜레라 유행 당시에는 수돗물을 음용하는 일본인들에 비해 우물물을 이용했던 조선인들의 피해가 컸고,[30] 이러한 차별은 식민지 시기 내내 이어졌다. 이를 통해 깨끗한 식민자(일본인)와 더러운 피식민자(조선인)라는 식민지 근대화의 논리가 만들어지기도 했다. 즉, 뚝섬정수장은 근대 도시화의 과정에서 탄생한 시설이지만 식민지 상황 속에서 왜곡을 만들어내는 공간이기도 했던 것이다.

마지막으로 뚝섬정수장은 이처럼 근대 한국 상수도를 대표하는 상징적 의미를 가지는 동시에 한국에서 처음으로 문화유산이 된 상수도 시설이기도 하다. 뚝섬정수장의 수도박물관에서는 유독 한국 상수도의 첫 시기, 즉 대한제국기 시기의 사업이 강조되고 있다. 당시 상수도 구축은 서양인들의 이권 사업으로 이루어진 측면이 있음에도, 이를 시도한 대한제국과 고종의 근대화 의지를 높이 평가하고 있는 것이다. 이는 1911년 일본의 식민화 이후 변화에 대해서는 상대적으로 강조점을 덜 두는 것과도 연결된다. 대한제국기에 만들어진 정수장이라는 점은 뚝섬정수장이 문화재로 지정되는 데 중요한 의미를 가졌다. 뚝섬정수장이 문화재로 지정된 1989년에는 아직 산업 시설들이

---

30 朝鮮総督府京畿道, 앞의 책, 1919, 2~3쪽.

문화유산으로서 가치를 인정받지 못하고 있었으며,[31] 2000년대 이후 문화재가 된 산업유산들도 대부분 일제의 침탈과 관련지어 의미화되었던 데 반해, 이 정수장은 대한제국의 주체적 근대화 의지—근대 상수도 부설—를 보여주는 공간으로서 의미를 획득하고 있다.

이처럼 도시위생의 수호자로서 탄생한 뚝섬정수장은 일제강점기를 거치며 식민지 근대성을 보여주는 공간이 되었다가, 이제 한국 상수도의 역사와 대한제국의 주체적 근대화 의지를 보여주는 상징적인 장소로서 문화유산이 되었다. 깨끗한 물의 공급은 120년 전이나 지금이나 도시에서 매우 중요한 일이다. 그러나 역동적으로 변해온 한국의 역사 속에서 계속 변화하며 남은 뚝섬정수장을 통해 무엇을 보느냐 하는 것은, 어쩌면 뚝섬정수장에 남아 있는 다양한 의미의 층위를 어떻게 선택할 것이냐에 달려 있는지도 모른다.

---

31 근대 시기의 건물이나 산업 시설들을 문화재로 보존하고 활용하고자 하는 움직임이 본격적으로 한국에서 제도화된 것은 2001년 등록문화재 제도의 도입 이후이다.

# 1950년대 이후 전염병 감시 체계의 역사

## 1. 전염병 감시는 왜 중요한가?

TV를 보면 연예인들이 보건증을 받기 위해 보건소를 방문하는 장면을 볼 때가 있다. 촬영을 위해 잠깐이라도 식당에서 일하기 위해서는 반드시 이 서류를 발급받아야 하기 때문이다. 그 과정에서 출연자는 긴 막대 모양의 도구로 본인의 분변(糞便)을 채취한 뒤 괴로운 표정을 짓는다. 시청자들은 이 익살스러운 광경을 보며 즐거워하지만, 사실 그것이 장티푸스 보균자를 찾아내기 위한 하나의 전염병[01] 감시 과정임을 아는 이는 많지 않다. 현재 더 이상 사망자가 발생하지 않아 잊혀가고 있는 장티푸스라는 전염병의 감시 과정이 아직도 TV를 통해 방영되고 있다는 것만 봐도, 전염병 감시가 우리 생활과 얼마나 밀접한 연관이 있는지 짐작할 수 있다.

전 세계 거의 모든 국가들이 전염병이 인간사회에 쉽게 침투할 수 없도

---

01 '전염병예방법'이 '감염병의 예방 및 관리에 관한 법률'로 개정되면서 2010년 이후부터 '감염병'이라는 용어가 사용되고 있으나, 이 글에서는 시대에 맞게 서술된 '전염병'으로 통일하여 사용한다. 이 글에서는 주로 급성전염병에 대해 언급하고자 한다.

록 이를 감시하고 있다. 한국의 근대적 전염병 감시는 개항 이후부터 시작되었다. 그러나 감시 체계의 구축 과정은 자주적으로 이루어지지 못했고, 감시 체계의 중심에는 위생경찰이라는 공권력이 있었으므로, 전염병 감시는 주로 검열이나 신고에 의해 이루어지며 주민 감시의 수단으로 사용되기까지 했다. 전염병이 지닌 의미 자체도 좋지 못한 데다, 일제강점기의 강압적인 감시의 영향으로 전염병 감시는 부정적인 의미로 시작되었고, 한동안 지속되었다.[02] 사실 '감시'로 번역된 영어 표현은 'surveillance'로 원래 '면밀히 관찰한다'라는 뜻이다. 단어 자체에는 부정적인 의미가 없다.[03]

한국에서 현대적 의미의 전염병 감시 체계는 해방과 전쟁을 겪고 난 1950년대 중반 이후에 본격적으로 갖추어지기 시작했다. 이후 경제발전과 맞물리며 감시 체계는 지속적으로 발전해왔다. 하지만 최신 감시 체계에도 불구하고 지속적으로 발생하는 신종 전염병은 우리 사회를 위협하고 있다. 2000년 이후 발생한 신종인플루엔자와 메르스 사태는 개인과 국가에 엄청난 손실을 끼쳤다. 2019년 말에는 신종코로나바이러스(Severe Acute Respiratory Syndrome-Coronavirus-2, SARS-CoV-2)가 급속히 확산하며 우리 생활 방식을 바꾸어놓았다. 2년이 다 되어가는 지금도 이전의 일상으로 복귀는 쉽지 않아 보이며, 전염병 감시가 얼마나 중요한지 몸소 체험하고 있다.

전염병 감시 체계의 변화와 발전 과정을 짚어보는 것은 우리 사회가 전염병에 대한 경각심을 갖는 데 도움이 될 수 있을 것이며, 안전한 미래를 대비하기 위해서도 의미가 있다. 이 글에서는 현대적인 전염병 감시가 시작된

---

02 정근식, 「식민지 위생경찰의 형성과 변화, 그리고 유산—식민지 통치성의 시각에서」, 『사회와 역사』 90, 2011, 221쪽.

03 천병철, 「우리나라 감염병 관련 법률 및 정책의 변천과 전망」, 『감염과 화학요법』 43, 2011, 477쪽.

1950년대부터 현재까지의 전염병 발생 양상에 따른 대한민국 전염병 감시 체계의 변화 과정을 감시 체계의 구성 요소인 행정 기관과 연구 기관, 법 제도 변화의 측면에서 살펴보고자 한다.

## 2. 1950~60년대 전염병 감시 체계의 시작

전쟁의 후유증을 겪고 있던 1950년대, 국민들의 건강 상태는 좋지 못했고 예방접종 또한 충분히 이루어지지 못했기 때문에 한국 사회는 전염병을 이길 만한 충분한 집단면역력을 갖추지 못했다. 설상가상으로 상수도 등의 위생 시설까지 파괴되면서 전염병이 호발하기 적합한 환경이었다. 1960년의 자료를 보면, 전체 법정전염병 발생률은 인구 10만 명당 215명 정도였다.[04] 〈표 1〉에서 보듯이 수인성 전염병인 장지브스(장티푸스)가 가장 많이 발생했고, 일본뇌염, 디프테리아가 그 뒤를 이었다.

### 1) 장티푸스의 창궐과 감시 체계의 한계

장티푸스는 세균에 오염된 식수와 식품을 통해 전파되는 수인성 전염병으로 60년대 중반까지 가장 많은 환자를 발생시켰다. 전쟁 당시 외국 원조로 공급된 '클로람페니콜'이라는 항생제 덕분에 50년대 초중반에 발생률이 반짝 낮아지기도 했으나, 항생제의 내성을 획득한 장티푸스균이 재유행하면서 감염자 수는 다시 증가했다.[05] 당시 매우 열악했던 상하수도 시설 상황이 높

04 김문식, 「신고 자료를 중심으로 한 법정전염병의 추이 및 관리」, 『한국역학회지』 9, 1987, 151쪽.

05 한시백·김정순, 「우리나라 신고 법정전염병의 역학적 변화」, 『한국역학회지』 9, 1987, 238쪽.

〈표 1〉 1950~60년대 주요 법정전염병 발생 양상

| | 1950 | 1951 | 1952 | 1953 | 1954 | 1955 | 1956 | 1957 |
|---|---|---|---|---|---|---|---|---|
| 콜레라 | 0 | 0 | 0 | 0 | 0 | 0 | 0 | 0 |
| 이질 | 322 | 9,004 | 1,506 | 1,139 | 477 | 319 | 40 | 106 |
| 장지브스 | 8,810 | 81,575 | 3,969 | 1,352 | 617 | 353 | 351 | 619 |
| 파라지브스 | 140 | 886 | 64 | 58 | 51 | 58 | 12 | 15 |
| 천연두 | 2,845 | 43,213 | 1,313 | 3,349 | 790 | 2 | 9 | 10 |
| 발진지브스 | 2,523 | 32,211 | 923 | 410 | 293 | 77 | 92 | 187 |
| 성홍열 | 3 | 84 | 5 | 2 | 0 | 1 | 2 | 5 |
| 재귀열 | 606 | 2,728 | 645 | 21 | 11 | 1 | 0 | 0 |
| 디프테리아 | 1,255 | 2,534 | 517 | 398 | 410 | 339 | 673 | 875 |
| 유행성뇌척수막염 | 155 | 224 | 64 | 43 | 17 | 23 | 10 | 16 |
| 일본뇌염 | 98 | 27 | 1,221 | 280 | 316 | 2,056 | 269 | 132 |

| | 1958 | 1959 | 1960 | 1961 | 1962 | 1963 | 1964 |
|---|---|---|---|---|---|---|---|
| 콜레라 | 0 | 0 | 0 | 0 | 0 | 414 | 11 |
| 이질 | 30 | 32 | 47 | 145 | 101 | 818 | 434 |
| 장지브스 | 1,319 | 2,319 | 2,798 | 4,982 | 2,682 | 4,919 | 4,380 |
| 파라지브스 | 50 | 29 | 77 | 92 | 43 | 25 | 35 |
| 천연두 | 6 | 0 | 3 | 0 | 0 | 0 | 0 |
| 발진지브스 | 162 | 73 | 84 | 41 | 30 | 32 | 14 |
| 성홍열 | 9 | 2 | 26 | 2 | 6 | 0 | 2 |
| 재귀열 | 1 | 9 | 1 | 5 | 0 | 0 | 0 |
| 디프테리아 | 751 | 1,134 | 828 | 914 | 758 | 713 | 841 |
| 유행성뇌척수막염 | 30 | 20 | 22 | 9 | 20 | 20 | 18 |
| 일본뇌염 | 6,897 | 2,093 | 1,248 | 1,058 | 1,038 | 19 | 2,952 |

* 출처: 보건사회부, 『보건사회백서』, 1964, 61쪽.

은 발생률과 사망률에 직접적인 영향을 미쳤다.[06] 1950년대에 소독된 수돗물을 공급받는 사람은 겨우 14%에 불과했고,[07] 대부분 사람들은 공동우물을 이용하거나 그마저 용이하지 않으면 하천이나 개울물을 상수로 이용했다. 하천과 우물은 전염자의 대변에서 배출된 장티푸스균으로 오염되었고, 하위 계층의 도시민은 감염 위험에 고스란히 노출되었다. 그나마 발생 수가 적었던 1956년의 경우, 330여 명의 장티푸스 환자 중 213명이 사망하여 60%가 넘는 대단히 높은 치사율을 보였다. 이보다 발생자 수가 많았던 다른 해에는 더 많은 희생자가 발생했고, 장티푸스는 당시 법정전염병 중 가장 신경 써서 감시해야 하는 질병이었다.

1960년대에 들어서도 상황은 쉽게 좋아지지 않았다. 도시 인구는 점점 증가했고 사용할 식수는 부족했다. 오염으로 인해 사용이 불가능한 공동우물이 점점 늘어나면서, 난민촌 사람들은 어쩔 수 없이 오물이 섞인 개울물을 이용했다. 장티푸스로 격리, 치료되는 것은 당연한 일이었다.[08] 장티푸스를 철저하게 관리하기 위해서는 상수도 등의 위생 시설 설치가 시급한 현안이었다.

장티푸스 관리를 어렵게 하는 또 다른 요인은 항생제의 오남용이었다. 당시 시민들은 의심 증상으로 병원을 찾았다가 장티푸스로 진단되면 무조건 지정된 병원에 격리되어 치료를 받아야 했다. 그러나 모든 사람이 이러한 강제 격리를 바라지 않았다. 격리를 꺼리던 사람들은 설사 등의 의심 증상이 있어도 병원에 가지 않은 채 약국만 방문하여 손쉽게 항생제를 구입하여 복용했다. 병원보다 문턱이 낮았던 당시의 약국은 지금보다 항생제 구입이 비교

06 보건복지부, 『2013 경제발전경험모듈화사업—감염병 조사·감시 체계 구축 프로그램』, 2014, 25쪽.

07 「미흡한 방역태세」, 『경향신문』 1956. 7. 1.

08 「新患 또 28名」, 『동아일보』 1966. 12. 20.

적 자유로웠으므로, 처방받지 않은 항생제를 자가복용하는 경우가 상당히 많았다.[09] 심지어 당시 일반 신문에 장티푸스 치료에 맞는 항생제의 구체적인 종류와 용량, 복용법을 자세하게 알려주는 기사[10]까지 실리자 사람들에게 약국 방문을 권장하는 듯한 오해를 불러일으키게 되었다. 전염병 퇴치를 위한 대국민 홍보라는 좋은 목적의 신문기사였으나 오히려 국민들의 항생제 오남용을 부추기는 데 일조하고 만 것이다. 물론 신약 개발로 인해 치명률은 2.8% 정도로 많이 낮아지기는 했으나, 병원의 진료를 받지 않아 정확한 전염병 환자 수가 집계되지 못하면서 전염병 통계의 신빙성도 매우 떨어지는 폐해를 낳게 되었다.

장티푸스는 예방접종으로 관리가 가능하다는 사실이 알려지면서, 장티푸스 예방백신은 1950~60년대 천연두 백신과 더불어 꾸준한 국내 생산이 이루어졌고,[11] 외국으로부터의 원조와 수입도 있었다. 그러나 예방백신의 부족으로 일부 질병에 대해 국민의 약 10% 정도만 혜택을 받을 수 있는 예방접종약이 배포되었고, 유행이 의심되는 곳의 일부 지역에서만 예방접종이 시행되어[12] 백신 공급이 크게 부족했다.

### 2) 콜레라의 유행과 방역의 성공

콜레라는 장티푸스와 마찬가지로 수인성 전염병이지만, 그 원인균이 해외에서 유입된다는 특징이 있었다. 해방 직후인 1946년에는 발생 환자 15,644

---

09 정태화·최재두·이명원·윤승기, 「한국에서 분리된 Salmonella 균속에 관하여(1983)」, 『대한임상병리사회지』 16, 1983, 91쪽.

10 「항생 물질 사용에 주의」, 『동아일보』 1956. 6. 12.

11 보건사회부, 『보건사회백서』, 1964, 62쪽.

12 「방역 대책은 제로」, 『동아일보』 1955. 7. 19.

명 중 65.1%인 10,181명이 사망하는 치명적인 질병이었다. 하지만 이미 일제 강점기부터 수차례 콜레라 유행을 겪었던 경험 때문인지, 다른 전염병에 비해 철저한 감시가 시행되며 어느 정도 성과를 거두었다. 국제 공조를 통한 검역 강화가 시행되어 1962년까지는 공식적인 환자 발생이 없었다. 1963년 9월에 부산항을 통해 400여 명의 환자가 발생했을 당시에도, 전염 우려가 있던 51,190명에게 보균 여부 조사와 함께 예방접종을 실시했다.[13] 침입 우려 지역의 각 해항 검역소 및 해안 지구에 인접한 위생시험소와 보건소에 세균 검사 세트를 도입하여 신속한 감시가 이루어질 수 있도록 했다.

콜레라 진단과 치료에 대한 최신 지식의 습득을 위해 교육을 실시하기도 했다. 1964년 4월에 미국의 콜레라 전문가를 초청하여 서울, 대구, 부산 등지에서 5일간 전국 공·사립병원의 의료요원을 소집, 콜레라 환자에 대한 새로운 임상치료 방법을 강의하게 함으로써 선진화를 도모했다. 각 시도는 환자 발생 시 조기 진단 및 치료를 위해 의사 1명, 간호사 1명, 세균기사 1명으로 구성된 기동대를 갖추고, 구급차 1대, 검사 세트 1개의 장비를 갖추어 긴급 방역을 실시할 수 있도록 했다. 또한 콜레라 취약 지역인 경남(부산위생시험소), 경북(포항도립병원), 강원(주문진공의진료소), 전남(여수보건소) 등 항구 도시에 '설사쎈타'를 설치·운영하여 의심 환자를 조사했다. 이처럼 신속한 검사가 가능한 항만 방역 체계와 이를 뒷받침하는 인력 양성 덕분에 감시 체계를 갖출 수 있었고 콜레라의 대규모 유행을 억제할 수 있었다.

### 3) 전염병 연구기관의 발전과 전염병예방법의 제정

전염병에 대한 진단, 예방백신, 의약품 제조 등을 담당했던 연구 기관들

---

13 보건사회부, 『보건사회백서』, 1964, 63~64쪽.

의 근간은 일제강점기에 설치된 기관들이었다. 국립방역연구소는 일제강점기의 조선방역연구소에 뿌리를 둔 연구 기관이었다. 그러나 전쟁 이후 극심한 인력 부족을 겪었다. 일제강점기에만 해도 의사가 38명, 직원이 112명으로 상당한 규모를 갖추고 있었으나, 전쟁으로 인한 군의관 소집 등에 의해 1953년에 소속 의사는 겨우 7명밖에 남지 않았고, 연구원도 43명으로 줄어들며 전염병 연구와 예방약 생산이 거의 중단되기에 이르렀다.[14] 1960년대에 들어서야 국내 백신 생산이 증가하고, 진단 기술도 점차 발전했다. 1963년에 국립방역연구소는 국립화학연구소, 국립보건원 등의 기관과 통합되며 전염병 연구를 총괄하는 국립보건원(National Institute of Health)으로 재탄생했다. 통합된 전염병 연구 기관은 선진화된 감시 체계에서 반드시 필요했기 때문에 국립보건원의 설치는 이후 감시 체계의 발전을 위해 상당한 의미가 있었다.

정부가 전염병 감시 활동을 하기 위해서는 반드시 그 법률적 근거가 뒷받침되어야 했다. 1954년 2월 2일에 '전염병예방법'이 공포되면서 전쟁 이후 급격하게 전파되는 급성전염병의 종류를 지정하고 신고 체계의 근간을 마련했다.[15] '전염병예방법'에 따라 법정전염병은 크게 세 분류 질병으로 분류되었다. 제1종 전염병은 코레라(콜레라), 페스트, 발진지브스(발진티푸스), 발진열, 장지브스(장티푸스), 파라지브스(파라티푸스), 천연두, 성홍열, 디프테리아, 적리(赤痢),[16] 재귀열, 유행성뇌척수막염, 유행성뇌염 등으로, 당시 가장 높은 발병률과 치사율을 보인 질병들이었다. 제2종 전염병은 급성전각회백수염(폴리오), 백일해, 마진(홍역), 유행성이하선염이었으며, 제3종은 결핵, 성병, 나병(癩病)이

14 「전염병 방지에 이상 예방약의 생산도 중단—의사 부족으로 방역연구소도 위기 직면」, 『경향신문』 1953. 3. 6.

15 「전염병예방법」(시행 1957. 2. 28), 법률 제308호, 1954. 2. 2. 제정.

16 현재의 이질(痢疾)을 말한다.

었다.

이 법률은 전염병의 의무신고자로 의료인과 일반인 중 단체의 장(長)을 모두 강제적으로 지정했다. 의료인뿐만 아니라 호주·세대주, 단체의 장, 육해공군 소속부대장 등의 비의료인에게도 신고 의무를 부과한 것은, 당시 부족했던 의료인과 의료 기관 수 때문에 감시망의 범위를 넓혀야 했기 때문이다. 1, 2종과 3종 전염병 중 나병을 진료한 의사와 한의사는 반드시 특별시장, 시, 읍, 면장에게 이 사실을 신고하도록 하는 조항을 만들었다. 만약 이를 어길 경우에는 만 환(圜) 이하의 벌금을 부과했다. 이 같은 신고 불이행에 대한 벌금 제도는 지금까지 지속되고 있어, 만약 의료인이 신고하지 않으면 200만 원 이하의 벌금이 부과된다.[17] 비의료인에게 신고에 대한 책임을 지게 하는 신고에 의한 감시 체계는 당시 전염병 관리의 근간이 되었다.

법률적 제도가 갖추어지기는 했으나 전염병 보고 체계에는 허점이 있었다. 현대의 감염병 감시 체계에서 신고된 전염병은 보건복지부, 질병관리본부 등의 중앙부처까지 보고되어 신속하게 감시망을 갖추게 되지만, 당시 법률에 따르면 전염병 발생 여부를 각 행정구역 장까지만 보고하면 되었다. 중앙부처와의 핫라인이 구축되지 못한 만큼 신속한 감시 체계 구축이 어려웠다. 이는 식민지 시기의 관행이 그대로 남아 있기 때문이었다.

신고 체계가 일원화되지 못한 것도 감시에 혼란을 가져왔다. 전염병 신고는 행정구역의 장에게 하도록 법으로 정해졌지만, 이에 익숙하지 않았던 일반인 신고자들은 어디에 신고해야 하는지 잘 알지 못했다. 일부 주민들은 해당 동사무소보다 방문이 편했던 주변 파출소에 신고하는 경우가 종종 발생했다. 실제로 1960년대에 서울의 한 지역에서 일반 주민이 이웃의 뇌염 의심

17 「감염병의 예방 및 관리에 관한 법률」(시행 2014. 9. 19), 법률 제12444호, 2014. 3. 18. 일부 개정.

환자를 관할지서에 신고했는데, 신고를 받은 순경이 의사의 진단을 확인하지 않고 상부에 그대로 보고하면서 그 환자는 수배를 받게 되었다. 그러나 나중에 이 환자가 뇌염이 아닌 것으로 진단되면서 혼란이 발생했다.[18] 좀 더 쉽고 간편한 전염병 신고 체계가 필요했다.

현대적인 전염병 감시 체계는 법적인 근거가 마련되면서 그 첫발을 내디딜 수 있었다. 그러나 체계 확립을 위해서는 위생 시설의 정비가 동반되어야 했고, 전염병을 관리할 부서의 일원화와 전염병 신고 체계, 법적 제도의 보완 등도 해결해야 할 과제였다. 특히 발생하는 전염병에 맞는 전체적인 방역 대책의 확립이 필요했다.

## 3. 1970~80년대 감시 체계의 발전

### 1) 전염병 발생 양상의 변화에 따른 법 제도의 변천

1970년대 이후의 국가 경제발전은 국민의 생활 수준 향상과 의학 및 보건학 발전을 가져왔다. 도시위생 설비는 꾸준히 구축되었고, 의약품 개발 및 예방접종이 확대되면서 전염병 발생은 크게 억제될 수 있었다. 1970년대의 전염병 발생률은 인구 10만 명당 100명 이하로 낮아졌고, 사망률 또한 급격히 낮아졌다.[19] 장티푸스나 콜레라 등의 수인성 전염병은 이 시기를 정점으로 감소하기 시작했는데, 장티푸스는 1975년 10만 명당 1.5명이던 것이 1981년에는 0.4명으로 줄어들었다. 오히려 2종 전염병이 꾸준히 발생하며 1종 전염병 발

18 「口頭申告 믿고 腦炎報告 기겁한 巡警, 診斷書도 안 받고」, 『경향신문』 1962. 7. 10.

19 김문식, 앞의 논문, 151쪽.

생률보다 더 높아졌다. 1982년의 발생률은 백일해 1.8명, 홍역 17.2명, 일본뇌염 3.0명으로 조사되었다. 만성바이러스 전염병인 간염 발생률도 점차 높아졌다.[20]

이 같은 전염병 발생 양상의 변화는 신속한 법률 개정이나 제도 변화로 이어지지 못했다. 1950년대에 제정된 '전염병예방법'은 1970년대까지 한 차례 소규모 개정만 있었으므로, 당시의 상황과 많은 괴리가 존재했다. 기존의 법정전염병 분류는 그 명확한 기준이나 근거가 부족했으므로, 발생이 줄어든 질병을 삭제하거나 발생률이 증가한 전염병을 새롭게 지정할 필요가 있었다. 전염병 명칭도 1910년도의 대한제국 '전염병예방규칙'이나 식민지 당시의 '전염병예방령'에서 옮겨온 것이 대부분이었으므로, 일본어 발음을 그대로 옮겨 적은 '장지브스' 등과 같은 병명은 의료인뿐만 아니라 국민에게 상당한 거부감을 일으켰다. 전문가들을 중심으로 전염병예방법 개정의 목소리가 점차 커져갔다.

전염병 전문가들은 1973년에 열린 대한감염학회 학술대회에서 법 개정을 공개적으로 요구하기에 이르렀다.[21] 당시 밝힌 개정의 필요성을 살펴보면, 먼저 법 개정의 기본 근간을 국가가 가진 능력에 두자고 제안했다. 예를 들어, 법정전염병을 분류할 때 학술적인 측면이나 방역적인 측면이 중요하기는 하지만, 국가의 재원, 인원, 시설 등이 더욱 중요한 사안이 되어야 한다고 판단한 것이었다. 그리고 전염병 환자의 치료와 방역, 와병 중 부양 가족의 생활 보장까지 전부 국가가 부담해야 한다고 호소했다. 물론 현실적으로는 어렵겠지만 전염병 관리는 전체적으로 국가가 책임져야 한다는 노선을 제시한

20 보건사회부, 『보건사회백서』, 1984, 53쪽.

21 전종휘, 「전염병예방법의 개정에 앞서」, 『대한의학협회지』 18, 1975, 1~5쪽.

것이다.

법정전염병의 분류나 지정에 대한 개선도 요구했다. 부강한 나라일수록 법정전염병으로 규제받는 종류나 수효가 많다고 언급하면서, 당시 발전된 국력만큼 지정이 필요한 법정전염병의 숫자를 늘리자는 주장을 폈다. 또한 전염병의 분류 기준은 격리가 필요한 질병과 신고가 필요한 질병의 두 가지로 나누어 국민의 이해를 돕고 행정적인 편의성을 갖추자고 제안했다. 다만 격리가 필요한 전염병은 국가의 재정적 부담 능력과 법률의 목적을 고려하여 그 숫자를 줄이고, 신고가 필요한 전염병은 숫자를 늘려 균형을 맞출 것을 주문했다.

격리나 교통 차단에 대한 의견도 있었다. 당시에는 전염 경로를 잘 파악하지 못했으므로 무조건적인 격리를 시행했으나, '이러한 엄격한 방책에도 전염병의 전파는 중환자보다는 보균자나 경증 환자를 통해 퍼지는 수가 훨씬 많다'고 지적하면서 격리와 교통 차단을 효과적으로 할 것을 정부에 주문했다.

전염병 감시 과정에서 과잉행정의 문제점도 언급되었다. 당시까지만 해도 전염병 환자로 확진되면 일부 행정공무원은 그 집의 문 앞에 새끼줄을 쳤다. 이런 행동은 환자 가족들의 체면을 손상시켜 병원 방문 자체를 꺼리게 만들었고, 결국 저조한 신고율로 이어지며 전염병 관리를 어렵게 했다. 당시의 전염병 감시 체계에서 자발적인 신고는 매우 중요한 요소였으므로 이러한 악습 같은 관행은 하루빨리 사라져야 한다고 피력했다.

마지막으로 격리 환자를 무조건 지정병원으로 격리 수용하기보다는 사설 종합병원에도 입원할 수 있도록 허용해달라고 요구했다. 당시 격리가 필요한 전염병으로 진단되면 예외 없이 순화병원 등의 지정병원에 강제적으로 입원해야 했다. 지정병원의 수가 많지 않았기 때문에 대부분 환자는 불편을 감수하며 먼 곳의 병원에 입원해야 했다. 또한 전염병의 낙인을 피하기 위해 진단받은 사실을 숨긴 채 사설병원에 입원하는 불법적 관행이 만연했다. 이를 해결하기 위해서는 곳곳의 수련교육병원 내에 전염병실을 설치하여 치료받을 수 있도록 하고, 더 이상 단속과 격리 등의 강압적인 행정보다 계도 등의 탄력적인 보건 행정이 시행되어야 한다고 역설했다.

이러한 전문가들의 요구에 맞게 1976년에 대규모의 법 개정이 이루어졌다. 질병 발생 수에 따라 1종과 2종을 재편하여 지정했고, 법정전염병의 종류도 발생 수에 따라 재지정되었다. 일본식 병명 등도 시대에 맞게 모두 바뀌어 현재 국제적으로 통용되는 용어로 개정되었다. 전염병 신고 및 보고 체계가 개선된 것도 커다란 변화였다. 기존의 법률에서 신고를 받는 최종 대상을 행정구역의 장에서 보건소장으로 옮기며 단일화했다. 이러한 개정은 의료인의 신고 과정을 편리하게 했고 신고율의 상승으로 이어지며 신고 체계의 큰 발전에 밑거름이 될 수 있었다.

### 2) 전염병 담당 행정 기관의 변천

전염병 발생률의 감소는 보건 행정 조직의 변화에도 영향을 미쳤다. 줄곧 사망원인 중 최상위권을 유지하던 전염병은 점차 암이나 뇌출혈, 심근경색 등의 만성병에 그 자리를 내주었다. 보건 행정에서 '전염병 감시'나 '방역'보다는 '만성질환 관리'가 더 중요한 주제가 되었다. 이를 반영하듯, 1970년대에 보건사회부 조직 개편에 의해 방역국의 명칭이 사라졌다. 물론 명칭만 바뀌었을 뿐 기존의 전염병 관리 업무는 지속되었지만, 전염병의 상징과도 같았던 '방역'이라는 단어가 정부 조직에서 사라진 것은 다소 파격적인 변화였다.

그러나 외국에서 새롭게 유행하는 전염병이 알려지기 시작하면서, 이러한 조직 개편은 오래 가지 못했다. 1981년 미국에서 처음으로 보고된 후천성

〈표 2〉 1980~90년대 후천성면역결핍증 관련 통계 추이

| | 계 | 85~87 | 89 | 90 | 91 | 92 | 93 | 비고 |
|---|---|---|---|---|---|---|---|---|
| 감염자 | 323 | 36 | 37 | 54 | 52 | 76 | 78 | 남 289, 여 34 |
| 환자 | 16 | 4 | 1 | 2 | 1 | 2 | 6 | 사망 14, 생존2 |
| 사망자 | 41 | 13 | 5 | 5 | 6 | 9 | 3 | |
| 관리인원 | 281 | 22 | 32 | 49 | 36 | 67 | 75 | |

* 출처: 보건사회부, 『보건사회백서』, 1984, 55~58쪽.

면역결핍증(AIDS, 에이즈)은 대한민국 정부에 다시 방역과가 만들어지는 결정적인 계기가 되었다. 이미 전 세계적으로 다수의 환자가 존재했으나 보고된 지 2년이 지난 뒤에야 겨우 원인이 규명되었으므로 국내 전염병 관계자들은 해외 유입 전염병에 촉각을 곤두세울 수밖에 없었다. 해외여행 자유화와 함께 아시안게임과 올림픽 개최를 앞두고 있었던 당시 국내 상황은 더더욱 정부가 전염병 감시에 매진해야 할 조건을 만들었다. 조금이나마 느슨해졌던 전염병 감시는 다시 수준을 높일 수밖에 없었다. 그럼에도 에이즈 환자는 90년대까지 꾸준히 늘어났다.

이처럼 전염병이 다시 보건 분야의 관심사로 주목받게 되면서 1984년의 『보건사회백서』는 다음과 같은 방역 대책의 전망을 천명했다.[22]

① 철저한 신고

② 완치 목표의 치료

③ 상수 관리 철저 및 보급률 제고

④ 예방접종 철저 시행

⑤ 검역 활동의 강화

22 보건사회부, 『보건사회백서』, 1984, 54쪽.

'철저한 신고'가 첫 번째로 언급된 까닭은 당시 집계된 전염병 발생 건수가 실제 발생 건수보다 훨씬 적었기 때문이었다. 전염병 발생률 집계는 거의 신고에 의존할 수밖에 없는데, 당시의 신고율이 높지 않았으므로 실제 전염병 환자 수와 맞지 않았다. 철저한 신고가 이루어져야만 실제 전염병 발생 건수와 발생 양상을 정확히 알 수 있었기 때문에 이를 강조한 것이다.

두 번째인 '완치 목표의 치료'는 환자들의 전염병에 대한 지식 부족, 일부 의료인의 무성의, 항균제 범람 등 복합적 요인으로 인하여 내성균주가 발생함으로써 감시 체계의 걸림돌이 되었다고 생각했기 때문이다. 특히 국가적인 스포츠 행사를 앞두고 후진국형 질병인 수인성 전염병 퇴치가 필요한 상황이었을 것이다. 그래도 이러한 대책 중에서 감시 체계 구축에 가장 심각한 위협은 지극히 낮았던 전염병 신고율이었을 것이다.

1963년의 백일해와 홍역, 디프테리아의 신고율은 겨우 2.8%, 0.9%, 4.5%로 보고되었고, 1960년대의 다른 전염병 신고율도 별반 차이가 없었다.[23] 70~80년대에도 신고율은 눈에 띄게 증가하지 못한 채 장티푸스는 겨우 10% 정도만 신고되었다.[24] 당시 일부 지자체는 신고율을 높이기 위해 벌금 제도와 함께 신고하는 주민에게 포상금을 지급하는 제도를 시행하기도 했다. 1980년에 대덕군 보건소는 보상금 예산 15만 원을 확보하여 전염병을 신고하는 주민에게 콜레라는 1만 원, 뇌염은 7천 원, 장티푸스는 5천 원, 기타 전염병은 3천 원의 보상금을 지급했다.[25] 그러나 보상금 등은 미봉책이었을 뿐, 근본적인 대책이 될 수 없었다.

---

23 한상태·김영욱·차몽호·박남영, 「한국에 있어서 백일해, 홍역 및 디프테리아의 역학조사」, 『국립보건원보』 1, 1964, 54쪽.

24 김윤구, 「입원 장티푸스 환자의 신고에 관한 연구」, 『한국역학회지』 7, 1985, 240쪽.

25 「대덕군 국내 처음 전염병 환자 신고 보상금 지급키로」, 『경향신문』 1980. 1. 29.

저조한 신고율의 원인은 다양하게 지적되었다.[26] 당시 의료인들은 전염병 신고 방식이 복잡하고 신고 서식이 병원에 잘 배부되지 않았던 것을 하나의 원인으로 꼽았다. 또한 전염병을 신고해도 실제 환자 격리나 사후 조치가 잘 이루어지지 않았던 점도 그 원인이라고 보았다. 다른 시각에서는 의료인의 전염병에 대한 무관심이나 지식 부족을 지적하기도 했으며, 보건당국의 담당 인력 부족과 잦은 부서 이동이 감시 과정에 잘 대응하지 못하는 원인이라고 지적되었다. 일반 국민의 질병에 대한 행동 패턴도 하나의 원인으로 지목되었다. 병원에 방문하기보다는 약국에서 항생제만 구입하는 이들이 여전히 있었으므로, 실제 전염병 환자임에도 신고되지 못하는 경우가 상당했다. 이는 신고율의 저하로 직결되었는데, 이러한 현상은 1990년대까지도 감시 체계 구축의 가장 큰 걸림돌이었다.

1970년대부터 전체적인 전염병 발생은 감소 추세에 접어들었다. 감시 체계의 역할보다는 예방접종률의 증가, 경제 수준의 상승이 더 큰 영향을 준 것은 분명하다. 좀 더 효율적인 감시를 위해서는 신고율의 상승을 목표로 하기보다는 신고에만 의존하는 수동적인 체계에서 탈피해야 했고, 전염병 발생에 따른 적절한 법률과 행정 제도의 변화 또한 필요했다.

## 4. 1990년대 이후 감시 체계의 첨단화

1990년대에 전염병 발생 패턴은 또 다른 양상으로 변화했다. 장티푸스, 콜

26 김문식, 앞의 논문, 154쪽; 정태화, 「전염병 신고자료의 VALIDITY」, 『한국역학회지』 9, 1987, 168쪽.

레라 등의 치명률이 높은 전염병은 아예 자취를 감추다시피 했고, 80년대까지 유행하던 소아 호흡기 전염병인 홍역이나 볼거리도 감소했다. 그러나 전염병 신고율은 큰 폭으로 상승하지 못했고, 기존의 신고와 격리에 기반을 둔 감시 체계로는 감시의 한계를 느끼게 되었다. 정부는 각종 전염병에 대한 사전예보제를 실시하여 주의보 및 경보 발표를 통해 예방 요령 및 주의사항 등을 적극적으로 홍보하여 자율방역을 유도했다. 이에 해당하는 전염병은 무균성 수막염, 일본뇌염, 유행성 눈병, 비브리오패혈증, 홍역, 볼거리 등이었다.[27] 신고와 격리로 대변되던 과거의 감시 방법에서 벗어난 새로운 방식이라고도 볼 수 있었지만, 과거 정부가 해오던 방식과 크게 다르지 않았다.

### 1) 표본감시 체계의 탄생

2000년대 초반, 전국적인 규모로 유행한 홍역은 기존 감시 체계의 한계를 잘 보여주었다. 2000년에만 3만여 명, 이듬해에 5만여 명이 발병하면서 전국의 각급 학교가 휴교에 들어갔고, 일부 지역은 큰 혼란에 빠졌다.[28] '법정전염병 환자는 모두 감시해야 한다'는 원칙이 깨지며, 기존 체계로 환자 발생의 동향을 파악하기가 현실적으로 불가능해졌다. 이를 보완하기 위해 정부는 '표본감시 체계'를 도입했다.[29] 홍역처럼 일시적으로 다수가 발생하여 방역 조치를 위한 개별 확인이 불가능 혹은 불필요하거나 조기 인지가 중요한 전염병[30]에 대하여 일부 의료 기관을 표본 의료 기관으로 지정하여 발생 상황을

---

27 보건사회부, 『보건사회백서』, 1994, 41쪽.

28 이종구·김영택·김문식, 「최근의 홍역 유행 현황과 홍역 퇴치 전략」, 『소아감염』 8, 대한소아감염학회, 2001, 1쪽.

29 유영옥·정은경·박옥·천병철, 「소아전염병 표본감시 체계의 구축 및 운영 결과」, 『한국역학회지』 26, 2004, 32쪽.

30 바이러스성 간염, 인플루엔자, 성병 등이 표본감시 체계의 감염병으로 지정되어 있다.

지속적·정기적으로 수집 분석하는 제도였다. 지정된 기관으로부터 꾸준하게 발생 상황을 파악할 수 있었기 때문에 질병의 전파 양상과 환자 발생을 신속하게 감지하는 레이더망 같은 역할을 할 수 있었다. 2004년 당시 약 3,000개의 의료 기관이 표본감시 의료 기관으로 지정되었고, 특히 인플루엔자는 일일 감시 체계를 담당할 100개의 기관을 선정하여 지정하여 운용했다.[31] 또한 표본감시 체계는 다양한 전염병 관련 정보를 수집 분석해 그 유행을 신속하게 예측할 수 있었다. 예컨대 유행성 각결막염 대비를 위해 전국 80개의 병의원과 함께 전국 409개 학교(전체 학교 수 대비 3.6%)가 표본기관으로 참여하고 감시를 수행했다.[32] 표본감시 체계는 기존의 수동적인 감시 체계를 탈피한 새로운 시도였다. 그러나 표본감시 체계 역시 표본기관의 자발적인 참여 유도에 의한 것이기 때문에 완벽한 감시 체계로 보기에는 무리가 있었다.

#### 2) 전염병 감시의 전산화

1990년대 들어서 전염병 자료와 신고의 전산화가 시도되었다. 인터넷과 컴퓨터 기술이 발전하기 시작한 1990년대 중반부터 전산화된 감시 시스템이 도입되었다. 1995년 범정부적으로 추진된 초고속통신 기반 구축 사업을 시작으로 총 5차에 걸친 감시 시스템 사업이 진행되었다.[33] 의심 환자를 진료한 의사는 컴퓨터에 몇 가지만 입력하면 관할 보건소를 거쳐 질병관리본부까지 실시간으로 이에 대한 정보를 전달할 수 있게 되었다. 기존에는 의료인이 환자 진찰 후 전화로 먼저 보건소에 환자를 신고한 뒤, 다시 종이로 된 신고서

---

31 보건복지부, 『보건복지백서』, 2004, 507~509쪽.

32 권민정, 「2011년도 안과감염병 표본감시 결과 보고」, 『주간 건강과 질병』 5, 2012; 권민정, 「2013년 학교감염병 표본감시 현황 분석」, 『주간 건강과 질병』 7, 2014.

33 질병관리본부, 『질병관리백서』, 2007, 45~49쪽.

를 작성하여 팩스나 우편으로 보건소에 보내야 했다. 이러한 서면 집계 방식은 신고 과정이 자주 중첩되다 보니 의료 기관에서는 매우 번거로운 일이었다. 신고가 누락될 여지도 있었으며, 신고율을 떨어뜨리는 하나의 원인으로 지적되기까지 했다.[34] 전염병 자료의 전산화 작업은 신고의 편리성과 신속한 감시망 구축에 필요했다.

그러나 1995년부터 시작된 전산화 작업은 다른 민간 분야의 속도에 비해 상당히 더뎠다. 컴퓨터로 전염병 신고를 할 수 있게 한 '전염병 웹 보고 시스템'은 10여 년이 지난 2007년에야 겨우 완성되었고, 인터넷을 통한 실시간 신고 시스템은 그나마 2년 뒤에나 가능해졌다.[35] 전국의 전염병 발생 현황을 거의 실시간에 가깝게 파악할 수 있게 된 것도 이때부터였다. 실시간 전산화 시스템 도입이 늦어지면서 이미 2003년부터 유행했던 신종 전염병의 차단, 격리 등의 감시 활동에 실시간 정보망은 이용될 수 없었다.

### 3) 신종 전염병을 대비한 감시 체계의 변화

2003년부터 발생한 고위험 신종 전염병은 현재의 감시 체계 변화에 가장 큰 영향을 주었다. 주로 변종 바이러스에 의해 발병하는 사스(SARS, Severe acute respiratory syndrome), 신종인플루엔자(H1N1 influenza, 이하 신종플루), 메르스 등의 전염병이 기존 감시 체계의 문제점을 적나라하게 노출시키며 감시 체계 전반을 바꾸어놓았다.

2003년 홍콩에서 많은 사망자를 낸 사스는 한국으로서는 다행히 큰 피해를 입지 않으면서 방역 체계를 발전시킨 다소 독특한 사례였다. 이미 해외 여

34 김정순, 「신고 자료의 정확도 및 추정신고율」, 『한국역학회지』 9, 1987, 157쪽.

35 「시작한 지가 언젠데… '감염병 관리망' 20년째 구축 중」, 『디지털타임즈』 2015. 6. 30.

행지로 인지도가 높았던 홍콩에서 사망자가 발생했다는 소식이 TV 매체로 전해지면서, 국민과 정부는 검역과 감시의 중요성을 쉽게 인식할 수 있었다. 실제로 공항에서부터 검역과 함께 입국한 전염병 환자의 철저한 격리가 이루어지면서 전염병 감시에서 검역의 역할이 재강조되었다. 2003년 이전까지는 전염병 감시와 검역의 주체가 달랐는데, 방역은 국립보건원에서, 검역은 각 검역소에서 따로 담당하고 있어 통합적인 감시 체계를 갖추기 어려웠다. 사스 유행 다음 해인 2004년에 질병관리본부가 발족하면서 검역소를 산하 단체에 둘 수 있게 되었다. 질병관리본부의 출범으로 신종, 재출현 전염병 관리를 위한 감시망의 확대 구축 및 전염병 관리 장기계획이 수립되어 국가 방역 체계를 획기적으로 강화할 수 있었다.

사스의 유행으로 세계 각국은 공조 시스템을 통해 감시망을 구성했다. 세계보건기구가 운영하는 감시 및 대응팀(Communicable Disease Surveillance and Response)에 한국도 적극적으로 참여하게 되었다.[36] 신종 전염병이 점차 늘어날 것을 대비하여 전염 환자의 격리 병상을 확보하고, 항바이러스를 비축하고 관리하기 시작했다. 사스바이러스 등과 같은 급성 호흡기 전염병에 대한 실험실 감시 체계를 확립하고자 했고, 입국자 추적 및 대량 환자 관리 시스템을 개발하고자 했다.[37]

질병관리본부에 의해 새로운 감시 체계가 잘 구축되는 듯 보였으나, 국민이 충분히 안심할 수 있는 감시 체계는 쉽게 완성되지 못했다. 2009년의 신종플루는 2년 동안 약 75만여 명이라는 엄청난 숫자의 환자를 발생시켰다. 원래 치명률이 높지 않던 인플루엔자(독감)에 비해 신종플루는 약 270명의 사망

36 보건복지부, 『보건복지백서』, 2004, 501쪽.

37 위의 책, 503쪽.

자를 발생시키며 전 국민을 긴장시켰다.[38] 초동 검역의 중요성은 사스를 겪을 때부터 이미 강조되었지만, 신종플루 유행 시기에도 제대로 시행되지 못했다. 발생 초기에 외교부는 이미 멕시코를 여행 유의 지역으로 지정했으나, 보건당국은 이곳으로부터 귀국하는 사람들을 전수조사하지 않고 자율적인 신고에만 맡기면서 철저한 감시와 조사가 이루어지지 못했다.[39]

초기 감시가 무너진 뒤에도 방역당국의 혼선은 계속되었다. 독감 증상이 있는 시민들은 일반 병의원이 아닌 보건소로 진료 안내를 받았는데, 보건소가 거점진료소로 지정되어 있었기 때문이다. 진료 시설이 부족한 보건소는 다수의 감염자들을 감당하기 어려웠고, 적절한 진료가 이루어지지 못하면서 혼란이 가중되었다.[40] 민간 의료 기관이 참여하지 않는 국가의 방역 체계만으로는 신종 전염병에 대항하기가 역부족이라는 사실이 여실히 증명된 것이다. 민간 의료 기관의 역할과 협조, 즉 민관의 상시적인 거버넌스 시스템이 감시 체계의 핵심 사항으로 부각되었다.[41] 그러나 안타깝게도 이러한 시스템이 갖추어지지 못한 채 다시 메르스 사태를 맞게 되었다.

메르스는 2015년 5월부터 약 6개월 동안 유행하면서 전국의 16개 병원에서 186명의 환자와 38명의 사망자를 발생시켰다. 이미 수차례의 신종 전염병 경험으로 최신의 관리 지침을 가지고 있었으나, 이전의 신종플루와 마찬가지로 초기 대응에 실패했다. 격리해야 할 밀접접촉자를 증상이 있는 환자와 같은 공간 내에서 1시간 이상 머문 사람만으로 정했지만, 환자와 다른 공간에

---

38 「신종플루 2년새 75만 9678명 확진, 270명 사망」, 『데일리안』 2010. 10. 9.

39 행정안전부, 『중앙재난안전대책본부 운영 백서: 신종인플루엔자 A(H1N1)발생 대응』, 2010, 35쪽.

40 「신종플루 대응에 문제점 너무 많아」, 『국민일보』 2009. 8. 26.

41 질병관리본부, 『신종인플루엔자A(H1N1) 유행 분석 평가 및 관리대책 개발』, 2010, 1쪽.

있던 사람들이 확진 판정을 받으며 급격히 전파되었다. 이전부터 지적된 문제였지만 여전히 메르스를 조사할 전문 역학조사관은 그 수가 부족했다.[42] 초기 감시가 무너진 뒤로는 국내 의료 기관의 환경과 시설로 인해 환자 발생을 부추기게 되었다. 과밀화된 병원 응급실에서 한꺼번에 환자가 발생했고, 다닥다닥 붙어 있는 병상과 독특한 간병 문화로 인해 환자와 보호자가 전염되었다.

메르스를 경험한 후 보건당국은 전염병 관리 지침을 크게 두 가지 방법을 통해 개선했다. 첫 번째로 감시 인력이 의심 환자를 매일 직접 방문해서 확인하는 능동적 감시 방법을 도입했다. 두 번째는 전파의 원인으로 지목된 병원 시설을 개선하는 작업이었다.[43] 병상 간의 거리를 기존 1m에서 최소 1.5m로 늘리고, 병실 면적을 1인실 10m² 이상, 다인실은 인원당 6.3m² 이상으로 넓히도록 했다. 병실 과밀화에 의해 질병 전파가 쉬워지는 것을 막고자 한 것이다. 또한 300병상 이상 종합병원에 음압격리병실을 의무적으로 설치하여 병원 내로 전염원이 쉽게 접근하지 못하도록 했다. 당시 설치한 음압병실은 코로나19 유행 초기 대응에 큰 역할을 하게 된다.

## 5. 맺음말

1950년대 이후부터 전염병의 양상이 어떻게 변화했는지, 법률적인 제도와 행정 체제가 이에 어떻게 대응하며 변천했는지를 살펴보면서 전염병 감

---

42 감사원, 『감사결과보고서: 메르스 예방 및 대응실태』, 2016.

43 「의료법 시행규칙」(시행 2017. 2. 3), 보건복지부령 제477호, 2017. 2. 3. 일부 개정.

시 체계의 흐름을 알아보았다. 초기 감시 체계는 전염병예방법 제정, 국립방역연구소 역할 강화 등의 기초를 세워 전염병의 직접적인 피해에서 벗어나고자 했다. 국가가 발전하고 전염병 발생 양상이 변화함에 따라, 이에 맞는 법률의 개정 및 정부 조직 개편으로 감시 체계도 점차 발전했다. 예방접종의 확대와 위생 시설 보급 덕택에 전염병 감시는 한때 주요 보건 과제에서 밀려났지만, 지속적으로 출현하는 신종 전염병을 막기 위해 다시 중요한 보건 과제로 자리 잡았고, 현재는 신종 전염병을 대비한 감시 체계를 갖추기 위해 각 분야가 노력하고 있다.

메르스 사태 이후 보건당국은 전염병 감시 자료의 환류 및 활용을 강화했다. 즉 감염자의 이동 경로와 밀접접촉자를 파악하여 감시 대상과 범위를 신속하게 파악하려고 한 것이다. 이러한 감시 체계의 개선 및 강화는 한국이 코로나19 팬데믹 상황에서 의료 체계를 붕괴시키지 않으면서 비교적 적은 감염자 수와 사망자 수를 유지하는 데 일조했다.

물론 지금 운용되는 전염병 감시 체계가 완벽한 것은 아니다. 코로나19처럼 신종 전염병이 다시 발생한다면, 기존의 감시 체계는 이미 구식이 되어 우리에게 어떠한 피해를 줄지 모른다. 아마도 완벽한 감시 체계의 구축은 실현 불가능한 명제일지 모르지만, 감시 체계의 변천을 되짚어보면서 꾸준한 방비를 하는 것이야말로 가장 효과적인 방역 수단일 것이다.

# 위생이냐 이윤이냐
## —근대 상하이 도시위생과 상수도

### 1. 머리말

오늘날 중국의 대표적인 근대도시 상하이(上海)는 몇 세기 전만 해도 한적한 시골 항구에 지나지 않았다. 그러나 1843년 난징조약(南京條約)으로 인한 개항을 기점으로 빠르게 근대도시로 변모하게 된다. 변화는 조계지에서 시작되었다. 조계지란 중국 정부의 입김이 닿지 않는 독자적인 행정권, 입법권, 사법권을 갖춘 외국인 거주지를 말한다. 개항 후 상하이에는 1845년 영국인 거류지를 시작으로 1848년 미국 조계, 1849년 프랑스 조계(法租界, French Consession)가 들어섰다. 1863년에는 영국 조계와 미국 조계가 합쳐져 공공조계(公共租界, Shanghai International Settlement)가 되었다. 〈그림 1〉에서 볼 수 있듯이 공공조계는 각각 중앙지구(Central District), 북지구(Northern District), 동지구(Eastern District), 서지구(Western District)로 나뉘었다. 그리고 남쪽으로는 프랑스 조계와 황푸강(黃浦江), 북쪽으로는 자베이(閘北)와 맞닿아 있었다. 여기에는 영국인이나 미국인뿐만 아니라 매우 다양한 외국인들과 중국인이 섞여 살았으며, 그중에는 일본인도 적지 않았다. 한편 중국인 거주지, 즉 화계(Chinese City)에는 상하이 현성(上海

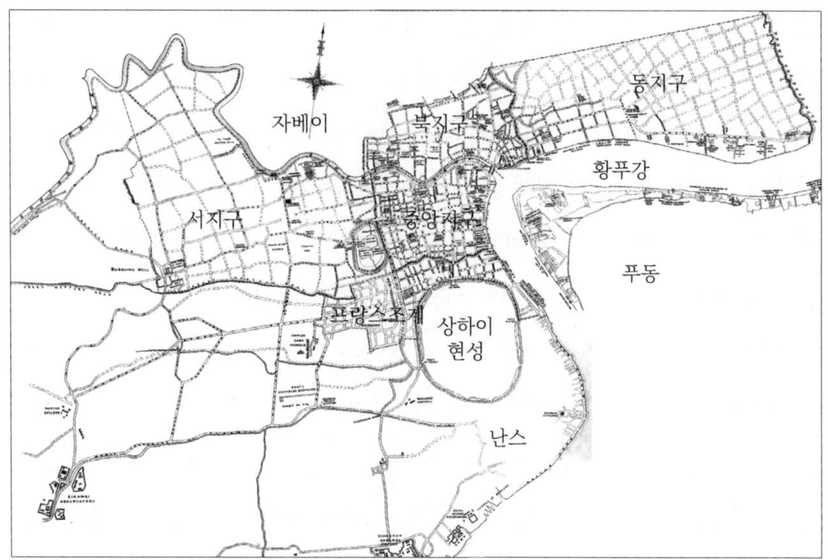


**〈그림 1〉 상하이 조계(1904)**
* 출처: A Map of the Foreign Settlements at Shanghai, 1904. 필자 가필.

縣城) 및 그 주변을 포함하는 난스(南市: Old Walled City), 자베이, 기타 교외 지역이 포함되었다. 화계는 조계와 달리 중국 정부가 관리했다.

중국 정부는 중국인 거주지에서 벗어난 지역을 조계지로 설정했다. 황무지였던 영국 조계는 그나마 나은 경우였다. 프랑스 조계는 상하이 현성의 쓰레기장과 공동묘지가 위치한 땅을 얻었다. 게다가 개항 후 급속한 도시화와 인구 증가로 인해 상하이의 위생 환경은 날로 악화되었다. 조계의 인구 증가는 상상을 초월할 정도였다. 본래는 '화양별거(華洋別居)', 즉 중국인과 외국인의 거주를 분리한다는 원칙에 따라 중국인은 화계에, 외국인은 조계에 살았다. 그러나 소도회(小刀會)의 난과 태평천국(太平天國) 운동으로 중국인 피난민이 조계로 몰려들었고, 부유한 중국인들도 번영한 조계로 터를 옮기면서 인구가 급증하여 1855년부터 10년간 공공조계의 인구는 2만에서 9만으로 늘어났다.[01] 당연히 조계지에 터전을 잡은 외국인들은 자신들의 건강을 위해 서구식 도시위생 시스템의 도입을 서둘렀다. 공공조계의 행정을 담당한 기관은 1854년 7월 설립된 공부국(工部局, Shanghai Municipal Council)이었다. 공부국에는 이사회[董事會]가 조직되어 의사결정과 감독을 맡았다. 1898년에는 위생행정을 전문적으로 담당하는 위생처(衛生處)가 조직되었다. 공공조계에서는 이들 기관을 중심으로 도시위생 시스템 구축이 본격화되었다.

도시위생 시스템 중에서도 특히 집집마다 깨끗한 물을 공급하는 상수도는 가장 필수적인 시설이었다. 근대 이전 상하이에서는 다른 중국 도시 대부분과 마찬가지로 보통 우물이나 하천에서 물을 길어다 썼다.[02] 하지만 상하이의 우물물이나 강물은 식수로 쓰기에 질이 좋지 못했다. 게다가 쉽게 오염되어 콜레라와 같은 수행성 전염병이 크게 유행하는 원인이 되곤 했다. 이에 1883년 공공조계 상하이상수도회사(Shanghai Waterworks Company)를 시작으로 화계에서는 상하이내지상수도회사(The China Inland Water-Works Company, 1897)와 자베이상수도회사(Zhabei Waterworks, 1911)가, 프랑스 조계에서는 프랑스전차전력상수도회사(Compagnie Francaise de Tramways et d'Eclairage Electriques de Shanghai, 1907)가 설립되었다.

그중에서도 이 장에서는 공공조계 상하이상수도회사에 초점을 맞추어 회사의 설립과 운영, 깨끗한 물을 공급하기 위한 노력을 살펴보고자 한다. 조계와 화계가 공존하는 상하이의 특수한 상황이 상수도에 어떤 식으로 드러나는지도 함께 고찰할 것이다. 나아가 콜레라 유행기의 무료 수도 공급을 통해 도시위생에서 상수도가 차지하는 위상과 함께 상하이상수도회사의 특징과 한계를 밝히고자 한다.

---

01 熊月之, 『上海通史』 1, 上海人民出版社, 1999, 41, 50쪽.

02 賈鴿, 「民國時期城市衛生方式的變遷—以飮水衛生爲中心的考察」, 『人民論壇』, 2015, 194쪽.

## 2. 상하이상수도회사

깨끗한 물의 공급, 즉 상수도의 필요성을 가장 처음 제기한 인물은 1869년 공공조계 위생관 겸 초대 공부국 의관(Health Officer and Municipal Surgeon)이었던 에드워드 핸더슨(Edward Henderson)[03]이다. 그는 신문에 상수도에 관한 칼럼을 써서 상수도의 필요성을 강하게 주장했다. 체인의원(體仁醫院, Gutzlaff Hospital)의 제미슨(Alexander Jamieson) 의사 또한 1873년 해관 보고서에서 더러운 물 때문에 여러 질병에 걸린다고 지적하면서, 모든 문명국에서 가장 근본적인 위생상의 요구는 바로 깨끗한 물이며, 위생의 관점에서 공공조계에 가장 필요한 인프라는 깨끗한 물을 공급하는 일이라 지적했다.[04]

사실 이들 외국인 의사가 상하이의 위생 문제에 특별히 관심을 기울인 이유는 상하이의 질병이 중국인보다 상하이의 환경에 익숙하지 않은 외국인에게 더 위험했기 때문이다.[05] 외국인 의사의 눈에 상하이는 외국인에게만 영향을 미치는 가장 위험한 열대병의 중심지였다. 1886년 상하이상수도회사 회장 던컨슨(E. F. Duncanson)은 "우리 기업의 중추적인 업무는 외국 조계에 사는 중국인 거주민에게 상수도를 공급하는 것이다"라고 밝혔다. 가난한 사람들이 유해하고 더러운, 전염병을 일으키는 액체를 물이라 여기며 계속 사용하면, 조계의 환경을 악화시키고 외국인 거주민의 건강을 해치기 때문이다.[06] 즉 상하

---

03 핸더슨의 이력에 대해서는 Kerrie L. Macpherson, *A Wilderness of Marshes: The Origins of Public Health in Shanghai, 1843~1893*, Lexington Books, 2002, p. 84 참고.

04 Alexander Jamieson, "Dr. Alexander Jamieson's Report on the Health of Shanghai for the half year ended 31st March, 1873", *Customs Garzztte*, Shanghai: Printed at the Coustoms Press, 1873, pp. 51~52.

05 조정은, 「의료선교사의 눈으로 본 근대도시 상하이의 시작」, 『명청사연구』 47, 2017, 252쪽.

06 "The Shanghai Waterworks Company(Limited)", *The North China Herald and Supreme Court & Consular Gazette*, Jnue 25, 1886.

이상수도회사는 중국인의 건강을 위해 깨끗한 물을 공급하려고 했다기보다는, 상하이의 비위생적인 환경을 개선하여 외국인의 건강을 지키기 위해 중국인에게 상수도의 이점을 선전했다.

공공조계 공부국은 이러한 배경 아래서 일찍부터 상수도를 건설해야 한다고 생각했지만, 해야 할 공공 사업은 많은데 자금은 한정되어 있어 상수도 건설 비용을 감당하기 쉽지 않았다. 결국 1868년 10월 공부국 이사회 회의에서 상수도 건설을 민간회사에 맡기는 데 동의했다.[07] 1879년 영국 상인 매클라우드(A. McLeod)가 런던에서 '상하이상수도회사 준비위원회'를 조직했고, 1880년 6월 납세자회의를 거쳐 공부국이 상수도회사에게 독점권을 부여하기로 한다.[08] 맥클라우드가 제출한 계획상으로는 하루 평균 1만 700갤런의 물을 공공조계, 징안쓰로(静安寺路), 프랑스 조계 및 상하이 현성 내외까지 공급할 수 있었다. 양수푸(楊樹浦) 급수장과 장시로(江西路)·샹강로(香港路) 골목의 급수탑 공사는 1880년 말에 시작되어 1883년에 끝났다. 양수푸 급수장에서는 1883년 6월 29일 리훙장(李鴻章)의 손으로 첫 수문을 여는 의식이 치러졌고,[09] 8월부터 물을 공급했다.[10] '상하이상수도회사'라 불린 이 회사는 곧 공공조계 전역과 조계 접경지 부근에 수돗물을 공급하는 상하이 최대의 수도회사로 자리 잡았다.[11]

즉 보통 다른 나라에서 상수도를 공공시설로 분류하여 국가나 지역당국

---

07 공부국이사회회의록 1868년 10월 6일. 上海市檔案館 編, 『工部局董事會會議錄 1867~1869』 第3冊, 上海古籍儲版社, 2001, 686쪽.

08 樊果, 「近代上海公共租界工部局的水費監管及特征分析」, 『史林』 5, 2009, 62쪽.

09 『美國專家希爾氏調査上海自來水公司致工部局之報告』, 1931, 2쪽; 「記上海自來水公司」, 『申報』 1920. 7. 25.

10 A. Shareholder, "The Shanghai Waterworks Company", *The North China Herald and Supreme Court & Consular Gazette*, October 22, 1884.

11 『上海衛生狀況』, 内務省衛生局, 1916, 302쪽.

이 운영한 것과 달리, 상하이상수도회사는 민영이었다. 하지만 깨끗한 식수의 공급이 주민 생활에 가장 중요한 부분인 만큼, 공부국은 계속해서 상수도회사에 관여했다. 상수도회사의 이윤을 통제하는 방식으로 수도 요금을 통제했으며, 회사의 이사회 임원 중 2명을 임명할 권한을 가졌고, 장부와 분기별 보고서를 심사할 수 있었다.[12] 또한 공부국이 소유하는 해당 회사의 지분은 계속 증가한다고 규정하고, 공부국의 동의를 거치지 않고서는 회사가 주식과 채권을 발행할 수 없도록 하는 등, 다각도로 상수도회사의 정책 결정권을 장악했다.[13] 하지만 물 공급의 책임을 공부국이 직접 지지는 않았기 때문에,[14] 공공 사업과 영리 사업의 양면이 공존하는 모습을 보였다.

수도 요금은 영국 방식에 따라 집세의 일정 비율, 통상 5% 정도로 정해서 받고, 물 사용량은 제한하지 않았다. 따라서 요금은 상대적으로 저렴한 편이었다.[15] 그러나 가난한 중국인에게는 꽤 부담이 되다 보니, 상하이상수도회사가 수도 요금을 올릴 때마다 중국인들의 항의가 잇따랐다. 1908년에는 상수도회사에서 가격을 올려 주민이 불편을 겪고 있는데, 정작 상수도를 개량하겠다는 약속은 지키지 않는다는 비판이 제기되었다.[16] 1930년에도 상하이상수도회사가 공부국의 허가를 받아 수도 요금을 25% 인상하겠다고 발표하면서 중국인 주민과 부동산 업자의 항의가 빗발쳤다.[17] 이에 1931년 상하이상수

---

12 楊小燕, 「近代上海公共租界工部局的自来水特權監管」, 『貴州史學科學』 4, 2015, 162~163쪽.

13 씽지엔룽, 「근대 상해 공공 사업의 전개와 중서의 인식 차이」, 배경한 편, 『20세기 초 상해인의 생활과 근대성』, 지식산업사, 2006, 71쪽 참고.

14 Kerrie L. Macpherson, op.cit., pp. 68~122; 福士由紀, 『近代上海と公衆衛生—防疫の都市社會史』, 東京: 御茶の水書房, 2010, 199쪽.

15 씽지엔룽, 앞의 글, 2006, 59~60쪽.

16 1908년 『위생백화보(衛生白話報)』에 실린 기사. 조정은, 「근대 상하이 도시위생과 세균설의 수용」, 『도시연구—역사·사회·문화』 18, 2017, 83쪽 참고.

17 『上海房産公會自來水問題專刊』, 上海房産公會, 1931 참고.

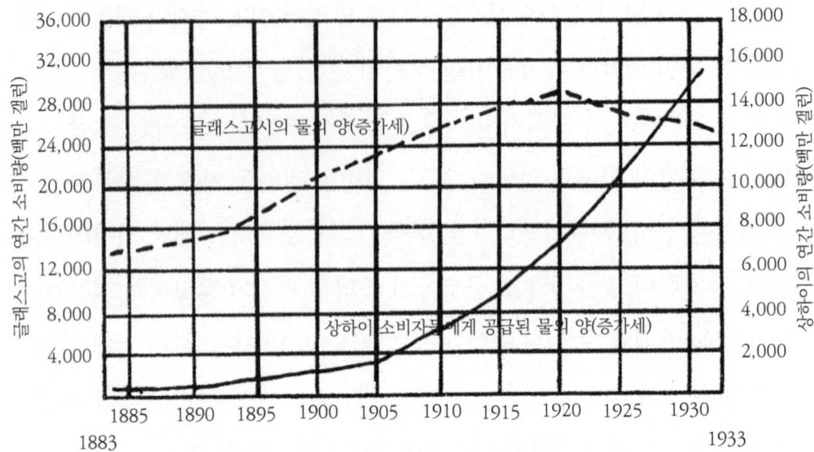


**〈그림 2〉 상하이와 글래스고 상수도 공급량 비교(1883~1933)**
실선은 50년 동안 상하이 소비자들에게 공급된 물의 양(증가세)을 표시한 것이다. 매년 8% 가까이 증가했다. 점선은 같은 기간 동안 글래스고시의 물의 양(증가세)을 표시한 것이다.* 출처: "Shanghai Waterworks", *The North China Herald and Supreme Court & Consular Gazette*, June 28, 1933.

도회사는 국제적 명성을 지닌 상수도 전문가이자 미국 상수도협회의 회장을 역임한 니콜라스 힐(Nicholas S. Hill)에게 이 사업이 경제적으로 수행되고 있는지 조사를 의뢰했다.[18] 같은 해 10월 10일 보고서에서 니콜라스 힐은 상수도가 잘 관리되고 있으며, 수질도 좋고 수도 요금은 싼 편이라고 보고했다.[19] 결국 중국인 거주민들도 수도 요금 인상을 받아들일 수밖에 없었다.[20]

1883년 시작된 상수도 공급은 1900년 이후 매년 큰 폭으로 증가하여 도시민의 생활에 빠질 수 없는 요소로 자리 잡았다. 〈그림 2〉를 보면, 같은 시기 점

18 "American Expert to Investigate Shanghai Waterworks", *The China Weekly Review*, May 16, 1931.

19 上海公共租界工部局, 『上海公共租界工部局年報』, 1932, 53쪽; Mr. Hill, "Shanghai Water Rates Not Excessive", *The China Weekly Review*, Oct 24, 1931; "Shanghai's Water Supply and What It Costs", *The China Weekly Review*, July 9, 1932.

20 "The Waterworks Problem: A Chinese Opportunity", *The China Weekly Review*, September 19, 1931.

선으로 표시된 글래스고(Glasgow)와 비교하여 직선으로 표시된 상하이의 증가폭이 더 가파르다. 이러한 증가세는 이후에도 계속되어, 1936년 상하이상수도회사의 하루 평균 물 공급량은 5,400갤런에 이르렀다.[21]

## 3. 조계와 화계의 충돌

상하이상수도회사가 수도를 공급하는 지역은 공공조계에 국한되지 않았다. 1904년부터는 조계에서 가까운 자베이 지역에도 수도관을 매설하고 물을 공급하기 시작했다. 그러자 공부국은 조계 인프라의 혜택을 입고 싶으면 화계의 주민도 공부국에 경찰세(巡捕捐, 집세의 약 6%)를 내야 한다고 주장했다. 나아가 1905년 7월에는 상하이상수도회사에게 조계 밖 공부국 관할 도로와 토지에 수도관을 부설하고 이 지역 주민에게 수도를 공급할 수 있도록 허가하는 새로운 협정을 체결했다. 이 협정에서는 조계 밖 주민들이 수도를 공급받고 싶으면 공부국에 세금을 내야 한다고 못 박았다. 이에 1910년 자베이의 주민들은 직접 상수도회사를 조직하고 상하이상수도회사와 협의하여 매일 12만 갤런의 물을 돌려주는 대신 경찰세 납부를 면제받고자 했다.[22] 상하이상수도회사는 이 안에 동의했지만, 공부국은 절대 안 된다는 태도를 고수했다. 조계 밖에서 거둬들이는 경찰세가 공부국의 전체 재정에서 큰 부분을 차지했기 때문에 이를 포기할 수 없었던 것이다.[23]

---

21 鄧鐵濤 主編, 『中國防疫史』, 廣西科學技術出版社, 2006, 333쪽.

22 씽지엔룽, 앞의 글, 2006, 65~66쪽, 72~73쪽.

23 李春暉, 「風騷獨領—上海早期供水事業的創立和演變 (四) 老城厢外華界之閘北水電公司與浦東水廣籌建始末」, 『城鎭供水』 4, 2015, 10~11쪽.

자베이는 공공조계의 상수도관을 이용하는 이상 공부국의 간섭을 피할 수 없었다.[24] 위 사건을 계기로 양강총독(兩江總督) 장런쥔(張人駿) 및 상하이 도대(道臺, 지방관), 상인들이 힘을 모아 자베이상수도회사 설립을 본격적으로 추진했다.[25] 양수푸 급수장의 서쪽, 지금의 탄쯔만(潭子灣)에 급수장을 만들고 바오산로(寶山路)에는 급수탑도 설치했다. 공사는 1911년 완공되었다.[26] 그러자 이제까지 자베이에 상수도를 공급하고 있던 상하이상수도회사는 자베이상수도회사 설립으로 사업이 축소될까 우려했다. 공부국은 한술 더 떠 자베이상수도회사의 설립은 공공조계의 북쪽 확장을 저지하기 위한, 정당한 이유가 없는 결정이라며 항의서를 제출하기도 했다.[27]

한편 조계 측에서 조계 범위 밖에 건설한 도로인 월계로(越界路)에서도 비슷한 충돌이 발생했다. 월계로의 중국인 주택들도 상하이상수도회사의 수도를 이용했는데, 공부국은 이들 또한 조계의 인프라를 이용하는 만큼 그 비용을 지불해야 한다고 주장하며 세금을 걷었다. 중국 측으로서는 당연히 공부국과 상하이상수도회사가 조계지 밖에서 이득을 취하고 화계에 간섭하는 게 탐탁지 않았을 것이다. 1930년 북쓰촨로(北四川路)를 둘러싼 관할권 분쟁은 이를 잘 보여준다. 북쓰촨로에 있는 백여 채의 중국식 주택은 캐세이토지회사(The Cathay Land Company) 소유였는데, 이 회사는 영국영사관(British Consulate)에 등록

---

24 餘新忠, 『淸代衛生防疫機制及其近代演變』, 北京師範大學出版集團, 2016, 378쪽.

25 자베이상수도회사는 관(官)과 상(商)이 함께 운영하는 형태로 시작했지만 1914년부터는 관에서 운영했다. 하지만 관리 소홀로 수질 오염이 심각하여 사용자들의 불만을 샀다. 게다가 1924년 3월 자베이 지역에서 화재가 발생했는데, 상수도 압력이 낮아서 소방 용수의 공급이 잘되지 않아 큰 피해를 보았다. 지역의 지식인과 상인의 불만이 폭발하면서 결국 다시 상인들이 운영하는 방식으로 바뀐다. 彭善民, 『公共衛生與上海都市文明(1898~1949)』, 上海人民出版社, 2007, 234쪽.

26 李春暉, 앞의 논문, 2015, 11~12쪽.

27 공부국 이사회 회의록, 1910년 4월 13일. Shanghai Municipal Archives, *The Minutes of the Shanghai Municipal Council, 1908~1910*, vol. 17, Shanghai Classics Publishing House, 2001, 401쪽.

되어 있었다. 그래서 이 중국식 주택들은 조계 밖에 있고 실 소유주가 중국인임에도 불구하고 중국당국의 관할을 받지 않았다. 상하이상수도회사와 공부국은 캐세이토지회사에게 만약 공부국에 세금을 낸다면 수도를 공급해주겠다고 제안했다. 캐세이토지회사가 동의하자, 물을 끌어오기 위한 수도관을 매설했다. 그러자 자베이의 중국당국은 자베이상수도회사의 활동 범위를 침범당했다고 여겨 화를 내며 수도관을 절단했다. 중국당국은 이 집들이 중국 관할권 내에 있는 이상 자신들에게는 수도관을 절단할 정당한 권리가 있다고 주장했다.[28] 이 외에도 조계와 화계의 경계에서는 상수도 사업으로 인한 관할권 분쟁이 적지 않았다.

## 4. 깨끗한 물 만들기

공공조계가 이용한 수원은 황푸강이었다. 문제는 황푸강이 상수도원으로 적합하지 않았다는 점이다. 상하이에 처음으로 서양식 병원을 설립한 의료 선교사 윌리엄 록하트(William Lockhart)는 자신의 책에서 황푸강과 우쑹강(吳淞江: 蘇州河의 별칭)에 대해 "잔잔하게 고여 있는 물은 녹색을 띠고 염분이 섞인 맛이 난다"고 묘사했다. 또 "이 지역 사람은 고인 물에서 발생한 습기 때문에 병에 걸리기 쉽다"고 했다.[29] 게다가 인구는 증가하는데 생활 오수와 쓰레

28 "Dispute Over Water Supply beyond Shanghai Settlement Limits", *The China Weekly Review*, July 12, 1930.

29 William Lockhart, *The Medical Missionary in China: A Narrative of Twenty Years' Experience*, London: Hurst and Blackett, 1861, p. 28.

기는 옛날처럼 그대로 버리는 바람에 황푸강의 수질은 계속 악화되었다.[30] 니콜라스 힐은 보고서에서 황푸강을 "세계에서 가장 더러운 수원 중 하나"라고까지 말했다.[31] 따라서 깨끗하게 정수하지 않으면 주민의 건강을 해칠 우려가 컸다.

정수 방식은 다른 나라의 상수도회사와 크게 다르지 않았다. 처음에는 침전지에 강물을 투입하고 천천히 불순물이 가라앉기를 기다린 후 모래를 통과시켜 여과하는 방식을 사용했다. 하지만 황푸강의 물은 너무 혼탁하여 이 방식만으로는 충분히 정수할 수 없었다. 그래서 황산알루미늄을 더해 정수 속도를 높였다. 1925년부터는 더러운 물이 모래를 빠르게 통과할 수 있는 정수조를 설치했는데, 이전 방식보다 정수는 더 빠르면서 정수장 면적은 적게 차지하고 사용이 쉬워 평이 좋았다. 정수 후에는 마지막으로 액화염소로 물을 소독했다.[32] 이러한 방식으로 비교적 깨끗한 마실 물을 얻을 수 있었다.

상하이상수도회사는 설립 초부터 지속해서 수질 관리에 힘썼다. 매달 수질 검사를 하고, 검사 내용은 『공보(公報)』에 실어 일반 사람들도 알 수 있도록 했다.[33] 〈표 1〉은 공부국 연례 보고서(*Report and Budget*)[34]에 실린 수질 검사 결과 중 상수도 내 세균 수의 변화를 정리한 것이다.[35] 이를 통해 상수도의 세균 수

---

30 공부국에서 쓰레기 투기를 엄히 단속한 이유도 이 때문이었다. 조정은, 「근대 상하이 도시위생과 세균설의 수용」, 83쪽 참고.

31 『美國專家希爾氏調査上海自來水公司致工部局之報告』, 1931, 2쪽.

32 『美國專家希爾氏調査上海自來水公司致工部局之報告』, 1931, 6쪽; C. S. Kim, M. D., Dr. P. H. Field Director Council on Health Education, "A Brief Survey of the Public Health Activities in Shanghai", *The China Medical Journal*, no. 3, 1928, p. 166.

33 『上海衛生狀況』, 內務省衛生局, 1916, 303쪽.

34 공부국의 매년 활동 내역과 예산안을 정리한 보고서이다. 이 책에서는 연례보고서라 번역했다. 영문으로는 보통 *Report and Budget*이라 약칭한다.

35 연례보고서에는 매달 검사한 세균 수가 기록되어 있는데, 이 표에는 매달의 평균치를 계산하여 기록했다. 소수점 아래는 생략했다.

〈표 1〉 공공조계 상수도 내 월평균 세균 수

| 연도 | 세균 수(per c.c.) | |
|---|---|---|
| 1899년 | 6,312 | |
| 1900년 | 396 | |
| 1901년 | 366 | |
| 1902년 | 176 | |
| 1903년 | 95 | |
| 1906년 | 64 | |
| 1907년 | 82 | |
| 1915년 | 108 | |
| 1921년 | 배양액 23도 | 배양액 37도 |
| | 160 | 55 |
| 1927년 | 2 | |
| 1929년 | 3 | |
| 1930년 | 2 | |

가 매해 점차 줄어들었으며, 특히 1925년 새로운 정수 방식을 채택하면서 세균이 거의 없어졌음을 알 수 있다.

한편 주기적인 수질 검사는 상수도에 대한 불신을 줄이려는 방편이기도 했다. 중국인들 사이에서 상수도에 독이 있다는 소문이 돌았기 때문이다. 수도관이 가스관 근처에 있어 수돗물에 석탄가스가 섞여 있다고 주장하는 사람도 있었다. 이에 상수도회사는 수질 검사 결과, 물이 매우 깨끗하여 마셔도 좋다는 내용의 포고문을 곳곳에 붙여야 했다.[36]

36 陳榮廣, 『老上海』, 上海: 泰東圖書局, 1919, 176쪽.

## 5. 콜레라의 유행과 무료 상수도 공급

콜레라는 비브리오 콜레라(Vibrio cholerae)라는 콜레라균에 오염된 물이나 음식을 통해 감염되는데, 적절한 치료를 받지 못하면 수시간 내 탈수와 이로 인한 쇼크로 사망할 수 있는 무서운 전염병이다. 통계가 시작된 19세기 말 이래 상하이에서는 간헐적으로 콜레라가 유행했다. 상하수도 시설이 없다 보니 주민들이 오염된 우물물이나 강물을 식수 등으로 사용했기 때문이다. 1821년에도 유행했다는 기록이 남아 있고, 1880~1946년에는 총 13차례의 대유행[37]이 있었다. 상수도의 이용은 콜레라를 포함하여 장티푸스, 이질 등 물을 매개로 한 수인성 전염병의 발생을 줄이는 데 중요한 역할을 했다. 실제로 상수도 확충과 공공위생의 증진 덕분에 공공조계 내 콜레라 사망자는 1912년 1,321명에서 1919년 680명, 1926년 373명으로 감소했다.[38]

역으로 상수도가 제대로 관리되지 못하면 전염병이 유행하는 원인이 되기도 했다. 1926년 콜레라 유행은 이를 잘 보여준다. 1926년 한 해 동안 상하이에서는 3,216명의 콜레라 환자가 발생했다. 중국인 3,140명, 외국인 76명이었다. 그런데 중국인 환자 중 절반 이상이 자베이상수도회사의 물을 이용하는 자베이 주민이었다. 당시 콜레라균은 황푸강에서는 검출되지 않고 쑤저우하(蘇州河)에서 검출되었는데, 자베이상수도의 낡은 급수장은 쑤저우하와 연결되어 있었다.[39] 여과지(濾過池)와 주요 수도꼭지에서 균이 검출되었다. 상수도

37 1883년, 1885년, 1890년, 1895년, 1902년, 1907년, 1912년, 1919년, 1926년, 1929년, 1932년, 1938년, 1946년으로, 상하이의 콜레라가 평균 5년마다 유행했음을 알 수 있다. 範日新,「上海市霍亂流行史及其週期性」,『上海衛生』1, 上海市衛生局, 1947, 4쪽.

38 "Report by the Chief Statistician of the Health Organization of the League of Nations: Importance of the Water Supply", *The China Medical Journal*, no. 4, 1930, p. 396.

39 자베이상수도회사에서 쑤저우하를 수원으로 정할 때, 쑤저우하는 수질은 좋지만 강이 굴곡

오염이 콜레라를 유행시킨 주범임이 밝혀졌다. 지방정부는 곧바로 수돗물을 마시고 병을 앓거나 죽은 사람이 있는지 조사하도록 했고, 자베이상수도회사는 상하이상수도회사의 최고 기술자 피어슨(C. D. Pearson)을 고문으로 삼아 이 문제를 해결하고자 했다. 한편 자베이의 주민들은 회사가 여름에 만연한 사망과 질병에 대한 책임을 져야 한다며, 소송도 불사하겠다고 협박했다.[40] 결국 1928년 6월, 자베이상수도회사는 우쑹(吳淞)에 새로운 급수장을 설치하고 황푸강을 수원으로 삼았다. 황산알루미늄과 모래를 이용하여 물을 여과하고 유통 직전에 가장 현대적인 형태의 자동 염소장치를 거치게 했다.[41]

그러나 조계 쪽에서는 자베이상수도의 수질에 대해 회의적인 태도를 견지했다. 급수장은 새로 만들었지만 여전히 이전의 오래된 수도관을 썼기 때문이다. *The China Press*는 일단 수도꼭지의 안전성이 보장되기 전까지는 물을 끓여 마시도록 권했다. 그리고 새로운 급수장이 이전 급수장보다 더 나은 상태를 유지할 수 있기를, 건강에 해가 되기 전까지는 운영을 멈추지 않기를 바란다고 썼다.[42]

또 가난한 중국인들은 상수도를 이용할 경제적 능력이 없어 콜레라가 유행할 때도 콜레라균으로 오염된 우물이나 강물에 의존할 수밖에 없었다. 1932년 전국해항검역관리처(National Quarantine Service) 처장이었던 우롄더(伍連德)

---

지고 표면이 넓지 않으며 물의 양이 많지 않아 오염될 위험이 크므로 대규모의 급수원으로 삼기는 어렵다는 의견이 있었다. 그러나 당국은 이러한 의견에 귀를 기울이지 않고 쑤저우하를 수원으로 삼았다. 李春暉, 앞의 논문, 2015, 12쪽.

40 "The Chapei Waterworks Co", *The North China Herald and Supreme Court & Consular Gazette*, August 21, 1926.

41 Wong K. Chimin(王吉民) and Wu Lien-the(伍連德), *History of Chinese Medicine: Being a Chronicle of Medical Happenings in China from Ancient Times to the Present Period*, Tientsin: The Tientsin Press, 1932, p. 502.

42 "Plague Prevention", *The China Press*, October 24, 1928.

는 콜레라 방역을 위해 가난한 사람도 이용할 수 있도록 수도 요금을 인하해야 한다고 주장했다.[43] 콜레라균에 오염된 물이 아닌 깨끗한 물을 마실 수 있게 되면 자연스럽게 콜레라 전염이 줄어들 것이기 때문이다. 실제로 무료 상수도 공급이 없었던 1932년 6월 말에서 7월 초 일주일간 공공조계에서는 144명, 상하이특별시에서는 231명이 콜레라에 걸렸다. 반면에 무료로 빈민들에게 깨끗한 물을 공급한 프랑스 조계에서는 단지 49명만이 콜레라에 걸렸다. 프랑스 조계가 공공조계의 1/2, 상하이특별시의 1/3 정도 크기라는 점을 고려해도 다른 지역보다 콜레라 발생이 적었다.[44]

이처럼 의료 및 공공위생 전문가들이 현재 콜레라가 유행하는 주요 원인이 깨끗한 물의 부족에 있다고 주장했지만, 공공조계는 수도 요금을 낼 수 없는 가난한 사람들에게 물을 공급해주려고 하지 않았다.[45] 공부국 총무이자 상하이상수도회사 이사회의 일원이었던 페슨덴(Sterling Fessenden)은 "공부국은 빈민에 대한 무료 상수도 공급을 반대하지 않을 것"이라면서 "반대는 독점권을 부여받은 회사에서 올 것"이라 보았다. 이어서 그는 "합리적인 사람이라면 지역사회의 안전을 위해서 빈민가에 무료로 깨끗한 물을 공급해야 한다는 점에 동의할 것"이라면서도 "수혜자가 적절한 사용에 대한 교육을 받지 못한 이상 이러한 조치가 실효성이 있을지 의문"이라고 지적했다. 빈민이 아니면서 수도 요금을 아끼려고 빈민가의 무료 수도전을 이용하는 사람이 있을까 우려한 것 같다. 이런 상황을 통제하고자 상하이특별시는 물 1담(擔)당 동전

43 "Cholera Bureau Meets As Dread Epidemic Mounts: Waterworks Fail to Give Poor of City Free Supply", *The China Press*, June 24, 1932.

44 "Poor Will Get Free Pure Water from Waterworks", *The China Press*, July 8, 1932.

45 "Greater Shanghai to Supply Pure Water for Poor", *The China Press*, July 5, 1932.

하나(one copper)를 받았다.[46]

하지만 빈민가에서 콜레라가 유행하여 수원이 오염되면 공공조계 전체의 안전, 외국인의 건강을 보장할 수 없게 된다.[47] 결국 7월 13일 공부국 이사회 회의에서는 위생위원회의 건의를 받아들여 상하이상수도회사와 계약하여 빈민가에 깨끗한 물을 공급하도록 했다.[48] 그에 따라 상하이상수도회사는 상수전 26개를 설치하고 무료 상수도 공급을 시작했다.[49]

이후로 빈민가의 무료 상수도 공급은 상하이상수도회사가 공부국의 요청을 받아 수행하는 형태로 진행되었다. 그런데 1934년에는 중앙콜레라국(Central Cholera Bureau)[50]이 실수로 공부국이 아닌 난징 쪽에 요청하면서 무료 상수도 공급이 늦어지는 상황이 발생하기도 했다.[51] 이처럼 상하이는 행정권이 분열되어 일관된 방역 조처를 하기 어려웠을 뿐만 아니라, 여기에 공공조계의 경우 상하이상수도회사가 민영이다 보니 공부국에서 회사에 요청을 넣는 과정을 거쳐야 하는 번거로움이 더해졌다.

---

46 "Poor Will Get Free Pure Water From Waterworks", *The China Press*, July 8, 1932.

47 후쿠시 유기는 상하이의 상수도 시설이 미흡하여 콜레라 방역은 백신접종에 편중될 수밖에 없었다고 보았다. 福士由紀, 앞의 책, 2010, 201쪽. 하지만 상하이 전체가 아닌 공공조계만을 따져보면 콜레라 방역의 일환으로 상수도 보급을 중요하게 생각했음을 잘 알 수 있다.

48 「工部局許以免費淸水助貧民防疫」, 『申報』 1932. 7. 14.

49 伍連德·伍長耀 編, 「民國二十一年中國霍亂流行概況」, 『海港檢疫管理所報告書』, 1933, 4쪽.

50 상하이의 콜레라 유행은 국제적으로도 위험한 상황이라고 여겨져, 1930년대 국제연맹의 협조를 얻어 양 조계 위생처 및 상하이특별시 위생국, 국민정부 위생서(衛生署)가 협력하여 중앙콜레라국을 조직했다. 중앙콜레라국에서는 대규모의 콜레라 백신접종, 음수 조사, 깨끗한 물의 공급 등을 실시했다. 福士由紀, 「國際聯盟保健機關と上海の衛生—1930年代のコレラ予防」, 『社會經濟史學』 70(2), 2004; 福士由紀, 앞의 책, 2010 참고.

51 "S. M. C. Asks Waterworks to Give Free Water", *The China Press*, June 17, 1934.

## 6. 맺음말

근대 상하이 공중위생 전문가들은 거주민의 건강을 지키고 전염병을 막기 위해 상수도를 설치해야 한다고 주장했다. 이에 공공조계에서 처음으로 상수도회사가 설립된다. 그러나 실제로 상수도를 운영하는 회사로서는 위생의 증진도 중요하지만, 사업 소득을 얼마나 내는지도 중요했다. 1886년 상하이상수도회사는 다음과 같이 말했다.

> 원칙적으로 우리는 지역합자회사의 사업 결과에 대해 언급하지 않는다. 그러나 상하이상수도회사는 독특한 성질을 지닌다. 이 회사는 상업적인 사업일 뿐만 아니라 중국인에게 위생개혁을 촉진하는 영향력 있는 수단임을 증명해줄 것이며, 이런 측면에서 여기뿐 아니라 화계에도 좋은 영향을 미칠 것이라 기대한다. 상업적 기업으로서의 성공은 중국 지역사회에 적절한 물 공급의 도입을 촉진하는 데 큰 도움이 될 것이다.[52]

이 글에서 회사 측이 위생적 측면에서 중국인에게 상수도의 이점을 알리는 동시에, 사업적인 성공도 중요하게 생각했음을 알 수 있다. 오히려 사업적 성공으로 중국인들도 상수도에 관심을 가지게 될 것이라 보았다. 공부국도 회사의 성장에 민감했다. 회사의 주식을 보유하고 있을 뿐만 아니라 수도 공급을 빌미로 세금 수입을 올릴 수 있었기 때문이다. 회사와 공부국이 상수도 사업의 성공, 즉 이윤 추구를 중시했다는 사실은 상수도회사가 없는 자베이

52 "The Shanghai Waterworks' Co.", *The North China Herald and Supreme Court & Consular Gazette*, Shanghai, June 25, 1886.

지역에 상수도를 공급하여 이익을 얻다가 중국인들이 자베이상수도회사의 건립을 추진하자 반발하거나, 조계와 화계의 경계에 위치한 주택에까지 상수도를 공급하여 화계와 관할권 다툼을 벌이는 모습에서 잘 알 수 있다.

한편으로는 공부국과 회사가 추구한 두 목표, 즉 위생의 증진과 이윤의 증가가 충돌하는 예도 발생했다. 대표적인 사례가 바로 1930년대 콜레라 방역의 목적으로 진행된 무료 상수도 공급이다. 콜레라는 대표적인 수인성 전염병으로, 콜레라 방역을 위해서는 깨끗한 물의 공급이 최우선이었다. 그런데 가난한 사람들은 비용 때문에 상수도를 이용하지 못하고 콜레라균에 오염된 물을 마실 수밖에 없었다. 방역 전문가 우롄더와 중국 정부는 지속적으로 공부국에 무료 상수도 공급을 요청했다. 공부국의 입장에서는 당연히 이 주장을 무시할 수 없었다. 사람과 물자가 계속 이동하는 이상, 수원을 공유하는 이상, 빈민가에서 전염병이 창궐하면 공공조계 전체의 안전도 보장할 수 없기 때문이었다. 한편으로는 빈민가에 무료 수도전을 설치하면 다른 지역 사람들이 돈을 아끼려고 몰래 와서 쓸 수도 있다고 우려하는 이들도 있었다. 또한 상하이상수도회사의 입장에서는 돈을 받고 팔아야 할 물을 무료로 공급한다는 것이 좋지만은 않았을 것이다.

이처럼 공공조계의 경우 공익에 직접 관련된 사항도 상하이상수도회사가 민영이다 보니 공부국이 직접 수행하지 못하고 회사에 요청해야 했다. 이런 번거로움은 애초에 공부국이 공공 사업으로 추진해야 할 상수도를 자금이 부족하다는 이유로 민영 기업에 넘기면서 시작된 것이나 다름없었다.

# 3부
## ‘위생’의 이름으로—근현대 도시위생의 문화와 정치

# 때를 밀자
## —식민지 시기 목욕 문화의 형성과 때에 대한 인식

### 1. 머리말

몇 년 전 대마도로 답사를 떠났다. 교통이 불편한 곳이라 가이드가 안내하는 소위 패키지 여행을 선택했다. 그렇게 방문한 곳 중 하나가 목욕탕이었다. 가이드는 주의를 하나 주었다. "때는 밀지 말라"는 것이었다. 일본 사람들은 목욕하면서 때를 밀지 않으니 그냥 탕에 몸을 담갔다가 씻고 나오라고 했다. 정말 그랬다. 일본 사람들은 몸에 비누칠을 한 후 물로 씻어냈지 한국 사람들처럼 앉아서 때를 밀지 않았다. 궁금했다. 왜 일본 사람들은 때를 밀지 않을까? 목욕 문화는 식민지 시기를 거치면서 형성되었을 텐데, 왜 한국인은 일본인과 달리 때를 밀게 되었을까? 때가 몸에 붙은 불결의 상징이라면, 목욕이라는 청결 문화를 수용한 한국인은 전수자인 일본인보다 더 위생적이 된 것일까?

'위생'은 19세기 말 한국인에게 생소한 단어였다. 일본에서 만들어져 한국에 수입된 새로운 단어였기 때문이다. 하지만 위생은 처음의 생경함을 단기간에 벗어버리고 한국 사회의 중요 주제어로 떠올랐다. 청결과 연관된 생활의 차원을 넘어 문명이라는 새로운 국제질서의 기준 수용과 연결되었기 때문이다. 국가 구성원 전체의 건강 확보를 목적으로 했던 위생은 부국강병이 새로운 시대사조로 자리 잡으면서 그 건강을 확보할 수 있는 유력한 수단으로 주목받았다.[01] 따라서 위생을 구현한다는 것은 몸이 깨끗해진다는 청결의 의미를 넘어 근대라는 새로운 문명을 수용하고 성취한다는 의미로 받아들여졌다. 특히 국권을 상실한 식민지 시기 한국인에게 위생은 이전보다 더 큰 의미로 받아들여졌을 것이다.

그렇다면 때 역시 위생과 비슷한 인식의 대상이 되었을 가능성이 있다. 단순한 불결의 대상이 아니라 문명 성취와 연관되어 인식되었을 가능성이다. 나아가 불결이 식민 지배의 이유로 활용되었다는 점에서, 독립의 수단으로 인식되었을 가능성도 있다. 이 글은 그 가능성을 탐색하는 것을 목적으로 한다. 그 목적 달성을 위해 한국에 목욕 문화가 정착되는 과정을 살펴보고, 그 과정에서 한국인이 때에 대해 어떤 태도를 취했는지 확인하고자 한다.

한국의 목욕 혹은 목욕탕에 대한 역사적 연구는 소략하다. 근현대 시기로 한정하면, 한 도시에서 근현대사를 거치며 목욕탕이 어떤 변천을 거쳤는지 분석한 연구가 유일하다.[02] 다만 목욕탕에 대한 포괄적인 정리가 최근 이루어졌는데, 목욕탕이라는 공간과 역사를 포괄하고 있다는 점에서 의미가 크다.[03] 목욕을 직접적인 분석 대상으로 삼지는 않았지만 온천과 관련된 연구는 이 글을 정리하는 데 도움을 주었다.[04] 온천은 초기 목욕 문화를 형성시킨 공간

01 신동원, 『한국근대보건의료사』, 한울, 1997, 50~52쪽; 박윤재, 『한국 근대의학의 기원』, 혜안, 2005, 29~30쪽; 신규환, 『국가, 도시, 위생』, 아카넷, 2008, 35~37쪽.

02 유장근, 「식민지 위생 시설에서 다기능의 생활공간으로—마산 지역 목욕탕의 1백년 역사」, 『加羅文化』 27, 2015.

03 이인혜 외, 『목욕탕』, 국립민속박물관, 2019.

04 다케쿠니 토모야스, 『한국 온천 이야기—한일 목욕 문화의 교류를 찾아서』, 논형, 2006.

이었기 때문이다. 나아가 이 글의 문제의식과 동일한 차원에서 때에 주목한 연구가 있어 도움이 컸다.[05] 다만 그 연구는 이 글과 달리 때를 종교적 차원에서 접근했다는 데 차이가 있다. 목욕이 육체적 세균뿐 아니라 정신적 죄악에서 한국인을 구하는 의식이었다는 것이다. 하지만 이 글이 주목하는 지점은 때와 종교가 아니라 때와 정치 혹은 민족이다.

## 2. 목욕 문화의 변화와 목욕탕

### 1) 치료로서 목욕과 온천

고대의 목욕은 신성함과 연결되어 있었다. 물이 귀했기 때문이다. 왕의 탄생설화에 물이 등장한 이유이다. 신라의 시조 박혁거세(朴赫居世)는 목욕을 한 후 광채를 발했고, 부인 알영(閼英)은 입술에 붙은 부리를 목욕을 함으로써 떼어냈다.[06] 목욕의 목적은 주술로 이어졌다. 내림굿이나 고사를 지낼 때 청결한 몸으로 신을 맞이하기 위해 목욕을 했다. 주술적 의미의 목욕은 삼국 시기에 불교가 전래되면서 종교의례의 한 절차로 자리 잡았다. 목욕재계(沐浴齋戒)가 대표적인 예이다.[07]

청결을 위한 목욕도 이루어졌다. 생리나 출산 후 몸을 깨끗이 하기 위해

---

05 Shin K. Kim, "An Antiseptic Religion: Discovering A Hybridity on the Flux of Hygiene and Christianity", *Journal of Religion and Health* 47, 2008. 온천에 대한 연구 중 하나는 "한국인들이 목욕탕에서 때를 미는 문화야말로 과거 한증한 뒤에 때를 밀고 몸을 씻는 한증욕의 문화적 흔적이 아닌가 싶다"라고 추정하고 있다. 김승, 「일제강점기 해항도시 부산의 온천개발과 지역사회의 동향」, 『지방사와 지방문화』, 14-1, 2011, 206쪽.

06 이인혜 외, 앞의 책, 24쪽.

07 조효순, 「우리나라 목욕의 풍속사적 연구」, 『복식』 16, 1991, 66쪽.

목욕을 했다.[08] 고려 시기 중국 사신이 관찰한 바에 따르면, 고려인들은 "매양 중국인이 때가 많은 것을 비웃는다. 그래서 아침에 일어나면 먼저 목욕을 하고 문을 나서며, 여름에는 날마다 두 번씩 목욕을 하는데 시내 가운데서 많이" 했다.[09] 중국인의 불결을 비웃었다는 표현에서 청결을 위한 목욕이 이루어졌음을 알 수 있다.

조선 시기의 경우 일반적인 목욕 형태는 부분욕이었다. 몸의 일부를 씻는 것이다. 물을 준비하기도 힘들고, 목욕만을 위한 공간도 없었기 때문이었다.[10] 날을 정해 목욕을 하는 풍속도 있었다. 일종의 전신욕이었다. 냇가나 계곡에서 몸을 씻었다. 목욕 장소가 바깥인 만큼 계절은 봄에서 여름에 걸쳐 있었다. 전신욕은 몸을 청결히 한다는 의미도 있었지만 민간신앙적 의미도 강했다. 재앙을 쫓고 양기를 맞는다거나 속병을 사전에 예방한다는 의미가 있었다.[11] 하지만 이런 목욕은 장소가 따로 있지 않았다. 흐르는 물이 있는 곳이 곧 장소였다.

일정한 공간에서 정기적으로 목욕을 한다고 할 때 온천은 대표적인 장소였다. 하지만 온천은 요즘 같이 몸을 씻는 곳이 아니라 몸을 치료하는 곳이었다. 한의학의 치료 방법 중 한법(汗法)은 피부에 땀을 내서 사기(邪氣)를 몰아내는 것인데, 목욕이 그 방법으로 활용되었다. 피부병, 눈병이 대표적인 치료 대상이었다. 풍사(風邪)에 의해 발생한다는 풍증, 즉 사지 마비나 사기 접촉으로 발생하는 감염성 질환도 목욕을 통해 치료하고자 했다.[12]

---

08 안옥희 외, 「옛 문헌을 통해 본 한국인의 목욕 의식」, 『한국생활과학회지』 13-2, 2004, 3쪽.

09 『선화봉사고려도경』 제23권, 잡속(雜俗) 2, 한탁(澣濯)(한국고전종합DB, https://db.itkc.or.kr/).

10 이연복 외, 『한국인의 미용풍속』, 월간에세이, 2000, 164쪽.

11 조효순, 앞의 논문, 72쪽.

12 구현희 외, 「질병 치료와 공공 의료에 활용된 조선시대 목욕요법 연구」, 『민족문화』 40, 2012, 272~284쪽.

치료를 위해 온천을 찾는 모습은 고려 시기부터 확인이 가능하다. 관리가 병으로 인해 온천에 목욕하러 가는 경우 거리의 원근을 따져 휴가를 주는 규정이 있었다. 목종 때는 "한언공이 병이 나니, 왕이 의약과 수레 2승(乘)을 하사하여 가서 온천에 목욕하게 했"다는 기사도 있다.[13] 모두 온천이 질병을 치료하는 장소로 이용되었음을 알려준다.

조선 시기에는 국왕이 온천을 찾을 수 없는 사람들을 위해 치료를 위한 목욕탕을 설치하는 경우도 있었다. 세종이 그랬다. 그는 성균관 학생들이 습질에 걸리는 일이 많다는 이야기를 듣고 선공감(繕工監)을 시켜 목욕탕[浴桶]을 만들고 병자를 치료하게 했다. 지방에도 목욕탕이 설치되었다. "욕실(浴室)을 지어서 사람들로 하여금 목욕하여 병을 낫게 하기를 청하옵니다"라는 전라도 감사의 요청을 받아들인 결과였다.[14] 다른 왕의 경우도 대풍창(大風瘡) 환자를 바닷물로 목욕시켰다는 기록이 있는 것으로 보아, 적극적으로 해석한다면 목욕을 통한 일종의 공공 의료가 시행되었다는 평가도 가능하다.[15]

치료소로서 온천의 역할은 식민지 시기까지 이어졌다. 이미 통감부 시기부터 식민권력은 온천의 성분 분석을 시도하고 있었고, 1910년에는 총독부 위생과에서 온천을 조사했다. 1930년대 후반에는 총독부 위생시험소가 주체가 되어 온천 연구를 진행했다. 의료 효과를 확인하기 위한 성분 조사가 목적이었다.[16] 구체적으로 유성온천의 경우 "여러 증상에 대해 치료 효과가 있다

13 『고려사』 志 제38, 형법일(刑法一), 공식, 관리급가; 『고려사』 열전, 권제6, 제신(諸臣), 한언공(한국사데이터베이스, http://db.history.go.kr/).

14 『세종실록』 7년(1425년) 7월 19일조; 『세종실록』 30년(1448년) 2월 12일조.

15 구현희 외, 앞의 논문, 288쪽.

16 金凡性, 「植民地朝鮮における溫泉調査」, 『帝國日本の科學思想史』, 勁草書房, 2018, 215~216쪽, 227~228쪽.

고 인증"되었고,[17] 수안보온천은 "부인병, 피부병에 현저한 특효가 있다"고 알려졌다.[18] 식민지 시기에도 온천은 전통적인 온천과 마찬가지 역할을 담당하고 있었다.

나아가 새롭게 설치된 목욕탕도 치료 장소의 역할을 담당했다. 예를 들면, 1904년 7월 장용준 등의 청원에 의해 설립된 목욕탕은 피부 종기, 궤양 등을 치료하기 위한 시설이었다. 이곳에서는 치료를 위해 한약재와 서양의 방향성 약물을 혼합하여 사용했다. 목욕탕에서 환자가 질병을 고치지 못하면 침구나 첩약에 의한 한방 치료가 이루어졌다.[19] 한증소가 풍한서습, 요통각기, 감기체증 있는 사람들에게 효과가 있다는 광고, "괴질에 백약이 무효하더니 그 목욕장에 목욕하고 회생(回生)한 사람이 많"다는 광고 역시 목욕탕이 일종의 치료소로 사용되었다는 점을 알려준다.[20] 새롭게 위생의 개념이 도입되었음에도 목욕탕은 과도기적으로 조선 시기 온천과 유사한 역할을 수행했다. 하지만 이런 모습은 20세기 초반까지 잠시 지속되었을 뿐이다. 그만큼 근대적 위생은 힘이 셌다.

### 2) 위생의 수용과 목욕탕의 설치

개항을 통해 외국인들이 들어오기 시작했다. 그들이 본 한국인은 더럽고 냄새가 났다. 즉, 불결했다. 한국 최초의 의료선교사로 입국한 알렌(Horace Newton Allen)에게서 전형적인 모습을 볼 수 있다. 1887년 초대 주미 외교사절단과 함께 미국을 방문한 알렌은 여행 도중 한국인 사절단의 냄새에 질색했다.

---

17 『大田發展誌』, 瞬報社, 1916, 111쪽.

18 『忠淸北道要覽』, 충청북도, 1934, 부록 8쪽.

19 「湯浴設置」, 『皇城新聞』 1904. 7. 14; 「湯浴普濟」, 『皇城新聞』 1905. 1. 24.

20 「광고」, 『데국신문』 1902. 4. 4; 「광고」, 『데국신문』 1902. 10. 20.

그들의 몸에서 계속 고리타분한 똥냄새가 풍기고 있었고, 그들은 선실에서 끊임없이 줄담배를 피우고 있어서, 이 담배냄새에다, 목욕하지 않은 고린 체취, 똥냄새, 오줌 지린 내, 고약한 냄새가 나는 조선 음식 등이 뒤섞여 온통 선실 안은 악취로 가득했다.[21]

알렌이 볼 때 한국인은 불결 그 자체였다. 하지만 한국인이 청결을 도외시한 것은 아니었다. 조선 시기 청결은 지켜야 할 유교 도덕 중 하나였다. 아이를 교육할 때 "헝클어진 머리, 때 낀 얼굴에 옷과 허리띠를 아무렇게나 몸에 걸치"는 것은 "검소한 것이 아니라 누추"한 것이었고, 그런 아이는 결코 "어진 사람이 될 수 없"었다. 부모는 아이들이 "깨끗이 씻고 단정히 옷차림을 하여 추솔하지 않게 해야" 했다.[22] 조선 시기 한국인들은 유교적 차원의 청결을 추구했다.

따라서 한국인 사절단의 불결은 알렌, 즉 서양인의 관점에서 본 것이었다. 상대적 불결이었다. 하지만 알렌이 한국 최초의 근대식 병원인 제중원을 설립했고 설립 후 1년 만에 제중원의학당이라는 의학 교육 기관을 설립한 점을 생각하면,[23] 한국인이 불결하다는 인식은 자연스럽게 한국인들에게 확산되었을 것이다. 서양인의 관점이 확대되면서 상대적 불결은 한국인도 인정해야 할 절대적 불결로 자리 잡기 시작했다.

오, 말로 표현할 수도 없고, 차마 맡을 수도 없고, 도저히 견딜 수도 없는 냄

---

21 『알렌의 일기』, 건국대학교 출판부, 1991, 147쪽(1887. 12. 26).

22 이덕무, 『청장관전서』 제31권, 사소절팔(士小節八), 동규삼(童規三), 동지(動止)(한국고전종합DB, https://db.itkc.or.kr/).

23 박형우, 『제중원』, 몸과마음, 2002, 132~141쪽.

새, 끔찍하고 지독한 냄새, 지옥 같은 냄새! 냄새가 심하다고 아버지나 다른 조선인에게 불평해도 소용없다.[24]

외국인의 감각은 자연스럽게 한국인의 그것이 되었다. 비교를 하면서 강도가 더 높아졌을 가능성도 있다. 서양의 영향력이 확대되면서 악취, 그 기원으로서의 불결은 한국인에게 혐오의 대상으로 인식되기 시작했다.

불결을 깨달았다면 청결을 추구해야 했다. 나아가 몸을 청결하게 할 공간이 필요했다. 목욕탕이었다. 러시아 외교관이 한국인의 불결을 지적하면서 "공중목욕탕을 이용하거나 목욕을 하는 습관을 가지고 있지 않다"고 비판한 사실에서 그 필요성을 확인할 수 있다.[25]

목욕탕에 주목한 사람들은 다른 많은 분야에서 그렇듯이 한국의 근대적 개혁을 급진적으로 추구한 개화파였다. 갑신정변에 참여했던 박영효(朴泳孝)는 1888년 고종에게 올린 건백서에서 다른 여러 개혁안과 함께 목욕탕 설치를 요청했다. 그는 "인민들에게 목욕할 수 있는 곳을 만들어 때때로 몸을 닦게 함으로써 더러운 것과 전염병을 면하도록 깨우치는 일"을 해달라고 요청했다.[26] 박영효에게 목욕은 청결과 위생을 위한 수단이었다.

같은 개화파 계열이던 유길준(兪吉濬)도 목욕의 필요성에 대해 짧게나마 언급했다. 당시 개화파에게 영향을 미치던 병인론은 장기론(瘴氣論) 혹은 독기론(毒氣論)이었다. 전염설이 확증되기 이전에 유행했던 이론으로, 분뇨나 쓰레

24 『국역 윤치호 영문 일기』 5, 1905. 11. 8(한국사데이터베이스, http://db.history.go.kr/).

25 미하일 알렉산드로비치 포지오, 『러시아 외교관이 바라본 근대 한국』, 동북아역사재단, 2010, 354쪽.

26 「朴泳孝建白書」, 『日本外交文書』 21, 日本國際連合協會, 1949, 303쪽. 번역은 김갑천, 「박영효의 상소문」, 『한국정치연구』 2, 1990, 273쪽을 원용했다.

기가 부패하면서 생긴 독기가 전염병의 원인이라는 인식이었다.[27] 목욕은 그 전염을 막는 방법이었다. "오예기(汚穢氣)를 소지(消止)ᄒᆞᄂᆞᆫ 도(道)ᄂᆞᆫ (…) 목욕을 빈삭(頻數)히 행(行)홈도 극선(極善)ᄒᆞᆫ 자(者)"라는 표현에서 알 수 있듯이 유길준은 목욕을 강력히 권유했다.[28] 박영효와 같이 유길준도 목욕을 전염병 예방과 연결시켰다.

이들이 1880~1890년대 서양 문명을 모방한 한국의 근대적 개혁을 시도한 점을 고려하면, 목욕은 문명을 위한, 진보를 위한 방편이라고 할 수 있었다. 근대화를 위한 방편이었다. "전 세계의 문명을 창(唱)ᄒᆞᄂᆞᆫ 방국(邦國)에ᄂᆞᆫ 반다시 청결로써 선문제(先問題)를 삼"았다.[29] 즉 문명국이 되기 위해 청결은 성취해야 할 최우선 과제였다. 『독립신문』도 청결 수단인 목욕의 필요성에 대해 공감했다.

> 몸을 정ᄒᆞ게 ᄒᆞ여야 홀 터인ᄃᆡ 몸 졍케 ᄒᆞ기ᄂᆞᆫ 목욕이 뎨일이라 (…) 목욕ᄒᆞᄂᆞᆫ 일은 다만 부지런만 ᄒᆞ면 아모라도 잇흘에 ᄒᆞᆫ 번식은 몸씨슬 도리가 잇슬 터이니 이거슬 알고 안ᄒᆞᄂᆞᆫ 사ᄅᆞᆷ은 더러온 것과 병 나ᄂᆞᆫ 일을 ᄌᆞ취ᄒᆞᄂᆞᆫ 사ᄅᆞᆷ이라.[30]

『독립신문』은 목욕이 청결과 위생을 위한 수단임을 강조했을 뿐만 아니라 '이틀에 한 번 정도'라는 구체적인 목욕 횟수까지 제시했다. 이는 이상적인 횟수였겠지만, 적더라도 목욕은 필요했다. 목욕을 하지 않으면 병이 났기

27 박윤재, 「19세기 말~20세기 초 병인론의 전환과 도시위생」, 『도시연구』 18, 2017, 11~16쪽.
28 兪吉濬, 『西遊見聞』, 交詢社, 1895, 299쪽.
29 「목욕」, 『만세보』 1906. 12. 11.
30 「론셜」, 『독립신문』 1896. 5. 19.

때문이다. 1년에 겨우 한 번 목욕을 하는 둥 마는 둥 하니 병이 안 생길 수 없었다. "목욕을 자죠 홀쇼록 몸이 튼튼"해진다면,[31] 목욕은 건강에 이르는 중요한 길이었다.

식민지 시기에도 목욕은 청결과 위생을 위한 방법으로 계속 강조되었다. 위생을 달성하기 위해서는 집이나 옷을 청결히 유지하는 것만으로 부족했다. 중요한 것은 내적인 청결이었다. "몸 청결을 못하고야 어찌 위생을 철저히 한다고 할 수 잇을 것인가"라는 자책이 나오고 있었다.[32] 겨울이 되었다고 목욕을 게을리하는 것은 "위생의 관념이 적은 데"서 연유한 행동이었다.[33] 비위생은 질병과 연결되었다. 한국인에게 피부병이 많은 원인은 목욕을 자주 하지 않았기 때문이다.[34] 이런 상황은 "보건위생상에 중대한 문제"였고,[35] 따라서 목욕은 위생 사상을 보급시키는 방법이기도 했다.[36] 한국인에게 "가장 급한 것은 목욕 장려" 문제라는 이야기까지 나오고 있었다.[37]

목욕은 자주 할수록 좋았다. 일주일에 1~2회를 권하는 경우가 있었고, 3회 정도, 나아가 매일 목욕할 것을 권하기도 하였다. 여름에는 1주일에 1회, 겨울에는 2회라고 계절에 따라 차이를 두는 경우도 있었다.[38] 하지만 그런 권고가 실현되기는 어려웠을 것이다. 농어촌의 경우 1년 중 목욕을 할 수 있는 기회

---

31 「론셜」, 『독립신문』 1897. 9. 2; 「론셜」, 『독립신문』 1896. 12. 12.

32 「共同浴場을 急設하라」, 『東亞日報』 1936. 8. 7.

33 「목욕을 자조 하라」, 『中外日報』 1926. 11. 27.

34 「신체를 정결히 하라, 朱永善씨 담」, 『東亞日報』 1924. 1. 1.

35 「公設浴場增設」, 『東亞日報』 1936. 3. 30.

36 「中産以下社會施設의 根本的改善企圖」, 『每日申報』 1932. 8. 14.

37 「신체를 정결히 하라, 朱永善씨 담」, 『東亞日報』 1924. 1. 1.

38 「자녀의 의사 존중」, 『東亞日報』 1927. 5. 18; 「傳染病犧牲者二萬六千餘」, 『東亞日報』 1933. 6. 19; 春園生, 「東京雜信: 沐浴湯」(2), 『每日申報』 1916. 10. 12; 李先根, 「엄한긔와 소아 위생」(下), 『東亞日報』 1930. 1. 5; 「신체를 정결히 하라, 朱永善씨 담」, 『東亞日報』 1924. 1. 1.

란 여름철밖에 없었다. 다른 계절에는 거의 목욕을 하지 못했다.[39] 목욕을 할 수 있는 공간이 따로 필요했기 때문이다.

목욕에 대한 강조는 공중목욕탕을 설치하자는 주장으로 이어졌다. 가정마다 목욕탕 설치가 쉽지 않은 상황에서 공중목욕탕은 대안이 될 수 있었다. 공중목욕탕은 "민중의 보건위생상 가장 필요를 느끼"는 설비였고,[40] "명랑한 도시 건설"을 실현할 방법이었다.[41] 목욕탕은 적어도 마을에 1개씩 필요했지만,[42] 이상적으로는 많으면 많을수록 좋았다. 다만 현실 속에서 목욕탕의 수를 늘리기 위해서는 고민과 노력이 필요했다.

공중목욕탕의 필수 요건 중 하나는 저렴한 요금이었다.[43] 위생을 실천하기 위해서는 값싼 목욕탕이 필요했다. 무료라면 더욱 좋았다.[44] 아니면 사설 목욕탕을 행정당국이 인수하여 공영(公營)으로 운영하거나 보조금이라도 지급해야 했다.[45] 평양의 경우 "부(府)에서 일반 위생 관념을 향상시킬 목적"으로 공설 목욕탕을 설치하고 목욕료를 일반 목욕탕의 반으로 책정했다.[46] 식민당국은 일반 목욕탕의 목욕비 인상을 억제하기도 했다.[47] 목욕 문화를 확산시키려는 목적 때문이었을 것이다.

저렴한 비용으로 공중목욕탕을 설치하고 운영하기 위해서는 여러 주체들이 공동으로 참여할 필요가 있었다. 부담을 분담하는 방식이었다. 예를 들

---

39 「公設浴場增設」, 『東亞日報』 1936. 3. 30.
40 「共同浴場을 急設하라」, 『東亞日報』 1937. 6. 15.
41 「共同浴場을 急設하라」, 『東亞日報』 1936. 8. 7.
42 「忠南道內 各部落에 共同浴場을 設置」, 『東亞日報』 1939. 2. 5.
43 『朝鮮大觀』, 조선공론사, 1934, 176쪽.
44 「中産以下社會施設의 根本的改善企圖」, 『每日申報』 1932. 8. 14.
45 「共同浴場問題 面當局에 一言」, 『東亞日報』 1937. 6. 29.
46 『朝鮮社會事業要覽』, 朝鮮總督府, 1924, 54쪽.
47 「혹 쎄랴다 붓친 平壤湯屋組合」, 『每日申報』 1927. 2. 7.

면, 목욕탕에 사용될 토지와 건물은 마을에서 기부하되 물 끓이는 가마와 시멘트는 도에서 공동으로 구입하는 식이었다. 이렇게 만들어진 목욕탕은 마을이 소유하는 공동목욕탕이 될 수 있었다.[48] 건물과 설비는 면과 마을에서 부담하되 연료비를 이용자가 부담하는 방식도 있었다.[49]

청년회의 임무 중 하나로 공중목욕탕 설치가 제기되기도 했다.[50] 다른 설립 주체 중 하나는 위생조합이었다. 위생조합은 마을에서 공동으로 사용할 우물과 함께 목욕탕을 설치했고,[51] 직접 하지 못할 경우 사설 목욕탕을 이용할 수 있는 무료 입욕권을 배부하기도 했다.[52]

목욕탕은 마을을 넘어 직장이나 학교로 설치 장소가 확대되었다. 노동자의 경우 하루종일 일을 하고도 몸을 씻지 못한 채 1~2개월을 보내는 경우가 있었다. 그들이 귀가하기 전 목욕을 할 수 있도록 배려할 필요가 있었다.[53] 청결과 위생에 대한 관념이 강해지다 보니 노동자들이 파업을 하면서 목욕탕 설치를 요구 조건 중 하나로 제기하기도 했다.[54] 학생들이 공동으로 이용할 수 있는 목욕탕을 학교에 설치하자는 주장도 나왔다. 그 설치는 "학원의 어린이들로 하여금 위생 보건의 안전지대"에 올라가게 하는 방법이었다.[55]

목욕의 필요성이 공중목욕탕 설치로 이어지면서 위생과 청결을 위한 목

48 「料金도 밧지 안케 하는 衛生的共同浴湯」, 『每日申報』 1937. 2. 25.

49 「共浴場設置 옥구 개정면서」, 『東亞日報』 1932. 12. 18.

50 「嶺湖瞥見」, 『東亞日報』 1923. 12. 17; 「楊口青年會公衆湯設置」, 『東亞日報』 1930. 10. 29; 「衛生施設擴充 咸州青年들이」, 『東亞日報』 1935. 11. 1.

51 「一面一個所의 衛生組合設置」, 『東亞日報』 1935. 1. 15; 「廣州署衛生施設 共同浴湯施設」, 『每日申報』 1935. 7. 28.

52 「珍! 入浴同情」, 『東亞日報』 1936. 1. 14.

53 「工場主側에 與함」, 『東亞日報』 1929. 5. 28.

54 「海州朝鮮 세멘트會社 六百職工 總罷業」, 『東亞日報』 1938. 3. 29.

55 「市內各小學校 안에 共同浴場을 新設」, 『東亞日報』 1940. 7. 18.

욕 문화가 확산되었다. 위생과 청결은 누구나 성취해야 할 보편적인 목적이었다. 하지만 한국의 목욕 문화에는 다른 요소가 추가되기 시작했다. 수치였다. 이 수치는 민족 정서와 연결되어 있었다.

## 3. 수치로서 때와 한국인의 때 밀기

지금은 일본 목욕탕에서 때를 미는 일본인을 보기 힘들지만, 처음부터 그랬던 것은 아니다. 일본인도 때를 밀었다. 연말이면 목욕을 하고 그때마다 때를 밀 것이 권장되었다. 상징적인 의미가 있었다. 몸의 때가 없어지면 마음의 때도 함께 없어지고, 몸뿐 아니라 마음도 청결해진다는 의미였다. 때를 벗기는 아카수리(垢すり)라는 일종의 때수건도 있었다.[56]

서양의학이 수용된 이후에도 때는 제거해야 할 대상으로 인식되었다. 일본의 군진의학을 개척한 마쓰모토 료준(松本良順)의 경우 자신의 책인 『양생법』에서 뜨거운 탕에 들어가 때를 없애라고 권장했다. 때가 쌓이면 피부의 기공(氣孔)이 막혀 병이 생긴다고 생각했기 때문이다.[57] 서양의학의 피부호흡 이론을 수용한 것이었다.

1830년대에 등장한 피부호흡 이론은 모공이 때로 막혀버리면 이산화탄소가 피부를 통해 배출되지 못하기 때문에 따뜻한 물로 정기적으로 모공을 깨끗이 씻는 것이 건강과 생명을 유지하는 중요한 요소라고 주장했다.[58] 1900년대 한국에 있던 외국인의 목욕 문화를 전하면서 그들이 3~10분 정도 따뜻한

---

56 『公衆浴場史』, 全國公衆浴場業環境衛生同業組合聯合會, 1972, 151쪽.

57 川端美季, 『近代日本の公衆浴場運動』, 法政大學出版局, 2016, 85~86쪽.

58 캐서린 애셴버그, 『목욕, 역사의 속살을 품다』, 예지, 2010, 162~163쪽.

욕탕에 몸을 담갔다가 "구(垢)를 세척(洗滌)"한다고 표현한 것으로 보아 일본인도 때를 씻어내곤 했음을 알 수 있다.[59]

그러나 한국인의 때 밀기는 일본인보다 강박적이었다. 목욕탕의 활용 방식부터 달랐다. 일본인들은 목욕탕을 단순히 몸을 씻는 곳을 넘어 일종의 휴게실로 사용했다. 중세 일본에서 공중목욕탕은 사회적 교류 장소였다. 목욕은 친구, 동료, 가족, 이웃들과 함께하는 사회적 교류였다. 그들에게 목욕은 휴식, 놀이, 오락의 의미를 지녔다. 그들은 그곳에서 먹고 마시고 놀았다.[60]

식민지 조선에서도 마찬가지였다. 일본인들은 목욕탕 2층에 휴게소를 마련하여 바둑이나 장기와 같은 오락을 즐기기도 하고,[61] 매점을 설치하여 목욕객의 편의를 도모하기도 했다.[62] 한국인들도 그런 문화를 수용했다. 하지만 초기였다. 1900년대 기사를 보면 신선한 과자와 향기로운 술을 갖추었다고 선전하거나 음식을 판매한다고 광고하는 목욕탕이 있었다.[63] 기생을 불러 유흥도 즐겼다.[64]

그러나 목욕탕에서 이루어지는 유흥 문화는 지속되지 않았다. 그런 목욕탕은 몰래 숨어서 다녀야 했고, 이용자는 "바람난 사람으로 인정"되었기 때문이다.[65] 한국인에게 목욕탕은 몸을 씻는 곳이었고, 때를 미는 곳이었다. 한국인이 목욕에 대해 가진 인식은 여유라기보다 강박이었다.

---

59 「목욕」, 『만세보』 1906. 12. 11.

60 Lee Butler, ""Washing Off the Dust": Baths and Bathing in Late Medieval Japan", *Monumenta NIpponica* 60-1, 2005, p. 16, 19.

61 『이리안내』, 惠美須屋書店, 1915, 58쪽.

62 「東萊公衆浴場内に賣店」, 『釜山日報』 1934. 1. 23.

63 이인혜 외, 앞의 책, 91~93쪽.

64 다케쿠니 토모야스, 앞의 책, 77쪽.

65 「목욕탕에서」, 『東亜日報』 1934. 9. 12.

물론 때를 없애는 문화가 식민지 시기, 즉 일본의 지배를 받으면서 시작된 것은 아니었다. 이전부터 한국인들은 때를 없앴다. 삼국 시기 "봄비로 목욕하고 때를 씻"는 경우가 있었다. 하지만 이 경우는 비가 오면 목욕을 했다는 의미일 뿐 일상적인 목욕을 의미하지는 않았다.[66] 고려 시기에도 "중국인이 때가 많다"고 묘사한 점에서 알 수 있듯이 때를 더러움의 표현으로 사용했고,[67] 따라서 어떤 방식이든 때를 없애는 문화가 존재했을 것이다.

조선 시기에는 팥으로 세수해서 피부를 깨끗하게 하는 풍속이 있었다.[68] 때를 직접 벗긴다기보다 일종의 비누 가루를 통해 몸을 씻었던 것이다. 나아가 때를 밀었다는 표현도 발견할 수 있다. "목욕할 때는 시자(侍者)가 아무리 비천하더라도 그로 하여금 때를 밀거나 발을 문지르게 하지 말라"라는 표현이다.[69] 원문인 '마구(磨垢)'를 때를 미는 행위로 해석한 것인데, 때가 낀 거울을 닦는 행위 역시 마구라고 표현한 것으로 보아 때를 밀었다는 해석이 지나치지 않다.[70]

그러나 근대에 접어들어서 때를 미는 행위가 적극적으로 이루어지기 시작했다. 목욕 문화가 확산되고 그 문화를 실천할 수 있는 공간, 즉 목욕탕이 설치되었기 때문이다. 나아가 때에 정치적 혹은 민족적 의미가 부여되었기 때문이다.

1906년 목욕을 설명하는 기사에서 "일신의 구(垢)를 세척(洗滌)"한다는 표

66 안옥희 외, 앞의 논문, 3쪽.

67 『선화봉사고려도경』 제23권, 잡속(雜俗) 2, 한탁(澣濯)(한국고전종합DB, https://db.itkc.or.kr/).

68 정주미 외, 「傳統沐浴風俗과 沐浴劑에 관한 고찰」, 『한국미용학회지』 13-3, 2007, 1287쪽.

69 이덕무, 『청장관전서』 제27-29권, 사소절오(士小節五), 사전오(士典五), 사물(事物)(한국고전종합DB, https://db.itkc.or.kr/).

70 趙顯命, 『歸鹿集』 卷之三, 詩, 晨興自警, "鏡因磨垢遂光明"(한국고전종합DB, https://db.itkc.or.kr/).

현이 있다. 때를 벗긴다는 내용이다. 한국인은 욕조 안에서 때를 벗기니 외국인이 목욕탕 출입하기 어렵다는 내용도 있었다.[71] 식민지 시기도 마찬가지였다. 목욕을 하자 "육신의 진구(塵垢)만 아니라 정신의 진구까지 씻어지는 것 같다"는 표현이 나타났다.[72] 몸의 때를 벗겨낸 것이다. 나아가 "째를 씻"을 뿐 아니라 "째를 밀"었다는 표현이 나타났다.[73] 단순히 때를 씻는 행위를 넘어 적극적으로 미는 문화가 형성되었던 것이다. 제발 청결을 위해 욕탕 안에서 때를 밀지 말라는 요청이 있을 정도였다.[74]

문제는 식민지 시기에 접어들어 때에 청결과 위생을 넘어 열등감이 부가되기 시작했다는 것이다. 일본보다 불결하다는 열등감이었다. 그 열등감은 비교에서 왔다. 청결을 기준으로 한 비교였다. 일본은 청결했다. 일본이 세계에 자랑하는 일 중 하나는 청결함이었다. 일본의 거리에서 불결함을 찾아보기는 어려웠다. 비록 설비가 불완전한 도시라도 불결한 것을 발견할 수가 없었다. 한국은 정반대의 상태에 있었다. 한국인은 세계에서 "뎨일 더러운 민족"이라고 평가해도 무방했다.[75] 독일 신문에 실린 기사이고, 한국을 의도적으로 모욕했다고 비판받은 기사였다. 평가를 그대로 받아들이기 힘들다. 하지만 당시 불결이 한국인의 문제로 지목되고 있었다는 점은 분명하다.

일본인이 청결하다고 할 때 그 상징은 목욕이었다. 목욕은 일본을 칭찬하는 근거 중 하나였다.[76] 일본인은 평균 이틀에 한 번은 목욕을 했고, 매일 목욕

---

71 「목욕」, 『만세보』 1906. 12. 11.

72 이광수, 『半島江山』, 永昌書館, 1939, 85~6쪽.

73 春園生, 「東京雜信: 沐浴湯」 (1), 『每日申報』 1916. 10. 11; 「목욕하러 갈 째에 위생상 주의할 뎜」, 『中外日報』 1928. 7. 13; 「목욕할 째에 주의」 (二), 『東亞日報』 1928. 1. 13.

74 「목욕탕에서」, 『東亞日報』 1934. 9. 12.

75 「獨逸新聞에서 朝鮮民族侮辱」, 『東亞日報』 1927. 2. 1.

76 『국역 윤치호 영문 일기』 5, 1905. 11. 6(한국사데이터베이스, http://db.history.go.kr/).

〈표 1〉 가구당 1년간 목욕 횟수

| 횟수 | 호수 |
|---|---|
| 10일 이내 1회 | 34호 |
| 10일~1개월 1회 | 126호 |
| 1개월~2개월 1회 | 162호 |
| 2개월~6개월 1회 | 83호 |
| 6개월~1년 1회 | 27호 |
| 목욕탕을 가본 적 없음 | 64호 |
| 미상 | 60호 |
| 계 | 556호 |

* 출처: 경성제국대학 위생조사부 엮음, 『토막민의 생활과 위생』, 민속원, 2010, 186쪽.

하는 사람도 있었다. 반면 한국인은 목욕을 하지 않았다. 중류 이상 중에 한 달 이상이나 목욕하지 않는 사람들이 있었고, 심한 경우 60~70세에 이르는 평생동안 6~7번 정도 목욕을 하는 사람도 있었다.[77] 10년에 한 번 정도 목욕을 했다는 이야기이다.

1940년 경성제국대학에서 진행한 토막민에 대한 조사는 당시 한국인의 목욕 횟수를 아는 데 도움이 된다. 당시 조사한 결과는 〈표 1〉과 같았다.

열흘에 한 번 이상 목욕을 하는 호수가 6%, 1개월 이내에 목욕을 1회 이상 한 호수가 26%였다. 4가구 중 1가구 정도가 한 달에 한 번 이상 목욕을 하고 있었다. 달리 말하면 4가구 중 3가구는 한 달에 한 번도 목욕을 안 했다는 것이다. 목욕을 해본 적 없는 가구도 있었다. 64가구로 전체 가구 수의 11%였다. 적지 않은 숫자였다. "이들은 여름에 강 등에서 몸을 씻는 것 외에는 1년 중 전신을 닦는 일이 거의 드물"었다.[78] 물론 조사 대상이 토막민, 즉 주거 환경이

77 春園生, 「東京雜信: 沐浴湯」 (1), 『每日申報』 1916. 10. 11; 春園生, 「東京雜信: 沐浴湯」 (2), 『每日申報』 1916. 10. 12.

78 경성제국대학 위생조사부 엮음, 『토막민의 생활과 위생』, 민속원, 2010, 186쪽.

열악한 사람들이었고, 따라서 이 상황을 한국인 전체로 확대해서 적용하는 데 무리가 있는 것은 분명하다. 하지만 한국인에게 목욕이 쉽지 않았고, 청결을 유지하기 힘들었음을 알려주는 것 역시 분명하다.

더럽다 보니 차별을 받았다. 식민지 시기 일본인은 한국인이 불결하다는 이유로 목욕탕 사용에서 차별을 했다. 한국인은 욕탕에 들어가기 전에 국부나 발을 씻어야 함에도 불구하고 그냥 들어갔다. 얼굴 씻는 대야를 이용하여 몸을 씻기도 했다. 이러한 행동은 "누가 보던지 상스럽지 못흔 것"이었다.[79] 한국인이 곁에서 목욕하면 일본인은 싫어했다.[80]

따라서 한국인을 손님으로 받지 않는 목욕탕이 생겼다. 일본인 주인은 한국인의 불결을 지적하며 "요보상와 이쎄나이", 즉 '한국인은 들어갈 수 없다'고 말했다.[81] 한국인을 받는다 해도 일본인과 다른 공간을 사용하도록 하는 경우도 있었다. 저녁 10시 이전에는 한국인을 안 받기도 했다. 공중목욕탕을 설치하는 주요 목적도 "조선인을 입욕"시키자는 데 있었다.[82]

한국인은 적지 않은 돈을 내며 목욕을 하는데 차별을 하는 것은 옳지 않다고 비판했다.[83] 차라리 비싸도 한국인이 운영하는 목욕탕을 이용하기도 했다.[84] 나아가 차별하는 일본인과 맞서 싸우기도 했다. 모욕을 받았다고 느꼈기 때문이다.[85] 하지만 차별을 당연시하는 데서 더 나아가, 불결하다면 혐오와 모

79 「欲客區別의 弊風을 警察이 斷然 取締」, 『每日申報』 1922. 3. 10.

80 「목욕을 자조하라」, 『中外日報』 1926. 11. 27.

81 「때의 소리」, 『東亞日報』 1921. 8. 12.

82 『인천부사』, 인천부, 1933, 1444~1445쪽.

83 「때의 소리」, 『東亞日報』 1921. 8. 12.

84 「平壤地方 情勢視察報告書 提出 件」(1907. 4. 15), 『駐韓日本公使館記錄』 26권(한국사데이터베이스, http://db.history.go.kr/).

85 「日本人과 大便戰」, 『東亞日報』 1925. 6. 11.

욕을 받는 것은 당연하다고 말하는 사람도 있었다.

> 개인이 불결하면 그 사회에서 개인이 혐오를 받고 모욕을 당하는 것과 마찬가지로 불결한 개인들의 집단인 불결한 민족은 또한 그 국제상 지위에 잇어서 남에게 침배아틈을 받고 멸시를 받는다. 요새 흔히 민족적으로 불결한 민족을 말할 때에는 지나족과 인도족을 그 대표인 것 같이 말들을 한다. 그것이 얼마나 큰 민족적 치욕이랴! 그러나 우리가 우리 민족 자체를 돌아다볼 때에 또한 적면(赤面)하지 않을 수 없다. 따져보면 우리 민족도 결코 그 깨끗함에 잇어서 높은 수준에 처해 잇다고 보기 힘든 것이다.[86]

세계가 중국이나 인도를 침략하고 멸시하는 이유는 불결함에 있었다. 불결한 개인이 모욕을 당하듯이 불결한 민족도 마찬가지 취급을 받는 것이 당연했다. 이런 차별은 문명의 위계에 의해 정당화되었다. 목욕을 하지 않아 청결 사상이 보급되지 않은 상황은 "문명인의 체면에 심히 수치"였으며,[87] 목욕을 자주 하지 않는 습관은 "분명히 진보하지 못한 생활 방식"이었다.[88] 중국과 인도는 진보하지 못한 비문명국가였다.

문제는 한민족도 다르지 않다는 데 있었다. 중국이나 인도와 다를 바 없었다. 한국은 냄새와 오물의 나라였다.[89] 설령 목욕을 한다 해도 여전히 "거칠고 더러운 자가 많"았다.[90] 문명과 진보라는 측면에서 뒤떨어진 나라였다. 그

---

86 「깨끗한 生活」, 『東亞日報』 1934. 1. 19.

87 春園生, 「東京雜信: 沐浴湯」 (2), 『每日申報』 1916. 10. 12.

88 「목욕할 쌔에 주의」 (一), 『東亞日報』 1928. 1. 12.

89 『국역 윤치호 영문 일기』 5, 1905. 11. 6(한국사데이터베이스, http://db.history.go.kr/).

90 『윤치호일기』, 1916. 1. 4.

당연한 결과는 혐오, 모욕, 질시였다. 그리고 피침략이었다. 일본의 지배를 받는 이유는 불결함에 있었다.

불결함을 해결할 수 없다면 독립도 불가능했다. "대중목욕탕 하나 운영하지 못하는 우리"가 "독립을 운운할 수 있는 건가"라는 자조적인 비판이 나왔던 맥락이다.[91] 청결하지 못한 민족은 독립할 자격이 없었다. 독립을 위해서는 청결해야 했다. 불결은 신체적 차원을 넘어 정치적 차원에서도 척결해야 할 대상이었다.

이때 불결의 상징으로 지목된 대상이 때였다. 한국인은 여름을 제외하고는 "때투성이"가 되어도 몸 한 번 깨끗이 씻지 않았다.[92] 청결이나 위생을 구현하고자 한다면, "신체상에 구갑(垢匣)을 선거(先去)"해야 했다.[93] 즉, 때는 먼저 제거해야 할 대상이었다. 때는 육체적 차원을 넘어 정신적으로도 씻어버려야 할 잔재였다. 여기서 때는 개인을 넘어 민족과 연결된다. 한국이 여전히 선천적, 유전적, 습관적 구구(舊垢), 즉 오래된 때를 가지고 있다면, 그 때를 세척해서 버려야 한다는 것이었다.[94] 민족적 차원의 청결이 요청되었던 것이다. 청결이 당위였다면 불결은 치욕이 되었다. 불결과 비위생의 상징인 파리, 시궁창과 함께 사람을 몸서리치게 만드는 "서울의 수치요 또 조선 민족의 치욕"은 한국인의 몸에 흐르는 "때국"이었다.[95] 식민지 시기에 때는 불결의 상징을 넘어 민족의 치욕이 되었다.

그렇다면 치욕을 넘어설 방법이 도출되어야 했다. 일제는 한국인이 목욕

---

91 김상태 편역, 『윤치호일기』, 역사비평사, 2001, 76쪽(1919. 2. 28).

92 「共同浴場을 急設하라」, 『東亞日報』 1936. 8. 7.

93 「목욕」, 『만세보』 1906. 12. 11.

94 崔承九, 「感傷的 生活의 要求」, 『학지광』 3, 1914, 16쪽.

95 「깨끗한 生活」, 『東亞日報』 1934. 1. 19.

을 좋아하지 않는다는 사실을 낮은 민도나 경제적 곤란에서 찾거나 전통 조선의 악정을 비판하는 데 사용하고 있었다.[96] 목욕 습관을 사회경제적 원인을 넘어 정치적 정체 혹은 낙후와 연결시켜 해석했던 것이다. 목욕을 식민 지배를 위한 논리로 확대해석하고 있었다. 원인을 파악했으니 해결책은 간단했다. 혐오와 모욕을 받기 싫다면, 차별을 극복하고 싶다면, 청결해야 했다. 한국인을 불결하게 만드는 것이 때라면 때를 벗겨내야 했다. 때를 밀어야 했다. 때를 밀어냄으로써 한민족은 세계에서 청결한 민족으로, 궁극적으로 독립을 이룰 수 있는 민족으로 평가를 받을 수 있게 될 것이었다.

## 4. 맺음말

근대에 접어들면서 목욕은 청결이라는 신체적 의미를 넘어 문명화라는 위계적 사고와 연결되었다. 목욕은 위생을 실천하는 방법이었고, 문명을 성취하는 방법이었다. 여기에 식민 지배가 부가되면서 목욕에 다른 의미가 덧붙여졌다. 민족적 수치였다. 불결한 개인이 혐오의 대상이 되고 모욕을 당하는 것과 마찬가지로 민족 역시 불결하다면 그와 같은 대우를 받아야 했다. 한민족도 그런 민족이었다. 한국인은 목욕을 자주 하지 않았다. 말 그대로 민족적 치욕이었다. 한국인의 불결은 민족의 자존심을 건드리는 문제였다. 그 자존심을 회복하기 위해 한국인은 일본인보다 더 청결해야 했다.

이때 치욕을 상징하는 대상으로 지목된 것이 때였다. 불결의 상징이었고, 문명화를 가로막는 방해물이었다. 나아가 때가 한민족을 수치와 치욕으로

96 金凡性, 앞의 논문, 230쪽.

몰아넣는다면, 그 상황을 벗어나는 방법은 때를 미는 것이었다. 때를 민다는 것은 청결을 유지하는 것이고, 한국인의 진보를 확인하는 것이고, 나아가 차별을 극복하는 방법이었다. 즉 독립을 이루는 방법이었다. 한국인들은 열심히 때를 밀 수밖에 없었다. 때는 단순한 몸의 각질이 아니었다. 육체적 차원을 넘어 정치적 의미를 지닌 제거의 대상이었다.

아파트가 생기고 그곳에 샤워 시설이 들어서면서 일상적으로 몸을 씻게 되었고 점차 때를 미는 한국인들의 숫자도 줄어들고 있는 것 같다. 비누 외에 여러 세정 용품의 발달도 그 감소에 기여하고 있다. 때를 미는 것이 오히려 피부 관리에 좋지 않다는 조언도 많다. 일본에서 때를 미는 문화가 사라졌듯이 한국에서도 자연스럽게 때밀이 문화가 사라져갈지 모르겠다.

하지만 공중목욕탕을 찾으면 그곳에는 여전히 거품을 잔뜩 품은 때수건으로 몸을 문지르고 때를 미는 사람들이 있다. 아이를 데리고 온 아빠들도 있다. 그들은 우리네 아버지가 그랬듯이 자신의 아들 몸의 때를 정성껏 벗겨준다. 그렇게 문화가 전습된다면 때밀이 문화가 쉽게 사라질 것 같지는 않다. '이태리타월'이라는 유명 브랜드를 가질 만큼 한국의 때밀이 문화는 긴 역사를 가지고 있기도 하다. 나아가 그 역사 속에 민족 차별의 경험이 심어져 있다면 그 문화가 더 길게 남게 될지도 모르겠다.

# 한국의 결핵 관리와 보건소
## —해방 후부터 1970년대 후반까지

## 1. 머리말

식민지 조선부터 결핵은 "망국의 병(亡國之病)", "패가망신하는 병(敗家亡身之病)"으로 불리는 만성전염병[01]이었다.[02] 해방 이후에도 전체 국민의 백만 명 이상이 결핵에 걸려 있었고, 매년 3~4천 명 이상이 결핵으로 사망했다.[03] 결핵은 국민에게 두려운 존재였다.

60년 정도가 지난 지금의 대한민국은 결핵의 공포에서 벗어났다. "OECD 가입국 중 가장 높은 유병률을 보인다"는 뉴스가 종종 보도되지만,[04] 여기에

---

01 2010년 「전염병예방법」이 「감염병의 예방 및 관리에 관한 법률」로 개정되면서 공식용어는 '감염병'으로 바뀌었다. 그러나 이 글에서는 독자의 이해를 돕기 위해 과거 용어인 '전염병'을 사용한다.

02 대한결핵협회, 「한국에 태어난 결핵 환자를 위하여」, 『보건세계』 1958년 8월호, 38쪽.

03 윤유선, 「대한민국의 결핵 현상의 제난관」, 『결핵』 1, 1954, 52~54쪽.

04 세계보건기구(WHO)가 집계한 결핵 유병률은 국내 통계보다 항상 높게 측정되고 있다. 그 이유는 결핵 통계 방식이 서로 다르기 때문이다. 국내 통계는 국가 결핵 감시 자료의 수치를 직접 활용하지만, WHO의 통계는 국가 간 결핵 관리 시스템의 수준이 크게 다른 점을 고려해 각국으로부터 수집한 통계의 정확도 및 국가별 경제 수준 등에 따른 추정 단계를 거친다. 「결핵발생률 OECD 1위 국가의 위엄? …WHO 신뢰 못 받는 한국 결핵통계」, 『라포르시안』

관심을 두는 국민은 많지 않다.[05] 설사 결핵에 걸렸다 하더라도 세 종류의 결핵약을 6개월만 꾸준히 복용하면 대부분 완치되기 때문이다.[06] 결핵으로 사망하는 사람도 거의 없어 이제 결핵은 과거처럼 악명 높은 질병이 아니다.

이러한 결핵 관리 성과에는 보건소의 역할이 있었다. 한국의 보건소는 1945년 미군정법령 제1호에 기반하여 1946년 서울에 모범보건소가 설치된 것을 시발점으로 보고 있다.[07] 보건소는 각종 전염병 예방을 담당한 기관으로, 특히 결핵 관리에서 진단과 치료를 일선에서 담당한 기관이었다. 최근 보건 관련 보고서와 연구는 보건소의 결핵 사업을 성공적으로 기술하고 있다. 보건소는 "결핵의 유병률을 낮추는 데 공헌"했고,[08] "결핵 박멸의 가능성을 제시"한 것으로 언급되었다.[09] WHO도 보건소 조직에 의한 한국의 결핵 관리를 성공적으로 평가했다.[10]

그러나 이러한 성과에도 불구하고 보건소의 역할은 다소 과장되어 있을 수 있다. 해방 이후 열악했던 한국의 보건 상황은 보건소가 국가적인 결핵 관리를 수행하기에는 어려운 환경이었다.[11] 보건소는 해방과 전쟁 이후 창궐하는 급성전염병을 관리하는 것만도 벅찼다. 보건 교육 기관이 부족하여 배치할 전문인력이 부족했으며, 1960~70년대까지도 보건 예산은 정부의 총 재정

---

2014. 11. 20.

05 「'국민 30% '잠복 결핵 감염자'… 2주 이상 기침 땐 의심해보세요」, 『서울신문』 2019. 6. 2.

06 질병관리본부, 대한결핵 및 호흡기학회, 『결핵진료지침』, 2017, 34쪽.

07 이무식, 「보건 사업의 바람직한 방향—보건소의 본래적 가치 실현을 목표로」, 『의료정책포럼』 16-2, 2018, 36쪽.

08 보건복지부, 『보건복지 70년사: 질병의 시대에서 건강시대로—보건의료편』, 2015, 123쪽.

09 대한보건협회, 『대한민국 보건발달사』, 지구문화사, 2014, 78쪽.

10 Kim K, Park BS, "Infrastructure-building for public health: The World Health Organization and tuberculosis control in South Korea, 1945~1963", *Korean Journal of Medical History* 28:1, 2019, p. 27.

11 보건사회부, 『보건사회: 1981년판』, 1981, 41쪽.

규모의 1% 수준에 불과하여 보건소에 실질적인 결핵 관리의 역할을 기대하기 어려웠다.[12] 또한 미국으로부터 도입된 예방 중심의 보건소 개념이 한국에도 영향을 주었기 때문에,[13] 동반 치료 사업이 필요했던 당시 상황에서 보건소의 역할에 한계가 있었으리라는 의심이 가능하다. 결핵 사업의 성과에서 보건소 역할의 재평가가 필요한 이유다. 이 글은 이러한 물음에서 출발했다.

한국의 결핵에 관한 연구는 꾸준히 이루어져왔다.[14] 대한결핵협회에서 발간한 『한국결핵사』는 한국의 결핵 관리를 시대순으로 서술한 저서이다. 박윤재, 최은경, 박지영의 연구는 주로 식민지 시대의 결핵을 다루었으며, Kim 등의 연구는 한국 결핵 관리에서 WHO의 역할을 살펴보았다. 그러나 이 연구들은 개괄적인 내용을 다루고 있거나, 본 연구와 시기나 대상이 일치하지 않는다. 한국의 결핵 관리에서 보건소의 역할에 초점을 맞춘 연구가 필요하다.

이 글은 보건소가 본격적으로 설립되기 시작한 해방 이후부터 결핵 관리 활동을 왕성하게 펼쳤던 1970년대 후반까지를 연구 기간으로 삼았다. 보건소가 결핵 관리에서 어떠한 역할을 했는지, 보건소의 구체적인 활동 검토를 통해 보건 조직 체계에 따른 결핵 관리의 역할과 치료 측면의 성과와 한계를 재평가하고자 한다. 보건소 활동에 대한 고찰은 보건사회부에서 발간한 백서 등의 정부 문서와 대한결핵협회의 잡지인 『보건세계』, 단행본 『한국결핵사』

12 보건복지부, 앞의 책, 4~9쪽.

13 예방 의료에 치우친 미국식 보건소 기능을 도입하는 바람에 한국의 공공 보건 의료가 상대적으로 쇠퇴하게 되었다고 지적했다. 정통령, 「미국 지역 보건소의 도입과 전개 과정」, 서울대학교 석사학위논문, 2005, 2~3쪽.

14 대한결핵협회, 『한국결핵사』, 1998; 박윤재, 「조선총독부의 결핵 인식과 대책」, 『한국근현대사연구』 47, 2008; 최은경, 「일제강점기 조선총독부의 결핵 정책(1910~1945)—소극적 규제로 시작된 대응과 한계」, 『의사학』 22-3, 2013; Kim K, Park BS, "Infrastructure-building for public health: The World Health Organization and tuberculosis control in South Korea, 1945~1963", *Korean Journal of Medical History* 28-1, 2019; 박지영 「통계와 식민의학—식민지 시기 조선인 결핵 실태를 둘러싼 논란을 중심으로」, 『의사학』 28-2, 2019.

등을 주로 참조했다.

## 2. 해방 후부터 1967년까지: 보건소 결핵 관리 활동의 시작

### 1) 국가 결핵 관리 체계에서 보건소의 역할과 변화 과정

해방 이후 국가의 결핵 관리는 산발적인 수준에 그쳤다.[15] 국가 사업보다 오히려 조선결핵예방협회, 한국결핵협회, 기독교의사회, 결핵대책위원회 등 민간단체들[16]의 활동이 더욱 활발하게 이루어졌다.

해방 이후 현대적인 결핵 관리 체계는 미군정의 도움을 받은 '모범보건소(模範保健所)'로부터 시작되었다.[17] 1947년까지 모범보건소를 포함하여 전국의 보건소는 세 곳에 불과했으나, 대한민국 정부수립 이후 「국립중앙보건소 직제」가 마련되면서 그 수는 점차 증가했다.[18] 보건소의 결핵 사업은 주로 BCG 접종 등의 예방 사업과 보건요원 훈련을 통한 결핵 환자의 보건 지도였다.[19] 모범보건소 등 일부 보건소에서는 환자에 대한 진료와 수술도 시행했다.

한국전쟁이 발발하면서 보건소는 예산과 직원 감소를 견디지 못하고 기능이 축소되었다. 그러나 전쟁 중에도 국제연합(UN)의 원조를 받아 400여 개소의 보건진료소가 명맥을 유지할 수 있었다.[20] 전쟁 이후 정부는 1956년부터

---

15 대한결핵협회, 『한국결핵사』, 1998, 400쪽.

16 이 단체들은 대한결핵협회(Korean National Tuberculosis Association)로 통합되며 그 활동 범위를 점차 넓혀갔다. 대한결핵협회, 『한국결핵사』, 1998, 360쪽.

17 이종학, 『보건 행정과 보건소 활동』, 1963, 6쪽.

18 이종학, 『보건소 행정과 활동』, 1959, 4쪽.

19 대한결핵협회, 「눈부신 보건 교육 사업—국립중앙보건소편」, 『보건세계』 1958년 8월호, 73쪽.

20 보건복지부, 앞의 책, 90쪽.

「보건소법」을 시행하여 보건소 설치 기준을 재정비했다. 덕분에 각 시·군마다 보건소가 설치되었는데, 이 기관이 추후 결핵 관리를 위한 보건소 망의 뼈대가 되었다.

모범보건소는 국립중앙보건소로 이름을 바꾼 뒤 1958년에 국립중앙결핵원[21]과 중앙성병원, 중앙간호연구원을 흡수·통합했다. 이때 수백 명의 국립중앙결핵원 결핵 환자가 모범보건소로 이관되었는데, 이는 국립중앙보건소의 업무과다로 이어졌다. 그간 맡고 있던 결핵 사업은 민간단체로 이양될 수밖에 없었다. 이 사건을 기점으로 국가의 결핵 사업은 축소되기 시작했다.[22] 정부가 민간에 의존하는 상황은 정부의 결핵 예산이 증액되기 시작한 1970년대까지 지속되었다.

1950년대 말 WHO는 5년간 결핵 관리 자금을 원조하는 조건으로 한국에 국가 결핵 관리 프로그램을 제안했다. 이 프로그램은 각 지역에 결핵 관리를 담당할 행정 기관을 세우고, 관리 인력 훈련을 시행하며, 지역 자체의 종합적인 결핵 프로그램을 개발하도록 하는 것이었다. 정부는 이에 동의했고, WHO는 프로그램 시작과 함께 결핵고문관과 간호원, 자문위원을 상주시켰다. WHO는 결핵을 관리할 기구를 보건소로 삼고, 자신들의 성과를 내고자 했다.[23]

WHO 프로그램이 진행 중이던 1961년에 군사정변이 발생했다. 신(新)정부는 WHO의 결핵 관리 프로그램 목적과 유사한 생각을 하고 있었다. 그들

---

21 국립중앙결핵원은 한미재단의 후원으로 서울 중구보건소의 일부를 빌려서 설립된 정부의 결핵 관리 사업의 중심 기관이었고, 대만의 '결핵방치원'을 모델로 한 것이었다. 환자 진료와 함께 보건 교육, 요원 훈련, BCG 예방접종, 집단검진, 결핵 실태조사 등의 업무도 실시했다. 대한결핵협회, 「결핵 대책 어제와 오늘」, 『보건세계』 1962년 2월호, 26쪽.

22 대한결핵협회, 「한국의 결핵 대책 어디까지 왔나」, 『보건세계』 1974년 11월호, 11~12쪽.

23 Kim K, Park BS, op.cit, p. 118.

은 국가 조직을 통해 결핵을 해결하겠다는 의지가 강했다. 정부는 결핵 퇴치의 주요 목적을 국민 보건 향상에 두었다. 그러나 경제발전을 강조한 정부는 결핵으로 인한 노동력의 손실을 묵과할 수 없었다.[24] 결핵 관리를 수행할 국가적인 조직망이 필요했고, 보건소는 가장 적합한 기관이었다. 그러나 국가적 관리를 위해 보건소 조직은 재정비가 필요했다. 당시 보건사회부장관이었던 정희섭(鄭熙燮, 1920~1987)은 보건소 망을 통한 결핵 관리의 필요성을 다음과 같이 피력했다.[25]

> 과거의 조직으로는 결핵 환자의 치유나 증가를 헤아릴 수 없고, 이중등록이나 등록 기피가 많아 체계적인 사업이 필요하다. 국가의 능력으로는 단시간 내에 결핵 환자 격리에 필요한 병상 확충이 어렵기 때문에 전국의 보건소, 공의(公醫)진료소, 대학병원 및 시·도립병원, 보건 관계 연구소, 시험소 등의 공공 기관을 지원 기관으로 하는 일원화된 조직을 통한 결핵 관리를 해야 한다.

1962년 「보건소법」의 전면 개정을 통해 이른바 '헬쓰-넷트'라는 보건의료 조직망이 구축되었다(그림 1 참고).[26] 도시 지역에는 인구 10만 명당 1개소, 농촌 지역에는 군마다 1개소씩 보건소가 설치될 수 있도록 했다.[27] 전국에 총 189개 보건소와 670개의 공의진료소, 59개의 지정진료소를 설립하여 환자의 등록과 치료를 맡도록 했다. 보건소는 결핵을 담당하는 일선 기관으로 시·군의 공

---

24 「질병극복 5개년계획」, 『동아일보』 1966. 6. 27.

25 대한결핵협회, 「새로운 결핵대책」, 『보건세계』 1962년 8월호, 38~39쪽.

26 위의 글, 38쪽.

27 개정된 「보건소법」은 보건소 설치 구역의 설정, 업무나 사업의 내용이 일본의 「지역보건법(地域保健法)」과 상당히 유사하다. 廣畑弘, 「地域保健の現状と課題—特に保健所の活動について」, 『京府医大誌』 122, 2013, 679~686쪽.

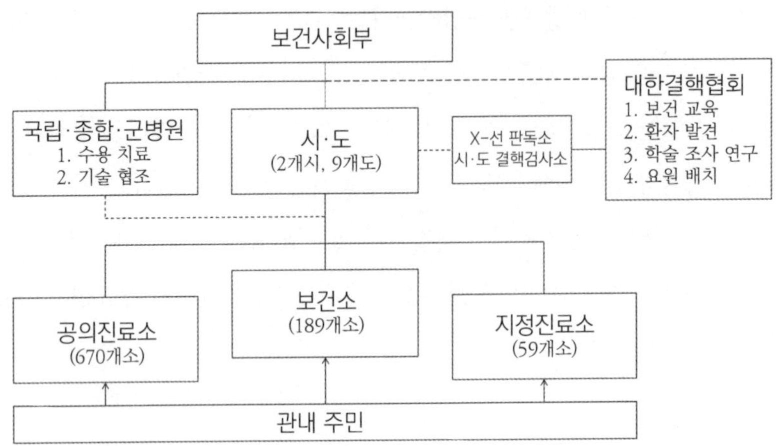


**〈그림 1〉 결핵 관리망 '헬쓰-넷트'**
실선은 직접 지시 관계를, 점선은 협조 관계를 표시한다. * 출처: 대한결핵협회, 『보건세계』, 1965년 1월호, 21쪽.

중보건 활동의 핵심체가 되고, 공의진료소는 해당 면(面)민의 보건 의료를 담당하며, 시·도립병원과 국·공·사립 종합병원은 지방 의료 기구의 중심 시설로 제반 시설과 인력을 바탕으로 한 보건소와 공의진료소의 보건 사업 추진을 지원하는 것이 조직망의 주요 골자였다.

'헬쓰-넷트' 구성 초기의 보건소 운영은 쉽지 않았다. 결핵을 진단할 전문 인력이나 기술력이 부족했다. 정부는 결핵 관리의 대부분을 민간단체에 의존했다. 정부의 요청을 받은 대한결핵협회는 WHO의 지원을 받아 각 시도의 결핵검사소를 설치·운영하고 검사소장을 배치했다. 검사소에서는 보건소에서 촬영한 엑스레이를 판독하고, 객담을 검사하여 결과를 보건소에 통보했다. 보건소 검사요원의 보수 교육도 대한결핵협회가 전담했다.

보건소의 경제적·행정적 독립성도 보장되지 못했다. 보건소는 예산이 부족하여 자체적인 운영이 어려웠다. 부족한 운영비는 시·군청의 지방비에 의존하는 곳이 많았는데,[28] 보건소 간호원의 월급이 없어 보건소장의 사비로 충당할 정도였다. 지리적으로도 시·군청과 인접하다 보니 시장이나 군수의 영향력에서 벗어나기 힘들었다. 시장이나 군수는 보건소의 인사권까지 행사하며 직원들을 자주 이동시켰고, 보건소는 업무의 일관성을 유지하기 어려웠다.[29]

보건소의 상부 기관인 보건사회부의 결핵 관리 행정 체계도 이원화되어 있었다.[30] 결핵 환자의 입원 치료는 의정국(醫政局)에서 담당했고, 통원 치료와 약품 관련 업무는 방역국(防疫局)이 관장하고 있었던 것이다. 결핵 관리가 효율적으로 운영될 리 없었다. 보건사회부의 결핵 관련 홍보도 부족했다. 결핵의 1% 정도밖에 발생하지 않던 뇌염에 대해서는 일간지를 통해 대대적으로 홍보했으나, 결핵에 대해서는 전염 경로, 유병률, 진단이나 치료 방법에 대한 대국민 홍보와 교육이 부족했다.[31] 결핵에 걸리더라도 뇌염처럼 당장 사망에 이르지는 않았기 때문이었다.

### 2) 보건소의 결핵 등록과 치료 사업의 시작

전국에 산재한 결핵 환자를 등록, 치료하기 위해 정부는 환자 파악에 주력했다. 전쟁 이후 한국의 결핵 환자는 전국적으로 백만 명 이상으로 추정되고 있었다.[32] 결핵 확산을 막기 위해 환자를 신속히 찾아내 보건소에 등록시

---

28 대한결핵협회, 「힘에 겨운 보건 사업—함평보건소의 경우」, 『보건세계』 1962년 12월호, 40쪽.

29 「보건소법」에 의하면 보건소는 시도지사의 명령에 따라야 했다. 대한결핵협회, 「결핵 환자 등록의 애로와 그 현실적 타개책」, 『보건세계』 1962년 11월호, 41쪽.

30 대한결핵협회, 「항결핵 사업의 강화책」, 『보건세계』 1960년 7월호, 70쪽.

31 대한결핵협회, 「결핵대책의 재검토」, 『보건세계』 1960년 9월호, 39쪽.

32 대한결핵협회, 「1955년의 전망—결핵 대책의 새로운 방향」, 『보건세계』 1955년 1·2월호, 10~11쪽.

키는 과정이 우선되어야 했다. 정부는 보건소를 통해 '결핵 환자 10만 등록 사업'을 전개했다. 「결핵 및 나(癩)환자 등록과 구료 지침」[33]을 만들어 환자 등록의 기준으로 삼았다.[34] 이 등록 사업은 약간의 강제성을 띠고 있었다. "관내 주민의 0.4%에 해당하는 결핵 환자의 등록을 필하여야 한다"는 조항 때문이었다. 실제 보건사회부에서 일방적으로 무리한 목표량의 사담검사 수를 보건소로 할당하는 사건이 있었다.[35] 이처럼 결핵 환자 등록 과정이 완전히 자발적이지 않았던 것은 신속한 환자 등록 사업을 전개하려는 정부의 의지가 강하게 반영된 결과로 풀이할 수 있다.

보건소는 환자를 진단하기 위해 엑스레이와 객담검사를 이용했다. 보건소 내에 결핵실, 엑스레이실, 검사실을 갖추었고, 업무를 담당할 의사와 간호원, 결핵 관리요원을 배치했다.[36] 의사는 진료와 처방을 담당했고, 간호원은 결핵 상담, 예방접종, 객담검사 및 혈청검사를 수행했다. 결핵 관리요원은 객담검사와 지속적인 투약을 위한 우편, 가정방문을 수행했다. 그러나 보건소의 영향이 미치지 못하는 무의촌(無醫村)이 문제였다. 정부는 '공의 제도'를 이용하여 결핵 관리를 담당할 의사를 동원할 계획을 세웠다.[37] 1962년 「국민의료법」의 개정을 통해 의사들이 동원되어 공의로 배치되었다.[38] 하지만 이 제

---

33 보건사회부 제3177호, 1962. 6. 21.

34 대한결핵협회, 앞의 책, 493~499쪽.

35 대한결핵협회, 「보건소의 활동 상황」, 『보건세계』 1968년 3월호, 39쪽.

36 대한결핵협회, 「보건소를 어떻게 이용할 것인가」, 『보건세계』 1966년 2월호, 42~43쪽.

37 공의는 연 2회의 가정방문을 통해 가정 구료, 생활지도, 가족 관리, 면접 교육을 실시했다. 「결핵 환자 등 등록케」, 『동아일보』 1962. 5. 10.

38 만 45세 미만의 의사는 모두 보건사회부에 신고해야 했다. 정부는 일부 선발 과정을 거쳐 303개의 무의촌에 2년 동안 공의를 배치했다. 첫해인 1962년에는 총 3차에 걸쳐 의사를 동원했으며, 1차 동원으로 697명의 의사가 동원되었다. 이들 중 439명은 무의촌에, 258명은 의사가 부족한 공공 기관 및 지방 의료 시설에 배치되었다. 「의료법」, 1962년 3월 20일 시행.

도가 무난하게 정착된 것은 아니었다. 배치 과정 자체에 강제성이 있었으므로 일부 의사들은 이를 거부했고,[39] 일부는 면허가 취소되기도 했다.[40] 공의의 근무 사정도 무면허 의료업자나 돌팔이의사의 진료 방해로 인해 여의치 않았다. 지역 주민이나 공무원도 공의의 존재나 역할을 잘 이해하지 못했다.[41] 그러나 이들 덕분에 무의면(面)은 607개에서 168개로 큰 폭으로 감소했고, 주민들에게 보건소의 역할을 알리는 순기능도 있었다.[42]

등록된 결핵 환자를 위해 정부는 '이소나이아지드'를 무료 처방약으로 선택했다. 사실 보건소 망이 확립되기 이전인 1954년부터 UNICEF, 민간구호물자(Civil Relief in Korea, CRIK), 주한미국사절단(U.S. Operations Mission to Korea, USOM-K), 한미재단(American Korean Foundation),[43] 기독교세계봉사회 등 해외 원조 기관은 한국 정부에 1차 결핵약을 원조했고, 이는 보건소에서 일부 배포되고 있었다. 무료 처방 정책이 본격화되면서 '이소나이아지드'는 모든 환자에 처방되기 시작했다.[44]

결핵 치료의 역사에서 최초로 사용된 결핵약은 '이소나이아지드'가 아닌, 1944년 개발된 주사제 '스트렙토마이신'이었다. 그러나 일주일마다 주사를

---

39 「함홍차사 벽촌의 공의—경남 남해군 서면의 현황」, 『동아일보』 1962. 7. 30.

40 그 원인은 공의에게 지급된 보수가 개업의보다 부족했기 때문이었다. 공의는 매월 7만 환을 국고에서 보조받고, 병원 개설 시 20만 환의 보조금을 지급받을 수 있는 보상책이 있었으나 충분하지 못했다. 「보사부서 5명에 면허취소」, 『경향신문』 1962. 8. 11; 「공의의 무의촌 배치와 그에 뒤따라야 할 대책」, 『경향신문』 1962. 4. 1.

41 이주연, 「의료법 개정을 통해서 본 국가의 의료 통제—1950~60년대 무면허 의료업자와 의료업자의 실태를 중심으로」, 『의사학』 19, 2010, 418~419쪽.

42 「697명의 의사를 동원」, 『동아일보』 1962. 5. 9.

43 1952년 미국 관계 단체와 유지들이 설립한 비영리적인 민간 원조 기관. 국립중앙결핵원 설립에 재정적인 원조를 했으며, 결핵 관리 및 공중보건의 교육을 위해 의사를 비롯하여 간호사, 보건 관계자들의 유학 주선, 장학금 지원 및 선박 여비 제공을 실시했다. 「우리의 은인 러스크 박사와 한국의 의학계」, 『의사시보』 1958. 12. 15.

44 「결핵·나환자 치료에 새 조치」, 『경향신문』 1962. 3. 19.

맞아야 하는 번거로움과 어지러움, 청각 손실 등의 부작용이 심했다. 게다가 결핵균을 사멸(bacteriocidal)시키지 못하고 성장을 멈추게(bacteriostatic)만 했으므로, 단독 사용 시 내성이 발생했다. 반면 1951년 개발된 '이소나이아지드'는 복용이 쉬운 알약 형태였다. '스트렙토마이신'보다 부작용이 적고, 결핵균을 직접 사멸시키는 강력한 항생제였다.[45] 또한 약물이 체내에 잘 흡수되어 중추신경계 등 신체 구석구석까지 약효가 미쳤다. 가격까지 저렴하고 효과가 뛰어났던 '이소나이아지드'는 당시 한국 상황에 가장 적합한 약제였다.

초기의 결핵 환자 등록과 치료 사업이 마냥 순조로운 것만은 아니었다. 검사 결과를 판독할 인력이 부족하여 검사소, 대학병원, 시·도립병원으로 필름이나 검체를 보내야 했다.[46] 엑스레이 촬영기를 갖추지 못한 보건소도 있었는데, 검사 장비가 없는 지역의 주민은 장비가 있는 곳을 방문하거나 장비를 장착한 순회 차량을 기다려야 했다.[47] 검사 장비가 있어도 무상 필름의 공급이 한정되어 있어 일부 환자만 검사를 받았다.[48]

이처럼 객혈 등의 증상으로 보건소에 방문해도 검사를 받지 못한 사람들이 상당수 존재했다. 증상이 있으나 확진을 받지 못했기 때문에 이들은 정식 환자 장부에 등록되지 못했다. 보건소는 이들을 '가(假)등록 환자'라고 했다. 극히 일부분의 환자들은 등록 전부터 결핵약을 받기도 했으나 대부분은 그렇지 못했다. 이들은 보건소마다 수백 명씩 있었는데, 증상이 있었음에도 검

---

45 '이소나이아지드는 현재에도 결핵 1차 치료에 중심이 되는 약물이다. 이원영, 「소위 1차 항결핵제」, 『대한내과학회잡지』 17, 1974, 894쪽.

46 대한결핵협회, 「새로운 결핵 대책」, 『보건세계』 1962년 8월호, 39쪽.

47 보건사회부, 『보건사회백서』, 1964, 66쪽.

48 무료 필름이 없어 적자 보전을 위해 환자에게 수수료를 받는 보건소도 있었다. 이러한 현상은 보건사회부에서 무료 엑스레이 필름을 진단용이 아닌 기존 환자의 경과 관찰용으로만 배급했기에 발생한 문제였다. 대한결핵협회, 「결핵 환자 등록의 애로와 그 현실적 타개책」, 『보건세계』 1962년 11월호, 36쪽.

사와 투약을 받지 못해 보건소에 대한 불신이 상당히 컸다. 여건이 갖추어진 뒤 재방문을 요청해도 보건소에 오지 않는 경우가 많았다.[49] 대부분 보건소에서 먼 지역에 거주했기 때문이다. 초기 결핵 등록 사업에서 가등록 환자 문제는 보건소 등록 사업의 한계를 노출했던 증거였다.

번거로운 진단 과정이나 투약 절차도 초기 결핵 사업의 장애였다. 결핵을 진단받기 위해서는 보건소를 여러 번 방문해야 했다.[50] 비싼 차비를 들이거나 먼 거리를 걸어가야 했으므로 방문이 매우 번거로웠다. 결핵약을 받기 위해 제출해야 하는 서류도 문제가 있었다. '결핵 투약'이라는 발급 사유가 적힌 주민등록증 서류를 보건소에서 제출해야 했기 때문이다. 보건소로서는 본인 확인을 위한 조치였으나, 결핵이라는 낙인이 찍히는 것이 두려웠던 환자들은 동사무소에서 서류를 발급받는 것 자체를 꺼렸다.[51]

결핵 관리요원[52]의 근무 여건도 환자 등록과 관리를 어렵게 했다. 보건소마다 1명만 배치되어 있었던 이들은 많은 환자로 인해 과중한 업무에 시달렸다.[53] 환자 추구(追求) 조사를 위해 먼 지역까지 걸어야 했으며, 환자와의 면담 과정에서 항상 감염의 위험성에 노출되어 있었으나 감염 방지를 위한 조치는 없었다. 지역에 따라서는 결핵 업무 외에 가족계획 등 다른 보건 업무를

---

49 대한결핵협회, 「힘에 겨운 보건 사업 함평보건소의 경우」, 『보건세계』 1962년 12월호, 40쪽.

50 진단에서부터 투약까지 5회 정도 보건소를 방문해야 했다. 엑스레이 검사에 한 번, 3일 후 결과를 확인하기 위해 다시 한 번 방문했다. 엑스레이 양성 판독 시 객담검사를 위해 세 번째로 방문해야 했고, 다음 날 객담검사 결과를 들으러 또 방문했다. 최종 등록을 하더라도 치료약을 일정 요일에만 나누어주었기 때문에 약을 받으러 다시 보건소에 나와야 했다.

51 대한결핵협회, 「보건소의 활동 상황」, 『보건세계』 1968년 3월호, 38쪽.

52 정부는 이들의 급여를 감당할 여력이 없어 대한결핵협회가 요원의 배치와 보수 지급을 담당했다. 따라서 이들의 신분은 공무원이 아닌 계약직 직원이었다.

53 결핵 관리요원이 보건소에 배치된 이유는 UNICEF로부터 약품 원조를 받으면서 그들이 내세운 조건 때문이었다. UNICEF는 무료 원조의 조건으로 환자의 투약 과정과 복용 여부를 확인하는 인력의 배치를 요구했다.

맡는 예도 있었다.[54] 이들의 근무 여건은 1980년대까지도 나아지지 않았다.[55]

당시 결핵 환자들은 빈곤층이 다수였고, 좁은 방에 많은 식구가 모여 사는 등 거주 환경이 열악했다.[56] 가족 간의 전염이 빈번하여 환자 발생은 끊이지 않았다. 이들의 보건 의식이나 결핵에 관한 지식도 부족했다. 심지어 과학적인 진단 자체를 두려워하거나 믿지 않아 의사의 진찰을 거부하는 사람도 많았다.[57] 이들로 하여금 보건소의 진단을 받게 할 홍보가 필요했으나, 보건소가 어떤 일을 하는 곳인지 주민들은 잘 알지 못했다.

결핵 환자 등록 사업은 진단 장비와 전문인력의 부족, 보건 행정의 장애 등 여러 어려움에도 불구하고 시행 5년 만인 1967년에 목표 수치였던 10만 명을 넘어섰다. 이 사업은 급성 결핵 환자의 사망자 수를 줄이는 데 공헌한 것으로 평가되기도 했으나, 등록 숫자에만 연연한 형식적인 사업이라는 논란도 동시에 제기되었다.[58]

### 3) 보건소의 예산 부족과 해결 노력

결핵 등록 사업의 1차적인 목표 달성에도 불구하고 치료 기관으로서 보건소의 역량은 여전히 부족했다. 그 가장 큰 원인은 보건소에 배정된 예산 부족이었다. 넉넉하지 못한 예산으로 인해 처방되는 무료약의 많은 분량을 해

---

54 보건소에는 먼저 시작된 가족계획 사업을 담당한 가족계획요원이 있었다. 대한결핵협회, 「결핵 관리의 공동광장」, 『보건세계』 1964년 2월호, 55쪽; 「결핵 관리 1년에서 다시 내일을 본다」, 『보건세계』 1964년 6월호, 14~15쪽.

55 대한결핵협회, 「광산군 보건소 결핵 관리요원」, 『보건세계』 1987년 5월호, 33쪽.

56 이관희 외, 「폐결핵 통원 치료에 수반되는 제반 문제—가정방문을 중심으로」, 『결핵』 3, 1956, 155쪽.

57 객혈 등의 증상이 있어도 10년 동안이나 진료를 받지 않은 사람도 있었다. 대한결핵협회, 「폐절제 회복자들은 말한다」, 『보건세계』 1960년 6월호, 42쪽.

58 대한결핵협회, 「구료 치료와 자비 치료」, 『보건세계』 1967년 1월호, 22쪽.

외 원조에 의존해야 했다. 10만 등록 사업에 사용될 무료 약품 10만 명분 중 7만 명분을 원조에 의존했다.[59] 원조 약품은 보건소로 원활하게 공급되지 않았고, 규칙적으로 투약받지 못하는 환자들이 생겼다.[60] 당시 보건소가 모든 환자에게 약을 무료로 배부하지 못한다는 것은 어느 정도 공인된 사실이었다. 일부 보건소는 약 60% 정도의 환자에게만 무료로 약을 공급하고 있었다.[61] 충분한 약이 공급되지 못하자 보건소의 신뢰도는 하락했다. 약을 받은 환자조차 한 가지 약에 실망하기에 이르렀다.[62] 이미 일반병원에서 2가지 이상의 약을 섞어 쓰는 병합 요법이 대중에게 알려졌기 때문이었다.

불규칙한 투약에 불만이 많았던 환자들은 민간병원이나 약국, 약방을 찾았다. 이미 민간 수입업자도 정식 무역을 통해 완제품 결핵약을 수입했고, 당시에는 처방전이 없어도 약을 구입할 수 있었으므로, 병원 외 기관에서 쉽게 치료를 받을 수 있었다.[63] 그러나 약국에서의 치료로는 완치를 기대하기 힘들었다. 약사나 의약품 판매업자[64]의 결핵에 대한 지식이 상대적으로 부족하여, 치료 기간을 정확하게 안내하지 못하거나 적절한 약물을 선택하지 못했다.[65] 보건소보다 치료 비용도 비쌌으므로 경제적으로도 감당하기 쉽지 않았다. 일반병원을 기준으로 결핵 환자 1명의 연간 치료비는 현재 화폐가치로 약 천

---

59 애초에 등록 사업 인원을 10만 명으로 결정한 것도 정부가 확보할 수 있는 '이소나이아지드의 확보 물량이 10만 명분이었기 때문이다. 대한결핵협회, 「결핵 환자 등록의 애로와 그 현실적 타개책」, 『보건세계』 1962년 11월호, 38쪽.

60 민기식 외, 「폐결핵 치료 통계에 나타난 중요한 문제에 관하여」, 『결핵』 5, 1958, 80~81쪽.

61 대한결핵협회, 「지역사회의 결핵 관리 사정」, 『보건세계』 1965년 7월호, 50쪽.

62 대한결핵협회, 「도시와 농촌 결핵 관리」, 『보건세계』 1966년 10월호, 51쪽.

63 대한결핵협회, 앞의 책, 333쪽.

64 약사의 수가 모자라자 최소한의 의약품 혜택이라도 주기 위해 정부는 각 시·읍·면에 의약품 판매업자가 약국을 개설할 수 있게 했다.

65 대한결핵협회, 「약사가 알아야 할 결핵 지식」, 『보건세계』 1962년 8월호, 35쪽.

만 원을 상회했다.[66] 치료 중단으로 인해 완치되지 못하면 내성(耐性)환자가 되었는데, 이들의 투병 기간은 수 년씩 지속되었다.

이 같은 내성환자는 보건소에 방문해도 치료약을 받을 수 없었다. 보건소의 '이소나이아지드'는 내성결핵균에는 효과가 미미했기 때문이었다. 보건소는 내성환자에게 "자비로 최신 결핵약을 투약 받으라"고 권유하거나,[67] 입원할 수 있는 국·공립병원을 소개해주었다.[68] 그러나 병원 판정위원회에서 입원 여부를 결정했기 때문에, 중증도가 심했던 일부 환자만 그 혜택을 받을 수 있었다.[69]

보건소 치료를 받지 못한 환자들은 장기간 치료에 지쳐 불안해했다. 조급한 마음에 치료 기간을 단축할 방법을 찾았는데, 주로 돌팔이의사나 무면허 의료업자들의 민간요법이었다.[70] 푸닥거리, 개소주, 뱀탕, 석유 마시기 등이나 자하거(紫河車),[71] 천령개(天靈蓋)[72] 등 비과학적 요법이 만연했다. 이 방법들은 환자들을 경제적으로 어렵게 만들었다. 게다가 약물 투여가 늦어지면서 치료 적기(適期)를 놓치는 원인이 되었다.[73]

이러한 폐단을 막고 보건소 치료 기능을 확보하기 위해서는 예산의 확보가 절실했다. 1965년에 최초로 실시된 1차 결핵 실태조사에서 기존의 추측 결

---

66 당시 1년간 치료비는 50~100만 환이었다. 한국은행 경제 통계 시스템 내 "화폐가치계산" 이용(http://ecos.bok.or.kr/).

67 대한결핵협회, 「보건소와 결핵 관리(도시)」, 『보건세계』 1965년 2월호, 41~42쪽.

68 김기호 외, 「보건소 결핵 환자 치료에 관한 평가조사보고」, 『결핵 및 호흡기질환』 16, 1969, 51쪽.

69 입원 결정 시 2개월 치의 치료비를 선납해야 했기 때문이다. 대한결핵협회, 「지역사회의 결핵 관리 사정」, 『보건세계』 1965년 7월호, 48~49쪽.

70 대한결핵협회, 「공의 배치 이후의 벽촌을 가다」, 『보건세계』 1962년 11월호, 77쪽.

71 인태(人胎), 즉 사람의 탯줄을 말하며 주로 남자 아기의 것을 사용했다.

72 사망한 지 수십 년 지난 사람의 두개골(頭蓋骨)을 물에 넣고 끓인 것을 말한다.

73 대한결핵협회, 「결핵과 민간요법」, 『보건세계』 1961년 3월호, 16쪽.

〈표 1〉 1953~1964년간 결핵 관리에 사용된 예산

(단위: 원, 달러)

| 연도 | 정부 예산 | 외국 원조(달러) | 결핵협회 예산 | 합계 | |
|---|---|---|---|---|---|
| | | | | 원 | 달러 |
| 1953 | 221,000 | | | 221,000 | |
| 1954 | 378,031 | | | 378,031 | |
| 1955 | 5,726,030 | | 568,960 | 6,294,990 | |
| 1956 | 1,415,000 | 559,670 | 2,613,240 | 4,028,240 | 559,670 |
| 1957 | 7,279,470 | 694,500 | 1,618,564 | 8,898,034 | 694,500 |
| 1958 | 6,361,310 | 346,000 | 2,605,113 | 8,966,423 | 346,000 |
| 1959 | 1,703,470 | 165,000 | 4,340,255 | 6,043,725 | 165,000 |
| 1960 | 1,716,464 | | 6,535,134 | 8,251,598 | |
| 1961 | 5,537,624 | | 10,201,334 | 15,738,973 | |
| 1962 | 43,219,868 | | 27,935,124 | 71,154,992 | |
| 1963 | 45,113,190 | 244,000 | 88,300,252 | 133,413,442 | 244,000 |
| 1964 | 49,260,785 | 165,000 | 92,385,400 | 141,646,185 | 165,000 |

핵 유병률보다 훨씬 높은 5.1%의 유병률이 발표되고 예상보다 훨씬 많은 결핵 환자가 있는 것으로 조사되자, 결핵 예산을 증액하자는 주장도 탄력을 받았다. 당시 국가 예산은 대부분 국방이나 경제 분야에 투입되고 있었고, 보건 예산의 비중은 극히 적었다.[74] 심지어 정부의 결핵 예산은 모금으로 충당하던 대한결핵협회의 예산보다 적었다. 1960년에 170여만 원이었던 정부 예산은 결핵협회의 4분의 1 수준이었다.

보건소 망이 구축되면서 결핵 관리 예산이 일차적으로 증가하기는 했으나, 1964년 기준 5천만 원의 예산은 당시 일개 대학병원 수준에도 미치지 못했다(표 1 참고).[75] 한 결핵 전문가가 계산한 결핵 관리 비용은 "격리 치료에만

74 보건사회부, 앞의 책, 1964, 71쪽.

75 대한결핵협회, 「만성적 타성에서 탈피해야 한다」, 『보건세계』 1966년 1월호, 21쪽.

112억 원, 재가(在家) 치료 비용도 5억 원"이었으므로, 국가 예산과의 격차가 상당히 컸다.[76] 정부도 『보건사회백서』를 통해 대한결핵협회, WHO, UNICEF 등 국내외 원조를 통해 예산 부족을 해결할 수밖에 없는 상황을 인정했다.[77]

보건 예산 부족은 국가 결핵 치료의 방향성을 결정지은 주요 원인이기도 했다. 정부가 격리나 입원 치료보다는 보건소를 통한 통원 치료 쪽으로 방향을 결정한 이유도 그 때문이었다. 여기에는 WHO의 권유가 작용했다. WHO는 한국을 저개발국가로 분류했고, 예산이 적게 드는 통원 치료 위주의 결핵 관리 정책을 권장했다.[78] 그러나 투약을 위주로 한 통원 치료로는 결핵의 빠른 퇴치를 기대하기 어려웠다.

정부가 '10만 결핵 등록 사업'을 우선적으로 시작한 것은 단지 결핵 환자 발견에만 목적을 둔 것이 아니라, 최종적으로 철저한 치료를 통해 결핵을 퇴치하려는 목적이었을 것이다. 결핵 관리의 1차 기관이었던 보건소는 강력한 치료 기능을 제공할 필요가 있었다. 그러나 보건소를 통한 치료로는 불충분했다. 치료 기능이 동반되지 못한 등록 사업은 결핵 환자를 단순히 관리한다는 것 외에 다른 의미를 두기 어려웠다. 그 원인은 보건소의 치료 역할을 소극적으로 만든 정부의 정책에 있었다고 볼 수 있다. 당시 정부는 보건소의 역할이 치료보다는 예방 중심으로 가야 한다고 판단하고 있었다.[79]

대한결핵협회에 속해 있던 결핵 관리 의사들은 정부의 예방 위주 정책으로는 결핵 퇴치가 어렵다고 판단했다. 이는 WHO의 저개발국가식 통원 치료 정책을 반대하는 것을 의미했다. 부족한 국가의 치료 기능을 민간 의료의 힘

---

76 대한결핵협회, 「우리나라 결핵 예산은 얼마나 필요한가?」, 『보건세계』 1964년 12월호, 22쪽.
77 보건사회부, 앞의 책, 1964, 67쪽.
78 대한결핵협회, 「우리나라 결핵 관리의 재검토」, 『보건세계』 1965년 1월호, 38쪽.
79 대한결핵협회, 「보건소와 결핵 관리(도시)」, 『보건세계』 1965년 2월호, 41쪽.

으로 대신하고, 정부는 재정을 보조하여 운영하도록 주문했다. 각 시도에 결핵병원을 신축하고, '서울 메디칼센타'(현 국립중앙의료원)를 국립중앙결핵병원으로 만들어 치료 중심 병원을 만들 것을 요청했다. 통원 치료에 투입되는 비용을 줄이고 입원, 격리 치료에 예산을 투입하여 치료의 패러다임을 바꾸려고 했다. 안정적인 결핵 예산 확보를 정부에 요구했다. 예산 확보 및 장기적인 결핵 관리를 위해 결핵만을 위한 법률이 필요하다고 주장했다.[80] 결핵 환자를 직접 진료했던 임상의(臨床醫)의 입장에서 볼 때, 예방 중심의 보건소를 지향한 당시의 정부 판단은 받아들이기 어려웠다.

정부도 예방 위주의 결핵 관리를 고수할 수밖에 없었던 나름의 이유는 있었다. WHO의 지원을 받고 있었던 정부가 통원 치료를 권장한 WHO의 의견을 거스르는 데는 부담이 있었을 것이다. 또한 1960~70년대 중앙정부의 예산 배정 순서를 볼 때, 정부가 결핵 관리에 필요한 막대한 비용을 짧은 시간에 마련하는 것은 불가능에 가까웠다. 실제로 1970년대 말까지 보건사회부 예산은 전체 예산의 2%를 넘지 못했다.[81] 더욱이 예산 의결권이 있는 국회의원 중 보건 분야 전문가는 극소수였다.

그러나 대한결핵협회의 전문가들과 보건사회부 공무원, 일부 국회의원은 꾸준하게 결핵 예산 확보에 대한 의견을 공유했고, 결핵만을 위한 법 제정 논의가 본격화되었다.[82]

80 대한결핵협회, 「결핵 예방과 현시점」, 『보건세계』 1966년 5월호, 14쪽.
81 이은희, 「1960년대 박정희 정부의 식품위생 제도화」, 『의사학』 25-2, 2016, 224쪽.
82 대한결핵협회, 「결핵 예방과 현시점」, 『보건세계』 1966년 5월호, 14~20쪽.

## 3. 1968년 이후: 예산 확보에 따른 보건소의 발전과 한계

### 1) 결핵예방법의 제정과 보건소의 발전

1968년부터 시행된 「결핵예방법」[83]은 결핵 예산 확보를 통해 정부의 결핵 사업을 한 단계 격상시킨 계기였다. 이 법률은 결핵 예방을 위한 독립된 법이 필요하다는 민간과 정부의 공감대로부터 비롯되었다.[84] 대한결핵협회는 '결핵예방법 추진위원회'를 결성하고 세부 법안을 제작했다. 추진위원들은 결핵예방법으로 달성해야 할 목표를 ① 결핵 박멸, ② 결핵 예산 증가, ③ 국민 재산 피해 방지에 두었다. 의사 출신 국회의원이었던 민병기(閔丙琪)는 대한결핵협회의 협조를 얻어 법안을 발의했다. 과다한 국가 재정 지출을 우려한 보건사회부의 반대에 부딪히기도 했으나 큰 무리 없이 통과되어 시행되었다.[85]

「결핵예방법」은 전문 45조 부칙으로 구성된 법으로 「전염병예방법」에서 세부적으로 명시하지 못한 결핵 관리에 대한 사항을 명문화한 법이었다. 이 법은 결핵 관리 예산을 확보하여 1960년대 초반부터 제기되어온 고질적인 보건소의 문제였던 인력과 장비, 치료약제 공급 등을 해소할 수 있는 근거가 되었다.[86] 법 시행 이후의 결핵 예산은 1965년에 비해 5배 이상으로 증가했다.[87] 1976년의 결핵 관리 비용은 30억 원을 넘기며 큰 폭으로 늘어났다(표 2 참고).[88]

결핵 예산의 확보는 보건소 예산 증가로 이어졌다. 결핵을 관리할 보건소

---

83 「결핵예방법」, 1968년 1월 1일 시행.

84 대한결핵협회, 앞의 책, 1998, 623쪽.

85 「결핵예방법 통과 국회보사위 일사천리로」, 『의사시보』 1966. 9. 19.

86 대한결핵협회, 「신년 결핵 사업의 전망」, 『보건세계』 1967년 1월호, 16쪽.

87 예산 중 50%는 통원 치료에 사용되었다. 정낙진 외, 「1967년도 정부 결핵 관리 사업보고」, 『결핵 및 호흡기질환』 15, 1968, 38~39쪽.

88 보건사회부, 『보건사회: 1981년판』, 62쪽.

〈표 2〉 1962~1980년 연도별 결핵 관리 사업비 투자 실적

(단위: 천 원)

| 연도 | 합계 | 보사부 | 결핵병원 | | | 결핵협회 |
|---|---|---|---|---|---|---|
| | | | 소계 | 공주병원 | 마산병원 | |
| 1965 | 164,514 | 115,019 | 49,495 | 29,093 | 20,402 | |
| 1970 | 706,192 | 591,511 | 114,681 | 56,173 | 58,508 | |
| 1975 | 1,838,755 | 1,460,082 | 378,673 | 177,409 | 201,264 | |
| 1976 | 3,149,774 | 2,200,911 | 698,863 | 323,757 | 375,106 | 250,000 |
| 1977 | 4,199,996 | 3,115,073 | 786,923 | 365,054 | 421,869 | 298,000 |
| 1978 | 4,349,723 | 3,106,509 | 913,214 | 451,085 | 467,085 | 330,000 |
| 1979 | 5,598,832 | 3,878,425 | 1,261,424 | 711,238 | 550,186 | 458,983 |
| 1980 | 7,334,995 | 4,723,217 | 1,549,816 | 850,716 | 699,100 | 561,962 |

의 인력도 추가로 확보가 가능해졌다. 실제 1970년에는 200명의 동(洞) 결핵 관리요원이 추가로 확보되었다. 1973년 자료에 따르면 요원 확보에 필요한 인건비는 보건사회부에 배정된 전체 결핵 사업비 중 30%에 해당할 정도로 비중이 컸다. 결핵 관리요원의 확보는 보건소의 환자 추구 관리를 원활히 할 수 있는 발판을 마련했다.

증가된 예산은 대한결핵협회에도 투입되었다. 1976년의 2억 5천만 원의 지원을 시작으로 그 액수는 점차 늘어갔다(표 2 참고). 크리스마스 씰 판매 사업이 허가제로 바뀌면서 대한결핵협회의 예산이 줄어들기 시작했는데, 정부 예산의 투입으로 협회 운영을 유지할 수 있었다.[89] 이러한 정부의 지원은 민간단체 보조를 넘어선 것으로, 결핵 관리의 주체가 민간에서 정부로 이동하고 있음을 의미했다. 이로써 사업 초기에 민간단체 위주였던 결핵 사업은 역전되었다.

「결핵예방법」은 예산뿐 아니라 다양한 결핵 사업에 동력을 제공했다. 특

89 대한결핵협회, 「결핵 예방과 현시점」, 『보건세계』 1966년 5월호, 14~20쪽.

히 다음의 주요 법 조항은 건강검진과 예방접종, 결핵 시설 확충에 영향을 주었다.

제4조 다음 각호의 1에 해당하는 자에 대하여는 보건사회부령이 정하는 바에 의하여 그 사업주·학교장 또는 시설의 장은 년 1회 이상 건강진단을 실시하여야 한다.

제12조 출생아에 대하여는 보건사회부령이 정하는 바에 의하여 출생 후 1년 이내에 결핵예방접종을 실시하여야 한다.

제28조 보건사회부장관은 필요하다고 인정할 경우에는 서울특별시장·부산시장 또는 도지사나 시장·군수에게 시·도·군립병원에 결핵과를 설치하게 하거나 독립된 결핵병원을 설치할 것을 명령할 수 있다.

제4조에서 보듯이 법의 명칭이 「결핵예방법」임에도 불구하고 "결핵검진" 대신 "건강검진"이라는 용어를 사용했다. 결핵과 함께 다른 질병까지 예방하고자 하는 의도가 있음을 짐작할 수 있다. 이 조항으로 인해 근로자, 학생 교직원, 비영리단체 수용자, 직원, 교도소, 공무원 등이 연간 1회의 흉부 엑스레이를 포함한 건강검진을 받을 수 있게 되었다. 검진을 받지 않으면 학교나 기관의 대표가 처벌받아야 했으므로, 좋든 싫든 사람들은 1년에 한 번씩 엑스레이를 찍어야 했다. 이러한 건강검진이 주로 보건소를 통해 이루어졌으므로 결핵 환자의 발견과 추구 관찰이 쉽게 이루어질 수 있었다.

제12조는 신생아가 의무적으로 BCG 예방접종을 받게 하는 조항이었다. 이전에는 보건소 또는 학교 보건소를 통해 학생 때 이루어지던 BCG 예방접

종이 생후 1년 이내인 신생아 시기로 앞당겨졌다. 예방접종 시기가 당겨지면서 사망률이 높았던 소아결핵은 점차 서서히 자취를 감추었다.

전국에 국·공립 결핵 요양 시설도 법률에 따라 확충될 수 있었다.[90] 1965년 1,206개였던 국·공립 결핵 병상 수는 1970년 1,950개로 늘어났다. 국·공립 결핵 병원은 특별한 이유 없이 보건소에서 요청받은 환자의 입원을 거절하지 못하도록 하는 조항도 포함되면서 보건소의 치료 기능 보완을 기대할 수 있었다.

### 2) 보건소의 치료 개선과 한계

「결핵예방법」 시행 이후 보건소는 결핵 진단 및 등록 사업, 2차 결핵약을 포함한 처방 개선, 예방접종의 확대 등 사업을 전개했다. 이를 바탕으로 결핵 치료 기관으로서 그 입지를 확고히 했다. 1970년대의 한 조사는 전국 활동성 결핵 환자의 절반 이상이 보건소에서 치료받고 있다고 보고했다. 보건소에서 치료받는 환자 수가 민간 병의원에서 치료받는 환자보다 많았다.[91] 보건소에 등록된 결핵 환자 수도 점차 증가하여 1975년에는 18만여 명으로 최다를 기록했다(표 3 참고).[92]

「결핵예방법」으로 확보된 예산은 보건소 처방 약물의 수준을 상승시켰다. '리팜핀', '에탐부톨' 등의 2차 결핵약이 보건소에서 처방되기 시작했다. 특히 '리팜핀'은 1966년부터 사용되기 시작한 항생제로 결핵균의 번식을 차

---

90 이종찬, 「20세기 우리나라 보건 정책과 제도—사회사적 이해」, 『의사학』 8, 1999, 140쪽.

91 보건사회부, 대한결핵협회, 『제6차 전국결핵실태조사』, 1990, 35쪽.

92 〈표 3〉에서 보듯이 1970년대 후반부터 등록 환자 수가 증가하지 않는다. 그 이유는 등록 사업의 부진보다는 완치로 인한 환자 수 감소가 영향을 준 것으로 생각할 수 있다. 보건사회부, 『보건사회: 1981년판』, 61쪽.

〈표 3〉 1962년 이후 보건소에 등록된 결핵 환자 현황

(단위: 명)

| 연도 | 등록환자(명) | 양성환자 | 음성환자 | 요관찰자 |
|---|---|---|---|---|
| 1962 | 70,001 | - | - | - |
| 1965 | 71,152 | - | - | - |
| 1970 | 171,464 | 80,438 | 91,026 | - |
| 1975 | 183,160 | 76,045 | 60,780 | 46,335 |
| 1976 | 170,344 | 73,077 | 59,350 | 37,917 |
| 1977 | 153,334 | 66,459 | 55,059 | 31,816 |
| 1978 | 149,492 | 62,566 | 57,595 | 29,331 |
| 1979 | 144,430 | 57,325 | 59,196 | 27,909 |
| 1980 | 153,612 | 55,314 | 62,818 | 35,810 |

단하는 강력한 약물이었다.[93] 기존에 사용하던 '이소나이아지드'와 함께 처방될 경우, 치료 효과와 내성 발생을 크게 줄일 수 있는 획기적인 약물이었다.

2차 결핵약의 사용은 치료 효과와 치료 가능한 환자의 범위를 확장시켰다. 1차 약물의 병합요법으로 1년 이상 걸렸던 치료 기간은 9개월로 감소했다.[94] 치료 기간의 단축은 지쳐 있던 환자들에게 희망을 주며 완치율이 높아질 수 있는 토대를 마련했다. 2차 결핵약은 내성환자에게도 효과를 보여, 보건소에서 내성환자 치료를 시작할 수 있는 길이 열렸다.[95]

보건소 스스로도 다른 기관과의 연계를 통해 자신의 약점을 극복하려 했다. 경산군보건소는 같은 지역 의과대학인 경북대학교로부터 교수 인력을 지원받아 결핵 관리를 강화하려고 노력했다. 이들 교수진은 보건소 관할 면

---

93 John F. Murray, Dean E. Schraufnagel, and Philip C. Hopewell, "Treatment of Tuberculosis: A Historical Perspective", *Annals of the American Thoracic Society* 12, 2015, p. 1754.

94 보건사회부, 『보건사회: 1981년판』, 1981, 51쪽.

95 2차 결핵약의 병합 요법은 「결핵예방법」 시행으로부터 10년 정도 후인 1979년부터 시작되었다.

에서 파견 근무를 하며 결핵의 치료와 예방, 검사 등을 시행했다.[96] 충무시보건소는 개인의원에 다니는 결핵 환자가 보건소에 쉽게 등록될 수 있도록 개업의사와의 협력을 위해 노력했다. 실제 충무시보건소에 등록된 20%의 환자는 민간병원을 통해 신고를 받은 환자였다.[97]

정부도 기존의 보건 관리망을 강화할 목적으로 '제2차 결핵 관리 5개년계획'을 수립했다. 이 계획은 당시 제2차 경제개발 5개년계획의 일환으로 추진되었다.[98] 이 계획은 정부의 결핵 사업을 재강화하는 것에 목적을 두었다. "5년 이내에 보건소에 25만 명의 환자를 등록하도록 할 것", "기존의 보건소 치료 강화를 목적으로 보건소에 방문하는 50% 이상의 환자가 두 가지 이상의 약물로 치료받을 수 있도록 할 것" 등이 주요 과제였다. 아직 엑스레이 검사 장비를 갖추지 못한 보건소에 장비를 배치하도록 했고, 이동검진차를 증설하여 연간 2백만 명이 검사를 받을 수 있도록 했다.

그러나 보건소는 분명한 성과에도 불구하고 몇 가지 한계점을 드러냈다. 첫째, 보건소에 등록된 환자의 완치율이 낮았다. 1967년의 보건소 결핵 완치율은 겨우 24.5%에 그쳤다.[99] 저조한 완치율은 처방약물의 종류 때문이라기보다는 보건소의 환자 관리의 부실과 관련이 깊었다. 보건소 처방의 개선이 이루어지고 난 뒤인 1980년대에도 완치율은 30% 초반에 머물렀기 때문이다. 언론 보도조차 보건소에 등록한 환자 4명 중 1명 정도만 제대로 된 치료를 받고 있다고 보도했고, 심지어 서울 시내의 한 보건소에서 등록환자의 52%는 한

---

96 대한결핵협회, 「사명감을 갖고 일하는 경산군보건소」, 『보건세계』 1974년 9월호, 20~21쪽.

97 대한결핵협회, 「4년은 더 열심히 뛰자는 충무시보건소」, 『보건세계』 1974년 7월호, 41쪽.

98 대한결핵협회, 앞의 책, 1998, 563쪽.

99 위의 책, 701쪽.

번도 치료받지 못했다고 했다.[100] 이는 보건소에서 치료를 지속하지 못하는 환자가 그만큼 많다는 것을 의미했고, 보건소의 관리 대처가 미흡했다는 방증이기도 했다.

전국의 결핵 환자 중 일부만 보건소에 등록되어 있던 것도 커다란 문제였다. 1975년 결핵 실태조사에서 결핵균을 배출하는 활동성 환자는 23만여 명이었는데,[101] 실제는 이보다 두 배 정도 많은 46만 명 정도가 있었다고 추산할 수 있다.[102] 그러나 보건소가 파악하고 있던 환자는 겨우 15만 명으로 전체의 30% 정도였다. 등록되지 않은 결핵 환자의 다수는 민간병원이나 약국에서 치료를 받았을 것으로 추정되었으나, 이에 대한 정확한 조사가 없었으므로 활동성 환자의 일부는 지속적인 감염원(感染源)이 되었을 것으로 짐작된다.

### 3) 도시 결핵 문제와 보건소에 대한 부정적 인식

지속적인 결핵 사업으로 폐결핵 유병률은 1965년 5.1%에서 1970년 4.1%로, 1975년에는 3.3%로 감소했다. 그러나 서울 등 도시의 결핵 환자는 감소폭이 적었다. 도시의 결핵 환자가 많았다는 사실은 결핵 실태조사에 잘 나타나 있었는데, 도시는 농촌보다 약 1% 정도 높은 유병률을 보였다. 도시 중에서는 서울이 으뜸이었다.[103] 서울의 각 구(區)마다 등록된 결핵 환자는 2천여 명 정도였고, 보건소에는 매일 400명 정도가 방문했다. 그러나 당시까지는 보건소마다 결핵 관리요원이 모두 배치되지는 못해 충실한 진료나 복약을 기대하

100 「결핵 환자 치료소홀」, 『동아일보』 1974. 8. 24.

101 대한결핵협회, 앞의 책, 1998, 676쪽.

102 2002년 결핵 신고율이 50% 정도로 추산된 것에 미루어 이 같은 수치를 예상할 수 있다. 홍순구, 「결핵 발생 현황 및 국가 관리 대책」, 『대한의사협회지』 47, 2004, 374쪽.

103 대한결핵협회, 앞의 책, 1998, 538쪽.

기 어려웠다.[104] 게다가 도시는 그 특성상 유동인구가 많고 이웃 간 왕래도 적었으므로 가정방문 사업이 농촌처럼 효과를 보지 못했다. 도시의 보건소는 결핵 환자를 감당하기 곤란한 지경이었다.

도시 결핵 문제의 원인 중 하나는 경제발전과 관련된 인구 집중이었다. 이촌향도(離村向都)한 노동자들은 서울 변두리의 판자촌 등 열악한 환경에서 거주했다. 장시간 노동으로 인해 이들의 면역력은 낮아졌고, 결핵에 쉽게 걸렸다. 결핵 판정을 받은 노동자는 정직이나 해고를 당했기 때문에 증상이 있어도 이를 숨겼다.[105] 보건소에 가고 싶어도 장시간 노동으로 인해 시간을 마련하지 못한 예도 있었다. 실제 서울의 청계천 주변 판자촌에는 폐결핵 환자가 많았다.[106]

격리병원 주변에 생긴 무허가 결핵 환자촌도 도시의 결핵을 만성화시키는 하나의 원인이었다. 서울시립 서대문병원[107]은 결핵 환자의 입원 치료를 위한 무료 격리병원이었다. 대기 환자가 많아 입원 기간의 제한을 두었는데, 결핵 완치와 상관없이 최대 1년 6개월까지만 입원할 수 있었다. 기간이 만료되면 퇴원이 강요되었다. 마땅히 거주할 곳이 없던 가난한 퇴원자들은 병원 앞에 판잣집을 짓고 마을을 만들었다. 서대문병원 주변에만 150가구, 300여 명의 환자촌이 만들어졌다. 중증환자가 대부분이었지만 보건소의 무료 약품이 유일한 선택지였다. 무허가 환자촌의 또 다른 문제는 결핵에 걸리지 않은

---

104 대한결핵협회, 「결핵 사업을 결산한다: 특집 1. 정부의 결핵 사업」, 『보건세계』 1974년 12월호, 13쪽.

105 고용노동부, 『1970년대 산업화 초기 한국 노동사 연구—노동운동사를 중심으로』, 2002, 151쪽, 300쪽.

106 최인기, 『가난의 시대—대한민국 도시빈민은 어떻게 살았는가?』, 2012, 43쪽.

107 전염병 격리병원이었던 "순화병원"에서 1964년 "서울시립 서대문병원"으로 개칭했다. 450병상 중 400병상을 무료로 운영했다.

빈민들이 환자촌으로 유입되는 것이었다. 환자촌의 월세가 다른 곳보다 훨씬 저렴하여 결핵에 걸리지 않은 빈민까지 결핵에 노출되었다. 그러나 보건소나 정부의 적극적인 해결책은 제시되지 않았다.[108]

보건소의 노력에 비해 치료 기관으로서의 대국민 평가는 박했다. 결핵 환자의 70%는 보건소보다 민간병원에서 치료받고 싶어 했다. 결핵에 걸리면 가장 먼저 보건소를 찾겠다는 응답은 겨우 15% 정도였다. 보건소에서 무료로 결핵을 치료하고 있다는 사실을 모르는 국민도 30% 이상이었다.[109] 보건소 환자를 대상으로 한 다른 조사는 그 이유를 잘 설명하고 있었다. 보건소는 결핵 진단이 내려지면 증상이나 어떠한 기준과 상관없이 맹목적으로 가장 값싼 '이소나이아지드'만 처방한다고 생각했다. 또한 완치되지 못하고 명부에서 누락되는 활동성 환자를 관리하지 않는 보건소의 행태에 대해서도 불만이 많았다. 사람들은 보건소에서 외과적 수술 등 더 나은 치료를 받기 원했다.[110]

환자 수기나 투병기에도 보건소에 대한 부정적인 인식은 잘 드러나 있다. 공통적인 불만은 보건소가 너무 멀다는 것이었다. 환자들은 투약을 위해 일주일에 한두 번씩 방문해야 했는데, "20리나 떨어진 보건소에 교통편도 없어 걸어 다니는 것이 상당히 어려운 일"이라고 회고했다.[111] 보건소 진단이나 치료를 의심하기도 했다. 보건소 약이 병원 약보다 효과가 떨어지거나 부작용이 더 심하다고 생각했다.[112] 실제 약효에는 차이가 없었으나 "공짜 약이 약효가 떨어진다는" 막연한 의심이 환자들 사이에 퍼져 있었다. 보건소에서 받은

---

108 「병원 밖의 기생병실—입원 치료 외면에 결핵 환자촌 이뤄」, 『동아일보』 1974. 12. 6.

109 정낙진, 「한국 성인의 결핵에 관한 지식, 태도, 및 실천」, 『결핵 및 호흡기질환』 18, 1971, 22쪽.

110 홍순호, 「보건소에 등록한 결핵 환자 관리에 관한 연구」, 『예방의학회지』 7, 1974, 189쪽.

111 대한결핵협회, 「제생의 길」, 『보건세계』 1987년 5월호, 45~46쪽.

112 대한결핵협회, 「농촌형 보건소의 결핵 관리—전북 결핵 관리 의사」, 『보건세계』 1978년 12월호, 12쪽.

검사 결과를 믿지 않는 일도 있었다. 1970년대 보건소는 비용이 많이 드는 엑스레이보다 가격이 저렴하고 확진율이 높은 객담검사의 비중을 늘려가고 있었다.[113] 그러나 환자들은 병변이 뚜렷하게 보이는 엑스레이 필름에 비해 객담검사 결과를 쉽게 믿지 못했다.[114] 보건소는 치료비가 떨어지면 마지막으로 가는 치료 기관이라고 생각하는 이들도 상당수 있었는데, 실제 종합병원에서 먼저 치료를 받다가 경제 사정이 어려워지면 보건소로 옮겨 치료를 받는 환자가 상당수 존재했기 때문이었다.[115]

## 4. 맺음말

보건소는 1960년대 초에 형성된 '헬쓰-넷트'라는 결핵 관리 조직의 핵심 기관이었다. 정부는 보건소를 통해 '결핵 환자 10만 등록 사업'을 전개했다. 이는 보건소의 사업 중 가장 활발하게 전개되었다. 민간단체의 협조를 얻은 등록 사업은 실효를 거두었다. 등록과 동반된 치료 사업도 사망환자 감소에 영향을 주긴 했으나, 초기에는 예산 부족의 한계가 있었다. 1960년대 후반 「결핵예방법」의 제정으로 결핵 관리 예산이 확보되었다. 예산의 증가로 보건소는 최신의 결핵 처방을 실시할 수 있었다. 개선된 처방은 치료 기간을 단축시켰고, 건강검진과 예방접종이 법적으로 보장되며 결핵 유병률도 감소했다.

113 대한결핵협회, 앞의 책, 1998, 575쪽.

114 가래를 뱉는 객담검사 과정이 더럽다고 생각한 보건소 방문자들은 검사에도 비협조적이었다. 대한결핵협회, 「환자 발견 30일 작전을 전개한 남원군보건소」, 『보건세계』 1974년 2월호, 39쪽.

115 대한결핵협회, 「젊은 날」, 『보건세계』 1988년 9월호, 28쪽.

현재와 같은 결핵 환자의 본격적인 감소는 1980년대 이후에 이루어졌는데, 이는 보건소의 결핵 관리와 함께 6개월 단기화학요법,[116] 의료보험 제도의 전 국민 혜택[117] 등이 복합적으로 작용한 결과라고 볼 수 있겠다.

보건소의 결핵 관리 활동은 이러한 성과에도 불구하고 명확한 한계점을 노출했다. 보건소의 낮은 완치율은 치료 기관으로서 보건소의 한계를 극명하게 보여준 것이었다. 등록 및 무료 치료 사업에서 값싼 1차 결핵약에만 의존한 것이 하나의 원인이었다. 활동성 환자의 절반도 관리하지 못했다는 사실 또한 보건소가 국가의 결핵을 전반적으로 관리했다고 보기 어려운 또 다른 이유다. 비록 등록 사업은 성공했지만, 환자를 추구 관리하는 역할까지 성공을 거두었다고 하기는 어렵다. 이는 예산 부족과 함께 결핵 관리요원의 열악한 근무 여건 등 다양한 원인이 영향을 주었다고 볼 수 있다. 빈민촌이나 무허가 결핵 환자촌 등 도시와 관련된 결핵 관리에도 허점이 있었다. 특히 무허가 환자촌의 경우는 질병의 예방을 통해 국민의 보건 향상을 꾀한다는 보건소의 목적을 달성하지 못한 사례라고 볼 수 있다.

장기간의 잠복기와 치료 기간으로 인해 결핵은 다른 전염병과 달리 예방 위주의 관리로는 퇴치가 불가능한 질병이었다. 전 국민의 5%가 활동성 결핵 환자였던 당시 상황에서 보건소는 좀 더 적극적인 관리와 치료 기능을 제공해야 했다. 그러나 당시 한국의 사회·경제적인 상황을 고려해볼 때, 보건소의 결핵 관리 활동이 제한적이었던 것은 어찌 보면 당연한 결과였다.

---

116 대한결핵협회, 앞의 책, 1998, 800쪽.

117 1970년대 의료보험 제도의 확립과 함께 1980년대 초의 지역의료보험 제도 시행은 전 국민이 의료보험 제도의 혜택을 받을 수 있게 했다.

# 일본 점령기 상하이 도시위생과 콜레라 백신접종

## 1. 머리말

1937년 7월 7일 베이징(北京) 교외의 루거우교(蘆溝橋)에서 중국군과 일본군의 무력 충돌이 발생했다. 일본군은 중국군의 발포로 일본군 사병이 행방불명되었다며 중국군을 공격하고 이 다리를 손에 넣었다. 행방불명되었다던 사병은 실제로는 잠깐 자리를 비웠던 것일 뿐, 곧 복귀했다고 전한다. 그러나 1931년 만주국(滿洲國)을 세워 중국의 동북 지방을 손아귀에 넣은 일본에게 루거우 다리 사건은 진위와 상관없이 중국 내륙으로 세력을 뻗칠 좋은 구실이 되었다. 이른바 중일전쟁(中日戰爭, 1937~1945)의 시작이다. 베이징이 함락되고 톈진(天津)에 이어 상하이(上海)에도 일본군이 들어왔다.

중일전쟁 발발 전까지 상하이 조계(租界)와 화계(華界)는 늘어나는 인구와 급속한 도시화로 인한 도시위생의 악화를 해결하기 위해 노력했다. 조계에서 시작하여 화계까지 영향을 미친 다양한 시도, 상하수도의 정비와 쓰레기 처리, 전염병 방역을 위한 위생 교육과 선전, 무료 백신접종은 어느 정도 성과를 거두고 있었다.

그렇다면 일본에 점령당한 후, 상하이의 위생행정 체계에는 어떤 변화가 있었을까. 1937년 11월 무렵부터 일본군은 화계와 더불어 조계의 일부를 점령, 통치하게 된다. 일본군이 1937년부터 점령한 화계 및 조계 일부 지역은 이 기간 대부분 상하이특별시(上海特別市)로 규정되었고, 태평양전쟁이 발발하자 프랑스 조계는 1943년 7월부터, 공공조계는 1943년 8월부터 상하이특별시 제1구역, 제8구역이 되었다. 위생행정은 일본군, 양 조계의 위생기구, 상하이특별시정부 위생 담당기구 등 다양한 권력기구에 의해 수행되었는데, 조계가 상하이특별시로 흡수되면서 일본 측과 일본에 협력하는 시정부의 입김이 절대적으로 작용하게 되었다.

따라서 상하이의 의료위생을 살펴보기 위해서는 일본 식민권력의 영향을 검토하는 작업이 필요하다. 선행 연구에 의하면 톈진에서는 제국주의 일본이 위생을 통치의 수단으로 적극적으로 이용했다. 거주민은 위생행정으로 인해 개인의 자유를 침해당하긴 했지만, 한편으로는 전염병의 위험에서 벗어날 수 있었다.[01] 일본 점령기 베이징에서는 점령당국이 자신들의 지배와 감시를 강화하는 데 콜레라 방역을 이용했는데, 조선과 대만에서 본국과 유사한 위생행정을 실천한 것과는 달리, 만주국과 중국 각지의 조계에서는 일본인을 보호하기 위해 중국인에 대한 차별적인 위생 정책을 시행하는 모습을 보인다.[02] 이 외에 중일전쟁기에 국한하지 않고 제국 의료의 시점에서 타이완(臺灣)으로 대표되는 일본 점령지의 공중위생과 방역 사업을 검토한 연구도

---

01 Ruth Rogaski, *Hygienic Modernity: Meanings of Health and Disease in Treaty-port China*, Berkeley: University of California Press, 2004.

02 辛圭煥, 「日本占領期 콜레라 流行과 北京의 衛生行政(1937~1945)」, 『중국근현대사연구』 51, 2011.

있다.[03]

일본 점령기 상하이에서도 위생의료 체제의 정비는 중요한 문제였다. 전쟁 포화로 인한 도시 인프라의 파괴, 피난민들이 몰리면서 형성된 난민수용소의 비위생적인 환경으로 도시위생이 악화하면서 감염병의 공포에 시달렸기 때문이다. 대표적으로 콜레라를 들 수 있다. 당시 조계 정부는 물론 일본 식민권력 또한 콜레라 방역에 힘을 쏟았다. 식민권력이 의료나 위생을 매개로 현지 사회에 대한 통제와 지배력을 강화해 나가는 모습은 상하이 콜레라 방역에서도 나타났다. 즉 콜레라 백신 강제접종은 단순히 콜레라 방역을 위한 것에 그치지 않고 일종의 치안유지 성격까지 지니고 있었다.[04] 콜레라 예방접종이나 위생 선전의 면에서 일본군과 친일 정부는 협력 관계를 구축하고 있었으며, 현대의학을 통해 콜레라로부터 사람들을 보호한다는 생각이 공중위생 사업의 강제성을 정당화하는 데 이용되었다.[05]

한편으로는 일본식 방역책이 강제적, 소극적, 근시안적인 방법에 불과하여 근본적인 공공위생의 개선을 가져오지는 못했다는 비판도 존재한다.[06] 예를 들면 1942년 화계에서 콜레라가 유행하자 친일 정부는 백신접종 증명서를 검사하고 이동을 단속하는 강제적인 방역 정책을 시행했다. 민중들은 어쩔 수 없이 적극적으로 백신을 접종했는데, 증명서 위조와 암시장의 성행은 이러한 강제적 방역 정책이 한계가 있었음을 여실히 보여준다. 일본의 패전에도 불구하고 제국주의 의료의 영향력은 이후 중국의 방역 정책에 심대한 영

03 飯島涉,『ペストと近代中國』, 東京: 研文出版, 2000; 飯島涉,『マラリアと帝國—植民地醫學と東アジアの廣域秩序』, 東京: 東京大學出版會, 2005.

04 福士由紀,『近代上海と公衆衛生—防疫の都市社會史』, 東京: 御茶の水書房, 2010.

05 Chieko Nakajima, *Body, Society, and Nation: The Creation of Public Health and Urban Culture in Shanghai*, Harvard University Asia Center, 2018.

06 彭善民,『公共衛生與上海都市文明(1898~1949)』, 上海人民出版社, 2007.

향을 미쳤다.[07]

이처럼 기존 연구에서는 일본 식민권력 혹은 친일 정권이 콜레라 방역을 이용하여 상하이의 의료위생 체제를 구축하고 개인의 건강과 신체의 문제에 개입해가는 과정에 주목했다. 그리고 이 과정에서 강제적 백신접종은 점령지를 통제하고 해당 지역에서 지배력을 강화하기 위한 수단이었음을 강조했다. 다만 이와 같은 결론에서는 연구 대상이 된 지역이 지니는 특징, 이른바 지역성이 잘 드러나지 않는다. 식민권력이 지배한 지역이라면 모두 비슷한 결론에 도달하기 때문이다. 따라서 이 장에서는 콜레라 백신접종이 상하이라는 도시 공간 속에서 어떻게 구현되고 확대되었는지를 보다 구체적으로 검토하여 당대 상하이의 지역성을 밝히고자 한다. 나아가 일본의 식민권력이 백신접종을 맹신한 원인, 보편접종을 둘러싼 논쟁과 주민들의 인식을 다각적으로 분석하여, 도시위생의 측면에서 콜레라 백신접종이 지닌 역사적 의미도 되짚어보고 싶다.

## 2. 일본 식민의학의 선봉, 동인회

일본 점령기 상하이의 방역 사업에는 여러 권력기구가 관여했는데, 그중 일본 측의 권력기구로는 대표적으로 상하이방역위원회(上海防疫委員會), 동인회, 상하이자연과학연구소(上海自然科學研究所)를 들 수 있다. 이 세 기구는 별개 조직으로 활동했다기보다는 서로 밀접한 관련을 맺고 협력하는 관계였다.[08]

---

07 高飛, 「"帝國醫療"的"飛地"—1942年上海華界霍亂流行與汪僞市府的應對」, 『日本侵華史研究』, 2019.

08 일본 점령기 상하이 방역기구와 활동에 관해서는 福士由紀, 앞의 책, 2010 참고. 후쿠시 유기

상하이 방역 활동의 중심 기관은 1937년 설립된 상하이방역위원회로, 상하이 및 상하이 근교 전염병 예방 사업의 감독과 위생의 향상을 목표로 삼았다. 구체적인 활동으로는 콜레라, 두창, 티푸스, 페스트, 성병과 같은 감염병의 예방과 소멸을 목표로 백신접종, 검역, 위생 교육, 감염병 유행 때의 제반 사항을 담당했다. 또한 일본 육해군뿐만 아니라 공공조계와 프랑스 조계, 상하이 특별시 정부, 외교 기관, 교통 기관, 민간 단체 등 다양한 기관이 참가하여 방역책을 결정하는 역할을 했다. 공공조계나 상하이특별시 정부도 참가했지만 일본의 영향력이 가장 컸다.[09]

상하이방역위원회가 방역 정책의 결정을 맡았다면, 실질적으로 상하이 방역 사업을 운영한 것은 동인회였다. 1901년 동아동문의회(東亞同文醫會)에서 시작하여 1903년 재단법인으로 재탄생한 동인회는 중국과 조선에 일본의 근대의학을 전수하여 일본의 위상을 높이고 나아가 일본 점령지에서 일본 통치의 정당성을 확보하고자 한 단체이다. 상하이 지역을 포함하여 중국의 여러 지역에서 병원을 건립하고 치료 활동에 몰두하던 동인회는 중일전쟁이 발발하자 활동 영역을 확대하여 점령지에서의 방역과 의료 사업을 장악해 나갔다.[10] 1938년 동인회는 임시대지방역 사업부(臨時對支防疫事業部)를 창설하고 상하이 지부에 방역반과 진료반을 두었다. 상하이 지부에는 부장 1인, 차

---

의 연구에 따르면 상하이자연과학연구소는 본래 중국과 일본 공동의 연구 기관으로 설립되어, 초기에는 중국인도 관여했으나, 일본의 산둥(山東) 출병으로 촉발된 항일운동의 영향으로 중국 측이 위원직에서 물러나면서 일본인 연구자 중심의 연구소가 되었다. 중일전쟁기에는 일본의 육해군(陸海軍)으로부터 의뢰받은 연구를 하게 된다. 福士由紀, 앞의 책, 2010, 221~222쪽.

09 福士由紀, 앞의 책, 2010, 214~218쪽.

10 이이지마 와타루(飯島涉)는 도쿄제국대학 전염병연구소와 동인회의 관계, 일본 점령 지역에서 방역행정이 전개되는 과정을 살펴본 바 있다. 飯島涉, 『ペストと近代中國』, 2000; 飯島涉, 『マラリアと帝國』, 2005. 福士由紀는 동인회의 상하이 진출 과정과 방역 사업의 내용을 개괄했다. 福士由紀, 앞의 책, 2010, 218~222쪽.

장 1인 아래 방역반 총 39인(반장 1인과 의원 5인, 조제사 2인, 수의사 1인, 통역 2인 등), 진료반 총 55인(반장 1인, 의원 5인, 조제사 2인, 통역 1인, 간호부장 1인, 간호사 19인 등)을 파견할 계획이었다.[11] 1939년에는 동인회 화중중앙방역처(華中中央防疫處)가 상하이의 방역 사업을 총괄하기에 이른다.

1939년 동인회 제2진료반 활동을 보고한 글[12]에 따르면, 이들은 1938년 5월 8일 상하이에 도착하여 군의 명령에 따라 19일부터 난스(南市) 황푸강(黃浦江) 부근에 있는 상하이시립후난의원(上海市立滬南醫院) 건물에서 진료를 시작했다.[13] 난스는 전쟁으로 인한 피해가 심각한 지역이었다. 진료반은 "우리는 공동생활(共同生活)을 하고 있어, 이 난스의 전쟁으로 고생하는 소위 난민을 위한 치료선무(治療宣撫)를 맡았다", "우리는 일본 의학의 명예를 생각하여 충분한 각오를 하고 이 사업을 맡았다"고 주장했다. 또한 상하이에는 여전히 미신과 중의약, 기타 요법들이 성행한다며, 난민이라 그럴지 몰라도 중국인의 위생 지식은 매우 낮다고 지적했다. 그리고 "매일 아침 환자가 좀 모이면 의원(醫員)들에게 부탁하여 간단한 위생 강연을 열고 중국어로 통역하는데, 모두 아주 열심히 듣고 그중에는 강연을 듣기 위해 오는 사람도 있다. 현재 위생 사상 등을 보급하고자 매우 노력하고 있다"며 의료위생을 전도하는 진료반의 역

---

11 臨時對支防疫事業部, 「防疫事業關係事項」, 『會計檢査關係雜件』 第九卷, 1938 [일본 국립공문서관 아시아역사자료센터(이하 JACAR라 약칭): B05015106700]

12 瀨尾省三, 「コレラの診療並に上海における支那人の疾病に就て」, 中支同仁會防疫本部 上海支部, 『同仁會關係雜件·防疫事務關係』 第三卷, 1938, 18~25쪽[JACAR: B05015318600]; 瀨尾省三, 「"虎列拉"診療與上海中國人之疾病(附照片)」, 『同仁醫學』 12(4), 1939, 233~237쪽.

13 상하이는 당시 중국에서 근대적 의료 인프라가 가장 잘 갖추어진 도시였다. 동인회는 상하이에 존재하는 크고 작은 병원을 흡수하여 이용했다. 난스의 상하이시립후난의원을 일본군에게서 이어받아 대일본동인회 상하이자선병원(大日本同仁會上海慈善醫院)으로 이름을 바꿔 이용했고, 상하이 최초의 서양식 병원으로 유명한 인제의원(仁濟醫院)은 1942년 9월 2일부터 동인회 화중지부가 위탁경영하게 된다. 福士由紀, 앞의 책, 2010, 219~220쪽; 朱明德·陳佩 主編, 『仁濟醫院155年(1844~1999)』, 華東理工大學出版社, 1999, 9쪽.

할을 강조했다.

즉 진료반은 일본이 다른 나라와 비교하여 뛰어난 의학 기술을 보유하고 있고 이러한 의학 기술을 이용하여 상하이의 의료위생 환경 개선에 노력하고 있음을 보여줌으로써 일본의 상하이 통치에 정당성을 부여하고자 했다. 특히 콜레라와 같은 무서운 전염병의 유행은 일본 의학의 우수성을 알릴 좋은 기회였다. 또한 콜레라가 계속 유행하게 되면 일본의 점령지 통치력에 직접적인 영향을 줄 수 있다. 따라서 일본은 점령지의 콜레라 방역에 주의를 기울였다.

## 3. 중일전쟁과 콜레라의 대유행

중일전쟁 발발 전, 1933년부터 1936년까지 4년간 상하이에서 콜레라는 유행하지 않았다.[14] 콜레라의 유행을 막기 위해 여름마다 우물을 소독하고 빈민가에 무료로 수돗물을 공급하며 백신접종도 병행한 의료위생 체제의 진전 덕분인지, 1932년 광범위한 콜레라 유행 후 지역사회가 면역을 획득한 덕분인지, 단순히 유행 주기가 멈춘 상태이기 때문인지는 확실치 않았다.[15] 공부국 위생처는 언제 다시 콜레라가 유행할지 알 수 없으므로 방역을 빈틈없이 해

14 Shanghai Municipal Council, *Report and Budget*, 1937, p. 107.

15 Shanghai Municipal Council, *Report and Budget*, 1934, p. 135; 華文處譯述,『上海公共租界工部局年報』, 1933, 220~221쪽; Shanghai Municipal Council, *Report and Budget*, 1935, p. 100. 1930년대 설립된 중앙콜레라국(Central Cholera Bureau)의 존재도 중일전쟁 발발 전까지 상하이가 어느 정도 콜레라를 억제할 수 있게 해주었을 것이다. 福士由紀,「國際聯盟保健機關と上海の衛生—1930年代のコレラ予防」,『社會經濟史學』 70(2), 2004; 福士由紀, 앞의 책, 2010 참고.

야 한다고 주장하며, 긴장의 끈을 놓지 않았다.[16]

이러한 노력에도 불구하고 1937년 중일전쟁이 발생하자 전쟁의 포화는 콜레라의 유행까지 동반하며 주민의 삶을 위협했다. 진원지는 난민수용소였다. 전쟁으로 인해 피난민들이 조계로 몰려들면서 1937년 말 공공조계 내에는 약 9만 7천 명의 난민과 173곳의 난민수용소가 생겼다. 난민수용소는 위생 시설이 잘 갖춰져 있지 못한 데다가 인구가 밀집해 있어, 한번 전염병이 발발하면 그 피해가 매우 컸다. 또한 전쟁으로 인해 도시위생 인프라와 의료시설이 파괴되면서 식수가 오염되고, 환자의 발견과 격리, 수용, 치료가 지연되면서 콜레라 대유행을 촉발했다.[17] 〈그림 1〉은 1932년, 1937~1940년 공공조계 콜레라 환자 수 변화를 보여준다. 콜레라 환자는 1932년 5,505명이었으나 1933~1936년에는 발생하지 않았다. 그러나 1937년 다시 콜레라가 유행하여 환자 수는 1937년 3,478명, 1938년 11,371명에 이르렀다. 그림에서도 알 수 있듯이 콜레라 환자 수는 6월경부터 늘기 시작해 7~9월 더운 여름날 정점을 찍고 나서 줄어드는 형태를 보였다. 더위로 인한 채소와 음료수의 부패가 콜레라균을 빠르게 증식시켰기 때문이다.[18]

한편 이런 상황에서 의료 활동을 시작한 동인회 제2진료반은 콜레라 대책으로 백신접종을 전면에 내세웠다.[19] 길을 걷는 중국인 모두에게 예방주사를 놓고, 예방주사를 맞은 사람에게는 증명서를 배부했다. 1938년 6월 25일부터는 백신접종 증명서가 없으면 홍커우(虹口) 일대 일본군 점령지에 들어

---

16 Shanghai Municipal Council, *Report and Budget*, 1936, p. 127.

17 福士由紀, 앞의 책, 2010, 211~212쪽.

18 高飛, 앞의 논문, 2010, 67쪽.

19 瀨尾省三,「コレラの診療並に上海における支那人の疾病に就て」, 1938, 19~21쪽; 瀨尾省三,「"虎列拉"診療與上海中國人之疾病(附照片)」, 1939, 235쪽.

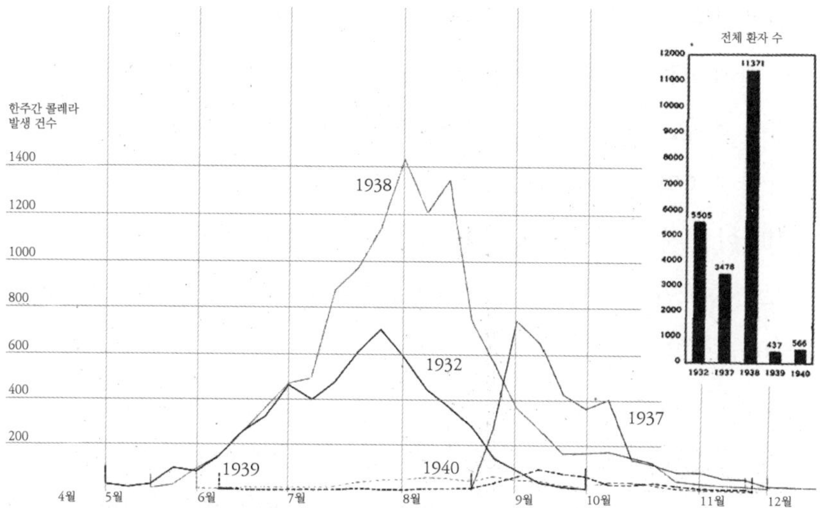


**〈그림 1〉 공공조계 콜레라 발생 건수(1932년, 1937~1940년)**
* 출처: Shanghai Municipal Council, *Report and Budget*, 1941.

갈 수 없었다.[20] 1938년 5월 28일자 『신보(申報)』는 푸동(浦東) 지역에 콜레라 유행이 심각하여 이미 다수의 사망자가 발생했는데 일본해군총사령소(日本海軍總司令所)가 발행한 통행증이 없으면 자유롭게 통행할 수 없어 병자의 구제가 어렵다고 비판했다.[21] 이 기사는 콜레라 확산을 막으려는 조치 때문에 도리어 콜레라 환자를 돕지 못하는 모순이 존재했음을 보여준다.

그 후 일본에서 방역반이 도착하여 상하이의 의료 및 방역 사업은 방역반, 특별진료반, 제2진료반이 담당하게 되었다. 1938년 8월 방역반은 180명에게 백신을 접종했는데, 8월 1일 난스 룽추이 헌병분견소(龍萃憲兵分遣所)에서 중국인 142명, 8월 2일과 9일에는 난스 카타야마 다리(片山橋)에서 각각 16명,

20 "Cholera Passes for Hongkew Needed", *The North-China Daily News*, June 15, 1938.

21 「上海浦東區虎烈拉猖獗」,『申報』 1938. 5. 28.

22명이 접종을 받았다. 니시(西信次), 니시무라(西村達三) 두 의사가 두 명의 조수와 함께 접종을 시행했다. 접종자는 모두 중국인 통행자였다. 방역반은 백신접종 외에도 콜레라와 같은 전염병 환자가 발생한 지역에 소독반을 파견하여 발생 지역을 소독하고 분변검사를 통해 환자를 찾아 격리하기도 했다.[22] 방역반이 도착했기 때문에, 제2진료반은 백신접종 증명서를 받으러 병원에 오는 중국인에게 주사를 놓는 일에 집중했다. 이 숫자는 9월 말까지 누적 123,206명에 이르렀다.[23]

접종에 필요한 백신은 일본에서 들여왔다. 1938년 임시대지방역 사업부 『방역사무월보(防疫事務月報)』 3호에 따르면, 5월 4일 상하이지부장 다니구치(谷口腆二)와 차장 이노우에(井上善十郎)는 상하이 상륙 후에 콜레라 백신 백만 명분과 자동차 2대가 필요하다고 했다. 이에 오사카제국대학 미생물병연구소(微生物病研究所) 등에 백신을 요청한 기록이 남아 있다.[24]

본래 상하이방역위원회의 방역 지침에는 연 2회 백신접종이 기본이었지만, 동인회 제2진료반은 1회만 접종했다. 동인회 제2진료반은 "프랑스 조계와 공공조계 공부국은 직접 제조한 백신을 단지 한 번만 맞도록 하고 있는데, 실제로 중국인에게 2차 주사를 놓는 건 매우 어려워 거의 불가능하다고 말할 수 있으므로, 우리도 1차 주사만으로 끝내기로 했다"라고 이유를 밝혔다. 사실 콜레라 백신은 3~4개월마다 맞아야 효과적이라고 알려져 있다. 따라서 중국인에게 백신을 두 번 맞추기 어렵다는 핑계로 1회 접종만으로 끝내는 것은

22 臨時對支防疫事業部, 『防疫業務月報』 2, 1938년 4월. 『同仁會關係雜件·防疫事務關係』 第四卷, 1938 [JACAR: B05015319100].

23 瀬尾省三, 「コレラの診療並に上海における支那人の疾病に就て」, 1938, 19쪽; 瀬尾省三, 「"虎列拉"診療與上海中國人之疾病(附照片)」, 1939, 235쪽.

24 臨時對支防疫事業部, 『防疫事務月報』 3, 1938년 5월. 『同仁會關係雜件·防疫事務關係』 第四卷, 1938 [JACAR: B05015319100].

근시안적이고 단기적인 조치에 불과했다. 실제로 공공조계 공부국 연례보고서에 의하면, 공공조계에서는 2차 주사까지 시행했다. 다만 2차 주사까지 맞는 사람이 적었을 뿐이다. 예를 들면 1937년 5월 1일부터 11월 30일까지 공공조계 콜레라 백신 1차 접종자는 238,160명이었으나, 2차 접종자는 29,577명에 불과했다.[25]

1938년의 노력에도 불구하고 이듬해 콜레라는 다시 유행했다. 공공조계에서 발생한 첫 환자는 옌핑로(延平路)와 창핑로(昌平路) 사이에 설치한 제9난민수용소의 51세 남성이었다. 이 환자는 6월 5일 중국인 격리 병원에 수용되고 이틀 후 콜레라 확진을 받았다.[26] 그 후 콜레라는 더욱 확대되었는데, 환자는 주로 공공조계와 그 주변에서 발생했다. 이는 난민수용소가 콜레라 유행의 거점이었음을 보여준다. 〈그림 2〉와 〈그림 3〉은 각각 1939년 8월 28일, 9월 19일 콜레라 환자 분포도이다. 콜레라 환자가 발생한 곳이 동그라미로 표시되어 있다.

8월 28일 공공조계 21명, 프랑스 조계 4명, 조계 외 4명, 주소불명 1명으로 총 30명이었던 콜레라 환자 수는 9월 19일 공공조계 154명, 프랑스 조계 35명, 조계 외 46명, 해군 경비 구역 내 5명, 총 240명으로 크게 늘었다. 콜레라 유행이 계속되자 일본 후생성(厚生省)은 9월 1일 우송(吳淞) 지역을 포함한 상하이를 콜레라 유행지로 지정했다.[27] 그리고 공공조계 북지구 일부와 동지구, 자베이와 푸동 지역을 육전대(陸戰隊)가 담당하는 경비 구역으로 지정했다. 〈그림 3〉의 빗금 선으로 표시된 부분이다. 이 해 콜레라로 인한 외국인 사망자는 한

---

25 Shanghai Municipal Council, *Report and Budget*, 1938, p. 176.

26 Shanghai Municipal Council, *Report and Budget*, 1940, p. 132; 華文處譯述, 『上海公共租界工部局年報』, 1939, 328쪽.

27 在上海日本総領事館, 『上海傳染病週報』 35, 1939.

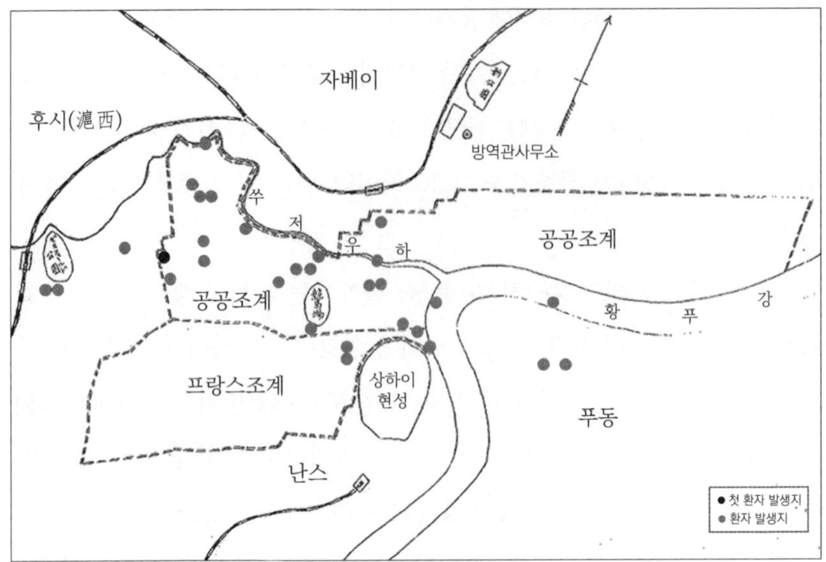


**〈그림 2〉 1939년 8월 28일 상하이 진성 콜레라 환자 분포도**
*출처: 在上海日本総領事館,「上海傳染病週報」34,『傳染病報告雜纂·中國ノ部(滿蒙ヲ除ク)』第三巻, 1939 [JACAR: B04012617600](필자 가필).

명에 불과하였으나 중국인 사망자는 56명에 이르렀다.[28]

이처럼 일본은 일본군 점령지를 경비 구역으로 설정하고, 콜레라 유행의 거점이 된 공공조계와 그 주변으로부터 경비 구역으로 콜레라가 전파되는 일을 막으려 했다. 1940년 2월 26일에는 일본군 경비 구역 내 방역 조치에 대해 조계의 협조를 구했다. 공공조계는 고려하겠다는 내용의 답변을, 프랑스조계는 방역 조치를 위해 접종 증명서를 교부하겠다는 확답을 주었다.[29] 1930년대 중반까지 콜레라 백신의 효과에 의구심을 가지고 검역이나 환경 정비,

28 岡本事務所調査室 編,『上海共同租界工部局年報 1939年行政報告及び1940年度予算』, 1940, 160~161쪽.

29 三浦義秋,「上海ニ於ケル防疫ニ關スル件」, 三浦総領事·堀内參事官,『各國ニ於ケル防疫關係雜件』第一巻, 1939 [JACAR: B04012684800].

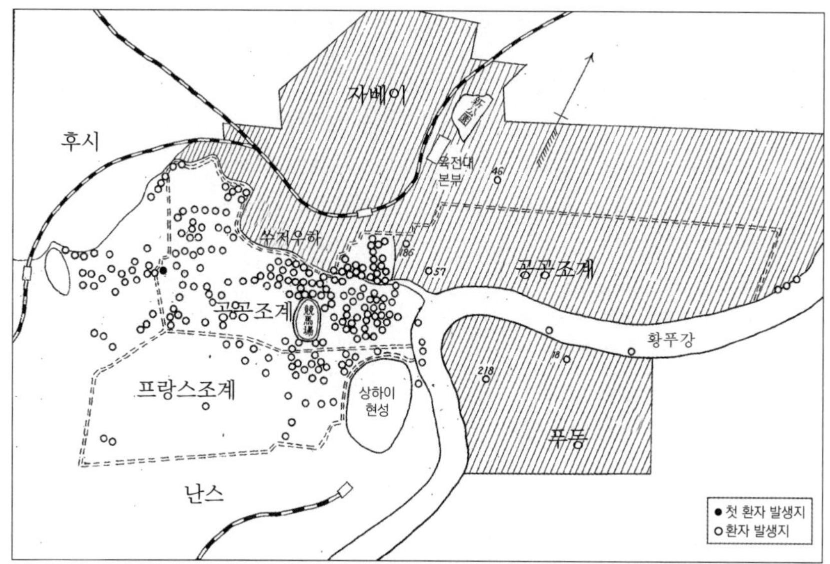


**〈그림 3〉 1939년 9월 19일 상하이 콜레라 환자 분포도**
* 출처: 三浦総領事·堀内参事官, 『各國ニ於ケル防疫關係雜件』 第一巻, 1939 [JACAR: B04012684800](필자 가필).

개인 위생을 중시하며 강제적 백신접종을 시행하지 않던 조계에서도 전쟁으로 인한 콜레라의 거듭된 유행 때문에 백신접종이 확대되던 상황이었다.[30] 나아가 일본의 요구에 따라 백신접종은 강제성을 띠기 시작했다.

## 4. 이동 제한과 강제접종의 확대

1940년대에 들어 일본은 콜레라 방역의 목적으로 이동 제한과 강제접종을 더 적극적으로 시행했다. 1940년 6월에는 훙커우의 주요 길목에서 최근 발

30 福士由紀, 앞의 책, 2010, 222~223쪽.

〈표 1〉 접종 증명서 검사장소와 주사반의 소속

| 번호 | 검사장소 | 주사반 소속 | 위치 |
|---|---|---|---|
| 1 | 가든교(外白渡橋) | 주사반 없음 | 쑤저우하(蘇州河)<br>(조계 중앙지구와 북지구 경계) |
| 2 | 자푸로교(乍浦路橋) | 해군반 | 위와 같음 |
| 3 | 쓰촨로교(四川路橋) | 주사반 없음 | 위와 같음 |
| 4 | 요코하마교(橫濱橋) | 민단반 | 공공조계 북지구 |
| 5 | 디쓰웨이로교(狄思威路橋) | 동인회반 | 훙커우항(虹口港)<br>공공조계 북지구와 자베이 경계 |
| 6 | 동압록로교(東鴨綠路橋) | 동인회반 | 훙커우항<br>공공조계 북지구와 동지구 경계 |
| 7 | 동한비리로교(東漢壁禮路橋) | 동인회반 | 위와 같음 |
| 8 | 바이라오훼이로교(百老匯路橋) | 후생의약숙반 | 위와 같음 |
| 9 | 서화더로교(西華德路橋) | 후생의약숙반 | 위와 같음 |
| 10 | 북장시로(北江西路) | 후생의약숙반 | 공공조계 북지구 |
| 11 | 바즈로(靶子路)와 북쓰촨로(北四川路)의 교차로 | 민단반 | 위와 같음 |
| 12 | 양수푸로교(楊樹浦路橋) | 육군반 | 양수푸항(楊樹浦港)<br>(공공조계 동지구) |
| 13 | 핑량로교(平涼路橋) | 육군반 | 위와 같음 |

급받은 증명서의 유무를 검사하고, 증명서가 없는 사람에게 콜레라 백신을 접종했다.[31] 8월 20일 상하이 일본총영사관(在上海日本總領事館)의 「콜레라 예방대책에 관한 보고」[32]에 따르면, 8월 19~25일에도 같은 방식의 강제접종이 시행되었다. 백신접종을 위해 육군 두 반, 해군 한 반, 민단(民團) 두 반, 동인회 세 반, 후생의약숙(厚生醫藥塾) 세 반의 주사반을 파견했는데, 검사 장소와 주사반의 소속은 〈표 1〉과 같다. 이어서 쑤저우하의 세 다리(표 1의 1~3번) 위에서 8월 19일 이후 접종 증명서를 검사하여 증명서가 없으면 통행을 금지하는 조치

31 "Cholera Inoculation in Hongkew Compulsory", *The North-China Herald and Supreme Court & Consular Gazette*, June 12, 1940.

32 三浦義秋, 「コレラ豫防對策ニ關シ報告ノ件」, 三浦総領事·堀内參事官, 『各國ニ於ケル防疫關係雜件』 第一卷, 1939[JACAR: B04012684800].

를 시행하기로 했다.

처음 주사를 맞는 사람에게는 증명서를 주고, 두 번째 주사를 접종할 때는 접종일자를 스탬프로 찍었다. 〈표 1〉에서 알 수 있듯이, 접종 증명서를 검사하는 장소는 각 구역의 경계를 이루는 쑤저우하, 홍커우항, 양수푸항 등에 놓인 다리와 주요 길목이었다. 쑤저우하는 공공조계 중앙지구와 일본군 경계구역이 된 북지구 사이에 위치한다. 홍커우항은 북지구와 동지구를 연결한다. 양수푸항은 공공조계 동지구의 중간 지점에 위치하며, 동지구 남쪽에 위치한 황푸강에서 동지구 북쪽의 화계 쪽으로 흐른다. 이 외에 북지구와 자베이의 경계에 놓인 다리도 포함되었다. 즉 일본군은 일본군 주둔지나 일본인 거주지로의 콜레라 확산을 막으려고 했다. 이러한 조치는 콜레라가 유행하는 동안 한시적으로 시행되었다. 날씨가 서늘해져서 콜레라가 더는 위협적이지 않다고 판단되자 일본 식민권력은 9월 26일부터 접종 증명서 없이도 홍커우에 외국인과 중국인이 출입할 수 있도록 했다.[33]

공부국에서도 중앙지구, 서지구, 북지구, 동지구의 위생처 지부(衛生分處)가 주민을 대상으로 무료 백신접종을 실시했다. 정해진 지부에서 주사를 맞으면 접종 증명서를 받을 수 있었으며, 증명서 없이는 상하이를 벗어날 수 없었다.[34] 이러한 무료 백신접종은 콜레라의 위협에서 상하이 주민을 보호하기 위한 일본 식민권력의 계획과 공부국의 콜레라 방역 활동에 따라 광범위하게 진행되었다.[35]

하지만 이러한 조치에도 불구하고 1942년 여름, 역시나 조계 내에서 콜레

---

33 "Cholera Passes No Longer Required", *The North-China Herald and Supreme Court & Consular Gazette*, October 1, 1941.

34 「爲注射豫防霍亂針事」(1941. 4. 10), 『工部局公報』 5429, 1941. 9. 3.

35 "All Must Have Anti-Choler Certificates", *The Shanghai Times*, May 11, 1942.

라가 유행했다. 7월에 시작된 유행은 8월 첫째 주에 정점에 달했다. 환자는 중국인 거주지, 그중에서도 첫 번째 환자가 발생한 난스에서 온 사람들이 대부분이었다.[36] 7월 26일, 상하이의 버스회사(Central China City Motor Bus Company)는 당국의 지침에 따라 버스를 타려는 승객은 콜레라 백신 접종 증명서를 제시해야 한다고 결정했다. 조계 주민은 쑤저우허의 다리를 건너 홍커우와 북쪽 지역에 가기 위해 증명서를 받아야 했다. 많은 중국인과 외국인이 백신접종을 받기 위해 접종소에 줄을 섰다.[37]

공공조계뿐만 아니라 프랑스 조계도 콜레라의 위협에서 벗어날 수 없었다. 1937년에는 사망률이 19.25%에 이르렀고, 1942년에는 7월부터 9월까지 환자 297명, 사망자 47명으로 15.82%의 사망률을 기록했다. 프랑스 조계도 콜레라 유행을 막기 위해 주요 길목에 접종소를 설치하고 공장이나 학교에서 요청하면 직원을 파견하여 백신을 접종했다.[38]

1942년 7월 31일, 12년간 공공조계 공부국 위생처장을 지냈던 조던(J. H. Jordan)이 은퇴하고 8월 3일부터 다시로 요시아키(田代良顯)[39]가 위생처장을 맡으면서[40] 이러한 경향은 더 강해졌다. 8월 6일부터 콜레라 백신접종 증명서가 없으면 조계에 들어올 수 없었다.[41] 이 때문에 많은 주민이 증명서를 받으러 접종소에 몰려들었고, 백신접종자 수는 계속해서 늘었다.

그러나 이동 제한을 통한 강제적 백신접종에도 불구하고 콜레라가 계속

---

36 Shanghai Municipal Council, *Report and Budget*, 1943, p. 47.

37 "Anti Cholera Passes Required on Buses in Suburban Areas", *The Shanghai Sunday Times*, July 26, 1942.

38 Pierre Chapoy, 「一九四二年上海法租界霍亂流行之概況」, 『震旦醫刊』 7(6), 1943, 350~354쪽.

39 1913년 나가사키 의학전문학교 졸업, 군의대좌(軍醫大佐)를 지냈다. 長崎大學醫學部長, 「長崎大學醫學部關係者業績題目一覧」, 『長崎醫學百年史』 附録(1), 1961.

40 Shanghai Municipal Council, *Report and Budget*, 1943, p. 48.

41 「明日起無防疫證者不得進入租界」, 『申報』 1942. 8. 5.

유행하면서 2차 접종의 중요성이 대두되었다. 1943년 8월 6일자 신문 기사는 첫 번째 접종 후 최소 3개월 지난 후에는 두 번째 접종을 받아도 위험하지 않으므로, 올 4월 이전에 예방접종을 받은 사람들은 가능한 한 가장 가까운 위생처(Health Office)에 가서 두 번째 접종을 받으라고 권고했다.[42] 또한 증명서의 유효 기간을 3~4개월로 한정하고 유효 기간이 지나면 다시 주사를 맞도록 했다.[43] 2차 접종을 전면적으로 시행하면서 증명서 규정은 더욱 까다로워졌다. 공부국은 1942년 5월 1일 이전 발행한 증명서는 7월 25일부터 무효라고 선언했다. 그리고 7월 1일부터 증명서의 인장 색을 붉은색에서 검은색으로 바꿨다.[44] 여전히 붉은색의 증명서를 지닌 사람은 반드시 다시 주사를 맞아야 했다.[45] 결과적으로 2차 접종도 반강제적으로 시행되었다. 실제로 1941년 12월부터 1942년 11월까지 공공조계 백신 접종자 수는 크게 늘어, 1941년 같은 기간 486,786명에서 1,166,727명 늘어난 1,653,405명을 기록했다. 특히 콜레라에 취약한 난민수용소의 난민들은 모두 접종을 받았다.[46]

이처럼 일본 식민권력은 강제적 백신접종을 콜레라 방역의 최우선으로 삼았다. 선행 연구에서 이미 지적했듯이 일본은 독일 의학의 영향을 크게 받아 치료보다 예방을 중시하고 국가가 의료 시스템을 통제하는 방식으로 근대의학이 발전했다.[47] 따라서 중국 내 일본 식민권력 통치 지역에서도 환자를

42 "Anti-Cholera Drive Pushed Energetically", *The Shanghai Times*, August 6, 1943.

43 「明日起無防疫證者不得進入租界」, 『申報』 1942. 8. 5; 「防疫注射證書不得借用僞造」, 『申報』 1943. 4. 22.

44 「工部局通告二次防疫注射」, 『申報』 1942. 7. 17.

45 「防疫證改黑印」, 『申報』 1942. 7. 24.

46 Shanghai Municipal Council, *Report and Budget*, 1943, p. 73.

47 劉士永, 「「清潔」, 「衛生」與「保建」—日治時期臺灣社會公共衛生觀念之轉變」, 李尙仁 主編, 『帝國與現代醫學』, 聯經, 2008, 277~279쪽.

격리하고 감염이 퍼지지 않도록 이동을 통제하며 백신접종을 중시하는 방역책이 보편적으로 실시되었다.

또한 공공조계와 프랑스 조계를 제외한 다른 지역에서는 도시위생 인프라가 아직 부족할 뿐만 아니라 전쟁으로 인해 그마저 이용하기 어려운 상황이었다. 공공조계 상하이상수도회사는 총알과 포탄, 폭탄의 위험 속에서도 회사를 지켜준 외국인과 중국인 직원 덕분에 계속해서 깨끗한 물을 공급할 수 있었다.[48] 그러나 이와 달리 주요 격전지에 있던 자베이전기상수도회사는 큰 피해를 보았다.[49] 인프라 구축에는 많은 시간과 막대한 비용이 필요하다 보니, 백신접종에 치우치게 되었다. 물론 일본 식민권력도 점령지의 공공시설 확충을 위한 계획은 가지고 있었다.[50] 공공시설에는 철도와 버스 같은 교통 시설부터 전기와 상수도 설비의 확충, 전화와 전보 시설이 포함되었다. 1942년 대규모의 콜레라를 겪은 난스는 무료 수도전을 설치하고 깨끗한 물을 공급하였는데, 콜레라균의 전파를 막는 데 도움이 되었다는 평가를 받았다.[51]

백신접종을 우선시한 또 다른 원인은 바로 빈번한 인구이동이다. 1938년 신문 기사는 푸동에서 콜레라가 발발하자 곧 조계에서도 콜레라 사례가 보고되었다며, 이는 끊임없는 인구이동 때문이라 지적했다. 그리고 이어서 푸동의 주민들에게 예방접종을 실시할 수 있다면 훌륭한 방역책이 될 것이라

---

48 "How the Water Supply was Maintained", *The North-China Herald and Supreme Court & Consular Gazette*, September 29, 1937; "City's Wheels Run Smooth During War", *The North-China Herald and Supreme Court & Consular Gazette*, December 1, 1937.

49 "Local Utilities Operating Normally Only In Sectors This Side Of Soochow Creek", *The China Press, Shanghai*, September 26, 1937.

50 "Japan Plans Ambitious Public Utilities Program for Shanghai", *The China Weekly Review*, February 5, 1938.

51 高飛, 앞의 논문, 2010, 71쪽.

고 했다.[52] 프랑스 조계 위생국장 팔루드(Palud) 의사는 이 병이 사람과 사람의 접촉을 통해 직접적으로 전염되기도 한다고 여겼다. 자신은 아프지 않으면서 주변 환경을 오염시키고 콜레라를 퍼트리는 원인이 되는 건강한 콜레라 보균자(Healthy Cholera Carriers)에게 주의를 기울여야 한다고 당부했다.[53] 하지만 증상이 없는 콜레라 보균자를 일일이 찾아내 격리하는 일은 쉽지 않았다. 결국 콜레라 예방접종을 통해 콜레라 보균자나 환자와 접촉해도 발병하지 않도록 하는 방법을 취했다.

또한 백신의 효과를 맹신하는 태도도 콜레라 대책이 백신에 치우치는 데 한몫했다. 1920년대부터 이미 중국 의학계에는 콜레라 백신이 인체의 저항력을 높여 콜레라를 예방해주기 때문에 대규모의 예방접종이 최선의 정책이라는 인식이 보편적으로 존재했다.[54] 팔루드 의사 또한 광범위한 백신접종이 콜레라의 유행을 저지하는 데 아주 효과적이었다고 생각했다.[55] 1938년 광범위한 백신접종을 실시한 결과, 접종 수에 비례하여 콜레라 환자가 감소했다. 또한 공동국, 군대, 학교, 경찰, 수도공사 등에서 보편접종을 했는데, 1938년부터 1941년의 4년간 보편접종이 이루어진 곳에서는 콜레라 환자가 발생하지 않았다.[56] 프랑스 조계에서는 이러한 결과에 비추어 보편접종이 매우 효과적이라 자신했다.

그렇다면 실제로 콜레라 백신은 어느 정도 효과가 있었을까? 콜레라 백신

---

52 "U.S. Gift of Anti-Cholera Vaccine", *The North-China Herald and Supreme Court & Consular Gazette*, July 20, 1938.

53 Dr. Palud(Head of the French Health Department), "Anti-Cholera Measures In French Concession", *The Shanghai Times*, July 16, 1942.

54 高飛, 앞의 논문, 2010, 68쪽.

55 Dr. Palud, op.cit., 1942.

56 雷樂爾·劉永純, 「預防霍亂接種之有效問題」, 『中華醫學雜誌』 29(5), 1943, 242쪽.

은 우두(牛痘)처럼 병독을 주사하여 면역을 끌어내는 방식이지만, 우두가 3년간 절대적으로 효과를 발휘하는 것과는 달리 효과가 오래가지 못했다. 단지 주사를 안 맞는 것보다 나을 뿐이지 규칙적으로 주사를 맞았다고 해서 안심할 수는 없었다.[57] 현재는 예방효과가 제한적이라는 이유로 WHO에서도 콜레라 백신을 권장하지 않는다.[58] 다만 여름에 주로 유행하는 특징이 있으므로 유행하는 시점에 빠르게 대규모의 백신접종을 실시함으로써 어느 정도 유행을 저지하는 효과를 기대할 수 있었던 것 같다. 1939년 이래 강제접종이 확대되면서 1943~1944년까지 콜레라가 비교적 안정된 상태를 유지한 것도 콜레라 백신의 효과를 맹신하는 원인이 되었을 것이다.[59]

마지막으로 백신접종은 숫자가 명확하게 드러나기 때문에 일본의 방역기구가 콜레라 유행을 막기 위해 노력하고 있음을 선전하는 가시적인 도구가 될 수 있었다. 이 때문에 다양한 매체에서 백신접종자 수를 꾸준히 기록하고 접종자 수가 늘고 있음을 강조했다. 다시 말하면 콜레라 백신접종은 일본의 점령지 통치에도 도움이 되었다. 이러한 이유로 일본은 상하이 점령 기간 내내 일관되게 콜레라 백신접종을 강제했다.

## 5. 백신접종에 대한 여러 목소리

앞에서 언급했듯이 동인회 제2진료반은 "중국인에게 2차 주사를 놓는 건

57 小澤修造,『現代醫學と先哲養生訓』, 文明社, 1941, 139쪽.

58 박윤재,「방역에서 강제와 협조의 조화?—식민지 시기를 중심으로」,『역사비평』 131, 2020, 180쪽.

59 範日新,「上海市霍亂流行史及其週期性」,『上海衛生』 1, 上海市衛生局, 1947, 4쪽.

매우 어려워 거의 불가능하다"라고 지적했다. 상하이방역위원회는 주사의 유효 기간을 3개월로 명시했지만, 중국인들은 방역 주사를 한 번만 맞으면 된다고 여겼다. 나아가 한 번의 접종으로 콜레라뿐만 아니라 다른 병들도 예방할 수 있으리라 믿었다.[60]

또한 중국인들은 일본인이 시행하는 백신접종을 잘 믿지 않았다. 동인회 진료반 보고서는 "중국인의 위생 지식은 매우 낮다. 우리가 예방주사를 놓으면 일본인이 독을 주사한다, 주사를 맞으면 5~6년, 혹은 10년 후 죽는다는 악선전을 한다"라며 어려움을 토로했다. 결국 강제접종을 실시하기 위해 예방주사를 맞았다는 증명서가 없으면 자유롭게 통행할 수 없게 하니, 한 사람이 여러 장의 증서를 받아 다른 사람에게 판매하는 예도 있었다. 그러다가 한 명이 사망하기도 했다. 진료반에서는 머큐로크롬을 이용하는 방법으로 다소나마 위조를 방지하고자 했다.[61]

하지만 그 후에도 증명서의 차용이나 위조가 사라지진 않았다. 1941년 상하이 각지에서 유통된 무효 증명서와 위조 증명서는 300여 종에 달했다. 위조 증명서는 0.23~5위안(元) 정도만 주면 개인이나 사립병원에서 살 수 있었다. 친한 의사가 있으면 주사를 맞지 않고 증명서를 받기도 했다.[62] 이런 문제 때문에 1942년 이후 증명서의 발급과 관리는 더 까다로워졌다. 1943년 4월 22일자 『신보』에 따르면, 조계당국은 방역 주사 증명서를 차용하거나 위조하는 일을 금하고, 개업의에게 증명서를 받았다면 위생처에 가서 정식 증명서로 교환하도록 했다. 증명서에는 주사를 맞은 연월일, 나이, 성별, 성명(혹은 손

60 高飛, 앞의 논문, 2010, 70쪽.

61 瀨尾省三, 「コレラの診療並に上海における支那人の疾病に就て」, 1938, 20쪽; 瀨尾省三, 「"虎列拉"診療與上海中國人之疾病(附照片)」, 1939, 234쪽.

62 高飛, 앞의 논문, 2010, 74쪽.

도장)을 기록했다.[63] 접종 증명서의 차용이나 위조 문제가 사라지지 않고 접종 증명서 관리가 시간이 지날수록 더 철저해졌다는 점에서, 백신접종을 불신하고 맞지 않으려는 사람이 여전히 존재했음을 알 수 있다.

방역당국의 부주의도 백신접종을 꺼리는 원인이 되었다. 1944년 8월 24일 『신보』의 기사는 방역반이 시민에게 백신을 접종하면서 주사침을 소독하지 않고 십여 명에게 반복 사용하는 것을 보고 사람들이 주사로 인한 감염을 두려워하는 현상이 생겼다고 지적했다.[64] 이 외에도 주사를 맞은 곳에 통증이 생기거나 몸에 열이 나는 반응 때문에 접종을 꺼리는 사람도 드물지 않았다. 이러한 주사 후 반응은 노인과 어린아이, 병약한 사람에게서 더 두드러지게 나타났다.[65]

그렇다면 보편접종에 대한 의료계의 입장은 어떠하였을까. 상하이에서 활동한 의사 송궈빈(宋國賓)은 보편적 백신접종의 부작용을 우려하는 임상 의사의 의견과 보편적 백신접종의 정당성을 옹호하는 공공위생 전문가의 입장을 소개했다.[66] 정부는 현재의 콜레라 방역책이 효과적이라고 자찬하지만, 실제 임상 의사들이 보기엔 보편적 백신접종 때문에 해를 입는 경우도 적지 않았다. 급성병자는 주사를 맞고 도리어 병이 악화될 수 있으므로 맞아서는 안 된다. 노인이나 임산부도 맞아서는 안 된다. 그런데 환자들은 접종 증명서 때문에 백신을 맞으러 오고, 의사는 법이라 어쩔 수 없다며 접종을 하여 사람을 죽게 만든다. 이렇게 희생된 경우는 통계에는 등장하지 않는다. 임상 의사들은 접종 증명서를 임상 의사가 줄 수 있게 하고, 의사는 접종하기 전 꼭 진료

63 「防疫注射證書不得借用僞造」, 『申報』 1943. 4. 22.

64 「防疫注射人員應注意針頭消毒」, 『申報』, 1944. 8. 24.

65 高飛, 앞의 논문, 2010, 70쪽.

66 宋國賓, 「普遍注射防疫針問題之商榷」, 『申報』 1939. 2. 14.

해야 한다고 주장했다. 그러나 실제로는 앞에서 설명한 것처럼 위조와 관리의 문제 때문에 개인 의사에게 받은 증명서는 인정받지 못했다.

임상의들과 달리 공공위생 전문가들은 '대중은 대아(大我)이고 개인은 소아(小我)'이며 '전염병 유행은 큰 피해(大害)이고, 개인희생은 작은 피해(小害)'라고 여겼다. 소수의 희생으로 다수의 민중을 구원하고, 약소 민족의 희생으로 집단의 안전을 도모하고, 개인의 자유를 침해하더라도 공공의 안전을 지킬 수 있다면 희생자가 발생해도 어쩔 수 없다는 주장이었다. 게다가 전염병에 빠르게 대응해야 하는 상황에서 일일이 검사를 할 수도 없으므로 보편접종만이 해답이라 믿었다.

실제로 공부국 위생처 또한 백신접종이 오히려 더 심각한 전염병의 유행을 초래할 수도 있다는 우려를 해소하려면 통계조사가 필요하지만, 현재 상황에서는 실현하기 어렵다고 보았다. 따라서 예방접종뿐만 아니라 깨끗한 물의 공급과 같은 위생 조치가 수반되어야 한다고 주장했다.[67] 이에 위생처는 일본 점령기 중에도 콜레라 방역을 위해 예방접종뿐만 아니라 우물을 소독하고, 빈민가에 무료로 수돗물을 공급했다. 공부국 연례보고서에는 콜레라 예방접종과 함께 우물을 소독하고 무료로 수돗물을 공급했다는 내용이 1937년부터 1943년까지 매년 등장한다. 공공조계 중국인 콜레라 사망자 수는 1937년 387명을 시작으로 1938년 1,722명으로 늘었다가 1939년 56명, 1940년 45명으로 줄었다.[68] 조계당국은 백신접종, 깨끗한 물의 공급, 하수도 시설의 개선이 효과를 발휘한 것이라 여겼다.[69] 하지만 상하이의 일본 식민권력에게 가장

---

67 Shanghai Municipal Council, *Report and Budget*, 1939, p. 136.

68 외국인 사망자는 1937년 2명, 1938년 5명, 1939년 1명이다. 1940년에는 사망자가 발생하지 않았다. Shanghai Municipal Council, *Report and Budget*, 1941, p. 157.

69 Shanghai Municipal Council, *Report and Budget*, 1940, p. 123.

중요한 방역은 언제나 강제접종이었다. 예를 들면 1945년 방역위원회는 방역 사업의 강화를 위해 더 많은 의사를 파견하여 강제접종을 시행하기로 했다.[70]

이러한 일본식 방역책의 영향은 1945년 제2차 세계대전의 종식과 함께 일본군이 상하이를 떠난 후에도 그대로 남았다. 예를 들면 1946년 4월부터 상하이에 다시금 콜레라가 유행하자, 위생국에서는 유동예방단(流動豫防團)을 파견하여 주요 길목, 기관과 단체, 빈민 지구에서 백신접종을 실시했다. 이전부터 백신접종을 실시하던 병원과 위생처 진료소에서도 접종이 이어졌다.[71] 적극적인 접종 정책에 따라 1946년 5월부터 10월까지 콜레라 백신을 접종받은 사람은 2,087,599명에 달했다.[72]

## 6. 맺음말

콜레라는 콜레라균에 오염된 물이나 음식을 통해 감염되며, 적절한 치료를 받지 못하면 사망률이 50~60%에 이르는 무서운 병이다. 전근대 상하이에서는 콜레라가 주기적으로 유행했는데, 특히 중일전쟁기에는 비위생적인 난민수용소를 중심으로 크게 유행했다. 상하이의 방역을 담당하게 된 일본에게 콜레라와 같은 무서운 전염병의 유행은 일본 의학의 우수성을 알릴 좋은 기회이자, 일본 식민권력의 통치에 직접적인 영향을 줄 수 있는 위기이기도 했다.

콜레라는 대표적인 수인성 전염병으로, 콜레라 유행의 근본적인 대책은

70 「防疫委會決定强化防疫工作」, 『申報』 1945. 5. 24.

71 「上海市霍亂疫情報告第一号」, 『上海市政府公報』 3(24), 1946, 438쪽.

72 劉綏亘, 「免疫注射」, 『上海衛生』 1, 上海市衛生局, 1947, 12쪽.

상하수도 시설의 정비나 식품 위생의 감독이다. 그러나 도시위생 인프라의 정비에는 많은 인력과 물자, 그리고 시간이 필요했다. 전쟁 중임을 고려하면 일본에게는 천천히 도시위생 인프라를 정비할 여유가 없었을 것이다. 또한 일본은 국가가 직접적으로 환자를 격리하고 감염이 퍼지지 않도록 통제하며, 치료보다 예방에 치중하는 독일식 의학의 영향을 받았다. 따라서 상하이에서 일본의 콜레라 방역책도 통제를 기반으로 하여 강제적 백신접종을 중시하는 방향으로 나아갔다. 동인회와 일본군은 주요 통행로에서 접종 증명서를 검사하여 증명서가 없으면 강제로 접종을 했다. 또한 접종 증명서가 있어야 버스를 이용하거나 다른 지역으로 출입할 수 있도록 했다. 많은 중국인과 외국인들이 이동을 위해 콜레라 백신접종을 받았다. 콜레라가 사람과 사람의 접촉으로도 전염될 수 있다고 잘못된 믿음도, 이동 통제의 강화에 영향을 미쳤다.

물론 상수도 시설 정비와 무료 수도전 설치 등도 병행했으나, 가장 많은 공을 들인 사업은 백신접종이었다. 백신이 매우 효과적이라는 믿음, 백신접종 수를 강조함으로써 일본의 방역 조치의 정당성을 선전할 수 있다는 생각도 일본의 콜레라 방역책이 백신접종에 집중된 원인이 되었다. 한편으로 동인회 제2진료반이 2차 접종을 포기했다는 사실은, 백신접종도 완벽하게 시행되지는 못했음을 보여준다. 물론 계속되는 콜레라 유행으로 인해 점차 2차 접종의 중요성이 대두되었고, 2차 접종을 위한 이동의 제한도 더 심해졌다.

중국인들 사이에서는 일본의 백신접종 주사는 독이라서 맞으면 죽는다는 소문이 돌기도 했다. 그러다 보니 일본은 백신접종을 강제하기 위해 접종 증명서가 없으면 자유롭게 돌아다닐 수 없게 하는 정책을 계속 강화했다. 백신의 부작용이 발견돼도 무조건 모두에게 백신을 맞춰야 한다고 여겼다. 이러한 태도의 근저에는 공공의 안전을 위해서라면 소수의 개인은 희생해도 좋다는 생각이 깔려 있다. 비록 개인의 자유가 침해받더라도 공공의 안전을 지킬 수 있다면 보편접종을 해야 하며, 부득이하게 희생자가 발생해도 어쩔 수 없다는 공공위생 전문가의 주장은 이러한 생각을 대변한다.

백신접종의 효과에 대한 의문, 강제적 백신접종의 부작용을 비판하는 목소리가 없었던 것은 아니다. 현대의학이 비약적으로 발전한 지금도 백신접종의 효과와 안전성에 대한 불신은 여전히 남아 있다. 하지만 일본 점령기 백신접종을 맹신하고 옹호하며 이용하는 식민권력의 강경함 앞에서 백신접종을 우려하는 목소리는 묻힐 수밖에 없었다. 실제로 1943~1944년 콜레라의 유행이 멈추기도 했다. 보편접종 정책으로 인해 백신접종자 수가 늘면서 일종의 집단면역이 일시적으로 유지되었던 것인지도 모른다. 일본은 백신접종을 통해 콜레라가 통제되고 있다고 주장하면서 강제적 백신접종 정책을 유지했다. 1945년 제2차 세계대전의 종식과 함께 일본군은 상하이를 떠났지만, 일본식 방역책의 영향은 그대로 남았다. 이는 점령당국의 위생행정과 방역 활동이 점령통치의 강화를 위한 수단에만 머무르지 않고, 백신의 효과에 대한 강한 신뢰를 현지에 남겼음을 보여준다.

# '국민'을 만드는 '의학'
## —오스트레일리아 열대의학과 인종위생

### 1. 머리말

1951년 오스트레일리아 연방영화제작국(the Commonwealth Film Unit)[01]에서 만든 흑백 뉴스영화 〈태양을 향해 북쪽으로(North to the Sun)〉는 관광객의 시점으로 퀸즐랜드(Queensland) 북단 열대 지방을 소개하고 있다. 영화는 맹그로브숲이 펼쳐진 대자연과 산악지대 광산 사이를 달리는 협궤열차를 지나, 베란다와 급경사 지붕을 갖춘 주택들과 깨끗한 시가지, 뜨겁게 내리쬐는 태양 아래를 활짝 웃으며 활보하는 백인 남녀를 비춘다. 사탕수수 농장에서 일하는 백인 남성 노동자들과 담뱃잎을 가공하는 백인 여성 노동자들이 등장하는 장면에는 이런 내레이션이 흐른다. "번영하는 오스트레일리아인 공동체가 열대 지방을 살기 좋은 곳으로 만들었다."[02]

---

01 연방영화제작국은 1940년부터 1973년까지 운영된 기관으로 영화부(the Film Division)라고도 불렸다. 1950년까지는 정보부(the Department of Information) 소속이었고, 1950년부터 1973년까지는 오스트레일리아뉴스정보처(the Australian News and Information Bureau) 산하의 기관이었다. 1973년에 필름오스트레일리아(Film Australia)로 통합됐다.

02 National Film and Sounds Archive of Australia, *North to the Sun*, directed by John Martin Jones,

열대의학자로서 오스트레일리아 의학계의 거물로 추앙받는 라파엘 실렌토(Raphael Cilento)에게도 퀸즐랜드는 특별한 곳이었다. 아마추어 역사가이기도 했던 실렌토는 1959년에 펴낸 『열대에서의 승리—퀸즐랜드 역사의 스케치 1770~1959(Triumph in the Tropics: An Historical Sketch of Queensland 1770~1959)』 서문에서 "퀸즐랜드의 역사는 백인 노동자들이 열대를 개발하고, 식민화하고, 궁극적으로 정복한 승리의 역사다. 이로써 백인이 열대 지방에 거주하기에 부적합하다는 의학 이론은 잘못임이 입증됐다"[03]라고 썼다.

하지만 19세기 말까지만 해도 열대 지방이 백인이 거주하기에 적합한가에 대해서는 논쟁이 끊이지 않았다. 인종은 그 인종이 출생한 환경에서 가장 번성한다는 생각이 지배적이었기 때문에, 열대는 백인의 생존과 건강에 해롭다고 여겨졌다. 덥고 습한 열대는 치명적인 독기(miasma)를 양산하기 때문에 유럽인의 건강을 해친다는 것이다.[04] 아메리카와 아프리카의 식민화 경험을 통해 형성된 열대에 대한 이런 관념은 오스트레일리아에도 그대로 적용되었다. 예를 들어, 1879년 멜버른의 여행작가 제임스 힝스턴(James Hingston)은 "오스트레일리아 북부 퀸즐랜드의 기후는 올리브색 피부의 몽골리안에게는 적합하지만 백인 노동자에게는 해롭다"[05]라고 했다. 또한 버밍엄 연합교회 전도사 데일(R. W. Dale)은 1888년 오스트레일리아를 방문하고 난 후 『컨템퍼러리 리뷰(Contemporary Review)』에 기고한 글에서 "잉글랜드인, 스코틀랜드인, 아일랜드인

---

Commonwealth Film Unit, 1951.

03 Raphael Cilento, *Triumph in the Tropics: An Historical Sketch of Queensland 1770~1959*, Brisbane: Smith and Paterson, 1959. p. xv.

04 David Arnold, ed., *Warm Climates and Western Medicine: The Emergence of Tropical Medicine, 1500~1900*, Amsterdam: Rodopi, 1996, p. 10.

05 Warwick Anderson, "Coolie Therapeutics: Labor, Race, and Medical Science in Tropical Australia", *International Labor and Working Class History*, 91, 2019, p. 46.

은 자본가가 되거나 관리직을 할 수 있겠지만, 다수의 노동자는 유색인이 되어야 할 것"[06]이라고 썼다.

열대는 겉보기에 이국적이고 매력적이지만 백인의 생명을 위협하는 위험한 공간이었고, 열대의학(tropical medicine)은 이런 열대를 길들이는 과학이었다. 필라리아, 말라리아, 수면병, 홍열, 황열 같은 열대병을 다루는 열대의학은 유럽인들에게 식민지의학(colonial medicine)과 동일시되었다. 19세기 말 열대의학의 탄생과 발전은 박테리아학, 기생충학, 현미경학, 면역학의 발전과 병행하는 과정이었다. 열대에 진출한 유럽인의 생명을 위협하는 곤충, 기생충, 열대질병을 다스리기 위한 의학지식과 의약품 개발은 장기적으로 해당 지역의 공중보건과 위생 분야의 발전을 가져왔다.[07]

열대의학의 전문화와 제도화는 연구소와 교육 기관의 설립으로 나타났다. 영국에서는 1899년 런던열대의학대학(London School of Tropical Medicine)과 리버풀열대의학대학(Liverpool School of Tropical Medicine)이 개교했다. 런던열대의학대학의 설립에는 식민성(Colonial Office)장관 조셉 체임벌린(Joseph Chamberlain)과 열대의학자 패트릭 맨슨(Patrick Manson)이 주도적인 역할을 했다. 리버풀열대의학대학의 경우는 상공업자와 도시 엘리트가 설립을 주도했고, 로널드 로스(Ronald Ross)의 말라리아 연구로 유명했다.[08] 그 밖에도 1900년 함부르크, 1901년 브뤼셀에 열대의학교가 설립됐고, 이후 파리, 보르도, 마르세이유, 이탈리아, 인도, 미국 등이 뒤를 이었다.

오스트레일리아의 경우 최초의 열대의학 연구 기관은 '오스트레일리아

---

06 Ibid.

07 David Arnold, *Warm Climates and Western Medicine*, p. 4.

08 염운옥, 「19세기 말 20세기 초 영국 열대의학과 식민지 도시위생」, 『도시연구』 18호, 2017, 99~103쪽.

열대의학연구소(the Australian Institute of Tropical Medicine)'로 1910년 퀸즐랜드 타운즈빌(Townsville)에 설립되었다. 오스트레일리아에서 열대의학의 탄생과 제도화는 '백호주의(White Australia)'와 깊게 연관되어 있었다. 신생 연방국가 오스트레일리아에서 국민의 경계 짓기에 관한 논의는 열대의학과 인종위생학의 언어로 수행되었다. 앞서 언급한 영화 〈태양을 향해 북쪽으로〉와 실렌토의 저서 『열대에서의 승리—퀸즐랜드 역사의 스케치 1770~1959』는 백인 국가 건설의 성공적 결과에 대한 자부심의 표현이었다.

하지만 남에서 북에 이르기까지 오스트레일리아대륙 전체에서 성공을 거둔 백인 정착민의 역사가 반쪽짜리임은 자명하다. 다른 반쪽은 정착식민주의(settler colonialism)[09]의 역사였기 때문이다. 1770년 영국 해군 제임스 쿡(James Cook) 선장의 탐험대가 현재의 시드니 인근 보터니(Botany)만에 도착한 이래 계속 이어진 유럽인 이주의 역사는 애보리진(Aborigine)에게는 '침략의 역사'에 지나지 않았다. '테라 눌리우스(terra nullius)'[10] 개념에 따라 영국 국왕의 영토로 선포된 오스트레일리아는 애보리진이 약 5만 년 전부터 살던 땅이었다. '백인만의 국가 오스트레일리아'는 애보리진의 추방, 보호구역과 수용소에의 구금, 애보리진 혼혈 아동의 백인 가정으로의 강제입양 같은 어두운 역사를 뒤로 한 채 건설되었다.

---

09 정착식민주의란 미국, 캐나다, 오스트레일리아, 뉴질랜드, 남아프리카, 이스라엘 등에 백인 이주민이 정착하면서 전개된 식민주의를 일컫는 개념이다. 정착식민주의사회에서 이주민은 원주민 인구를 대체하고 주류 다수 집단이 되었고, 식민화 과정에서 벌어진 토지 강탈과 전쟁, 학살의 피해자인 원주민은 소수자로 전락하여 차별적 포섭의 대상이 되었다. 정착식민주의국가에서 원주민은 자신의 문명과 역사를 부정당하는 조건, 즉 자신이기를 포기하는 조건으로 국민이 되었다. 정착식민주의와 국가주권의 관계에 대한 이론적 논의로는 로렌초 베라치니(Lorenzo Veracini)의 연구가 상세하다. Lorenzo Veracini, *Settler Colonialism: A Thoeretical Overview*, Basingstoke: Palgrave Macmillan, 2010; Lorenzo Veracini, "'Settler Colonialism': Career of a Concept", *The Journal of Imperial and Commonwealth History*, 41:2, 2013, pp. 313~333.

10 라틴어로 '누구에게도 속하지 않는 땅', '무주지(無主地)'라는 뜻이다.

오스트레일리아의 백호주의와 열대의학의 연관성에 관한 기존 연구로는 워릭 앤더슨(Warwick Anderson)과 앨리슨 배쉬포드(Alison Bashford)의 논문과 저서가 대표적이다. 앤더슨은 20세기 초 열대의학이 실험실 기반의 미생물 연구로 제도화·전문화되었고, 이러한 열대의학 전문지식이 애보리진에 대한 병리화(pathologization)에 활용되었다는 점에 주목했다.[11] 배쉬포드는 백인의 열대기후 적응 여부가 오스트레일리아 열대의학 담론의 중심이 된 배경에는 이민 제한 정책과 백호주의가 있었다고 지적했다.[12] 이 글에서는 기존 연구를 참고한 위에서 정착식민주의국가 오스트레일리아의 형성과 퀸즐랜드의 정착 과정, 이주노동자에 대한 수용과 배척 같은 보다 넓은 맥락 속에서 오스트레일리아열대의학연구소의 성립과 활동, 백호주의와 인종위생의 관계를 살펴볼 것이다. 이를 통해 열대의학과 인종위생 담론이 국민과 비(非)국민의 경계 짓기에 어떻게 작동했는지, 이 과정에서 누가 어떻게 병리화와 배제적 통합의 대상이 되었는지 밝혀볼 것이다.

## 2. 북부 열대 지방 정착과 '오스트레일리아인'의 경계 짓기

### 1) 북부 백인 정착지 건설

1788년 1월 26일 아서 필립(Arthur Phillip) 대령의 제1함대가 시드니에 도착해

---

11 Warwick Anderson, "Geography, Race and Nation: Remapping 'Tropical' Australia, 1890~1930", *Medical History*, 44:S20, 2000, pp. 146~159; Warwick Anderson, *The Cultivation of Whiteness: Science, Health and Racial Destiny in Australia*, Carlton: Melbourne University Press, 2002, 2005; Warwick Anderson, "Racial Conceptions in the Global South", *Isis*, 105:4, 2014, pp. 782~792.

12 Alison Bashford, "'Is White Australia Possible?: Race, Colonialism and Tropical Medicine", *Ethnic and Racial Studies*, 23:2, 2000, pp. 248~271; Alison Bashford, "At the Border Contagion, Immigration, Nation", *Australian Historical Studies*, 33:120, 2002, pp. 344~358.

뉴사우스웨일스 식민지 건설에 첫발을 내디딘 것을 시작으로 영국인의 오스트레일리아 이주는 본격화되었다. 초기 영국계 이주민 가운데는 자유 정착민(free settlers)도 일부 있었지만 죄수 유형이 주를 이루었다. 1830년대부터는 영국뿐만 아니라 세계 각지에서 오는 이민이 증가했고, 자유로운 이민자의 수가 죄수 유형을 넘어서면서 이민자사회에서 죄수 유형 출신자와 자유 정착민 기득권층 사이의 갈등은 점차 해소되어갔다. 이 과정에서 영국 식민지로서 영국법을 존중해야 하지만 오스트레일리아에서는 모든 백인은 출생이나 지위에 상관없이 공정한 대우를 받아야 한다는 의식, 오스트레일리아대륙은 그곳에서 출생한 자와 그곳을 개척한 자들의 소유라는 관념이 생겨났다.[13]

북부 지방에서는 1820년대부터 뉴사우스웨일스 식민정부가 정착지 건설을 시도했으나 그 과정은 순탄하지 않았다. 오늘날의 노던준주(Northern Territory)에 해당하는 지역에 포트 던다스(Fort Dundas), 포트 웰링턴(Fort Wellington), 포트 에싱턴(Fort Essington) 등의 요새를 건설해 아시아와 교역의 거점을 구축하려 했으나 당시에는 모두 실패로 돌아갔다. 노던준주뿐만 아니라 퀸즐랜드와 웨스트오스트레일리아(West Australia)에서도 정착지 건설은 애보리진의 저항과 험준한 자연 때문에 쉽게 성공하지 못했다.[14]

백인 정착지 건설의 장애물은 저항하는 애보리진 외에 기후 요인도 컸다. 온대 기후인 동남부와 달리 북쪽으로 펼쳐지는 열대기후 지대는 백인의 정착이 쉽지 않았다. 건조한 열대기후는 백인 정착지의 건설 속도를 느리게 만들었고, 실패의 경험이 쌓이다 보니 북부 열대 지방은 질병이 만연한 적대적 공간이라는 스테레오타입이 공고해졌다. 하지만 1850년대부터 시작된 골드

---

13 F. G. 클라크, 임찬빈 역, 『호주의 역사—유형지에서 공화국 전야까지』, 나남출판, 1995, 97쪽.

14 Russell McGregor, "The White Man in the Tropics", *Lecture at CitiLibrary Thuringowa*, October 6, 2008, p. 3.

러시와 목축업 수요 증대는 열대가 백인에게 위험하다는 통념을 돌파하는 계기가 되었다. 가난한 유럽계 이민자들은 이미 기득권층이 공고해진 남부 식민지보다 북부 지방으로 진출해 새로운 기회를 잡기를 원했다.

### 2) 혼종의 땅 퀸즐랜드

1855년 카프리콘(Capricorn) 이북(以北)에 락햄튼(Rockhampton)이 건설되었고, 1860년대에는 북부 퀸즐랜드에 유럽인 정착이 본격적으로 시작됐다. 1869년 다윈(Darwin)에 이어, 1870~1880년대 코삭(Cossack)과 브룸(Broome)에도 유럽인 정착지가 건설되었다. 사실 '유럽인 정착지'라는 명칭은 실상을 정확히 반영하지 않았는데, 그 이유는 북부 지방 전역에 상당한 수의 비유럽계 인구가 거주하고 있었기 때문이다. 금광, 목장, 농장으로 몰려든 노동자들은 유럽계만이 아니라 중국인, 일본인, 말레이인, 태평양 도서민 등도 있었다. 그 결과 중국인, 말레이인, 일본인, 태평양 도서민, 실론인, 애보리진 등 비유럽계 주민은 진주조개잡이, 사탕수수 농장 노동자, 목축업 노동자, 금광과 석탄광의 광부, 가사노동자 등으로 일하면서 북부 지방 경제에서 중요한 몫을 담당하고 있었다.[15]

특히 북부 퀸즐랜드는 다른 지역보다 월등하게 비(非)백인 노동력의 비중이 높았다. 퀸즐랜드는 애보리진 토지에 대한 폭력적인 약탈과 학살, 비백인 노동자의 연한계약노동(indentured labour) 위에 세워진 식민지였다. 퀸즐랜드의 식민화는 백인과 비백인 사이의 인종적 위계질서 위에서 다양한 인종이 공존하는 방식으로 이루어졌다. 1850년대 무렵부터 퀸즐랜드에서는 광산업, 설탕 산업, 목축업, 제분업, 어업 등이 발달하기 시작했다. 1859년 뉴사우스웨일

---

15 Russell McGregor, "The White Man in the Tropics", p. 4.

스에서 퀸즐랜드가 분리될 때 퀸즐랜드의 영국인은 약 23,000명이었고, 이들 대부분은 아열대 해안지대에 모여 살았다. 브리즈번(Brisbane)은 케언즈(Cairns)와 연결되는 철도가 지나면서 석탄과 주석의 산지로 개발됐다. 산업이 발달하면서 도시가 개발되고 이민자의 수는 점차 더 증가했다. 따라서 19세기 말 퀸즐랜드는 유럽계와 중국인, 실론인, 말레이인, 일본인, 태평양 도서민이 섞여 사는 다인종·다민족사회를 형성하고 있었다. 1890년대 써스데이아일랜드(Thursday Island)와 서머싯(Somerset) 인구의 82%, 케언즈 인구의 39%, 카드웰(Cardwell) 인구의 46%, 번다버그(Bundaberg)와 와이드베이(Wide Bay) 인구의 39%가 '유색인'이었다. 따라서 퀸즐랜드는 '잡종의 땅 퀸즐랜드(Queensmongreland)', '얼룩덜룩한 땅(Piebald Land)', '카나카의 땅(Kanaka Land)'[16]이라는 별명으로 불렸다.[17]

1880년대 퀸즐랜드 설탕 산업 종사 노동자의 인종별 분포는 태평양 도서민, 백인, 중국인 순으로 많았다. 백인과 유색인 사이에는 임금 격차도 있었다.[18] 타운즈빌에서 약 90km 떨어진 곳에 위치한 맥네이드 플랜테이션(Macknade Plantation)의 예를 보면, 사탕수수 농장에서 인종별 공간 분리도 엄격하게 지켜졌다. 백인 노동자와 십장, 감독관의 숙소가 같은 구역에 있고, 폴리네시아인 숙소는 맞은편에 있었으며, 그 옆으로 말레이인, 일본인, 중국인 노동자 구역이 위치하는 식으로 인종별 거주지 분리가 이루어졌다.[19]

---

16 카나카(Kanaka)는 하와이와 태평양 도서민을 부르는 말이다. 하와이어로 '인간'을 뜻하는 말에서 유래했다고 한다. '니그로(nigger)'와 마찬가지로 카나카도 비속어이다.

17 Meg Parsons, "Destabilizing Narratives of the 'Triumph of the White Man over the Tropics': Scientific Knowledge and the Management of Race in Queensland, 1900~1940", James Beattie, Emily O'Gorman, and Matthew Henry, eds., *Climate, Science, and Colonization Histories from Australia and New Zealand*, Basingstoke: Palgrave Macmillan, 2014, pp. 214~218.

18 Adrian Graves, *Cane and Labour: The Political Economy of the Queensland Sugar Industry*, Edinburgh: Edinburgh University Press, 1993, p. 40.

19 Adrian Graves, *Cane and Labour*, p. 116.

퀸즐랜드의 인종적 다양성은 백인 정착민에게는 불만과 불안의 요인이었지만, 오히려 백인에게 유리한 노동 조건을 확보하는 구실로 작동하기도 했다. 퀸즐랜드는 백인이 살 데가 못 된다는 통념은 백인에게 유리하도록 인종별로 위계화된 노동과 임금 격차를 정당화하는 역할을 했다. 백인은 열대에 취약한 반면 유색인은 그렇지 않으니 힘든 노동도 잘 견딜 수 있다는 식이었다. 하지만 퀸즐랜드에서는 가혹한 착취 노동으로 태평양 도서민 노동자들이 질병에 걸려 사망하는 일이 잦았다. 고된 노동으로 체력이 저하된 데다 폐결핵, 홍역, 인플루엔자 등에 면역이 없는 경우가 많았기 때문에 질병으로 인한 사망률도 유럽인보다 현저히 높았다. 예를 들어 1882~1884년 기간 동안 멜라네시아인의 폐결핵 사망률은 유럽인보다 4~8배나 높았다.[20]

북부 지방 정착지가 늘어나면서 열대 환경에서 백인은 옥외 육체노동을 하기 힘들고 신경쇠약에 잘 걸린다는 통념은 서서히 부정되고 있었다. 예를 들어, 브리즈번에서 발행되는 신문 『부메랑(Boomerang)』 1888년 5월 12일자에 실은 글에서 오스트레일리아의 사회주의자이자 노동조합 지도자 윌리엄 레인(William Lane)은 "백인 노동자도 열대에서건 북극에서건 다 노동할 수 있다. 돈만 많이 주면"이라고 비꼬았다. 또한 1885년 『계간 시드니 잡지(Sydney Quarterly Magazine)』에 실린 한 기사는 퀸즐랜드 백인 노동자가 유색인 쿨리(Coolie)보다 뛰어나다고 주장하기도 했다. 백인 노동자는 근육이 노동에 잘 단련되어 있을 뿐만 아니라 지능이 유색인보다 높기 때문에 우수한 노동력이라는 것이었다.[21]

---

20 Raymond Evans, Kay Saunders, and Kathryn Cronin, *Exclusion, Exploitation, and Extermination: Race Relations in Colonial Queensland*, Sydney: Australia and New Zealand Book Company, 1975, p. 189.

21 Warwick Anderson, "Coolie Therapeutics", p. 50.

### 3) 연방 출범과 이민 제한 정책, 그리고 퀸즐랜드 설탕 산업

저널리스트이자 역사가 찰스 빈(C. E. W. Bean)은 1911년 "오스트레일리아는 비어 있는 커다란 지도(Australia is a big blank map)"[22]라는 유명한 말을 남겼다. "비어 있는 지도" 위에 '백인성(whitenss)'을 기입하려 할 때, 애보리진과 유색인은 배제의 대상으로 떠올랐다. 선주민(先住民) 애보리진은 '자연의 일부'로서 '존재하지 않는 자' 취급을 받았고, 마치 멸종해가는 동물처럼 보호 시설에 구금당했던 반면, 유색인 노동자는 저임금 노동력으로 활용 가치가 높았다. 그럼에도 불구하고 신생 연방국가 오스트레일리아는 유색인 노동자의 이민을 제한하고 열대 지방 산업에 백인 노동력을 채우는 길을 선택했다.

1901년 1월 1일, 오스트레일리아 식민지의 6개 주는 자치령 오스트레일리아연방(Commonwealth of Australia)을 결성했다. 이와 동시에 퀸즐랜드주, 노던준주, 웨스트오스트레일리아주 등 북부 3개 주에서는 백인 정착민과 애보리진, 아시아인, 태평양 도서민의 관계를 재설정하는 문제가 신생 연방국가의 우선적인 과제로 떠올랐다. 여기서 연방은 출발과 동시에 이주노동자를 배척하는 법안을 통과시켰다. 1901년은 오스트레일리아연방이 출범한 해인 동시에 이민제한법(the Immigration Restriction Act)과 태평양도서노동자법(the Pacific Islander Labourers Act)이 도입된 해였던 것이다.

1901년 12월 제정된 이민제한법에 유색인 이민을 제한한다는 명시적인 규정은 없었다. 하지만 구술시험 조항이 유색인 이민을 규제하는 실질적인 장치로 기능했다. 이민제한법은 이주자는 입항 시 유럽에서 통용되는 언어 가운데 하나를 선택해 50자 받아쓰기 시험을 치러야 한다는 규정을 두었다. 따라서 아시아계 노동자들이 이 구술시험을 통과하는 것은 사실상 불가능했

22 C. E. W. Bean, *The Dreadnought of the Darling*, London: Alston Rivers Limited, 1911.

다. 같은 해 12월 태평양도서노동자법도 제정되었는데, 1904년 3월 31일 이후 태평양 도서 출신 노동자들의 입국을 전면 금지하고 체류 중인 노동자들은 1906년 12월 31일 이후에는 오스트레일리아를 떠나야 한다는 내용이었다.[23]

앞서 서술한 것처럼 퀸즐랜드 설탕 산업은 태평양 도서민과 중국인 노동자들에게 크게 의존하고 있었다. 그럼에도 불구하고 폴리네시아인과 중국인 이민 유입을 금지하고 체류 이주노동자에 대해 추방 명령을 내린 이유는 무엇일까? 이민제한법과 태평양도서노동자법은 오스트레일리아를 백인으로 채우려는 인종주의적 국가 기획에서 나온 법률이었다. 1890년대 말 중국인 인구는 케언즈 인구의 30%에 달했고 차이나타운도 번성했으나, 백호주의 정책이 추진되면서 차이나타운은 흔적도 없이 사라졌다.[24] 그 대신 1890년대 케언즈에 많이 들어온 것은 이탈리아 이민자였다. 이탈리아 이민자들은 사탕수수와 담배 농장에 취업하면서 태평양 도서민을 대체했다.[25] 백인 노동자를 연방국가의 국민으로 호명하고 열대 북부 지방 정착을 적극적으로 장려하는 한편, 유색인 이주노동자는 비(非)국민으로 추방하는 과정을 통해 인종주의적 백인 국가 오스트레일리아는 출발했다.

퀸즐랜드주 정부와 사탕수수 농장주, 설탕 산업 자본가, 관련 종사자들은 처음에는 연방정부의 태평양도서노동자법에 대해 반대 의사를 표명했다. 예를 들어, 1901년 퀸즐랜드 사탕수수 시험사업소장 월터 맥스웰 박사(Dr. Walter Maxwell)는 "루이지애나주에서는 여름에는 니그로를, 겨울에는 이탈리아인을

23 김범수, 「'호주인'의 경계 설정—호주 민족 정체성의 등장과 변화」, 『아시아리뷰』 2권 1호, 2012, 220쪽.

24 Lisa Law, "The Ghosts of White Australia: Excavating the Past(s) of Rusty's Market in Tropical Cairns", *Continuum: Journal of Media & Cultural Sudies*, 25:5, 2011, p. 671.

25 Adrian Graves, *Cane and Labour*, pp. 41~42.

고용"한다면서 설탕 산업 발전을 위해 태평양 도서민의 이민과 취업을 막아서는 안 된다고 주장했다. 하지만 설탕 산업 관계자들과 퀸즐랜드주 정부의 입장은 곧 유색인 이민 제한에 찬성하는 쪽으로 돌아서게 되었는데, 거기에는 그럴 만한 이유가 있었다. 당시 설탕 산업이 호황을 누리고 있는 상황에서 연방정부가 보호관세 도입과 보조금 지급을 통해 퀸즐랜드 설탕 산업을 보호 육성하고 가격 경쟁력도 높이는 정책을 취했기 때문이었다.[26] 연방정부는 1901년부터 연방을 구성하는 주들 사이에서 관세를 비롯한 무역장벽을 타파하고 자유무역 원칙을 확립하는 한편, 수입 설탕에 대해서는 1톤당 6파운드의 보호관세를 부과했다. 그리고 백인 노동자를 고용하는 농장주에게는 1톤당 2파운드의 보조금을 지급했다. 이 보조금 정책은 유색인 노동력 유입 금지로 노동력 부족 사태가 올 것을 우려했던 설탕 산업계의 반발을 잠재우고, 사탕수수 농장과 제당 공장을 백인 노동력으로 채우는 효과를 낳았다.[27]

연방국가는 성립과 동시에 이민 제한을 실행함으로써 '오스트레일리아인'의 경계선을 유럽계 백인으로 한정하고자 했다. 이로써 1850년대 이후 본격적으로 진행된 백인의 북부 열대 지방 정착은 강력한 추진력을 얻게 되었다. 이제 남은 문제는 열대 야외에서 노동하는 것이 백인의 건강을 해치지 않는다는 것을 '과학적'으로 증명하는 일이었다. 타운즈빌 오스트레일리아열대의학연구소에 부여된 임무는 열대 지방에 대한 백인 노동자의 적응 가능성을 확인하는 것으로, 이는 의학적일 뿐만 아니라 매우 정치적인 의미를 지닌 일이었다.

---

**26** Meg Parsons, "Destabilizing Narratives", p. 219.

**27** Adrian Graves, *Cane and Labour*, p. 59.

## 3. 오스트레일리아열대의학연구소의 설립과 활동

### 1) 오스트레일리아 열대의학의 출발

오스트레일리아열대의학연구소는 1910년 타운즈빌에 설립되어 1930년 시드니대학에 통합될 때까지 20년간 존속했다. 1902년 다윈에서 개업의로 활동하던 골드스미스(F. Goldsmith)가 태즈메이니아 호바트(Hobart)에서 열린 '오스트레일리아 전(全)식민지의학회의(the Intercolonial Medical Congress of Australia)'에서 제안한 것을 시작으로 열대의학연구소의 필요성을 주장하는 목소리가 높아졌다. 퀸즐랜드에서도 케언스의 개업의 오브라이언(R. A. O'Brien)이 같은 주장을 했다. 하지만 설립 장소를 두고는 의견이 갈렸다. 연구소 설립에 주도적인 역할을 했던 시드니 의대 학장 앤더슨 스튜어트(Anderson Stuart)는 런던과 리버풀에 열대의학교가 있는 것처럼 시드니가 적임지라고 주장했지만, 열대 항구도시 타운즈빌이 더 설득력을 얻었다. 기후조건 외에 설립에 힘을 보탰던 퀸즐랜드 주교 포드샴(Fordsham)의 개인사도 타운즈빌 유치에 공감을 얻는 데 작용했다. 포드샴 주교는 두 딸이 열병으로 고생했고, 딸들의 가정교사가 열병으로 사망했기 때문에 연구소 설립에 각별한 관심과 열정을 쏟았다.[28]

연구소 설립 자금의 출처는 여러 곳이었다. 우선 시드니대학이 150파운드, 멜버른대학이 100파운드, 애들레이드대학이 50파운드를 제공했고, 영국 식민성이 영연방에 주는 열대연구기금(Tropical Research Fund) 400파운드를 보냈다. 락햄튼의 사업가 윌리엄 녹스 다시(William Knox D'Arcy)[29]는 1,000파운드의 거

---

28 R. A. Douglas, "Dr. Anton Breinl and the Australian Institute of Tropical Medicine", *Forty-Sixth Jackson Lecture*, delivered at the Twelfth North Queensland Medical Conference on Monday, September 13, 1976, p. 3.

29 다시(D'Arcy)는 마운트모건 금광 개발로 거부가 된 인물로 후일 영국-이란석유회사(Anglo-Iran Oil)를 설립했다. 영국-이란석유회사는 브리티시석유(British Petroleum, BP)가 되었다.

**〈그림 1〉 타운즈빌 오스트레일리아열대의학연구소**
* 출처: NAA, AA1969/147, A16, The Australian Institute of Tropical Medicine Townsville, AA1969/147, A16.

금을 기부했다. 운영비는 연방정부에서 4,000파운드, 퀸즐랜드 주정부에서 250파운드를 각각 부담했다. 퀸즐랜드 주정부는 가축의 질병사를 담당하는 곤충학자 테일러(F. H. Taylor)의 월급을 부담하기로 했다. 가장 많은 지출 항목인 인건비는 연방정부의 지원금 4,000파운드 덕분에 충당할 수 있었다. 연방정부와 주정부의 재정 지원은 연구소 설립이 그만큼 중요했다는 증거이다. 연구소 직원은 모두 6명으로, 소장, 연구조교 및 실험 담당자 2명, 생화학자 1명, 곤충학자 1명, 실험조교 1명이었다. 시설은 단독 건물에 연구실험실, 배양실, 도서관, 소장실, 조교실, 암실, 창고 등을 갖추었다.[30]

30 Anton Breinl, *Australian Institute of Tropical Medicine Report of the Year 1911*, Sydney: Angus & Robertson NLT., 1911, pp. i~iv.

### 2) 초대 소장 안톤 브라이늘

초대 소장은 안톤 브라이늘(Anton Breinl)[31]이었다. 브라이늘가(家)는 보헤미아 필젠 출신으로 안톤은 1880년 비엔나에서 출생했다. 1904년 프라하의 카를대학에서 의학사 학위를 받고 리버풀열대의학대학에서 로널드 로스와 루퍼트 보이스(Rupert Boyce)의 지도를 받으며 열대의학 연구를 시작했다. 1905년에는 리버풀열대의학대학 황열 퇴치단의 일원으로 브라질 조사에 참여했는데, 귀국길에 배가 난파해 조사 기록을 모두 잃어버리는 수난을 당하기도 했다. 1907년 리버풀 런콘(Runcorn) 연구실험실에 소장으로 취임해서 유럽인 최초로 수면병 치료에 성공했다. 독일의 미생물학자 파울 에를리히(Paul Ehrlich)는 런콘을 방문해 브라이늘의 수면병 연구를 견학한 다음 거기서 착안해 유기비소화합물을 매독 치료에 도입함으로써 1907년 최초의 매독 치료제 살바산을 개발하는 데 성공했다. 에를리히는 브라이늘의 연구를 근대 화학요법의 선구라고 높이 평가했다. 후일 브라이늘이 오스트레일리아열대의학연구소의 소장직에 지원했을 때 심사위원을 맡아 힘이 되어주기도 했다.

오스트레일리아열대의학연구소 소장으로 임명된 브라이늘은 1910년 1월 1일 타운즈빌 병원에 도착해 리버풀에서 같이 온 조수 한 명과 함께 업무를 시작했다. 연구소장 시절 그의 주요 업적은 열대 지방 거주 유럽인의 생리학과 생화학에 관한 것이었다. 같은 해 브라이늘은 열대의학 발전의 공로를 인정받아 리버풀열대의학대학에서 수여하는 '메리 킹슬리 메달(Mary Kingsley Medal)'[32]을 수상하기도 했다. 1914년까지 5년 동안 소장으로 재직했고, 퇴임 후

---

31 브라이늘에 관한 전기적 정보는 오스트레일리아 인명사전을 참고. Anton Brenil(1880~1944), Australian Dictionary of Biography(http://adb.anu.edu.au/biography/breinl-anton-5342).

32 리버풀열대의학대학의 설립자 알프레드 루이스 존스(Sir Alfred Lewis Jones)는 리버풀 해운업계의 거물 사업가로, 서아프리카 탐험으로 유명한 여성 여행가 메리 킹슬리와 친분이 깊었다. 킹슬리가 38세의 젊은 나이에 서아프리카에서 장티푸스로 사망한 것을 계기로 열대의학

오스트레일리아인으로 귀화했다. 브라이늘의 때 이른 사임은 1차 대전 발발과 애국주의로 인한 것이었다. 그는 보헤미아 출신이라는 이유로 사퇴 압박을 받았고 사회적 추방을 경험해야 했다. 동료들은 그가 한창 연구할 나이에 타의로 연구를 그만두게 된 것은 '큰 비극'이었다고 회상했다. 퇴임 후 브라이늘은 개업의를 하면서 노던준주 써스데이아일랜드 탐험과 파푸아 해안 지역 주민의 건강 조사 같은 활동을 했다.

1913년 연구소가 신관을 증축하고 개소식을 거행했을 때의 축전과 축사를 보면, 신생 연구소에 맡겨진 임무가 무엇이었는지 명확하게 드러난다. 개소식 사회를 맡은 스튜어트 교수는 총독과 상원의원, 장관으로부터 도착한 축하 메시지를 읽었다. 오스트레일리아연방 총독 토머스 덴맨(Thomas Denman) 남작은 불참한 대신 축전을 보냈고, 퀸즐랜드 총독 윌리엄 맥그리거(William MacGregor)가 축전을 대독했다. 총독의 축전은 "브라이늘 박사와 동료들의 노고는 아무리 칭찬해도 지나치지 않다. 이들의 노력은 북부 주의 현재와 미래 거주자들에게 매우 생산적인 일이라고 확신한다. 이 연구소의 실험과 연구는 열대와 아열대 기후에서 백인종의 건강과 안위에 직결되는 삶의 조건을 향상하는 데 공헌할 것이다. 이는 오스트레일리아뿐만 아니라 영제국을 위해서도 매우 중요한 일이 될 것이다"[33]라는 내용이었다. 또한 퀸즐랜드 총독 맥그리거는 축사에서 다음과 같이 백인 여성의 역할을 강조했다. "애보리진은 감소하고 있고 백인 하인은 구하기 어렵기 때문에 백인 여성은 과중한 가사노동에 시달리고 있다. 북부 지방 백인 여성의 노동을 줄여주고 삶을 편안

에 공헌한 의학자에게 수여하는 메리 킹슬리 메달을 제정했다.

33 NAA 1913/331. Copy of Telegram from His Excellency the Governor-General to H. E. the Governor of Queensland, Melbourne, June 28, 1913.

하게 해주는 것이 절대적으로 필요하다."[34] 백인의 순조로운 정착과 번영을 위해 백인 여성의 가사노동을 대신해줄 애보리진 하인의 수를 늘려야 한다는 주장에서, 정착식민지의 의학과 건강에 관한 논의가 얼마나 백인 중심으로 전개되었는가를 엿볼 수 있다.

1910년부터 1930년 시드니대학으로 통합될 때까지 연구소는 매월 2~5페이지 분량의 보고서를 발간했다. 예를 들어, 1925년 8월부터 1930년 1월 사이에 연방 보건부에 보낸 월간 보고서에 기록된 연구소의 주요 활동은 건강 실험실 운영, 말라리아 방역을 위한 아노펠레스 모기 퇴치 캠페인과 십이지장충 퇴치 캠페인, 가축의 감염 방지를 위한 곤충 연구, 건강 교육 등이었다. 보고서에는 연구소 전속 공중보건의(Medical Officer)가 임명되지 않아서 통상적인 업무 외에 새로운 시도를 하지 못한다는 불만이 적혀 있기도 했다.[35]

연구 활동의 주요 내용은 생리학적 연구와 세균학 및 박테리아학 연구였다. 생리학적 연구가 열대에서 백인의 성공을 증명하기 위한 것이라면, 세균학과 박테리아학 연구는 병원균의 보균자와 전달자가 누구인가를 가려내는 일이었다. 유색인종은 자신도 모르는 사이에 병원균의 보균자가 될 수 있기에 열대 지방의 위생을 위협하고 백인을 위험에 빠뜨린다고 여겨졌다. 외관으로는 알 수 없는 보균자를 밝혀내기 위해서는 유색인종 전체를 의심의 대상으로 삼아야 했다. 두 가지 의무는 모두 북부 열대 지방에서도 백인의 순수성과 동질성이 보장되어야 한다는 관념에 근거한 것이었다.[36]

---

34 R. A. Douglas, "Dr. Anton Breinl", p. 9.

35 NAA 575/3. Institute of Tropical Medicine Summary of Activities, Commonwealth of Australian Department of Health, Australian Institute of Tropical Medicine, Townsville.

36 Warwick Anderson, *The Cultivation of Whiteness: Science, Health and Racial Destiny in Australia*, Carlton: Melbourne University Press, 2002, 2005, p. 102.

### 3) 백인은 열대기후에 적응할 수 있는가

연구소가 수행한 두 가지 방향의 연구 중에서 생리학적 연구가 잘 드러나는 보고서가 『열대 오스트레일리아와 정착(Tropical Australia and Its Settlement)』[37]이다. 1919년 브라이늘이 생화학자 윌리엄 영(W. J. Young)[38]과 함께 작성한 이 보고서는 연구소 설립 이후 10년 동안 수행한 백인의 열대기후 적응 능력에 관한 연구를 정리해 발표한 것이었다. 결론부터 말하면, 이 연구는 백인의 생리학적 특성이 열대에서도 변함없음을 보여준다.

보고서는 노던준주, 퀸즐랜드주, 웨스턴오스트레일리아주 등 열대 3개 주의 인구통계를 제시한 다음, 사망률과 유아 사망률을 비교해 오스트레일리아연방 평균과 퀸즐랜드 사이에 유의미한 차이가 없음을 주장한다.[39]

〈표 1〉 오스트레일리아 열대 지역과 인구

| 열대 지역 | 면적(평방마일) | 인구조사 연도 | | | |
|---|---|---|---|---|---|
| | | 1881 | 1891 | 1901 | 1911 |
| 노던준주 | 426,320 | 3,451 | 4,898 | 4,096 | 3,310 |
| 퀸즐랜드 | 359,000 | 56,041 | 108,986 | 145,982 | 157,112 |
| 웨스턴오스트레일리아 | 364,000 | 661 | 3,711 | 4,664 | 4,998 |
| 합 계 | 1,149,320 | 60,153 | 117,595 | 154,742 | 165,420 |

* 퀸즐랜드의 애보리진과 토레스 해협 도서민은 약 25,000명에서 30,000명으로 추산된다. 퀸즐랜드의 인구조사는 오스트레일리아 다른 지역과 마찬가지로 1967년 참정권 도입 이전에는 애보리진을 포함하지 않았다.

37 A. Breinl and W. J. Young, "Tropical Australia and Its Settlement", *The Medical Journal of Australia*, 1:18, May 3, 1919; 1:20, May 17, 1919.

38 윌리엄 영은 1912년부터 1919년까지 오스트레일리아열대의학연구소에서 생화학자로 일했고, 1919년 멜버른대학의 생리학 조교수로 임명됐다.

39 A. Breinl and W. J. Young, "Tropical Australia and Its Settlement", *The Medical Journal of Australia*, 1:20, May 17, 1919, p. 399.

〈표 2〉 퀸즐랜드와 연방의 사망률 비교, 1906~1917

(인구 천 명당)

| 연도 | 1906 | 1907 | 1908 | 1909 | 1910 | 1911 | 1912 | 1913 | 1914 | 1915 | 1916 | 1917 |
|---|---|---|---|---|---|---|---|---|---|---|---|---|
| 퀸즐랜드 | 9.50 | 10.31 | 10.26 | 9.70 | 9.71 | 10.65 | 10.96 | 10.39 | 9.97 | 11.00 | 11.09 | 9.64 |
| 연방 | 10.92 | 10.99 | 11.07 | 10.33 | 10.43 | 10.66 | 11.23 | 10.78 | 10.50 | 10.66 | 11.04 | 9.80 |

〈표 3〉 퀸즐랜드와 연방의 유아 사망률 비교, 1906~1917

(인구 천 명당)

| 연도 | 1906 | 1907 | 1908 | 1909 | 1910 | 1911 | 1912 | 1913 | 1914 | 1915 | 1916 | 1917 |
|---|---|---|---|---|---|---|---|---|---|---|---|---|
| 퀸즐랜드 | 74.68 | 77.65 | 70.67 | 71.50 | 62.90 | 65.36 | 71.73 | 63.35 | 63.93 | 64.33 | 70.27 | 53.87 |
| 연방 | 83.26 | 81.06 | 77.78 | 71.56 | 74.91 | 68.49 | 71.74 | 72.21 | 71.47 | 67.52 | 70.33 | 55.91 |

〈표 4〉 소변검사 결과

| 소변 검사(Urine Test) | 타운즈빌(Townsville) | 유럽 표준(European Standard) |
|---|---|---|
| 양(Quantity) | 732cc | 1,500cc |
| 비중(Specific Gravity) | 1.025 | 1.014~1.020 |
| 질소 총량(Total Nitrogen) | 10.4grm | 16grm |
| 염화나트륨(Sodium Chloride) | 7.00grm | 15grm |
| 인산염(Phosphates) | 1.73grm | 2~3.5grm |
| 빙점(Freezing Point) | -0.935 ~ -2.259℃ | -0.87 ~ -2.71℃ |

백인의 체질과 생리에 관한 연구를 위해 생리학자 영은 퀸즐랜드에 거주하는 25명의 백인을 대상으로 소변검사를 실시해 단백질 대사를 조사했다. 조사 대상은 육체 노동자와 사무직 노동자로 구성되어 있었다. 소변의 양은 피부를 통한 발한과 증발로 체내 수분이 감소한 양만큼 감소한다. 땀은 염화나트륨을 함유하고 있기 때문에, 땀을 많이 흘리면 피부에서 소금이 빠져 나간다. 이로 인해 소변으로 배출되는 소금의 양은 줄어든다. 다만 단백질 대사

를 나타내는 질소량은 유럽에 비해 떨어지는 것으로 나타났다고 설명했다.[40]

체온에 관해서는 열대 지방에서 인체는 더 많은 발한과 증발을 통해 체열을 식히기 때문에 항상성이 유지되어 37도의 체온을 유지한다고 강조했다. 혈액 속 헤모글로빈 양이 줄어들었다는 결정적인 증거도 보이지 않는다고 했다.[41] 열대기후가 백인의 체액과 혈액의 변화를 가져오지 않는다는 것이다.

정신의학의 면에서는 열대가 백인의 신경증 유발한다는 통설이 있지만 이를 뒷받침할 결정적인 증거는 보이지 않는다고 했다. 기존 견해로는 열대에서 유럽인의 신경증, 신경쇠약이 많다는 보고가 있지만, 기후가 어떻게 신경증에 영향을 주는지 정확하게 측정하기는 어렵고, 신경증의 어떤 부분이 변화된 환경이나 열대의 생활 습관에 영향을 받는지 정확히 측정하기도 어렵다는 신중한 태도를 보였다. 낯선 환경은 에너지 소모를 증가시키는데, 이민자는 한참이 지난 후에야 자신의 능력치를 깨닫고 힘을 절약하는 방법을 터득하기 때문에 종종 병이 걸린 후에야 뒤늦게 에너지를 너무 소진했음을 깨닫기도 한다고 지적했다.[42]

보고서는 열대 적응을 위한 환경 정비의 필요성에 관해서도 상세하게 조언하고 있다. 주택과 거리의 환기와 위생에 대한 지적이 그것이다. 보고서는 타운즈빌의 린치앤헌트(Lynch and Hunt) 건축사무소가 제안한 퀸즐랜드 북부에 적합한 주택 모델하우스를 소개했다. 주택 가격은 약 200~400파운드이고 외부와 내부에 베란다를 갖추고, 3면에 현관을 가진 열대 지방 주택이다. 전기나 수력을 이용한 강제 환기용 팬을 일반 가정에 갖추면 좋겠지만, 이는 비용이 많이 들기 때문에 바람이 어느 방향에서 불든지 환기가 잘 될 수 있도록

40 Ibid., p. 395.

41 Ibid., p. 397.

42 Ibid., p. 395.

집 한가운데 거실을 두고 방은 사방으로 배치해 통기가 잘 되는 구조로 집을 짓는 것이 중요하다고 설명했다. 모든 주택은 반드시 동향이어야 하고, 전면과 후면에 적어도 9피트 넓이의 베란다를 둘 것, 충분한 베란다 공간이 확보되어야 하지만 방 크기를 줄이면서까지 베란다를 만들 필요는 없으니 작은 방과 넓은 베란다보다는 커다란 방과 좁은 베란다를 둘 것, 모든 방에는 출입용도뿐만 아니라 환기 전용 출입문과 창문이 있어야 할 것, 모든 건물은 사이클론에 견딜 수 있게 건설할 것 등의 주의사항도 덧붙였다.[43]

도시 전체의 환기와 위생에 관해서는 다음과 같이 언급했다. 열대 지방 도시에서는 바람길을 확보하는 것이 무엇보다 중요한데도 타운즈빌 도심은 이를 고려한 체계적 개발과 거리가 멀다. 대부분의 정착지가 마구잡이식으로 개발되었기 때문에 도시의 공기 순환이 원활하도록 건물과 건물 사이에 충분한 거리가 확보되지 못했다. 예를 들어 타운즈빌 중심가 플론더즈 스트리트(Flonders Street)는 북에서 남으로 뻗어 있는데, 평상시 바람은 남에서 동으로 불기 때문에 거리는 북부 퀸즐랜드에서 가장 더운 곳으로 악명 높다는 것이다.[44]

브라이늘과 영은 결론에서 열대 지방 백인 거주자의 생리적 변화가 뚜렷하다는 결정적인 증거는 산출되지 않았다고 썼다. 하지만 두 사람은 그렇다고 해서 생리적 변화가 전혀 없다고 단정할 수는 없다고 보았다. 가까운 미래에 보다 정교한 방법론과 실험 도구를 사용해 연구한다면 다른 결론에 나올 가능성은 있다고 단서를 달았다. 하지만 현 단계에서 열대는 백인이 거주하기 적절하다는 결론이 브라이늘과 영의 연구에서 도출된 결과였다. 보고서

43 Ibid., p. 401.

44 Ibid., p. 402.

를 통해 연구소는 백인의 체질적 특성에 대한 생리학적 조사뿐만 아니라 모델 주택을 제시하고 바람길을 고려한 도시 설계를 제안하는 등, 백인의 열대 정착을 위한 도시 환경 문제에도 적극적인 관심을 보였다.

## 4. 열대의학과 인종위생의 결합

### 1) 백호주의, 레토릭과 현실 사이

오스트레일리아열대의학연구소는 연방검역소, 보건부 같은 보다 광범위한 의료행정 체계의 일부였고, 지방정부 및 연방정부와 협력 속에서 기능하는 기관이었다. 연구소는 한편으로는 생리학적 연구를 통해 백인의 열대 지방 정착 가능성을 과학적으로 증명함으로써 백호주의를 뒷받침하는 역할을 하고, 다른 한편으로는 인종적으로 다양한 열대 퀸즐랜드 인구 전체를 포괄하는 공중보건의 임무를 수행해야 했다. 그런 의미에서 보면, 백호주의는 정치가들이 내세우는 '레토릭'이지 1920년대 북부 열대 지방의 '현실'이 아니었다. 앞서 언급한 이민제한법과 태평양도서노동자법으로 유색인 노동력 유입을 제한했지만, 이미 정착한 유색인 노동자를 모두 내쫓는 것은 가능하지도 필요하지도 않았다. 태평양도서노동자법은 1906년까지 추방을 명령했지만, 상당수의 태평양 도서 노동자들이 그대로 남아 '불법'의 영역으로 들어갔다. 1921년 인구조사 통계에 의하면, 오스트레일리아 열대 지방 인구는 약 16만 명인데, 이 중에서 백인은 63%, 유색인은 39%였다. 전체 인구의 거의 40%에 달하는 유색인을 제외한 채 추진하는 공중보건과 위생이 과연 효과가 있었을까? 그럴 리가 없었다. 따라서 인종적으로 다양한 구성의 인구를 어떻게 선별적으로 관리해 백인을 위한 최적의 환경을 만들 것인가가 현실적인 목

표일 수밖에 없었다.[45]

퀸즐랜드에서는 1884년 퀸즐랜드보건법(Health Act) 제정을 계기로 보건행정이 조직화되기 시작했다. 이후 사망률은 1884년 천 명당 22.97명에서 1897년 천 명당 11.38명으로 하락했고, 5세 이하 유아 사망률도 48명에서 32.2명으로 하락했다. 또한 1901년과 1911년 개정 퀸즐랜드보건법은 오스트레일리아의 다른 지역보다 주정부 공중보건 부서에 더 강한 권한을 부여함으로써 공중보건과 위생에 힘썼다. 특히 불량식품 단속, 식품 위생, 위생 문제, 질병 통제(특히 성병) 등을 강조했다. 1913년 오스트레일리아열대의학연구소와 협력하는 퀸즐랜드 공중보건 부서에는 간호사 1명, 공중보건의 2명, 위생감독관 6명, 모기 통제 담당관 4명, 쥐 통제 담당관 17명이 배치되었다. 공중보건 업무가 점차 확대되어가는 변화 속에서, 열대의학에 대한 투자는 생리학적 연구와 전염병 방역이라는 이중의 의무를 추구하게 되었다.[46]

1920년 전국 의학대회에서 검역청장(Director of the Quarantine Service) 컴스턴(J. H. L. Cumpston)은 북부 오스트레일리아의 건강에 중요한 것은 "다윈에서 브리즈번까지 검역소뿐만 아니라 실험실을 갖춰 완벽한 방역망을 구축"하는 것이라고 강조했다. 방역망 안에서 유색인은 말라리아, 이질, 한센병, 십이지장충, 사상충의 온상 취급을 당했다. 이렇듯 유색인 전체 인구를 병원성 감염의 원천으로 취급하는 태도는 의학과 치안의 발전을 가져오는 한편, 유색인과 백인의 분리를 한층 더 공고하게 했다.[47]

45 Andrew Parker, "A 'Complete Protective Machinery': Classification and Intervention through the Australian Institute of Tropical Medicine, 1911~1928", *Health and History*, 1:2/3, 1999, p. 187.

46 Andrew Parker, "A 'Complete Protective Machinery'", pp. 188~189.

47 Ibid., p. 191.

### 2) 우생주의 열대의학자 라파엘 실렌토

오스트레일리아열대의학연구소의 위상은 실렌토가 소장으로 재직하던 1920년대 중반 더욱 공고해졌다. 초대 소장 브라이늘은 1차 대전 이후 개인 개업의로서 조용한 연구 생활을 영위했던 반면, 실렌토는 퀸즐랜드뿐만 아니라 오스트레일리아에서 유엔까지 포괄하는 광폭의 행보를 보였다. 실렌토는 개업의, 공중보건 행정가로서 오스트레일리아 보건행정과 인종위생의 거물이었을 뿐 아니라 세계적인 명성의 열대의학자로서 2차 대전 직후에는 유엔 공중보건 사업 분야에서 활약하기도 했다.

실렌토는 이탈리아 이민 3세로 1893년 12월 2일 남부 제임스타운에서 태어났다. 실렌토가(家)는 애들레이드에서 대대로 선박업에 종사했다. 애들레이드대학 의학부를 졸업한 후 1918년 오스트레일리아 육군 의무대에 입대해 해군 파견대 장교로 파푸아 뉴기니 라바울(Rabaul)에 부임해 뉴기니 지역의 건강과 의료 상태에 대한 보고서를 작성해 멜버른으로 송부하는 임무에 종사했다.[48]

1919년 9월 군복무를 끝내고 애들레이드로 복귀한 실렌토는 애들레이드 의대 동기생인 필리스 도로시 맥글루(Phyllis Dorothy McGlew)와 결혼했다. 라파엘과 필리스는 백인의 출산율 하락에 대한 우려와 올바른 육아법을 통한 유아 사망률 낮추기, 출산 장려책과 같은 모성주의적 관심을 공유하는 평생의 동지였다.[49] 실렌토의 사회적 관심에는 동시대 오스트레일리아인 엘리트들 사

48 실렌토에 관한 전기적 정보는 오스트레일리아 인명사전을 참고. Sir Raphael West (Ray) Cilento(1893~1985) Australian Dictionary of Biography(http://adb.anu.edu.au/biography/cilento-sir-raphael-west-ray-12319).

49 Alexander Cameron-Smith, *A Doctor Across Borders: Raphael Cilento and Public Health from Empire to the United Nations*, Canberra: ANU Press, 2019, p. 224. 필리스 실렌토는 퀸즐랜드육아법협회(the Mothercraft Association of Queensland)의 설립을 주도한 인물이기도 했다. Phyllis D. Cilento, *Mothercraft in Queensland: A Story of Progress and Achievement*, 1967.

이에 유행하던 우생학과 황화론(黃禍論)의 영향이 짙게 드리워져 있었다. 그는 유럽계 백인의 인종적 순수성을 지키는 데 가치를 두었을 뿐만 아니라, 태평양에 면한 북부 열대 지방에 지대한 관심을 쏟았다. 태평양 지역은 남부의 초기 정착지에 이어 장차 연방국가 오스트레일리아의 흥망에서 차세대 중심지가 될 것이라고 전망했다. 아시아 태평양 국가들과의 무역과 교류는 국가의 번영을 위해 필수적이지만 일본은 경계해야 할 대상이라고 경고했다.[50]

실렌토가 1922년 애들레이드대학에 제출한 의학박사학위논문 서문에는 일본의 침략과 한국의 비극에 관해 짤막하게 서술한 대목이 나온다. 그는 "일본은 1895년 청의 속국에서 벗어난 한국에 개입을 시작해, 러일전쟁 직후인 1905년 조약을 맺고 1910년 병합하기에 이르렀다. 일본의 무력 정치는 한국인을 위협하기 위한 것이고 이런 노골적인 야만성은 오늘날까지 계속되고 있다"[51]라고 썼다. 일본의 야만성을 폭로하는 증거로 조선의 식민화와 무단통치를 동원하는 논법이다. 실렌토에게 일본은 오스트레일리아에 황화를 불러오는 적(敵)이었다. 일본에 대한 견제가 특히 중요한 이유는 일본이 남방, 즉 남태평양으로 진출을 도모하고 있었기 때문이다. 실렌토의 이런 황화론적 일본관 형성에는 1차 대전 참전 경험이 작용했음이 틀림없다. 일본은 1차 대전 당시 캐롤라인제도(Carolines), 마샬군도(Marshalls), 팔라우(Palau) 및 마리아나(Marianas) 등의 남태평양 섬들을 점령했었다.

실렌토의 국가주의적 신념은 허약한 젊은이들이 국가의 미래를 망친다는 우생학적 우려를 동반했다. '부적격자(unfit)'의 위험을 제거하고 국민 건강 증진에 대한 국가의 강력한 개입을 요구하는 실렌토의 목소리는 강고한 우

---

50 Fedora Gould Fisher, *Raphael Cilento: A Biography*, Brisbane: University of Queensland Press, 1994, p. 32.

51 R. W. Cilento, *A Thesis on a Correlation of Some Feature of Tropical Preventive Medicine and Their Application to the Tropical Areas under Australian Control, Doctorial Dissertation*, The University of Adelaids, 1922, p. viii.

생주의자의 주장에 다름 아니었다. 동시에 실렌토는 정당정치의 무능과 실패를 공격하고, 오스트레일리아의 정치는 무솔리니나 히틀러가 제시한 '낙관주의와 새로운 희망의 정신'을 배우는 데 실패했다고 맹비난했다.[52] 최근 공개된 정보부, 군 정보당국의 미공개 비밀문서를 분석한 연구논문이 밝히고 있듯이, 그가 오스트레일리아 파시스트 단체에 등록한 정식 회원이었으며 2차 대전 직전 정부에 의해 거의 구금당할 뻔했다는 사실을 알고 나면 이런 주장은 그리 놀랍지 않다.[53]

의사이자 의료행정가로서 실렌토의 평생에 걸친 관심사는 열대의학과 열대 지방의 위생이었다. 말레이연방 페라크(Perak) 술탄의 주치의로 근무하다가 1921년 귀국한 실렌토는 타운즈빌 오스트레일리아열대의학연구소 소장직을 제안받는다. 소장 임명 조건은 런던열대의학대학에서 1년간 수학하는 것이었다. 우수한 성적으로 런던열대의학대학 1년 과정을 졸업한 실렌토는 1922년 소장에 취임했고 1928년까지 재직했다. 이후 1928년부터 1934년까지는 연방 열대위생국장을 지냈고, 1937년부터는 퀸즐랜드대학 열대의학 및 사회의학 교수로 임용됐다.

초대 소장 브라이늘과 마찬가지로 실렌토 소장의 관심사도 열대 환경에서 유럽인의 생존과 번영이었다. 실렌토는 1929년 열대의학을 주요 대학 커리큘럼에 도입해야 할 필요성에 대해 다음과 같이 역설했다.

---

52 James A. Gillespie, *The Price of Health: Australian Governments and Medical Politics 1910~1960*, Cambridge: Cambridge University Press, 1991, p. 78.

53 Phillip Deery and Julie Kimber, "'Bordering on Treason?' Sir Raphael Cilento and Pre-Second World War Fascism in Australia", *Australian Journal of Politics and History*, 65:2, 2019, pp. 178~195. 우생학, 인종적 위계, 반유대주의에 대한 그의 신념은 이미 잘 알려져 있었다. 그러나 파시스트 혐의에 관해서는 이탈리아계이기 때문에 부당한 혐의를 받은 것이고 그는 희생자에 불과하다는 견해가 기존의 통설이었다. 하지만 디리와 킴버의 연구를 통해 실렌토의 파시즘 지지는 훨씬 심각한 수준이었음이 밝혀졌다.

> 오스트레일리아의 대학 의학 교육에서 열대의학의 중요성에 대한 인식은 거의 보이지 않는다. (…) 국토는 3분의 1이 열대 지방이다. 이는 빅토리아주 면적의 2배, 태즈메이니아 면적의 7배에 해당하는 지역이 열대라는 뜻이다. 그런데도 대학은 국가에 봉사하는 임무를 다하지 않고 있으니 비난받아 마땅하다. (…) 대학 열대의학 교육이 부재하기 때문에 열대 지방 시골에 개업한 백인 의사들은 해당 지역의 건강 문제나 공중보건에 완전히 무지한 실정이다.[54]

실렌토가 1925년에 쓴 『열대의 백인(The White Man in the Tropics)』에는 열대 오스트레일리아 백인의 인종적 유형에 관한 서술이 등장한다. 퀸즐랜드 열대에 '적합한' 백인 남성 유형에 대해 실렌토는 다음과 같이 묘사했다. "키가 크고, 팔다리가 길고, 날카롭게 생겼으며, 남성적 강인함과 인내심을 가져야 한다. 그리고 퀸즐랜드 북부의 더운 날씨를 견디려면 열로 에너지가 발산되는 것을 방지하기 위해 가능한 한 천천히 느리게 움직여야 한다."[55] 또한 실렌토는 "영국 노동자가 사탕수수를 가장 빠르게 잘 벤다"[56]라는 어느 농장주의 말을 백인 노동자의 정착이 성공적으로 이뤄지고 있다는 증거로 인용하기도 했다. 오스트레일리아 열대 지방에서 백인의 위치는 모순적이었다. 백인 남성 노동자는 열대를 식민화할 주체로 국가에 의해 호명되었지만, 실상은 유색인을 대체할 저임금 노동력이 필요했던 것이었다.

---

54 NAA: SP1063/1, 843. Miscellaneous Papers Relating to Tropical Medicine, Report of R. Cilento to Commonwealth of Australia Department of Health, October 24, 1924.

55 Raphael Cilento, *The White Man in the Tropics: With Especial Reference to Australia and its Dependencies*, Melbourne: H. J. Green Government Printer, 1925, p. 74.

56 Raphael Cilento, *The White Man in the Tropics*, p. 71.

### 3) 인종위생과 애보리진의 병리화

오스트레일리아열대의학연구소는 모기가 매개하는 질병인 황열, 필라리아, 말라리아[57] 통제를 위해 모기 연구와 모기 구제에 힘을 쏟았다. 1912년부터 노던준주의 모기 조사에서 브라이늘은 말라리아는 흑인들에게 많은데 이들과 백인의 접촉이 많다고 걱정했고, 1916년 퀸즐랜드 해안 지역에서 황열 모기와 필라리아 모기를 조사한 곤충학자 테일러는 중국인 지구와 북부의 유색인 거주지에 모기 서식지가 많다고 결론 내렸다. 1922년 연방 보건부의 힐(G. F. Hill)은 아노펠레스 모기는 중국인이 관개용수로 쓰는 물웅덩이에 많이 서식하고, 팜아일랜드(Palm Island)의 말라리아 발생은 애보리진 수용소 인근 늪지가 원인이라고 주장했다.[58]

십이지장충 박멸 캠페인은 오스트레일리아열대의학연구소와 주정부의 주요 보건 사업 가운데 하나였다. 1918년 연구소가 먼저 캠페인을 시작했으나 1919년부터는 연방정부와 퀸즐랜드 주정부가 이를 이어받아 록펠러 재단의 후원 아래 더 큰 규모로 1924년까지 수행했다. 십이지장충은 애보리진에게 많았다. 전체 감염률은 9.2%인데, 애보리진 감염률은 51.7%까지 치솟았다. 애보리진이 살던 땅에서 쫓겨나 선교회(mission)나 보호구역 시설에 수용된 것이 높은 감염률의 가장 큰 원인이었다. 퀸즐랜드 북부에 위치한 애보리진 공동체 야라바흐(Yarrabah)에서 십이지장충 감염률은 거의 100%였고, 마푼(Mapoon)과 팜아일랜드에서는 75%에 달했다. 시설에 수용된 애보리진은 검사도 없이 십이지장충 치료약인 명아주 기름이나 염류 하제를 1년에 두 번씩 복용해야

---

57 황열 모기는 Stegnomyia fasciata, 필라리아 모기는 Culex fatigans, 말라리아 모기는 Anopheles 이다.

58 Andrew Parker, "A 'Complete Protective Machinery'", pp. 192~193.

했다.[59]

애보리진의 병리화는 말라리아와 십이지장충에 그치지 않았다. 우선 애보리진은 소멸해가는 사람들 취급을 당했다. 3장에서 분석한 보고서에서 브라이늘과 영은 애보리진이 채집 수렵과 유목 단계를 벗어날 정도의 인구 증가를 보이지 않는다고 지적하고, "유럽인 도착 이후 유목 관습을 바꾸지 못한 애보리진의 무능력은 그들 인구의 감소를 낳았고, 백인과 그들이 함께 살아가지 못하게 했다. 그 결과 백인 인구는 많아진 반면, 흑인 인구는 소멸해갔다"[60]라고 했다. 실렌토 역시 "대규모 원주민 주민 집단은 존재하지 않는다"[61]라며, 원주민은 더 이상 백인의 건강을 위협하는 존재가 아니라 백호주의의 필연적 결과를 보여주는 증거라고 했다. 브라이늘과 영, 실렌토의 이 같은 발언이 북부 3개 주에서 벌어진 원주민 토지 약탈과 보호구역 수용의 역사를 삭제하고 정당화하고 있음은 물론이다.

애보리진에 대한 병리화는 한센병을 애보리진의 습성과 연결하고 책임 지우는 방식으로 이루어졌다.[62] 원래 한센병은 중국인의 병이라는 인식이 강했다. 아시아 지역은 한센병 유병률이 높은 지역이었기 때문에 중국인 이민자를 노동력으로 데려오면서 한센병 통제의 필요성이 발생했다. 오스트레일리아에서 국적별 한센병 발병 통계를 보아도 중국, 카나카, 애보리진 순서였다. 노던준주의 애보리진 보호관 세실 쿡(Cecil Cook)과 실렌토는 애보리진은 자치 능력이 없기 때문에 한센병도 스스로 구제할 수 없다고 보았다. 이런 논리

59 Andrew Parker, "A 'Complete Protective Machinery'", pp. 193~194.

60 A. Breinl and W. J. Young, "Tropical Australia and Its Settlement", *The Medical Journal of Australia*, 1:20, May 17, 1919, p. 398.

61 Raphael Cilento, *The White Man in the Tropics*, p. 5.

62 Ernest Hunter, *Aboriginal Health and History: Power and Prejudice in Remote Australia*, Cambridge: Cambridge University Press, 1993, p. 58.

는 애보리진에 대한 인종적 편견을 반영하는 동시에 애보리진 한센병 환자의 수용소 격리를 합리화한다. 소위 애보리진의 전통이라고 여겨지는 습속도 비난의 도마 위에 올랐다. 애보리진의 친밀한 가족 간 유대감 같은 전통은 한센병 감염에 더 취약하게 만드는 요소라고 보았다. 실렌토는 "이름을 자주 바꿔 부르는 애보리진의 습성, 친족 명칭의 혼란스런 사용, 백인의 의학과 외과수술, 입원에 대한 두려움 등으로 인해 격리 시설 이외에는 다른 시스템을 생각할 수가 없다"라고 했다.[63]

퀸즐랜드에서 애보리진의 한센병 관리는 20세기 초부터 시작됐다. 그 이전에는 주로 중국인이 대상이었다. 1907년 건설된 필아일랜드(Peel Island) 수용소는 최초의 다인종 한센병 수용소였다. 웨스트오스트레일리아주와 퀸즐랜드주에서 애보리진 한센병 조사는 마치 범죄자를 체포하듯 진행되었다. 실렌토도 열대위생국장이자 연방보건부 검역총감 시절, 경찰과 한 팀을 이뤄 북부 퀸즐랜드 애보리진 한센병 조사에 나선 경험이 있었다. 이는 말이 조사였지 사실은 한센병 환자를 찾아내 강제격리하는 색출 작전과 다르지 않았다. 실렌토는 1933년부터 애보리진 전용 수용소 건립에 관심을 두기 시작해 '박테리아 검사 양성뿐만 아니라 의심자도 감금'하는 시설을 계획했다. 1940년 팬텀아일랜드(Fantom Island)에 애보리진 전용 한센병 수용소가 건립될 때도 관여했다.[64]

한센병 환자의 격리가 옳은가에 대해서는 20세기 초부터 의학자들 사이에 논쟁이 있었지만 1930년대까지도 정부의 공식 정책은 격리였다. 백인 한

---

63 Alison Bashford and Maria Nugent, "Leprosy and the Management of Race, Sexuality and Nation in Tropical Australia", Alison Bashford and Claire Hooker, eds., *Contagion: Historical and Cultural Studies*, London and New York: Routledge, 2001, pp. 111~113.

64 Meg Parsons, "Defining Disease, Segregating Race: Sir Raphael Cilento, Aboriginal Health and Leprosy Management in Twentieth Century Queensland", *Aboriginal History*, 34, 2010, pp. 85~90.

센병 환자의 경우는 격리가 꼭 필요한가에 대해 회의하는 목소리도 많았다. 하지만 중국인과 애보리진의 한센병 관리에 있어서는 격리 외의 대안이 적극적으로 고려되지 않았다. 쿡과 실렌토가 애보리진 한센병 환자의 격리를 강력하게 주장한 이유는 한편으로는 애보리진을 위한다는 명분, 다른 한편으로는 백인 노동자의 건강 보호라는 현실적 필요 때문이었다. 애보리진은 어차피 '멸종' 위기에 처한 취약한 인종이므로 그들을 위해서도 격리가 최선이다. 그런데 농장 노동자 혹은 가사노동자로 일하는 애보리진 한센병 환자가 백인과 접촉 감염을 일으킬 경우 백인의 건강이 위협받기 때문에, 애보리진의 치료가 필요하다는 것이었다. 2차 대전 이후가 되면 백인 한센병 환자에 대한 격리 정책은 점차 퇴조했으나, 팬텀아일랜드 애보리진 한센병 수용소는 1980년대까지 존속했다.[65]

오스트레일리아 열대에서 위생은 신생 연방국가 내부에 존재하는 여러 인종을 국민, 비국민, 반(半)국민으로 경계 짓고 통제·관리하는 인종주의 정책을 통해 실현 가능했다. 주권이 미치는 영역 안의 인구를 죽게 내버려두는 것이 아니라 살게 만들고 간섭하는 국가의 열대의학과 보건위생 정책은 포섭과 배제의 두 얼굴을 하고 있었다. 오스트레일리아에서 개인의 건강에 개입하는 복지국가의 등장은 인종적으로 구분된 집단에 대한 차별적 인종위생 정책과 거울상을 이루었다. 오스트레일리아에서 국가에 의한 차별적 포섭의 대상이 된 사람들은 애보리진, 토레스 해협 도서민, 태평양 도서민, 아시아인 같은 인구 집단이었다.

65 Meg Parsons, "Defining Disease", pp. 90~108.

## 5. 맺음말

오스트레일리아에서 열대의학의 탄생과 제도화는 국민화 과정과 깊게 연관되었다. 1910년 설립된 신생 오스트레일리아열대의학연구소에 맡겨진 임무는 북부 열대 지방에서 백인의 정착 가능성을 '과학적'으로 입증하는 일이었다. 여기에 백인 정착식민지 오스트레일리아 열대의학의 가장 큰 특성이 있었다. 영국계를 중심으로 한 백인의 정착과 식민지 건설로부터 연방국가 출발에 이르는 기간은 '누가 오스트레일리아의 국민이 될 것인가'를 둘러싼 투쟁의 시간이었고, 1901년 오스트레일리아연방의 성립은 '백호주의'로 표현되는 인종주의적 국가의 본격적인 출발이었다. 오스트레일리아에서 주권과 국민의 경계 짓기에 관한 논의는 정치적 실천뿐만 아니라 열대의학과 인종위생학의 언어를 통해 표현되었던 것이다.

퀸즐랜드 타운즈빌에 설립된 오스트레일리아열대의학연구소를 중심으로 한 열대의학의 제도화와 발전 과정에는 정착식민주의의 확장을 뒷받침하는 인종주의가 작동하고 있었다. 환경에서 체질과 유전으로, 인간 몸 외부에서 내부로 의학적 시선의 이동하면서 질병은 인종과 연결되었다. 특히 열대 감염병의 경우 유색인과 질병을 연결하는 끈은 더욱 단단하게 조여졌다. 이는 병의 원인을 인간 내부로 옮기고 인종의 경계를 강화하는 것에 다름 아니었다. 열대의학 담론을 통해 유색인종이 병리화되는 과정에서 중국인, 카나카, 애보리진은 신생국가 오스트레일리아연방에서 국민으로 호명되지 못한 채 추방당하고 학살당하거나 불법화됨으로써 비국민, 반국민의 주변 영역으로 밀려났다. 그런 의미에서 오스트레일리아 열대의학은 '국민'을 만드는 '과학'이었다.

오스트레일리아에서 백인 정착식민지 국가 건설기에 애보리진에게서 토지를 빼앗고 학살하는 만행과 애보리진에 대한 의료와 위생은 나란히 추진되었다. 애보리진의 배제, 그리고 이민제한법과 태평양도서노동자법을 통한 유색인 노동자의 이주 제한과 인종화된 위생 정책은 백호주의 건설과 동시적 과정이었다. 1990년대 오스트레일리아사회는 백호주의를 포기하고 다문화주의사회로의 변화를 시작했다. 1992년 마보(Mabo) 사건을 계기로 애보리진 원주민의 토지소유권을 부분적으로 인정한다는 첫 판결이 나왔고, 곧 원주민 토지소유권법이 제정됐다. 1997년에는 '도둑맞은 세대'라고 불리는 원주민 혼혈 아동의 백인 가정 강제입양 정책을 다룬 문화적 제노사이드에 대한 조사보고서가 발간됐다. 이 보고서를 바탕으로 진상조사가 이뤄졌고, 2008년 노동당 케빈 러드 수상은 강제입양 정책에 대해 공식 사죄했다. 이 과정에서 애보리진과 역사적인 화해에 도달했지만, 애보리진이 소수자로서 겪는 불평등은 여전히 사회문제로 남아 있다.

원주민의 부정과 유배 위에 건설된 정착식민주의는 오스트레일리아에서 여전히 현재진행형이다. 애보리진 시인 바비 사이크스(Bobbi Sykes)는 "뭐라고? 포스트식민주의라고? 그들이 언제 떠난 적이 있었나?(What? Postcolonialism? Have they left?)"[66]라고 말했다. 끝나지 않은 정착식민주의의 현존을 이보다 더 통렬하게 비판한 말이 있을까? 식민지 시절 영제국과의 관계 속에서 형성해온 상상의 정체성으로서 백인성(whiteness)에 대한 강박을 내려놓은 오스트레일리아의 미래는 과거 역사에서 부당하게 배제되었던 사람들과의 진정한 화해와 회복적 정의 실현 위에 모색되어야 할 것이다.

66 Linda Tuhiwai Smith, *Decolonizing Methodologies: Research and Indigenous Peoples*, London & New York: Zed Books Ltd., 1999, p. 24.

부록

# 참고문헌

## □ 서양

### 단행본


이종찬, 『열대와 서구—에덴에서 제국으로』, 새물결, 2009.
정준호, 『기생충, 우리들의 오래된 동반자』, 후마니타스, 2011.
클라크, F. G., 임찬빈 역, 『호주의 역사—유형지에서 공화국 전야까지』, 나남출판, 1995.

Anderson, Warwick, *The Cultivation of Whiteness: Science, Health and Racial Destiny in Australia*, Carlton: Melbourne University Press, 2002, 2005.

Armitage, David, and Alison Bashford. eds., *Pacific Histories: Ocean, Land, People*, Basingstoke: Palgrave Macmillan, 2014.

Arnold, David, ed., *Warm Climates and Western Medicine: The Emergence of Tropical Medicine, 1500~1900*, Amsterdam: Rodopi, 1996.

Bashford, Alison, *Global Population: History, Geopolitics, and Life on Earth*, New York: Columbia University Press, 2014.

Bashford, Alison, and Philippa Levine. eds., *The Oxford Handbook of the History of Eugenics*, New York: Oxford University Press, 2010.

Bashford, Alison, *Imperial Hygiene: A Critical History of Colonialism, Nationalism and Public health*, Basingstoke: Palgrave Macmillan, 2004.

Brundage, Anthony, *England's "Prussian Minister": Edwin Chadwick and the Politics of Government Growth, 1832~1854*, University Park: Pennsylvania State University Press, 1988.

Cameron-Smith, Alexander, *A Doctor Across Borders: Raphael Cilento and Public Health from Empire to the United Nations*, Canberra: ANU Press, 2019.

Crosby, Travis L., *Joseph Chamberlain: A Most Radical Imperialist*, London: IB Tauris, 2011.

Evans, Raymond, Kay Saunders, and Kathryn Cronin, *Exclusion, Exploitation, and Extermination: Race Relations in Colonial Queensland*, Sydney: Australia and New Zealand Book Company, 1975.

Finer, S. E., *The Life and Times of Sir Edwin Chadwick*, London: Methuen Drama, 1952.

Fisher, Fedora Gould, *Raphael Cilento: A Biography*, Brisbane: University of Queensland Press, 1994.
Gillespie, James A., *The Price of Health: Australian Governments and Medical Politics 1910~1960*, Cambridge: Cambridge University Press, 1991.
Graves, Adrian, *Cane and Labour: The Political Economy of the Queensland Sugar Industry*, Edinburgh: Edinburgh University Press, 1993.
Hamlin, Christopher, *Public Health and Social Justice in the Ages of Chadwick: Britain, 1800~1854*, Cambridge: Cambridge University Press, 1998.
Haynes, Douglas M., *Imperial Medicine: Patrick Manson and the Conquest of Tropical Disease*, Philadelphia: University of Pennsylvania Press, 2001.
Hunter, Ernest, *Aboriginal Health and History: Power and Prejudice in Remote Australia*, Cambridge: Cambridge University Press, 1993.
Lewis, R. A., *Edwin Chadwick and the Public Health Movement 1832~1854*, London: Longmans Green and Co., 1952.
Mace, Rodney, *Trafalgar Square*, London: Lawrence & Wishart Ltd, 1976, 2005.
Manson-Bahr, Philip Henry, *History of the School of Tropical Medicine in London, 1899~1949*, London: H.K. Lewis & Co Ltd, 1956.
Patton, Adell, *Physicians, Colonial Racism, and Diaspora in West Africa*, Gainesville: University Press of Florida, 1996.
Pick, Daniel, *Faces of Degeneration: A European Disorder, c.1848~1918*, Cambridge: Cambridge University Press, 1993.
Poovy, Mary, *Making a Social Body: British Cultural Formation 1830~1864*, Chicago: University of Chicago Press, 1995.
Poovy, Mary, *Uneven Development: The Ideological Work of Gender in Mid-Victorian England*, Chicago: University of Chicago Press, 1988.
Porter, Dorothy, *Health, Civilization, and the State: A History of Public Health from Ancient to Modern Times*, New York: Routldege, 1999.
Power, Helen J., *Tropical Medicine in the Twentieth Century: A History of the Liverpool School of Tropical Medicine, 1898~1990*, London & New York: Routledge, 1999.
Smith, Linda Tuhiwai, *Decolonizing Methodologies: Research and Indigenous Peoples*, London & New York: Zed Books Ltd., 1999.
Thomas, David Piers, *Reading Doctors Writing: Race, Politics and Power in Indigenous Health Research, 1870~1969*, Canberra: Aboriginal Studies Press, 2004.
Veracini, Lorenzo, *Settler Colonialism: A Theoretical Overview*, Basingstoke: Palgrave Macmillan, 2010.
Walkowitz, Judith R., *Prostitution and Victorian Society: Women, Class, and the State*, Cambridge: Cambridge University Press, 1982.
Walkowitz, Judith R., *City of Dreadful Delight: Narratives of Sexual Danger in Late-Victorian London*, Chicago: University of Chicago Press, 1992.
Wilkinson, Lise and Anne Hardy, *Prevention and Cure: The London School of Hygiene and Tropical Medicine: A 20th Century Quest for Global Public Health*, New York: Kegan Paul, 2001.

## 논문

김백영, 「식민지 도시성에 대한 이론적 탐색」, 『사회와 역사』 72집, 2006.
김범수, 「'호주인'의 경계 설정—호주 민족 정체성의 등장과 변화」, 『아시아리뷰』 2권 1호, 2012.

여인석, 「학질에서 말라리아로—한국 근대 말라리아의 역사(1876~1945)」, 『의사학』 20권 1호, 2011.
염운옥, 「19세기 말 20세기 초 영국 열대의학과 식민지 도시위생」, 『도시연구』 18호, 2017.
정세권, 「제국의 공간과 의학적 실행의 변주—리처드 피어슨 스트롱과 20세기 초 미국의 열대의학 연구」, 서울대학교 박사학위논문, 2016.

Anderson, Warwick, "Coolie Therapeutics: Labor, Race, and Medical Science in Tropical Australia", *International Labor and Working Class History*, 91, 2019.
Anderson, Warwick, "Racial Conceptions in the Global South", *Isis*, 105:4, 2014.
Anderson, Warwick, "Geography, Race and Nation: Remapping 'Tropical' Australia, 1890~1930", *Medical History*, 44:S20, 2000.
Balfour, Andrew, "Some British and American Pioneers in Tropical Medicine and Hygiene," *Transactions of The Royal Society of Tropical Medicine and Hygiene*, 19:4, 1925.
Bashford, Alison, "At the Border Contagion, Immigration, Nation", *Australian Historical Studies*, 33:120, 2002.
Bashford, Alison, "Is White Australia Possible?: Race, Colonialism and Tropical Medicine", *Ethnic and Racial Studies*, 23:2, 2000.
Bashford, Alison and Maria Nugent, "Leprosy and the Management of Race, Sexuality and Nation in Tropical Australia", Alison Bashford and Claire Hooker, eds., *Contagion: Historical and Cultural Studies*, London & New York: Routledge, 2001.
Cell, John W., "Anglo-Indian Medical Theory and the Origins of Segregation in West Africa", *The American Historical Review*, 91:2, 1986.
Chernin, Eli, "Sir Patrick Manson: Physician to the Colonial Office, 1897~1912", *Medical History*, 36:3, 1992.
Cook, G. C., "The Seamen's Hospital Society: A Progenitor of the Tropical Institutions", *Postgraduate Medical Journal*, 75:890, 1999.
Cook, G. C., "'Tropical' Cases Admitted to the Albert Dock Hospital in the Early Years of the London School of Tropical Medicine", *Transactions of the Royal Society of Tropical Medicine and Hygiene*, 93:6, 1999.
Crook, Tom, "Sanitary Inspection and the Public Sphere in Late Victorian and Edwardian Britain: a Case Study in Liberal Governance", *Social History*, 32:4, 2007.
Deery, Phillip and Julie Kimber, "'Bordering on Treason'? Sir Raphael Cilento and Pre-Second World War Fascism in Australia", *Australian Journal of Politics and History*, 65:2. 2019.
Duggan, A. J., "Medicine and Health in the Tropics: A Brief History of Britain's Role With a Comment on Its Future", *Transactions of the Royal Society of Tropical Medicine and Hygiene*, 75:S1, 1981.
Douglas, R. A., "Dr. Anton Breinl and the Australian Institute of Tropical Medicine", *Forty-Sixth Jackson Lecture*, delivered at the Twelfth North Queensland Medical Conference on Monday, September 13, 1976.
Farley, John, "Review: Prevention and Cure: The London School of Hygiene and Tropical Medicine. A 20th Century Quest for Global Public Health, 2001", *Bulletin of the History of Medicine*, 77:1, 2003.
Frenkel, Stephen and John Western, "Pretext or Prophylaxis? Racial Segregation and Malarial Mosquitos in a British Tropical Colony: Sierra Leone", *Annals of the Association of American Geographers*, 78:2, 1988.
Gibbs, Philip, "The London School of Tropical Medicine", *Journal of the Royal African Society*, 2:7, 1903.
Halliday, Stephen, "Death and Miasma in Victorian London: An Obstinate Belief", *BMJ: British Medical Journal*, 22:29, 2001.
Hamlin, Christopher, "Predisposing Causes and Public Health in Early Nineteenth Century Medical Thought", *Social History of Medicine*, 5, 1992.

Hamlin, Christopher, "Review: Brundage, England's "Prussian Minister": Edwin Chadwick and the Politics of Government Growth, 1832~1854", *Victorian Studies*, 33:2, 1990.

Jarrett, H. Reginald, "Some Aspects of the Urban Geography of Freetown, Sierra Leone", *Geographical Review*, 46:3, 1956.

Joshi, Priti, "Edwin Chadwick's Self-Fashioning: Professionalism, Masculinity, and the Victorian Poor", *Victorian Literature and Culture*, 32:2, 2004.

Law, Lisa, "The Ghosts of White Australia: Excavating the Past(s) of Rusty's Market in Tropical Cairns", *Continuum: Journal of Media & Cultural Sudies*, 25:5, 2011.

McGregor, Russell, "The White Man in the Tropics", *Lecture at CitiLibrary Thuringowa*, October 6, 2008.

Njoh, Ambe J., "Colonial Philosophies, Urban Space, and Racial Segregation in British and French Colonial Africa", *Journal of Black Studies*, 38:4, 2008.

Parker, Andrew, "A 'Complete Protective Machinery': Classification and Intervention through the Australian Institute of Tropical Medicine, 1911~1928", *Health and History*, 1:2/3, 1999.

Parsons, Meg, "Destabilizing Narratives of the 'Triumph of the White Man over the Tropics': Scientific Knowledge and the Management of Race in Queensland, 1900~1940", James Beattie, Emily O'Gorman, and Matthew Henry, eds., *Climate, Science, and Colonization Histories from Australia and New Zealand*, Basingstoke: Palgrave Macmillan, 2014.

Parsons, Meg, "Defining Disease, Segregating Race: Sir Raphael Cilento, Aboriginal Health and Leprosy Management in Twentieth Century Queensland", *Aboriginal History*, 34, 2010.

Sigsworth, Michael and Michael Worboys, "The Public's View of Public Health in mid-Victorian Britain", *Urban History*, 21:2, 1994.

Veracini, Lorenzo, "'Settler Colonialism': Career of a Concept", *The Journal of Imperial and Commonwealth History*, 41:2, 2013.

Winderman, Emily, Robert Mejia, and Brandon Rogers, "'All Smell is Disease': Miasma, Sensory Rhetoric, and the Sanitary-Bacteriologic of Visceral Public Health", *Rhetoric of Health & Medicine*, 2:2, 2019.

## □ 중국

### 단행본

신규환, 『북경 똥장수—어느 중국인 노동자의 일상과 혁명』, 푸른역사, 2014.
신규환, 『북경의 붉은 의사들』, 역사공간, 2020.

Lei, Sean Hsiang-lin, *Neither Donkey nor Horse: Medicine in the Struggle over China's Modernity*, University of Chicago Press, 2014(박승만·김찬현·오윤근 역, 『비려비마—중국의 근대성과 의학』, ITTA, 2021).

Macpherson, Kerrie L., *A Wilderness of Marshes: The Origins of Public Health in Shanghai, 1843~1893*, Lexington Books, 2002.

Nakajima, Chieko, *Body, Society, and Nation: The Creation of Public Health and Urban Culture in Shanghai*, Harvard University Asia Center, 2018.

Rogaski, Ruth, *Hygienic Modernity: Meanings of Health and Disease in Treaty-port China*, Berkeley: University of California Press, 2004.

Wong K. Chimin(王吉民) and Wu Lien-the(伍連德), *History of Chinese Medicine: Being a Chronicle of Medical Happenings in China from Ancient Times to the Present Period*, Tientsin: The Tientsin Press, 1932.
Yip, Ka-che, Disease, *Colonialism, and the State: Malaria in Modern East Asian History*, Hong Kong: Hong Kong University Press, 2009.
Yip, Ka-che, *Health and National Reconstruction in Nationalist China: the Development of Modern Health Services, 1928~1937*, Association for Asian Studies, 1995.

杜麗紅,『制度與日常生活—近代北京的公共衛生』, 中國社會科學出版社, 2015.
鄧鐵濤 主編,『中國防疫史』, 廣西科學技術出版社, 2006.
羅蘇文,『上海傳奇—文明嬗變的側影』, 上海人民出版社, 2004.
路彩霞,『清末京津公共衛生機制演進研究(1900~1911)』, 武漢: 湖北人民出版社, 2010.
范鐵權,『近代科學社團與中國的公共衛生事業』, 人民出版社, 2013.
上海市歷史博物館 等編,『中國的租界』, 上海古籍出版社, 2004
楊念群,『再造病人—中西醫衝突下的空間政治(1832~1985)』, 北京: 中國人民大學出版社, 2006.
餘新忠,『清代衛生防疫機制及其近代演變』, 北京師範大學出版集團, 2016.
熊月之,『上海通史』 1, 上海人民出版社, 1999.
張仲民,『出版與文化政治—晚清的"衛生"書籍研究』, 上海書店出版社, 2009.
朱明德·陳佩 主編,『仁濟醫院155年(1844~1999)』, 華東理工大學出版社, 1999.
周振鶴,『上海歷史地圖集』, 上海人民出版社, 1999.
陳雲蓮,『近代上海の都市形成史—國際競争下の租界開發』, 風響社, 2018.
彭善民,『公共衛生與上海都市文明(1898~1949)』, 上海人民出版社, 2007.
皮國立,『氣與細菌的近代中國醫療史—外感熱病的知識轉型與日常生活』, 衛生福利部國家中醫藥研究所, 2012.
黄福慶,『近代日本在華文化及社會事業之研究』, 中央研究院近代史研究所, 1982.

飯島涉,『ペストと近代中國』, 東京: 研文出版, 2000.
飯島涉,『マラリアと帝國—植民地醫學と東アジアの廣域秩序』, 東京: 東京大學出版會, 2005.
福士由紀,『近代上海と公衆衛生—防疫の都市社會史』, 東京: 御茶の水書房, 2010.

## 논문

박윤재,「방역에서 강제와 협조의 조화?—식민지 시기를 중심으로」,『역사비평』 131, 2020.
辛圭煥,「日本占領期 콜레라 流行과 北京의 衛生行政(1937~1945)」,『중국근현대사연구』 51, 2011.
씽지엔룽,「근대 상해 공공 사업의 전개와 중서의 인식 차이」, 배경한 편,『20세기 초 상해인의 생활과 근대성』, 지식산업사, 2006.
李忠浩,「同仁會의 醫師教育活動」,『의사학』 4(1), 1995.
조정은,「근대 상하이 공공조계 우두 접종과 거주민의 반응—지역적·문화적 비교를 중심으로」,『의사학』 29(1), 2020.
조정은,「근대 상하이 도시위생과 세균설의 수용」,『도시연구—역사·사회·문화』 18, 2017.
조정은,「近代 衛生論의 소개와 上海『衛生白話報』」,『중국사연구』 115, 2018.
조정은,「위생이냐, 이윤이냐—근대 상하이 도시위생과 상수도」,『역사비평』 126, 2019.
조정은,「의료 선교사의 눈으로 본 근대 도시 상하이의 시작」,『명청사연구』 47, 2017.

Andrews, Bridie. "Tuberculosis and the Assimilation of Germ Theory in China, 1895~1937", *Journal of the History of Medicine and Allied Sciences*, 52(1), 1997.

Henriot, Christian. "August 1937: War and the Death en Masse of Civilians", Lü Fangshang ed., *War in History and Memory*, Taipei: Academia Historica, 2015.

賈鴿,「民國時期城市衛生方式的變遷—以飲水衛生爲中心的考察」,『人民論壇』, 2015.

高飛,「"帝國醫療"的"飛地"—1942年上海華界霍亂流行與汪僞市府的應對」,『日本侵華史研究』, 2019.

邱仲麟,「水窩子—北京的供水業者與民生用水」,『中國的城市生活』, 北京: 新星出版社, 2006.

唐何芳,「商辦抑或官辦—試論近代廣州糞穢處理變遷」,『社會科學研究』 3, 2014.

雷祥麟,「公共痰盂的誕生—香港的反吐痰爭議與華人社群的回應」,『中央研究院近代史研究所集刊』 96, 2017.

劉士永,「「清潔」,「衛生」與「保建」—日治時期臺灣社會公共衛生觀念之轉變」, 李尙仁 主編,『帝國與現代醫學』, 聯經, 2008.

劉岸冰,「近代上海城市環境衛生管理初探」,『史林』, 2006.

李春暉,「風騷獨領—上海早期供水事業的創立和演變 (四) 老城厢外華界之閘北水電公司與浦東水廣籌建始末」,『城鎭供水』 4, 2015.

樊果,「近代上海公共租界工部局的水費監管及特征分析」,『史林』5, 2009.

史明正 著, 王業龍 等譯,『走向近代化的北京城—城市建設與社會變革』, 北京: 北京大學出版社, 1995.

石嘉·安藝舟,「滲透與同化—抗戰時期日本在沦陷區的衛生防疫研究」,『中國社會歷史評論』, 2017.

楊小燕,「近代上海公共租界工部局的自来水特權監管」,『貴州史學科學』 4, 2015.

餘新忠,「清末における衛生概念の展開」,『東洋史研究』 64(3), 2005.

王萌,「日本對沦陷后南京的醫事衛生調查」,『民國研究』 1, 2018.

王萌,「抗戰時期日本在中國淪陷區内的衛生工作—以同仁會爲對象的考察」,『近代史研究』 5, 2016.

任吉東·原惠群,「衛生話語下的城市糞溺問題—以近代天津爲例」,『福建論壇(人文社會科學版)』 3, 2014.

周瑞坤,「公共衛生與廣州城市現代化(1901~1930's)」, 國立政治大學 석사학위논문, 2003.

馮藝·蔣杰 編譯,「地方精英與地緣紐帶—論上海的難民救援」,『上海學』 2, 2014.

何小蓮,「論中國公共衛生事業近代化之濫觴」,『學術月刊』, 2003.

胡勇,「傳染病與近代上海社會(1910~1949)—以和平時期的鼠疫, 霍亂和麻風病爲例」, 浙江大學 박사학위논문, 2005.

宦小嫻,「戰爭與醫療—日本在華同仁會研究(1937~1945)」, 南京大學 석사학위논문, 2015.

大里浩秋,「同仁會と『同仁』」,『人文學研究所報』 40, 2007.

藤田賀久,「同仁會と近代日中關係—人道主義と侵略の交錯」,『紀要』 8, 2016.

福士由紀,「國際聯盟保健機關と上海の衛生—1930年代のコレラ予防」,『社會經濟史學』 70(2), 2004.

福士由紀,「中國における予防接種の歷史的展開—種痘政策を中心に」,『海外社會保障研究』 192, 2015.

長崎大學醫學部長,「長崎大學醫學部關係者業績題目一覧」,『長崎醫學百年史』 附録 (1), 1961.

財吉拉胡,「日本占領期の内モンゴル西部における醫療衛生の近代化」,『アジア經濟』 60(2),

2019.
丁蕾,「近代日本の對中醫療·文化活動: 同仁會研究 (一)」,『日本醫史學雜誌』45(4), 1999.
丁蕾,「近代日本の對中醫療·文化活動: 同仁會研究 (二)」,『日本醫史學雜誌』46(1), 2000.
丁蕾,「近代日本の對中醫療·文化活動: 同仁會研究 (三)」,『日本醫史學雜誌』46(2), 2000.
丁蕾,「近代日本の對中醫療·文化活動: 同仁會研究 (四)」,『日本醫史學雜誌』46(4), 2000.
丁蕾,「同仁會の機關誌『同仁』について」,『日本醫史學雜誌』44(2), 1998.
丁蕾,「日本近代醫療团体同仁會」,『中華醫史雜誌』2, 2004.
第27回日本醫學會総會出展「戰爭と醫學」展實行委員會,『パネル冊子—15年戰爭と日本の醫學醫療研究會』, 2007.
中西裕,「延原謙と同仁會醫療班中國派遣」,『學苑』853, 2011.
戸部健,「1920年代上海における霍亂流行と中醫」,『史林』103(1), 2020.

## □ 일본

### 단행본

高橋裕子,『明治期地域學校衛生史研究—中津川興風學校の學校衛生活動』, 學術出版會, 2014.
宮本憲一,『日本都市問題—その政治經濟學的考察』, 筑摩書房, 1969.
大串夏身, 江戶·東京資料研究會 編,『江戶·東京學研究文獻案內』, 青弓社, 1991.
大串夏身, 江戶·東京資料研究會 編,『江戶·東京學雜誌論文總覽』, 青弓社, 1994.
東京市政調査會市政專門圖書館 編,『東京に關する文獻目錄』, 東京市政調査會, 1992.
鈴木則子,『江戸の流行り病—麻疹騒動はなぜ起こったのか』, 吉川弘文館, 2012.
石塚裕道,『日本近代都市論 東京—1868~1923』, 東京大學出版會, 1991.
小林丈廣,『近代日本と公衆衛生—都市社會史の試み』, 雄山閣出版, 2001.
柴田德衛,『現代都市論』, 東京大學出版會, 1967.
永島剛·市川智生·飯島涉編,『衛生と近代—ペスト流行にみる東アジアの統治·醫療·社會』, 法政大學出版局, 2017.
前田裕子,『水洗トイレの産業史』, 名古屋大學出版會, 2008.
中野隆生 編,『都市空間の社會史—日本とフランス』, 山川出版社, 2004.
川端美季,『近代日本の公衆浴場運動』, 法政大學出版局, 2016.

### 논문

박삼헌, 「HK학술동향—일본 근대 도시사 연구의 흐름과 쟁점」, 『동아시아 브리프(East Asia Brief)』 5-3, 2010.
오자키 코지, 「해항도시의 전염병, 그리고 방역 시스템—근대 일본, 고베시의 분뇨 오물 처리 문제를 중심으로」, 『해항도시문화교섭학』 3, 2010.

Nagashima, Takeshi (永島剛), “Public health expenditures and typhoid fever in interwar Japanese cities: The Struggle for Sewerage Construction in Osaka”, *KEIO-GSEC Project on F-CRONOS Working Paper Series*, No. 04-009, 2004.

加藤茂生,「近代都市空間と公衆衛生序論—後藤新平の衛生思想の臨界点へ」,『10+1』 12, 1998.
加藤政洋,「大阪における近代都市計劃の胎動—悪疫流行時の衛生行政と市區」,『流通科學大學論集 人文·然編』 13-1, 2000.
廣川和花,「近代大阪のペスト流行にみる衛生行政の展開と醫療·衛生環境」,『歷史評論』 726, 2010.
鈴木則子,「江戸時代の麻疹と醫療」,『日本醫史學雜誌』 50-4, 2004.
馬場義弘,「三新法期の都市行政—大阪の衛生行政を事例に」,『ヒストリア』 141, 1993.
木京睦人,「明治十年の山口縣におけるコレラ病の流行—患者数と衛生思想の普及について」,『山口縣地方史研究』 111, 2014.
木京睦人,「明治十二年のコレラ病流行時の縣衛生掛の活動と共憂義會について—大島郡役所文書「縣廳諸報告」のコレラ病関連資料」,『山口縣地方史研究』 113, 2015.
尾崎耕司,「衛生組合に關する考察—神戸市の場合を事例として」,『大手前大學人文科學部論集』 6, 2005.
梶山雅史,「高橋裕子 著,『明治期地域學校衛生史研究—中津川興風學校の學校衛生活動』」,『日本の教育史學』 59, 2016.
山本正直,「近代下水道の源流」,『生活衛生』 25-5, 1981.
山野壽男,「近代都市の衛生と上下水道 (6) 近代日本の衛生政策」,『水道公論』 46-5, 2010.
山野壽男,「近代都市の衛生と上下水道 (7) 衛生二大工事と市區改正」,『水道公論』 46-6, 2010.
山野壽男,「近代都市の衛生と上下水道 (8) 近代上水道の創設」,『水道公論』 46-7, 2010.
山野壽男,「近代都市の衛生と上下水道 (9) 近代下水道の創設」,『水道公論』 46-8, 2010.
山野壽男,「近代都市の衛生と上下水道 (10) 大阪市のコレラ流行と近代上下水道」,『水道公論』 46-9, 2010.
杉本久未子,「近代廢棄物處理システムの形成過程—近代産業都市「大阪」の事例から」,『大阪人文科學大學紀要』 2, 2003.
小島和貴,「近代日本の衛生行政と內務省衛生事務諮問會—中央·地方關係の視點から」,『研究紀要(中部學院大學)』 2, 2001.
西川純司,「近代日本の公衆衛生と都市における生の統治—科學知·日光·窓ガラス」, 京都大學博士學位論文, 2015.
石塚裕道,「東京の都市スラムと公衆衛生問題」, 國聯大學人間と社會の開發プログラム研究報告, 1981.
星野高徳,「大正·昭和初期東京における屎尿處理の市營化」,『近代日本研究』 25, 2008.
星野高徳,「戰前期大阪市における屎尿處理の市營化—下水處理構想の挫折と農村還元處分の擴大」,『經營史學』 48-4, 2014.
星野高徳,「1930年代名古屋市における下水處理化の推進と農村還元処分の存續」, 第27回 廢棄物資源循環學會研究發表會, 2016.
星野高徳,「荒武賢一朗 著,『屎尿をめぐる近世社会—大坂地域の農村と都市』」,『社會經濟史學』 82-2, 2016.
成田龍一,「近代都市と民衆」, 成田龍一 編,『都市と民衆(近代日本の軌跡 9)』, 吉川弘文館, 1993.
成田龍一,「書評 小林丈廣 著,『近代日本と公衆衛生—都市社會史の試み』(雄山閣出版, 2001)」,『部落解放研究』 141, 2001.
松下孝昭,「大阪市屎尿市營化問題の展開—都市衛生事業と市政·地域」,『ヒストリア』 119, 1988.
市川智生,「近代日本の開港場における醫療·衛生と地域社會—横濱の傳染病對策を中心として」, 横濱國立大學 博士學位論文, 2007.
野嶋政和,「近代都市空間の秩序形成過程における衛生思想と警察」,『ランドスケープ研究—日本造園學會誌』60-5, 1997.
安藤優一郎,「首都東京の環境衛生行政—屎尿處理システムの變更と条約改正」,『比較都市史研究』22-1.
安野彰·櫻內香織·內田青藏·藤谷陽悅,「戰前の東京における汲取便所の構造に関する規程について」,『日本建築學會技術報告集』16-33, 2010.
永島剛,「感染症統計にみる都市の生活環境—大正期東京の腸チフスを事例として」,『三田學會雜誌』97-4, 2005.
永島剛,「近代日本における疫學的變化と衛生政策の展開—近代化と東京の水系感染症」,『歷史學研究』878, 2011.
遠城明雄,「近代都市の屎尿問題—都市-農村關係への視點」,『史淵』141, 2004.
遠城明雄,「伝染病·都市社會·衛生組合—明治期の仙台を事例として」,『史淵』152, 2015.
原田敬一,「1886年の都市プラン—コレラ·內務省·文明」, 全國部落史研究交流會 編,『近代の都市のあり方と部落問題』, 解放出版社, 1998.
竹原万雄,「明治一〇年代におけるコレラ予防と地域社会」,『日本歷史』681, 2005.
竹村民郎,「共同研究報告 公衆衛生と「花苑都市」の形成—近代大阪における結核豫防に關聯して」,『日本研究』37, 2008.
川端美季,「明治-大正期における公衆浴場をめぐる言說の變容—衛生-社會事業の觀點から」,『立命館人間科學研究』21, 2010.
川越修,「ヨーロッパの都市/日本の都市」, 成田龍一 編,『都市と民衆(近代日本の軌跡 9)』, 吉川弘文館, 1993.
塚田景·土本俊和,「明治一二年の戸別衛生検査—明治前期横浜における便所の改善に関する研究」,『日本建築學會計画系論文集』582, 2004.
波江彰彥,「大阪市におけるごみ處理事業の機能的變化」, 2004年人文地理學會大會研究發表要旨, 2004.
波江彰彥·廣川和花,「近代大阪における第一次ペスト流行」, 人文地理學會大會抄錄, 2010.
坂口誠一,「近代大阪のペスト流行, 1905 – 1910」,『三田學會雜誌』97-4, 2005.

## □ 한국

### 단행본

김두종,『한국의학사』, 탐구당, 1993.
다케쿠니 토모야스,『한국 온천 이야기—한일 목욕 문화의 교류를 찾아서』, 논형, 2006.
대한보건협회,『대한민국 보건발달사』, 지구문화사, 2014.
박윤재,『한국근대의학의 기원』, 혜안, 2005.
박형우,『제중원』, 몸과마음, 2002.
박형우,『연세대학교 의과대학의 연구 역사』, 연세대학교 대학출판문화원, 2014.
보건복지부,『보건복지 70년사—질병의 시대에서 건강시대로: 보건의료편』, 2015.
서울역사편찬원 편,『일제강점기 경성부윤과 경성부회 연구』, 서울역사편찬원, 2017.
손정목,『朝鮮時代都市社會研究』, 일지사, 1977.
孫禎睦,『(韓國開港期) 都市社會經濟史研究』, 一志社, 1982.
신규환,『국가, 도시, 위생』, 아카넷, 2008.

신동원, 『한국근대보건의료사』, 한울, 1997.
신동원, 『호환 마마 천연두 — 병의 일상 개념사』, 돌베개, 2013.
염복규, 『서울의 기원 경성의 탄생』, 이데아, 2016.
윌리엄 바이넘 지음, 박승만 옮김, 『서양의학사』, 교유서가, 2017.
이광린, 『개화당연구』, 일조각, 1973.
이연복 외, 『한국인의 미용풍속』, 월간에세이, 2000.
이인혜 외, 『목욕탕』, 국립민속박물관, 2019.
정영란, 『부산시의 분뇨 처리 — 정책, 행정, 그리고 130년의 연대기』, 부산환경공단, 2013.
조선농촌사회위생조사회, 『조선의 농촌위생』, 국립민속박물관, 2008(1940).
최인기, 『가난의 시대—대한민국 도시빈민은 어떻게 살았는가?』, 동녘, 2012.
캐서린 애셴버그, 『목욕, 역사의 속살을 품다』, 예지, 2010.
프레더릭 F. 카트라이트 외, 『질병의 역사』, 가람기획, 2004.
『한국의 학술연구』, 대한민국학술원, 2004.
한철호, 『친미개화파연구』, 국학자료원, 1998.

Baldwin, Peter, *Contagion and the State in Europe, 1830~1930*, Cambridge: Cambridge University Press, 1999.
Harrison, Mark, *Disease and the Modern World: 1500 to the Present Day*, Cambridge: Polity, 2004.
Henry, Todd A., *Assimilating Seoul*, Universityof California Press, 2013.

『公衆浴場史』, 全國公衆浴場業環境衛生同業組合聯合會, 1972.
山本俊一, 『日本コレラ史』, 東京大學出版會, 1982.
川端美季, 『近代日本の公衆浴場運動』, 法政大學出版局, 2016.

## 논문

강상훈, 「일제강점기 일본인들의 온돌에 대한 인식 변화와 온돌 개량」, 『대한건축학회논문집』, 22권 11호, 2006.
강성우, 「개항기 조선에서 근대적 위생 문화의 수용」, 『한일관계사연구』, 52호, 2015.
고아라, 「물길을 중심으로 한 서울 역사도심의 도시 형태 해석」, 서울시립대 박사학위논문, 2018.
구현희 외, 「질병 치료와 공공 의료에 활용된 조선시대 목욕 요법 연구」, 『민족문화』 40, 2012.
권오영, 「현대 한국의 도시위생 개선과 의학 교과서 서술의 변화」, 『도시연구』 18, 2017.
권오영, 「한국 전염병 감시 체계의 흐름에 관한 연구— 950년대부터 현재까지」, 『인문학연구』(경희대 인문학연구원) 39, 2019.
기창덕, 「지석영 선생의 생애」, 『송촌 지석영』, 아카데미나, 1994.
김광우, 「대한제국 시대의 도시계획」, 『향토서울』 50, 1991.
김동완, 「19세기 말 개화 지식인의 도시 인식과 실천론—'치도론(治道論)'의 통치 합리성과 근대 인식」, 『공간과 사회』 52, 2015.
김명선, 「한말(1876~1910) 근대적 주거의식의 형성」, 서울대학교 박사논문, 2004.
김명선, 「한말 지식인들의 재래주택에 대한 인식」, 『대한건축학회 논문집—계획계』, 21권 12호, 2005.
김명선, 「지석영의 『신학신설』(1891)에서 근대적 주거 문제」, 『한국산학기술학회논문지』 9-3, 2008.
김명선, 「생리 및 위생 분야 교과용 도서의 근대적 주거지식(1894~1910)」, 『한국산학기술학회논문지』 9-5, 2008.

김명선, 「1910년대 주거 담론의 성격」, 『한국산학기술학회 논문지』 11권2호, 2010.
김백영, 「일제하 서울의 도시위생 문제와 공간정치」, 『사총』 68, 2009.
김백영, 「도시의 사회사」, 『사회사/역사사회학』, 다산출판사, 2016.
金相瑢·金熙正, 「부산시 분뇨 처리 발전사」, 『대한토목학회지』 37-2, 1989.
金相瑢·金熙正, 「韓國의 糞尿處理 發展史 (1)」, 『대한토목학회지』 37-6, 1989.
金相瑢·金熙正, 「韓國의 糞尿處理 發展史 (2)」, 『대한토목학회지』 38-1, 1990.
김상은, 「'조선오물소제령' 실시 전후의 경성부 청소행정의 구성과 운영」, 『도시연구』 21, 2019.
김수자, 「1890년대 개화 지식인의 문명 담론과 한성부의 '위생도시' 기획—『독립신문』 기사 내용을 중심으로」, 『향토서울』 79, 2011.
김승, 「한말 부산 거류 일본인의 상수도 시설 확장 공사와 그 의미」, 『한국민족문화』 34, 2009.
김승, 「일제강점기 해항도시 부산의 온천 개발과 지역사회의 동향」, 『지방사와 지방문화』, 14-1, 2011.
김영미, 「일제 시기 도시의 상수도 문제와 공공성」, 『사회와 역사』 73, 2007.
김용범, 「'文化住宅'을 통해 본 韓國 住居 近代化의 思想的 背景에 관한 研究」, 한양대학교 박사학위논문, 2009.
김용범·박용환, 「개항기 학회지를 통해 본 생활 개선의 근대적 인식에 관한 연구」, 『대한건축학회논문집』, 22권 11호, 2006.
김용선, 「분뇨 서사에 굴절된 대도시 한양의 팽창」, 『溫知論叢』 50, 2017.
김정란, 「근대 해항도시 부산에서의 콜레라 유행과 그 대응—일본인 거류지 운영과 상수도 설비과정을 중심으로」, 『해항도시문화교섭학』 4, 2011.
김종근, 「식민도시 京城의 이중도시론에 대한 비판적 고찰」, 『서울학연구』 38, 2010.
김해경, 「일제강점기 경성 내 가로수에 대한 일고찰」, 『서울과 역사』 98, 2018.
박민주, 「일제강점기 부산부 하수도 건설 사업의 진행 과정과 한계(1929~1932)」, 『역사와 경계』 98, 2016.
박윤재, 「19세기 말~20세기 초 병인론의 전환과 도시위생」, 『도시연구』 18, 2017.
박윤재, 「위생에서 청결로—서울의 근대적 분뇨 처리」, 『역사비평』 126, 2019.
박윤재, 「조선총독부의 결핵 인식과 대책」, 『한국근현대사연구』 47, 2008.
박지영, 「통계와 식민의학—식민지 시기 조선인 결핵 실태를 둘러싼 논란을 중심으로」, 『의사학』 28-2, 2019.
백선례, 「1928년 경성의 장티푸스 유행과 상수도 수질 논쟁」, 『서울과 역사』 101, 2019.
서귀숙, 「1992년 조선건축회에 의한 개선주택 설계도안 현상모집에 관한 고찰」, 『한국주거학회지』 11권 3호, 2000.
서귀숙, 「조선건축회 활동으로 보는 주택 근대화」, 『한국주거학회논문집』 15권 1호, 2004.
서정현, 「한성부의 '근대' 도로 만들기—1890년대 후반 '위생' 담론을 중심으로」, 『민족문화논총(영남대학교 민족문화연구소)』 64, 2016.
서호철, 「서울의 똥오줌 수거 체계의 형성과 변화」, 『서울과 역사』 93, 2016.
신동원, 「세균설과 식민지 근대성 비판」, 『역사비평』 봄, 2002.
신동원, 「조선 말의 콜레라 유행, 1821~1910」, 『한국과학사학회지』 11-1, 1989.
안옥희 외, 「옛 문헌을 통해 본 한국인의 목욕의식」, 『한국생활과학회지』 13-2, 2004.
염복규, 「청계천 복개와 '1960년대적 공간'의 탄생」, 『역사비평』 113, 2015.
염복규, 「차별인가 한계인가?—식민지 시기 경성 하수도 정비의 좌절」, 『역사비평』 126, 2019.
염복규, 「일제하 도시 지역 정치의 구도와 양상」, 『한국민족운동사연구』 67, 2011.
우동선, 「과학운동과의 관련으로 본 박길용의 주택개량론」, 『대한건축학회 논문집』 17권 5호, 2001.

우연주 외,「개항기 한국인의 공원관 형성」,『韓國造景學會誌』 39-6, 2011.
유장근,「식민지 위생 시설에서 다기능의 생활공간으로—마산 지역 목욕탕의 1백년 역사」,『加羅文化』 27, 2015.
이경아,「일제강점기 문화주택 개념의 수용과 전개」, 서울대학교 박사학위논문, 2006.
이상배,「조선시대 도성의 치수 정책과 준설 사업」,『중앙사론』 30, 2009.
이연경 외,「1885년~1910년 한성부(漢城府) 내 일본인 거류지의 근대적 위생 사업의 시행과 도시 변화」,『대한건축학회 논문집 — 계획계』 28-10, 2012.
이연경,「1920년대 근대 건축에서의 위생 담론의 소개와 적용—『朝鮮と建築』에 소개된 의사들의 기사를 중심으로」,『도시연구』 18, 2017.
이영수,「일제강점기 일본인과 조선인의 온돌관—단국대학교 동양학 연구소, 주거 문화 관련 자료집을 중심으로」,『실천민속학연구』 18호, 2011.
이은희,「1960년대 박정희 정부의 식품 위생 제도화」,『의사학』 25-2, 2016.
이정,「제국 신민의 전염병 도시 경성」,『梨花史學研究』 58, 2019.
이정옥,「갑오개혁 이후 한성 도로 정비 사업과 府民의 반응」,『향토서울』 78, 2011.
이종찬,「20세기 우리나라 보건 정책과 제도—社會史的 이해」,『의사학』 8-2, 1999.
이주연,「의료법 개정을 통해서 본 국가의 의료통제—1950~60년대 무면허 의료업자와 의료업자의 실태를 중심으로」,『의사학』 19-2, 2010.
이태진,「대한제국의 서울 황성 만들기」,『고종 시대의 재조명』, 태학사, 2000.
정근식,「식민지 위생경찰의 형성과 변화, 그리고 유산—식민지 통치성의 시각에서」,『사회와 역사』 90, 2011.
정민재,「일제강점기 順化院의 설립과 운용」,『한국근현대사연구』 57, 2011.
정주미 외,「傳統沐浴風俗과 沐浴劑에 관한 고찰」,『한국미용학회지』 13-3, 2007.
정통령,「미국 지역보건소의 도입과 전개 과정」, 서울대학교 석사학위논문, 2005.
조효순,「우리나라 목욕의 풍속사적 연구」,『복식』 16, 1991.
최은경,「일제강점기 조선총독부의 결핵 정책(1910~1945)—소극적 규제로 시작된 대응과 한계」,『의사학』 22-3, 2013.
최은경 외,「2000년대 글로벌 전염병 거버넌스의 변화—글로벌 보건 안보의 대두와 국내 전염병 관리 체계의 변화」,『의사학』 25-3, 2016.
최진규자,「일제강점기 도시 단독주택의 근대적 진화에 관한 연구」, 연세대학교 석사논문, 2004.
하시모토 세리(橋本妹里),「공공성의 주체를 둘러싼 식민권력과 '경성부민'의 대립」,『한국학연구(인하대학교 한국학연구소)』 35, 2014.
韓哲昊,「대한제국 초기 한성부 도시 개조 사업과 그 의의—'친미' 개화파의 치도 사업을 중심으로」,『鄕土서울』 59, 1999.

Butler, Lee. ""Washing Off the Dust": Baths and Bathing in Late Medieval Japan", *Monumenta NIpponica*, 60-1, 2005.
Du, P.& Chen, H., "Water supply of the cities in ancient China", *Water Supply*, 1, 2007.
Kim, Shin K., "An Antiseptic Religion: Discovering A Hybridity on the Flux of Hygiene and Christianity", Journal of Religion and Health 47, 2008.
Lee, Yeonkyung, "Water Treatment Facilities as Civil Engineering Heritage from Guardian of Urban Sanitation to Symbol of Urban Colonial Modernity, in the Case of Ttukdo (Seoul) Water Purification Plant", *Sustainability*, 12-2, 2020.
Leung, Angela Ki Che. "The Evolution of Idea of Chuanran Contagion in late Imperial China", *Health and Hygiene in Chinese East Asia*, Durham and London: Duke University Press, 2010.

金凡性,「植民地朝鮮における温泉調査」,『帝國日本の科學思想史』, 勁草書房, 2018.
金容範·内田青蔵,「植民地朝鮮における朝鮮建築会の住宅改良に関する活動について一機関誌『朝鮮と建築』の住宅関連記事を中心として」,『神奈川大学工学研究所所報』34, 2011.
金珠也,「日本强占期の建築團體「朝鮮建築會」の機關誌「朝鮮と建築」と住宅改良運動に關する研究」, 京都工藝纖維大學博士論文, 1998.
松田利彦,「志賀潔と植民地朝鮮」,『한림일본학연구』, 25, 2014.

# 초출일람

**근현대 도시위생사 연구 동향과 전망**
염운옥, 「영제국 도시위생사 연구 동향—본국 위생개혁에서 식민지 열대의학까지」, 『도시연구』 23, 2020.
김영수, 「일본의 도시위생사 연구동향과 전망—근대사 연구성과를 중심으로」, 『도시연구』 23, 2020.
조정은, 「근대 중국 도시위생사 연구의 현황과 전망—이론, 제도화, 환경정비」, 『도시연구』 23, 2020.
박윤재, 「한국 근현대 도시위생사 연구의 성과와 전망」, 『도시연구』 23, 2020.

**병은 어디에서 오는가—장기설에서 세균설로 병인론의 전환**
박윤재, 「19세기 말~20세기 초 병인론의 전환과 도시위생」, 『도시연구』 18, 2017.

**1920년대 의사 주택을 통해 본 근대 주택의 위생 담론**
이연경, 「1920년대 근대 건축에서의 위생 담론의 소개와 적용—'朝鮮と建築'에 소개된 의사들의 기사를 중심으로」, 『도시연구』 18, 2017.

**방역과 인종분리—영국 열대의학과 식민지 도시위생**
염운옥, 「영제국 도시위생사 연구 동향—본국 위생개혁에서 식민지 열대의학까지」, 『도시연구』 23, 2020.

**식민지 시기 경성 하수도 정비의 한계와 위생의 '좌절'**
염복규, 「차별인가 한계인가?—식민지 시기 경성 하수도 정비의 '좌절'」, 『역사비평』 126, 2019.

**도시위생의 수호자, 상수도**
Yeonkyung Lee, "Water Treatment Facilities as Civil Engineering Heritage from Guardian of Urban Sanitation to Symbol of Urban Colonial Modernity, in the Case of Ttukdo (Seoul) Water Purification Plant", *Sustainability* 12(2), 2020.

**1950년대 이후 전염병 감시 체계의 역사**
권오영, 「한국 전염병 감시 체계의 흐름에 관한 연구—1950년대부터 현재까지」, 『인문학연구』 39, 2019.

**위생이냐, 이윤이냐—근대 상하이 도시위생과 상수도**
조정은, 「위생이냐, 이윤이냐—근대 상하이 도시위생과 상수도」, 『역사비평』 126, 2019.

**때를 밀자—식민지 시기 목욕 문화의 형성과 때에 대한 인식**
박윤재, 「때를 밀자—식민지 시기 목욕 문화의 형성과 때에 대한 인식」, 『역사비평』 134, 2021.

**한국의 결핵 관리와 보건소—해방 후부터 1970년대 후반까지**
권오영, 「한국의 결핵 관리와 보건소—해방 후부터 1970년대 후반까지」, 『의사학』 63, 2019.

**일본 점령기 상하이 도시위생과 콜레라 백신접종**
조정은, 「일본 점령기 상하이의 콜레라 방역과 도시 공간—백신 강제 접종과 주민의 인식을 중심으로」, 『도시연구』 26, 2021.

**'국민'을 만드는 '의학'—오스트레일리아 열대의학과 인종위생**
염운옥, 「'국민'을 만드는 '의학'—오스트레일리아 열대의학과 인종위생」, 『도시연구』 26, 2021.